Pearson Edexcel GCSE

Spanish

Higher

Silvia Gómez, Christopher Lillington, Leanda Reeves

Published by Pearson Education Limited, 80 Strand, London, WC2R 0RL.

www.pearsonschoolsandfecolleges.co.uk

Copies of official specifications for all Pearson qualifications may be found on the website: qualifications.pearson.com

Edited by Pearson and Newgen
Designed and typeset by Kamae Design

Illustrated by Beehive Illustrations (Andrew Pagram, Alan Rowe and Matt Ward) and Johanna Crainmark
Cover design by Kamae Design
Cover photo © Wundervisuals/Getty Images
Audio recorded at Chatterbox Studios, London, with thanks to Rowan Laxton

Written by Silvia Gómez, Leanda Reeves and Christopher Lillington.
Additional material written by Adam Lamb.

First published 2024

28 27 26 25 24

10 9 8 7 6 5 4 3 2 1

British Library Cataloguing in Publication Data

A catalogue record for this book is available from the British Library

ISBN 978 1 292 734699

Printed in the UK by Bell & Bain Ltd, Glasgow

Acknowledgements

We would like to thank Silvia Gómez, Leanda Reeves, Christopher Lillington, Adam Lamb, Samantha Alzuria, Cristina Díaz Varela, Christi du Toit, Gillian Eades, Penny Fisher, Chloë Gathern, Luz Kettle, Wendy Law, Ruth Manteca, Fiona Pryce, Kelly Walker, the teams at Newgen and Kamae, and everyone else involved, for their invaluable work in the development of this course. We would also like to thank Rowan Laxton and the team at Chatterbox Studios: Montserrat Roig de Puig, Marina Palomo, Javier Pérez, Raquel Gómez, Fran Canals, Mario Méndez Pereiro, Natalia Domínguez Sanudo and Álex Pérez Escamilla. Christopher Lillington would like to thank Daniel Fox. Leanda Reeves would like to thank Dan, Sam, Joel and Maya Reeves. Silvia Gómez would like to thank her family, especially her husband, Kut, and her mother, Pilar. Adam Lamb would like to thank his partner Matthew, the Languages Learning Area, and the students of Mossbourne Community Academy.

The authors and publisher would like to thank the following individuals and organisations for permission to reproduce photographs:

123RF: yayayoy 12, golubovy 15, pkazmierczak 31, hansgeel 35, nito500 35, ferli 49, studioaccendo 56, luckybusiness 56, wihtgod 59, kadettmann 59, lenyvavsha 80, lenagh 80, cokemomo 80, manubeach 80, lblinova 80, patrickhastings 81, danielb4nda 81, kaew6566 89, anatoliygleb 91, ferli 107, wavebreakmediamicro 110, uatp2 110, stockbroker 119, Kamchatka 133, moovstock 139, nomadsoul1/ 146, Wavebreak Media Ltd 163, lightwise 164, pitinan 166, sangiao 172, sevalv 186, rawpixel 186, kyrien/ 189, gstockstudio 191, avistock 196, stockbroker 221, goodluz 226; **Alamy Images:** Addictive Stock, ADDICTIVE STOCK CREATIVES 8, Rupert Sagar-Musgrave 31, Nicholas Stubbs 31, Richard Bradley 32, Alistair Laming 34, Travelscape Images 34, Rene Wassenbergh 36, Florian Blümm 46, Claude Paris, Associated Press 46, Image Press Agency, NurPhoto SRL 56, Mark Baker, Associated Press 60, Aaron Chown, PA Images 61, CTK, CTK 61, Alexander Baluev/ 64, Photo Media Express/VWPics 72, Jared Milgrim, The Photo Access 77, Cal Sport Media, Cal Sport Media 82, frantic 85, Dennis MacDonald 107, Fernanda Reyes 108, Ingolf Pompe 94 114, Jeffrey Isaac Greenberg 2+/ 124, Jared Milgrim, The Photo Access 133, Marek Poplawski 134, Peter Devlin 142, Juan Fernando Velez 145, Marc Venema 153, Luis Javier Sandoval Alvarado, RGB Ventures 156, Hero Images Inc./ 162, fotoas13 164, Westend61 GmbH 172, Jeffrey Mayer 180, ZUMA, ZUMA Press, Inc 181, Allan Cash Picture Library 191; **Fundación Affinity**: Fundación Affinity 111; **Getty Images:** Megan Briggs/Stringer 6, Bruno Bade/Stringer 6, Naomi Baker/Staff 6, Christopher Morris - Corbis/Contributor 6, James Gilbert/Stringer 6, Anna Frank 8, BananaStock 8, Maja Hitij - FIFA/Contributor 11, FG Trade 12, Jacob Wackerhausen 13, Eduard Figueres 25, Thomas Janisch 32, NurPhoto/Contributor 34, John Elk 46, Flashpop/ 50, Laurent KOFFEL/Contributor 56, Carol Yepes 56, SDI Productions 61, Roy Rochlin/Contributor 61, JackF/ 63, darkovujic 65, triloks 66, Yelena Rodriguez Mena 80, Javier Ghersi 80, Inna Dodor 81, andreswd 82, Asia-Pacific Images Studio 83, Maskot 86, FG Trade 92, Valeriy_G 92, Tatsiana Volkava 95, Marcos Elihu Castillo Ramirez 96, Edwin Tan 106, SDI Productions 110, izusek 110, David C Tomlinson 114, Photon-Photos 115, Todd Wright 120, NurPhoto/Contributor 133, Debra L Rothenberg/Contributor 133, Ulf Andersen/Contributor 133, Stu Forster/Staff 133, Ernesto Ryan/Stringer 133, David Ramos/Staff 135, Maximiliano Blanco/Stringer 135, Egoitz Bengoetxea Iguaran 137, LifestyleVisuals 137, CoffeeAndMilk/ 138, Maskot 138, Cavan Images 138, Olga Mosman 140, Thomas Barwick 140, Hispanolistic 141, Dave G Kelly 142, MesquitaFMS 142, Sura Ark 147, Claudio Sieber 156, Santiago Urquijo 157, Rawpixel 158, peepo 160, Westend61 161, OMAR TORRES/Contributor 167, Imgorthand 169, Tristan Fewings/Stringer 180, Penske Media/Contributor 180, Granger, NYC., GRANGER - Historical Picture Archive 180, Bloomberg / Contributor 180, Anna Moneymaker/Staff 180, Gary Gershoff/Contributor 181, Manuel Arias Duran 183, Alexander Spatari 184, Tony Anderson 184, Dave G Kelly 186, Jesus Calonge 186, RgStudio/ 186, Brothers91/ 189, Grafissimo 190, Valerii Apetroaiei 193, Westend61 196, Hispanolistic 196, RgStudio 199, PixelsEffect 201, jean meyntjens 214, NBC/Contributor 216, martin-dm 222; **Parquemet**: Parquemet 165; **Pearson Education Ltd:** MindStudio 59, Gareth Boden 110, Gareth Boden 151, Jon Barlow 175; **Shutterstock:** Master1305 6, COULANGES 7, ALX1618 9, Gorodenkoff 9, Shutterstock 12, Daniel Hoz 14, NotarYES 15, Stock-Asso 16, Belikova Oksana 16, Csaba Peterdi 17, Carballo 19, Jacob Lund 21, PR Image Factory 22, Deklofenak 23, Jesus Cervantes 26, 10topvector 27, Dm_Cherry 30, Marques 31, cristovao 32, imagestockdesign 34, Kite_rin 35, hlphoto 35, Stefano Ember 37, elRoce 37, Unai Huizi Photography 37, Travel Faery 37, Roberto Sorin 37, Pabkov 37, Lorenza Marzocchi 37, Hitdelight 39, ChiccoDodiFC 40, Ingus Kruklitus 40, Scharfsinn 40, holbox 40, Tamil Selvam 40, Moab Republic 40, Julia-Bogdanova 40, KinoMasterskaya 41, sunsinger 41, kavalenkau 42, Balate Dorin 42, Stefano Ember 42, 10topvector 51, New Africa 56, Shutterstock 58, Artie Medvedev 60, MANDY GODBEHEAR 62, Ground Picture 63, Africa Studio 63, Irma eyewink 66, PeopleImages.com - Yuri A 66, Shutterstock 66, fizkes 69, 4 PM production 69, Prostock-studio 75, 10topvector 77, Snowboy 80, Ildi Papp 81, Timolina 84, BAZA Production 86, Mark Nazh 90, cheapbooks 91, Elena Veselova 94, Rocketclips, Inc/ 99, 10topvector 101, Orange Line Media 104, Rawpixel.com 105, pyzata 105, Iakov Filimonov 107, Bangun Stock Productions 109, gpointstudio 109, SeventyFour/ 110, Perfect Wave 112, Zigres 118, Shutterstock 123, 10topvector 124, Matthieu Berrone 134, Fotos593 134, Alexander Canas Arango 136, AJR_photo 138, Nitiphonphat 139, F8 studio 140, Daniel M Ernst 140, 13ching13/ 142, oscar garces 142, oscar garces 143, ESB Professional/ 148, 10topvector 153, Globe Guide Media Inc 156, alejojimenezyt 156, Sergey Nivens 163, SpeedKingz 164, addkm 164, Larina Marina 164, 10topvector 177, Image Press Agency/NurPhoto 181, Shutterstock 183, Odua Images 184, Samuel Borges Photography 184, whiteMocca 192, Tracy Whites de 192, Shutterstock 192, Arlette Lopez 194, panuwat phimpha 196, grafvision 196, John Gomez 196, 3Dsculptor 202, 10topvector 203, MJTH 212, Gansstock 213, Moab Republic 215, Zakharova_Elena/ 217, beats1/ 218, trabantos 218, Shutterstock 219, DGLimages 220, Chad Zuber 224, Dragana Gordic 225, Pressmaster 227, Anna Kutukova 227, fizkes 232, Ground Picture 235, Prostock-studio 235; **Joaquín Verdeja /Undood Argentina**: Joaquín Verdeja / Undood Argentina 166.

Notes from the publisher

Pearson has robust editorial processes, including answer and fact checks, to ensure the accuracy of the content in this publication, and every effort is made to ensure this publication is free of errors. We are, however, only human, and occasionally errors do occur. Pearson is not liable for any misunderstandings that arise as a result of errors in this publication, but it is our priority to ensure that the content is accurate. If you spot an error, please do contact us at resourcescorrections@pearson.com so we can make sure it is corrected.

Contenidos

Módulo 1 ¡Diviértete!

Thematic contexts: My personal world; Media and technology

Zona de cultura: El mundo hispanohablante 6
- Talking about Spanish-speaking sports stars
- Using adjectives in Spanish

Unit 1: Mi vida digital 8
- Talking about life online
- Revising the present tense
- Using expressions of frequency

Unit 2: ¡Disfrutamos al máximo! 10
- Talking about sports and free-time activities
- Revising irregular present tense verbs
- Using opinion verbs and expressions

Unit 3: Nos juntamos 12
- Arranging to go out
- Using the near future tense
- Planning a cinema visit

Unit 4: El fin de semana pasado 14
- Saying what you did at the weekend
- Using the preterite tense
- Pronouncing the letter 'c' correctly

Unit 5: ¡Un día fatal! 16
- Talking about days that went wrong
- Using direct object pronouns
- Recognising and using three tenses

Gramática 1 18
Gramática 2 20
Leer y escuchar 22
Prueba oral 24
Prueba escrita 26
Palabras 28

Módulo 2 Viajes

Thematic context: Travel and tourism

Zona de cultura: ¡Descubre Andalucía! 30
- Using *me gusta(n) / me gustaría* + infinitive
- Describing a photo

Unit 1: En ruta 32
- Discussing travel plans
- Using comparatives
- Using *se puede(n)* + infinitive

Unit 2: La cultura en la calle 34
- Talking about festivals in the Spanish-speaking world
- Using the superlative
- Using 'if' clauses with the present tense

Unit 3: Mis últimas vacaciones 36
- Saying what you did on holiday
- Using *acabar de* + infinitive
- Using a range of structures to give opinions in the past

Unit 4: ¿Dónde te quedaste? 38
- Describing where you stayed
- Using the imperfect tense
- Giving and spotting positive/negative opinions

Unit 5: Mi aventura por Latinoamérica 40
- Talking about holidays using different tenses
- Using *suelo* + infinitive
- Using strategies to work out meaning

Gramática 1 42
Gramática 2 44
Leer y escuchar 46
Prueba oral 48
Prueba escrita 50
Palabras 52

Repaso de gramática: Módulos 1–2 54

Módulo 3 Mi gente, mi mundo

Thematic contexts: Media and technology; My personal world

Zona de cultura: ¡No hay dos familias iguales! 56
- Reading about different families
- Using possessive adjectives

Unit 1: Esta es mi gente 58
- Describing people
- Using the present continuous to describe a picture
- Using *ser* for physical descriptions and *estar* for location

Unit 2: ¿A quién sigues? 60
- Talking about who you admire
- Saying how long you have been doing something
- Using the personal *a*

Unit 3: ¡Amigos para siempre! 62
- Talking about friendships and relationships
- Using reflexive verbs
- Using the pronouns *me* and *te* before a verb

Unit 4: Así soy yo 64
- Talking about your identity and what matters to you
- Using *para* + infinitive
- Listening for gist

Unit 5: Necesito ayuda, ¿qué puedo hacer? 66
- Talking about problems and giving advice
- Using *estar* to express moods
- Using *podrías* and *deberías* + infinitive

Gramática 1 68
Gramática 2 70
Leer y escuchar 72
Prueba oral 74
Prueba escrita 76
Palabras 78

Contenidos

Módulo 4 Mi estilo de vida — Thematic context: Lifestyle and wellbeing

Zona de cultura: ¡Qué rico! 80
- Learning about typical foods in Spanish-speaking countries
- Using adjectives of nationality

Unit 1: ¿Llevas una vida sana? 82
- Describing healthy daily routines
- Using indefinite adjectives
- Using *tener* + noun

Unit 2: ¿Somos lo que comemos? 84
- Talking about mealtimes and food trends
- Using direct object pronouns
- Practising listening skills

Unit 3: ¡Los tiempos cambian! 86
- Comparing old and new habits
- Using the imperfect tense to say what you used to do
- Using *ya no* + verb

Unit 4: ¡Qué mal estoy! 88
- Talking about illnesses and injuries
- Using reflexive verbs in the preterite tense
- Giving advice using *debes, tienes que* and *necesitas*

Unit 5: Mi salud, de la cabeza a los pies 90
- Future plans for health and wellbeing
- Using the simple future tense
- Using 'if' clauses

Gramática 1 92
Gramática 2 94
Leer y escuchar 96
Prueba oral 98
Prueba escrita 100
Palabras 102

Módulo 5 ¡A clase! — Thematic context: Studying and my future

Zona de cultura: La vida escolar en España 104
- Learning about schools in Spain
- Using absolute superlatives

Unit 1: Un día en el insti 106
- Talking about a typical day at school
- Using the relative pronouns *que, donde, cuando*
- Translating into English effectively

Unit 2: ¿Qué tal tus estudios? 108
- Talking about your studies
- Using *lo que*
- Talking about the opinions of others

Unit 3: ¿Cómo cambiarías tu instituto? 110
- Talking about how you would change your school
- Using the conditional tense
- Using impersonal verbs with an infinitive

Unit 4: La gente de mi insti 112
- Talking about students and teachers at school
- Using negatives
- Forming questions

Unit 5: El viaje de fin de curso 114
- Describing a school trip in the past
- Using adjectives and adverbs
- Identifying false friends

Gramática 1 116
Gramática 2 118
Leer y escuchar 120
Prueba oral 122
Prueba escrita 124
Palabras 126

Repaso de gramática: Módulos 1–5 128

Módulo 6 Mi barrio y yo — Thematic context: My neighbourhood

Zona de cultura: En Colombia todo es posible 132
- Finding out about Colombia
- Recognising demonstrative adjectives

Unit 1: Medellín, ciudad inteligente 134
- Describing cities
- Using the perfect tense
- Using prepositions of place for directions

Unit 2: Medellín ahora y antes 136
- Describing how a city or town has changed
- Using demonstrative adjectives for descriptions
- Comparing now and then in the imperfect tense

Unit 3: ¡A comprar! 138
- Describing shopping preferences
- Revising direct object pronouns
- Practising key sounds

Unit 4: ¿Dónde prefieres vivir? 140
- Giving preferences about where you live
- Using the present subjunctive with *cuando*
- Revising comparisons

Unit 5: Un intercambio cultural 142
- Talking about your area
- Using a variety of verb tenses
- Finding different ways to describe future plans

Gramática 1 144
Gramática 2 146
Leer y escuchar 148
Prueba oral 150
Prueba escrita 152
Palabras 154

Módulo 7 Un mundo mejor para todos

Thematic context: My neighbourhood

Zona de cultura: Espacios naturales maravillosos 156
- Learning about natural wonders of Spanish-speaking countries
- Using pronouns after prepositions

Unit 1: ¡Actúa ya! 158
- Talking about how you help in your community
- Using the imperative
- Using *falta, hace falta, vale la pena, basta*

Unit 2: El planeta en peligro 160
- Talking about climate change
- Using the passive
- Using the imperfect continuous tense

Unit 3: Protegemos el planeta 162
- Talking about actions to help the environment
- Avoiding the passive
- Practising negatives

Unit 4: Nuestro mundo, nuestra responsabilidad 164
- Talking about solutions
- Using the present subjunctive to give opinions
- Translating more complex texts

Unit 5: El futuro está en nuestras manos 166
- Developing effective comprehension skills
- Using *(no) se debería* + infinitive
- Understanding multiple tenses

Gramática 1 168
Gramática 2 170
Leer y escuchar 172
Prueba oral 174
Prueba escrita 176
Palabras 178

Módulo 8 El futuro te espera

Thematic context: Studying and my future

Zona de cultura: Pioneros latinos 180
- Learning about Latino trailblazers
- Using Spanish stress patterns correctly

Unit 1: Sueños y esperanzas 182
- Talking about your plans for the future
- Using *seguir/continuar* + present participle
- Transcribing unfamiliar words

Unit 2: ¡A trabajar! 184
- Talking about getting a job
- Using possessive pronouns
- Using prepositions followed by the infinitive

Unit 3: Un trabajo para todos 186
- Talking about future career intentions
- Using masculine and feminine nouns for jobs
- Using and understanding the suffix *-dad/-idad*

Unit 4: Las lenguas te abren las puertas 188
- Talking about the importance of learning languages
- Using modal verbs
- Using different verb forms

Unit 5: El trabajo antes, ahora … y mañana 190
- Talking about changes in the world of work
- Understanding more complex texts
- Listening for percentages

Unit 6: El futuro sin límites 192
- Talking about the impact of artificial intelligence
- Using *para que* + present subjunctive
- Working out the infinitive of a conjugated verb

Gramática 1 194
Gramática 2 196
Leer y escuchar 198
Prueba oral 200
Prueba escrita 202
Palabras 204

Respaso de gramática: Módulos 1–8 206

¡A repasar!

Módulo 1 ¡Diviértete! 212
Módulo 2 Viajes 214
Módulo 3 Mi gente, mi mundo 216
Módulo 4 Mi estilo de vida 218
Módulo 5 ¡A clase! 220
Módulo 6 Mi barrio y yo 222
Módulo 7 Un mundo mejor para todos 224
Módulo 8 El futuro te espera 226

Speaking support

Speaking exam revision: Conversation questions 228
Speaking exam revision: Spanish phonics 230
Speaking exam revision: Role-play skills 232
Speaking exam revision: Picture task 234
Verb tables 236

Módulo 1

¡Diviértete!

El mundo hispanohablante

- Talking about Spanish-speaking sports stars
- Using adjectives in Spanish

Escuchar 1 Look at the map and listen to the information about famous Spanish-speaking sports stars. Fill in the gaps in Spanish to complete the missing details for each person.

Nombre: Al Horford
Deporte: el **a**
Nacionalidad: dominicano
Vive en: Estados Unidos
Nació: el 3 de junio de 1986
Personalidad: social y **b**

Nombre: Margarita (Mavi) García
Deporte: el ciclismo
Nacionalidad: española
Vive en: Mallorca (España)
Nació: el 2 de enero de **c**
Personalidad: **d** y práctica

¿Dónde se habla español?

Years in Spanish are said like a normal number.

1984 *mil novecientos ochenta y cuatro*
2010 *dos mil diez*

Nombre: Gustavo Sánchez Martínez
Deporte: la **e**
Nacionalidad: mexicano
Vive en: México
Nació: el 3 de mayo de 1994
Personalidad: seguro y **f**

Nombre: Valentina Toro
Deporte: el kárate
Nacionalidad: chilena
Vive en: Chile
Nació: el 17 de febrero de **g**
Personalidad: **h** y dedicada

Nombre: Caterine Ibargüen
Deporte: el atletismo
Nacionalidad: colombiana
Vive en: Puerto Rico
Nació: el 12 de **i** de 1984
Personalidad: disciplinada y **j**

Nombre: Lionel Messi
Deporte: el fútbol
Nacionalidad: argentino
Vive en: Estados Unidos
Nació: el **k** de junio de 1987
Personalidad: **l** y creativo

Estados Unidos *the United States*

Escuchar **2** **Listen to these young people. For each person, note down their personality and which sports star they relate to. (1–4)**

Hablar **3** **Practise saying these sentences in Spanish, paying close attention to your pronunciation of the vowels. Then listen to check your pronunciation.**

¿Cómo eres?

1 Me llamo Ana y soy práctica.
2 Me llamo Enrique y creo que soy inteligente.
3 Mi nombre es Isabel y diría que soy divertida.
4 Me llamo Óscar y soy tranquilo y honesto.
5 Me llamo Úrsula y soy una persona buena.

G

Adjectives need to agree with the noun they describe.

divertido	*divertida*	*divertidos*	*divertidas*
interesante	*interesante*	*interesantes*	*interesantes*
social	*social*	*sociales*	*sociales*

El fútbol es divertido. *La natación es divertida.*
Los deportes de equipo son interesantes.

In Spanish, there are five vowel sounds and the sound of each vowel is always pronounced the same way. Listen and repeat the sounds and words. Pay attention to the vowel sounds.

'a' → *natación, práctica*
'e' → *tenis, interesante*
'i' → *ciclismo, divertido*
'o' → *baloncesto, tranquilo*
'u' → *fútbol, seguro*

When a word contains two vowels, you usually pronounce each one separately: *natación, buena*

Hablar **4** **In pairs, give two true details and one false detail about one of the Hispanic sports stars from exercise 1. Your partner has to guess the correct person and correct the false information.**

Hace kárate, **vive en** Mallorca y **es** dedicada.

Es Valentina Toro, pero no vive en Mallorca, vive en Chile.

Leer **5** **Read the information about Spanish and complete the facts in English.**

¡Hablamos español!

Más de 500 millones de personas hablan español y es el idioma oficial de 21 países. Después del chino, el español es la segunda lengua más hablada del mundo.

En México se puede encontrar la mayor población de hablantes nativos de español. Hay más hispanohablantes allí que en otros países latinoamericanos como Colombia, Argentina o Perú.

El español es una lengua muy popular para los usuarios del Internet. Más del 7,9% de la población digital prefiere comunicarse en español y en las redes sociales es el segundo idioma más usado.

En Estados Unidos hay muchísimos hablantes nativos de español. En 2060, será el segundo país hispanohablante del mundo después de México y se estima que casi una de cada tres personas hablará español.

Statistics from the *Instituto Cervantes* (2023).

1 Spanish is spoken by more than …
2 There are 21 countries with Spanish as …
3 The highest number of Spanish speakers are in …
4 In 2060, the second highest number of Spanish speakers will live …

la población *population*

Fun Facts about Latin America

1 En Yoro, en Honduras, llueven peces. Se llama *la lluvia de peces*
2 Hay *delfines rosados* en el río Amazonas.
3 La cascada más grande está en el Parque Nacional Canaima, Venezuela. Se llama *El Salto Ángel*.
4 En Lima, la capital de Perú, se puede ver *la Estatua del Oso de Paddington*.

Can you name the capital cities of the Spanish-speaking countries on the map? Can you find a fun fact about each city/country?

la cascada *waterfall*
el oso *bear*

1 Mi vida digital

- Talking about life online
- Revising the present tense
- Using expressions of frequency

Escuchar 1 **Listen to and read the texts. Translate the phrases in bold. Then copy and complete the table in English. (1–3)**

	Activity on phone/ tablet/computer	Frequency	Daily phone screen time
Yolanda	listens to music, ...	often, ...	2 hours

¿Qué haces con tu móvil?

Vivo en España y utilizo mi móvil todo el tiempo. **A menudo escucho música** y **a veces mando mensajes**. **Mis amigos y yo sacamos fotos** en Snapchat todos los días. **No tengo ordenador** ni portátil en casa y paso dos horas al día con el móvil.

Vivo en México. A menudo uso BeReal o Instagram y mis amigos y yo **siempre subimos vídeos** a YouTube. ¡Me encanta! De vez en cuando **leo las noticias**, pero nunca **envío correos electrónicos**. Paso dos o tres horas al día con el celular.

Soy chilena y **soy adicta a los videojuegos** y a mi videoconsola. **Casi nunca hago compras** por Internet y **nunca hago llamadas** porque **chateo en línea**. A veces uso aplicaciones como TikTok y paso una hora cada noche con mi celular.

el celular	*mobile phone (used in Latin America instead of **el móvil**)*

Leer 2 **Read the texts again. Pick out <u>six</u> present tense verbs in the 'I' form and write the 'we' form for each one.**

Example: vivo ⟶ vivimos

Hablar 3 **In pairs, take turns to ask your partner about what you do online.**

- *¿Cuánto tiempo pasas con tu móvil?*
- *Paso … horas al día con mi móvil.*
- *¿Qué haces con tu móvil? ¿Qué haces con tu ordenador/portátil?*
- *A menudo … / A veces … No tengo ordenador.*

G

Remember how the **present tense** works. Take the <u>infinitive</u> (verb ending in ***-ar***, ***-er*** or ***-ir***, which is **not** conjugated). Remove ***-ar***, ***-er*** or ***-ir*** and add these endings:

	us**ar** (*to use*)	le**er** (*to read*)	sub**ir** (*to upload / to get on / to go up*)
(yo)	us**o**	le**o**	sub**o**
(tú)	us**as**	le**es**	sub**es**
(él/ella/usted)	us**a**	le**e**	sub**e**
(nosotros/as)	us**amos**	le**emos**	sub**imos**
(vosotros/as)	us**áis**	le**éis**	sub**ís**
(ellos/ellas/ustedes)	us**an**	le**en**	sub**en**

Some verbs are irregular in the 'I' form only:
hacer ⟶ ***hago*** (to do/make), **ver** ⟶ ***veo*** (to see/watch).

Page 18

siempre / a menudo / a veces / de vez en cuando / casi nunca / nunca

***Siempre** utilizo mi videoconsola.*	I **always** use my videoconsole.
***A veces** uso aplicaciones.*	**Sometimes** I use apps.
***Nunca** grabo vídeos.*	I **never** record videos.

Escuchar 4 **Listen to Pablo and complete the dictation task. Fill in the gaps (1–2) and then write down the whole sentences. (3–5)**

1 Escucho ... y siempre ... las redes sociales.
2 A ... hago ... y también ... con mis amigos.
3 ...
4 ...
5 ...

When completing a dictation task, remember to use your phonics knowledge to help you spell words correctly. In exercise 4, focus on the vowel sounds and also listen carefully for different verb endings.

en directo	*live*
palabras feas	*mean words*

Leer 5 **Read the text and answer the questions in English.**

Los riesgos de la vida digital

Los adolescentes prefieren aplicaciones como WhatsApp, Instagram o TikTok para recibir mensajes, compartir imágenes y ver vídeos. También muchos jóvenes juegan a los videojuegos en línea. Los medios sociales son populares porque son una forma excelente de mantenerse en contacto con los amigos. Muchas personas piensan que el uso excesivo de aparatos electrónicos es adictivo. También es peligroso si los jóvenes comparten información privada o sus contraseñas y si tienen muchos seguidores desconocidos.

¿Qué piensan los jóvenes? Aquí hay unas opiniones de unos adolescentes de las Islas Baleares.

Las redes sociales son seguras y fáciles de usar. Son buenas para buscar información o comunicarse. El problema es que paso demasiado tiempo frente a la pantalla.
Ana (16 años)

Mis amigos y yo preferimos jugar en directo a Xbox, pero algunos usuarios gritan o dicen palabras feas.
Diego (17 años)

Creo que el Internet es práctico, pero también es peligroso porque muchas aplicaciones no son muy privadas. Mis amigos y yo no jugamos mucho a los videojuegos. Prefiero ver documentales o series en la televisión.
Felipe (18 años)

1 Name <u>three</u> things teenagers do with apps.
2 Why is social media popular?
3 What is addictive?
4 What <u>two</u> things can put young people in danger?
5 Who thinks being online is risky and why?

G

Some verbs are **stem-changing** in the present tense.

	jugar (*to play*)	**preferir** (*to prefer*)
(yo)	j**ue**go	pref**ie**ro
(tú)	j**ue**gas	pref**ie**res
(él/ella/usted)	j**ue**ga	pref**ie**re
(nosotros/as)	jugamos	preferimos
(vosotros/as)	jugáis	preferís
(ellos/ellas/ustedes)	j**ue**gan	pref**ie**ren

Use an <u>infinitive</u> after ***preferir*** to say what you **prefer** to do.
Prefiero *<u>jugar</u> con gafas de realidad virtual.*
I prefer <u>to play</u> with a virtual reality headset.
*¿**Prefieres** <u>usar</u> auriculares?*
Do you prefer <u>to use</u> headphones?

Page 18

Escuchar 6 **Listen to these young people. Copy and complete the table in English. (1–5)**

	I prefer to ...	**I never/don't ...**
1	watch programmes on Netflix	use headphones

Escribir 7 **Write a letter to your Mexican friend. Explain:**

- what you do online and how often (*Todos los días ...*)
- what you prefer to do and why (*Prefiero ... porque ...*)
- what you don't do (*No ... / Nunca ...*)
- pros and cons of being online (*El Internet es práctico, pero ...*)

2 ¡Disfrutamos al máximo!

- Talking about sports and free-time activities
- Revising irregular present tense verbs
- Using opinion verbs and expressions

Escuchar 1 **Listen and write the correct letters (a–f) to identify the activity. Add a tick or a cross to show likes or dislikes. (1–5)**

Example: 1 c ✓, b ✗

¿Qué actividades te gusta hacer?

me mola(n) / me chifla(n)	*I love (slang)*

a

El fútbol es mi pasión.

b

No me gusta el baile.

c

Me interesa la natación.

d

El baloncesto es difícil y aburrido.

e

Las películas son interesantes.

f

Me molan las novelas.

Hablar 2 **Which activities do you like and dislike? Have a conversation with your partner.**

- *¿Qué actividades te gustan o no te gustan? ¿Por qué?*
- *Me gusta **el** fútbol porque es divertid**o**.*
- *Me gustan **los** libros porque son muy relajant**es**.*
- *Odio **la** natación porque es aburrid**a**.*

(No) Me gusta **el**/**la** [tenis/natación]	porque es	divertid**o**/**a**. aburrid**o**/**a**. difícil/fácil. relajante/mi pasión.
(No) Me gustan **los**/**las** [libros/películas]	porque son	divertid**os**/**as**. aburrid**os**/**as**. difícil**es**/fácil**es**. relajant**es**/guay.

Si tenemos tiempo, mis amigos y yo	vamos al [gimnasio] vamos a la [piscina]	todos los días los fines de semana una vez a la semana [dos] veces a la semana
En mi tiempo libre, Si tengo tiempo,	juego al ... hago/leo/bailo ... escucho/veo ... soy miembro de ... voy al/a la ...	
porque me ayuda a	estar en forma. mantenerme en contacto con mis amigos. olvidarme de todo.	

Lots of sports in Spanish are **cognates**. Cognates are words that are the same in both languages: ***el rugby***, ***el hockey***, ***el golf***, ***el judo***, ***el kárate***. Sometimes cognates are very similar to the English words but with spelling differences: ***el tenis***, ***el fútbol***, ***el voleibol***, ***el boxeo***, ***las artes marciales***. Remember that the pronunciation is different too.

Escuchar 3 **Listen to these young people and note down the following information in English (1–5):**

- Activities they like
- Why?

Example:

- *Going to concerts*
- *They can go with friends*

G

Use the verbs ***gustar***, ***encantar*** and ***interesar*** to express an opinion.

Singular	**Plural**
Me encanta el fútbol.	*Me gusta**n** las películas románticas.*
No me interesa nada el baile.	*Me encanta**n** el baloncesto y el ciclismo.*

Remember to change the pronoun:

me *gusta* (**I** like)	***nos*** *gusta* (**we** like)
te *gusta* (**you** like)	***os*** *gusta* (**you** (**pl**) like)
le *gusta* (**he**/**she**/**it** likes)	***les*** *gusta* (**they** like)

Use an **opinion verb** + infinitive to talk about activities.

Me gusta *jugar al baloncesto porque es divertido.*

I like to play/playing basketball because it is fun.

Nos encanta *bailar porque es genial.*

We love to dance/dancing because it is great.

Page 19

Escuchar 4 **Listen, read and complete the sentences below in English. Then translate two of the texts (*Colombia* and *República Dominicana*) into English.**

¡Los adolescentes latinoamericanos y sus intereses!

¿Qué deportes haces?

Disfruto del deporte porque me ayuda a olvidarme de todo. Juego al baloncesto dos o tres veces a la semana y también me gusta jugar al voleibol.

¿Eres aventurero?

Creo que sí porque monto a caballo, nado en el mar y hago ciclismo. ¡Es guay! Para mí, el deporte es muy importante y me ayuda a estar en forma.

¿Qué te gusta hacer en tu tiempo libre?

Leo libros y cómics porque son relajantes. Soy aficionado a las novelas de terror. También escucho canciones de reguetón. ¡Son muy buenas!

¿Eres miembro de un club o equipo?

Soy miembro de un club de natación y voy a la piscina tres veces a la semana. También mis amigos y yo vamos al estadio si tenemos dinero, ya que somos fans del Real Madrid, nuestro equipo favorito.

1 In Argentina, the teenager plays basketball … a week.
2 In Mexico, the teenager likes to read …
3 In Colombia, the teenager is adventurous as they …
4 In the Dominican Republic, the teenager is asked if they …

Leer 5 **Read the text about Spanish footballer, Alexia Putellas, and translate the words in purple. Then identify the three correct sentences.**

Alexia Putellas, futbolista española

En su tiempo libre, **le gusta pasar tiempo con su familia** y amigos. Claro que también **le encanta jugar al fútbol, ya que es su pasión** y su vida. **Para ella, el fútbol es emocionante** y divertido. Ahora es una jugadora de la selección española, pero también **le chifla jugar en un equipo local**. Le encantan el ambiente y la sensación de estar en el campo de fútbol. La visibilidad del deporte femenino es muy importante para animar a más niñas a practicar deporte. Ahora muchas niñas tienen las mismas oportunidades que los niños, pero **es necesario luchar por la igualdad** de todos los equipos femeninos.

1 She doesn't like to spend time with her family.
2 Football is a fun and exciting sport for her.
3 Being on the pitch makes her feel nervous.
4 She no longer plays football for the national team.
5 Visibility of women's sport is crucial for encouraging more girls into sport.
6 More girls now have the same opportunities as boys.

Escribir 6 **Write a short paragraph about your free-time activities by answering these questions.**

- ¿Qué actividades haces en tu tiempo libre?
  En mi tiempo libre …
  Si tengo tiempo, …
- ¿Qué te gusta hacer y por qué?
  Me encanta … porque …
- ¿Qué no te gusta hacer y por qué?
  No me gusta nada …, ya que …

G

These verbs are **irregular** and they do **not** follow the normal patterns of regular **-*ar***, **-*er***, and **-*ir*** verbs.

	ir (*to go*)	**ser** (*to be*)	**tener** (*to have*)
(yo)	voy	soy	tengo
(tú)	vas	eres	tienes
(él/ella/usted)	va	es	tiene
(nosotros/as)	vamos	somos	tenemos
(vosotros/as)	vais	sois	tenéis
(ellos/ellas/ustedes)	van	son	tienen

Page 19

3 Nos juntamos

- Arranging to go out
- Using the near future tense
- Planning a cinema visit

Leer 1 **Read the text conversation. Select the correct option to complete each sentence in Spanish.**

¿Qué vamos a hacer este fin de semana?¿Quieres ir al centro comercial el sábado?

Lo siento, el sábado no puedo porque no tengo dinero y tengo que hacer varias cosas. Por la mañana voy a hacer los deberes y por la tarde tengo que limpiar mi habitación.

¡Qué sábado más aburrido! ¿Tienes planes para el domingo? Voy a ir al parque a jugar al fútbol. ¿Quieres venir conmigo?

¡Claro que sí! Sabes que me encanta jugar contigo, pero solo puedo ir por la mañana porque mis padres y yo vamos a salir por la tarde.

Vale. Entonces, ¿a qué hora quedamos el domingo?

¿A las diez y media en la cafetería del parque?

Perfecto. ¡Hasta luego!

¡Guay! Nos vemos el domingo.

1 El sábado Diego no va a **ir de compras** / **hacer tareas** / **estar en casa**.
2 Diego no puede ir al centro comercial porque **tiene que salir con sus abuelos** / **tiene planes** / **va a tomar un café**.
3 El domingo Diego y Gabriel van a **hacer deporte** / **ir a un partido** / **ver una película**.
4 Diego y Gabriel van a quedar en el parque **por la mañana** / **el sábado** / **mañana**.

Use the present tense of ***tener*** + ***que*** + infinitive to say what you **have to** do.
Tengo que *salir con mis padres.*
I have to go out with my parents.

No ***tenemos que*** *hacer tareas.*
We don't have to do chores/homework.

Escuchar 2 **Listen to some friends arranging to go out. For each conversation, identify what they will do (include the verb), when they will go and what time they will meet. (1–5)**

Example: 1 *go to the cinema / tomorrow / 8.30 pm*

G To talk about what you are going to do, use the **near future tense**. Use the **present tense of *ir* + *a*** + infinitive.

voy vas va vamos vais van	a	jugar comer salir

Mis amigos ***van a*** *ver un musical.*
My friends **are going** to watch a musical.

Page 20

Hablar 3 **In pairs, play the trap door game. Secretly select your answers. Then your partner reads out the text with their choices. Every time they read out a different option to yours, say '*¡Trampilla!*' Restart until your answers match.**

¿Tienes planes?

Sí, tengo planes para el viernes / este fin de semana / la semana que viene / mañana. Primero, voy a hacer mis deberes / hacer deporte / jugar a los videojuegos / mandar mensajes a mis amigos. Luego, mis amigos y yo / mis padres y yo / mi mejor amigo y yo / mi mejor amiga y yo vamos a descansar en casa y a ver una comedia / una película de terror / una serie / una película de ciencia ficción. No voy a ir al centro comercial / al cine / a la cafetería / a la discoteca porque tengo que trabajar / tengo que cuidar a mi perro / tengo que salir con mis padres / tengo que hacer los deberes. ¿Y tú? ¿Qué vas a hacer?

Leer 4 **Read the text and find the phrases below in Spanish.**

Tengo unos planes divertidos con mi novia Martina. Primero vamos a ir al Barrio Palermo en Buenos Aires, donde podemos caminar por las calles, y donde queremos visitar una galería de arte. También voy a comprar unos libros. ¡Me molan los libros! El domingo Martina quiere hacer yoga y yo voy a hacer natación. En mi opinión, los deportes ayudan a aliviar el estrés. Nos gusta vivir en Buenos Aires porque es una ciudad abierta donde podemos disfrutar de la vida sin problemas. Yo sé que es un lugar donde puedo seguir mis sueños.

Ana y Martina

1 I have some fun plans
2 first we are going to go to the … neighbourhood
3 where we can walk through the streets
4 sports help to alleviate stress
5 it is an open city
6 we can enjoy life

Leer 5 **Read the text again. Select <u>ten</u> different verbs in the text and translate them into English. Remember that any verbs referring to future plans will use an <u>infinitive</u>.**

Example: 1 *Tengo – I have*

Escribir 6 **Write a short text about your plans for next weekend. Adapt the language from exercise 3 and use a range of connectives and <u>persons of the verb</u>.**

Tengo planes para el fin de semana que viene.
- ***Primero***, *<u>voy a</u> …*
- ***Luego***, *mis amigos y yo <u>vamos a</u> …*
- *Mis amigos <u>van a</u> …,* ***pero*** *yo <u>quiero</u> …*
- ***No*** *voy a … porque tengo que …*

G

The verbs ***querer*** (to want) and ***poder*** (to be able to) are both **stem-changing**. They are very useful to talk about plans when they are used with an <u>infinitive</u>.

(yo)	qu**ie**ro	p**ue**do
(tú)	qu**ie**res	p**ue**des
(él/ella/usted)	qu**ie**re	p**ue**de
(nosotros/as)	queremos	podemos
(vosotros/as)	queréis	podéis
(ellos/ellas/ustedes)	qu**ie**ren	p**ue**den

No ***puedo*** *<u>ir</u> al cine.* — **I can't** <u>go</u> to the cinema.
Queremos *<u>ver</u> una serie.* — We **want** <u>to watch</u> a series.

Escuchar 7 **Listen and read. Fill in the gaps for both conversations in Spanish with the correct word(s). (1–2)**

- *Me apetece ir al cine. ¿Qué películas ponen* **a** *?*
- *Ponen una película de aventuras del director mexicano Alfonso Cuarón muy buena, y* **b** *también.*
- *Quiero ver la película de aventuras. ¿A qué hora empieza?*
- *Hay dos sesiones. Una empieza* **c** *y la otra* **d** *.*
- *Vale. Vamos a la segunda. ¿Cuánto cuesta la entrada?*
- *La entrada para estudiantes cuesta* **e** *euros.*
- *¿A qué hora termina la sesión?*
- *Termina* **f** *.*
- *Perfecto. Después de la película, voy a ir* **g** *. ¿Quieres venir conmigo?*

Remember to contract '***a***' and '***el***' and also '***de***' and '***el***'.
¿Quieres venir ***al*** *parque?*
Es una comedia ***del*** *director español Almodóvar.*

***¿Qué hora es?* What time is it?**
Es la una. / Son las dos.
It's one o'clock. / It's two o'clock.
Son las seis y cuarto/media.
It's quarter/half past six.
Son las ocho menos cuarto.
It's quarter to eight.

Hablar 8 **In pairs, practise making plans to go to the cinema. Use exercise 7 as a model.**

- ask a question about the films being shown
- say which film you want to watch and find out the time it starts
- ask about the cost of the tickets
- ask what time the film finishes
- tell your friend about your plans for after the cinema.

4 El fin de semana pasado

- Saying what you did at the weekend
- Using the preterite tense
- Pronouncing the letter 'c' correctly

Escuchar 1 **Listen to some young people talking about what they did. Write the correct letters (a–j). (1–4)**

Example: 1 *e, g, j*

¿Qué hiciste?

a Jugué a los videojuegos y escuché música.

b Gané una competición de natación.

c Vi a mi banda favorita en su gira mundial.

d Fui a un restaurante y comí pizza.

e Bebí un café con leche con mi amigo.

f Compré una entrada para un partido de fútbol.

g Hablé con mi amigo en el parque.

h Escuché un buen pódcast sobre crímenes reales.

i Hice un maratón de películas en mi habitación.

j Salí al centro comercial con mi amigo.

la gira	*tour*

Leer 2 **Translate the statements from exercise 1 into English.**

Example: a *I played videogames and I listened to music.*

Hablar 3 **In pairs, read out the statements from exercise 1, adding a <u>time reference</u> and an <u>opinion</u>. Pay particular attention to your pronunciation of the letter c.**

Example: a *<u>El sábado pasado</u> jugué a los videojuegos y escuché música. <u>Fue relajante</u>.*

¿Qué tal fue?

Me encantó ... / Me gustó ...	
(porque) fue	genial. fantástico/a. increíble. emocionante. guay.
No me gustó (nada) ...	
(porque) fue	aburrido/a. terrible.

Time phrases help us to understand **when** something happens.

ayer	yesterday
la semana pasada	last week
el fin de semana pasado	last weekend
el mes pasado	last month

To translate 'ago' use ***hace***:

Hace *dos días fui al cine.*

Two days **ago**, I went to the cinema.

Hace *una semana montamos en bici.*

A week **ago**, we rode bikes.

Listen and repeat the words below. The letter **c** in Spanish can be pronounced in <u>three</u> different ways:

The **soft c** (in Spain it often sounds like 'th' as in 'thin' and in Latin America it sounds like 's' as in 'sit') with vowels **e** and **i**:

c*ine, nata****c****ión,* ***c****entro, hi****c****e*

The **hard c** (as in 'cat') with vowels **a**, **o** and **u**, and if it comes before a consonant:

c*anté, músi****c****a,* ***c****omí,* ***c****uatro,* ***c****rimen*

The **ch** sound (as in 'chin') when **c** is followed by **h**:

ch*ico/a, escu****ch****é*

Now, can you read out these tricky tongue-twisters?

Comí chocolate con churros con Carlos y Cecilia en Cáceres.

Cinco chicos compraron cuatro Coca-Colas y comieron cinco croquetas.

Escuchar 4 **Listen to and read about two Spanish teenagers and their Sundays. Note down all the preterite verbs and create new sentences for five of these verbs. (1–2)**

Example: *nací – Nací en Liverpool.*

el Rastro	*market*
cualquier otro/a	*any other*
entrenar	*to train*

Los domingos en España son un día muy especial, con una gran variedad de pasatiempos y costumbres que varían de una región a otra. Normalmente, los domingos son un día de descanso para la mayoría de las personas, pero no es siempre así.

Me encanta el domingo porque es un día importante para descansar y para ver a familiares y amigos. Cuando puedo, me gusta pasar los domingos en casa. Ahora vivo en Madrid, pero nací en un pueblo cerca de Barcelona. El domingo pasado disfruté de una mañana tranquila con mi familia. Preparamos un zumo de naranja natural y luego fuimos al Rastro. ¡Fue increíble! Por la tarde volvimos a casa y vi unos programas nuevos de Netflix en casa con mi madre y mi mascota Sancha, que es una perrita blanca y bonita.

Espero ser tenista en el futuro y los domingos son un día como cualquier otro en la academia de Rafa Nadal en Mallorca. Empiezo en el gimnasio a las ocho y termino a las once cuando voy a la pista de tenis hasta la una y media. Luego como y descanso con mis padres, y a las cuatro tengo que entrenar. El domingo pasado fue la misma rutina de siempre. Fui al gimnasio y entrené. ¡Fue genial! Después mi familia y yo comimos en un restaurante peruano, y luego hice varias horas de tenis. Por la tarde leí y escribí mucho porque tengo muchos deberes de inglés de la academia.

Leer 5 **Read the text from exercise 4 again and note down if the statement refers to Lola (*L*), Omar (*O*) or both (*L+O*).**

1. Sundays are like any other day.
2. Sundays are good for seeing family members and friends.
3. I trained in the gym last Sunday.
4. Last Sunday was relaxing.
5. The evening was spent studying.
6. I saw my family last Sunday.

Hablar 6 **In pairs, have a conversation about Sundays. Use verbs from exercises 1 and 4.**

- *¿Qué haces los domingos normalmente?*
- *¿Y qué hiciste el domingo pasado?*
- *¿Por qué (no) te gustó?*

- *Normalmente … voy/veo/escucho/descanso …*
- *Primero salí … Luego fui a … Finalmente … Comí/Bebí …*
- *(No) Me gustó porque fue …*

Escribir 7 **Translate the text into Spanish.**

Singular or plural of *gustar*?

Time reference. Word order?

What tense is this?

Adjectival ending for boring?

Sometimes I don't like weekends because they are boring. Normally I don't have plans, but a week ago, the weekend was very exciting. On Saturday morning, I went out with my friends. We went to the cinema to see a comedy. In the afternoon, we ate pizza in the shopping centre and then I listened to music and watched videos at home. On Sunday, my brother and I went to the park and we played basketball. Next weekend, I am going to play videogames at home!

G

Use the **preterite tense** to talk about completed actions in the past.

habl**ar** (*to speak*)	sal**ir** (*to go out / to leave*)	com**er** (*to eat*)	**Irregular verbs: ir** (*to go*) **ser** (*to be*)
habl**é** habl**aste** habl**ó** habl**amos** habl**asteis** habl**aron**	sal**í** sal**iste** sal**ió** sal**imos** sal**isteis** sal**ieron**	com**í** com**iste** com**ió** com**imos** com**isteis** com**ieron**	**fui** **fuiste** **fue** **fuimos** **fuisteis** **fueron**

Other irregulars in the preterite include:

hacer → ***hice*** (I did/made) ***tener*** → ***tuve*** (I had) ***ver*** → ***vi*** (I saw)

Some irregulars have a spelling change in the 'I' form only:

jugar → *jugué* (I played) *llegar* → *llegué* (I arrived) *sacar* → *saqué* (I took)

Page 20

5 ¡Un día fatal!

- Talking about days that went wrong
- Using direct object pronouns
- Recognising and using three tenses

Escuchar 1 **The Sánchez family had a bad day. Listen to what happened, and then select the correct answer.**

1 **Emilio** tuvo un día muy malo porque …
  a no comió hamburguesas.
  b no encontró la llave del coche.
  c perdió el móvil.

2 El día fue estresante para **Sofía** porque …
  a Emilio pasó todo el día enfrente de la televisión.
  b fue al colegio para hablar con el profesor de Javier.
  c no compró nada en el centro comercial.

3 **Javier** tuvo un día muy difícil en el colegio porque …
  a no hizo los deberes.
  b perdió a su perro Zorro en el parque.
  c no comió nada.

4 **Monika** tuvo un día terrible porque …
  a perdió la trompeta.
  b no leyó nada.
  c se cayó en la cocina.

Escribir 2 **Re-write the answers to exercise 1 in the first person. Then translate them into English.**

Example: Emilio: Tuve un día muy malo porque perdí el móvil. – I had a very bad day because I lost my mobile.

G

Direct object pronouns replace the noun, which has just been mentioned, and avoid repetition. The pronoun agrees with the noun it replaces. It usually goes before the verb.

	masculine	feminine
singular	lo	la
plural	los	las

*Perdí el **móvil**. **Lo** perdí.* I lost my **mobile**. I lost **it**.
*Leo **libros**. **Los** leo.* I read **books**. I read **them**.

With the near future tense, the direct object pronoun goes at the **end** of the infinitive or **before** the present tense of *ir*. This is the same for other verbs, which take an infinitive.

*No voy a perder**lo**.* I am not going to lose **it**.
*No **lo** voy a perder.* I am not going to lose **it**.

Page 21

Leer 3 **Read the text and translate the phrases in bold into English. Then answer the questions below.**

¡Una visita al cine horrorosa!

Soy Carla y vivo en La Paz, Bolivia. Normalmente **no veo películas de terror porque las odio**, pero ayer decidí ir al cine con mi novio para ver una. ¡Qué desastre! Primero, **cuando llegué,** abrí mi mochila para buscar mi teléfono celular y ver las entradas del cine, pero no lo encontré.

Triste y frustrada, regresé a casa para buscarlo. **Más tarde lo encontré en mi habitación**. Fui al cine de nuevo con mi celular, pero **no vimos la película** porque llegué muy tarde, y por lo tanto compré dos entradas para la siguiente sesión. Luego mi novio compró palomitas de maíz, pero la mitad se cayó al suelo. ¡Fue terrible!

Cuando entramos a ver la película, **el sonido no funcionó**, no oí nada, y **tuvimos que esperar media hora**. **Finalmente, vimos la película, pero la odié**. La próxima vez no voy a ver otra película de terror. ¡Prefiero los dibujos animados porque **los puedo ver sin miedo**!

la mochila	*rucksack*
las palomitas de maíz	*popcorn*

1 What did Carla decide to do and who with?
2 How did she realise her phone was lost?
3 How did she feel?
4 What happened to the popcorn?
5 Why did they have to wait half an hour to see the film?
6 What film will she choose in the future and why?

Leer 4 **Read about the disastrous visit and select the correct words to complete the text. Listen to check your answers. Then translate the text into English.**

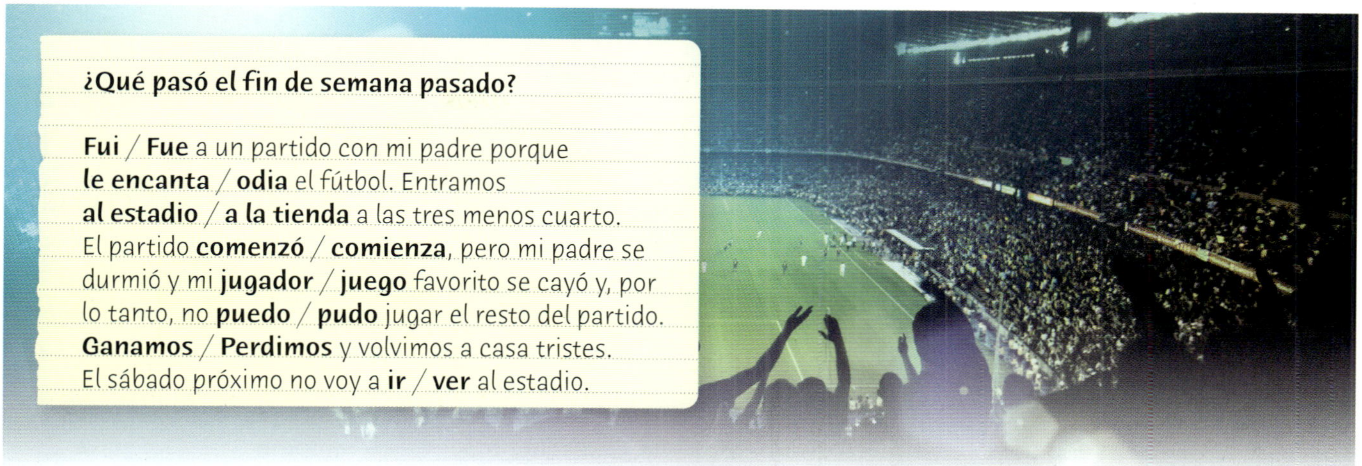

¿Qué pasó el fin de semana pasado?

Fui / **Fue** a un partido con mi padre porque **le encanta** / **odia** el fútbol. Entramos **al estadio** / **a la tienda** a las tres menos cuarto. El partido **comenzó** / **comienza**, pero mi padre se durmió y mi **jugador** / **juego** favorito se cayó y, por lo tanto, no **puedo** / **pudo** jugar el resto del partido. **Ganamos** / **Perdimos** y volvimos a casa tristes. El sábado próximo no voy a **ir** / **ver** al estadio.

Hablar 5 **In pairs, create a dialogue about a disastrous weekend. Use time expressions and <u>three</u> tenses.**

- *¿Qué haces los fines de semana normalmente?*
- *Normalmente …*
- *¿Qué pasó el fin de semana pasado?*
- *El sábado … Luego, el domingo …*
- *¿Qué vas a hacer el fin de semana próximo?*
- *El fin de semana próximo voy a …*

Use time expressions to write in different tenses.

Normalmente *no juego a los videojuegos, pero* ***esta tarde*** *jugué a La llamada del deber con mi hermano y* ***mañana*** *vamos a jugar de nuevo.*

Normally I don't play videogames, but **this afternoon** I played *Call of Duty* with my brother and **tomorrow** we are going to play again.

Escribir 6 **Write a short text about a disastrous situation (a or b) where you lost something. Use <u>three</u> tenses and a direct object pronoun in your answer. Use the concert text below as a model.**

Normalmente **me gusta** ir a conciertos, pero el sábado pasado **fui** a un concierto de música pop. ¡Qué desastre! El sonido no funcionó y la voz del cantante fue terrible. No oí nada. También perdí el móvil. Creo que **lo** perdí en el tren y no pude encontrar**lo** en toda la noche. La próxima vez **no voy a ir** a un concierto si es de un grupo que no conozco.

a

b

El fin de semana pasado El sábado/domingo pasado La semana pasada	fui/fuimos a … un concierto. un partido de fútbol. ver una película de …	
Sin embargo,	perdí el móvil / la cámara / a mis amig**os**/**as**. mi equipo perdió. el sonido no funcionó. el grupo/la banda fue horroros**o**/**a**. la voz del cantante fue terrible.	
Lo/**La**/**Los**/**Las** perdí en	el estadio/la ciudad. el coche/el metro/el tren. casa.	
La próxima vez El sábado próximo	(no) voy a ir a … (no) voy a ver … (no) voy a viajar en …	porque … / ya que …

Look out for negatives such as **no** and ***nada***.

No *veo películas de terror.*

I **don't** watch horror films.

No *compró* ***nada****.*

She **didn't** buy **anything**.

No *voy a ir.*

I'm **not** going to go.

Gramática 1

Verbs in the present tense (Unit 1, page 8)

Escribir **1** **Choose and conjugate six infinitives from the word cloud to make sentences in the present tense. Use a different person of the verb each time (e.g. I, you, he/she/it ...).**

Example: A menudo ***mandamos*** *mensajes.*

mandar ver hacer utilizar usar leer pasar subir sacar grabar

Escribir **2** **Translate your sentences (or your partner's) into English.**

Example: A menudo ***mandamos*** *mensajes. – We often send messages.*

Use the **present tense** to say what you do or what you are doing.

	escuch**ar** (*to listen*)	com**er** (*to eat*)	viv**ir** (*to live*)
(yo)	escuch**o**	com**o**	viv**o**
(tú)	escuch**as**	com**es**	viv**es**
(él/ella/usted)	escuch**a**	com**e**	viv**e**
(nosotros/as)	escuch**amos**	com**emos**	viv**imos**
(vosotros/as)	escuch**áis**	com**éis**	viv**ís**
(ellos/ellas/ustedes)	escuch**an**	com**en**	viv**en**

Look out for verbs with an irregular 'I' form only:
hacer (to do/make): ***hago***, *haces, hace, hacemos, hacéis, hacen*
salir (to go out): ***salgo***, *sales, sale, salimos, salís, salen*
ver (to see/watch): ***veo***, *ves, ve, vemos, veis, ven*
dar (to give): ***doy***, *das, da, damos, dais, dan*
saber (to know): ***sé***, *sabes, sabe, sabemos, sabéis, saben*

Stem-changing verbs (Unit 1, page 9)

Escuchar **3** **Listen to the text and write down the ten missing verbs. Tick the verbs which are stem-changing.**

Example: 1 *prefieres* ✓

¿Qué **1** hacer en tu tiempo libre? Muchos jóvenes **2** pasar demasiado tiempo en las redes sociales. También algunos jóvenes **3** a los videojuegos todos los días. En mi opinión, las redes sociales **4** ser peligrosas, y por eso **5** usar aplicaciones más seguras. Mi hermana **6** a los videojuegos con sus amigos, pero mis amigos y yo **7** mandar mensajes. Nunca **8** vídeos porque soy muy tímido, ¡pero a veces **9** imágenes de mi perro! Creo que **10** dos o tres horas al día con mi móvil.

Verbs with **stem changes** have endings that are formed in the same way as regular present tense verbs.

Stem changes follow different spelling patterns:

u/o → ue	
jugar → j**ue**go	**poder** → p**ue**do
j**ue**gas	p**ue**des
j**ue**ga	p**ue**de
jugamos	podemos
jugáis	podéis
j**ue**gan	p**ue**den

e → ie	
preferir → pref**ie**ro	**querer** → qu**ie**ro
pref**ie**res	qu**ie**res
pref**ie**re	qu**ie**re
preferimos	queremos
preferís	queréis
pref**ie**ren	qu**ie**ren

Stem-changing verbs can be called '1-2-3-6 verbs' due to there being no stem changes for *nosotros* (4) or *vosotros* (5). They can also be called 'radical changing verbs'.

Opinion verbs (Unit 2, page 10)

Escribir 4 **Complete these statements in Spanish by adding your own opinion and reasons. Choose from these opinion verbs: *preferir*, *gustar*, *encantar*, *interesar* or any of the informal opinion verbs.**

Example: ***No me gusta*** *jugar al tenis porque* ***es bastante aburrido****.*

1 ___ jugar al tenis porque ___
2 ___ los libros porque ___
3 ___ usar aplicaciones como TikTok porque ___
4 ___ el baile porque ___
5 ___ chatear en línea porque ___

Many opinion verbs need **pronouns** and change their endings for **singular** and **plural**.

Me *gust**a** el baloncesto.*	I like basketball. (singular)
*¿**Te** interes**an** el fútbol y el tenis?*	Are you interested in football and tennis? (plural)
*A Miguel **le** encant**an** las películas.*	Miguel loves films.
Nos *gust**a** mucho la natación.*	We really like swimming.
Os *gust**an** los libros.*	You (all) like books.
*No **les** gust**an** los deportes.*	They don't like sports.

There are some popular informal verbs that work in this way too. You won't be tested on them but you may want to use them for writing or speaking tasks.

molar, chiflar, flipar → ***Me flipan*** *las películas de terror.*
I love horror films.

Verbs added after opinion verbs must be infinitives.
Me encanta leer.
Nos interesa ir a conciertos.
Les gusta ver partidos de fútbol.

Irregular present tense verbs (Unit 2, page 11)

Leer 5 **Match the questions to the answers. Then translate each set of questions and answers into English.**

1 ¿Qué te gusta hacer en tu tiempo libre?
2 ¿Qué deportes haces?
3 ¿Te gusta jugar al fútbol?
4 ¿Eres miembro de un club?

a No, porque no tengo tiempo, pero mis hermanos son miembros de un club de tenis que está cerca de nuestra casa.
b Pues, disfruto de muchas actividades deportivas, ya que soy deportista, pero mi deporte preferido es la natación.
c Me gusta hacer muchas cosas. A menudo voy al cine, y a veces mis amigos y yo vamos al centro comercial. Cuando estoy en casa, leo libros o escucho música.
d Sí, creo que es muy divertido. Si puedo, voy a los partidos de mi equipo favorito.

Hablar 6 **Read out the messages below. Conjugate the correct infinitive from the word box to complete the sentences in Spanish. Some verbs are used more than once. Then listen to check your pronunciation.**

¿Qué haces en tu tiempo libre?

1 En casa (***I play***) a los videojuegos y (***I have***) muchos seguidores en las redes sociales.
2 Los fines de semana mis amigos y yo (***we go***) al cine, pero en casa, (***we watch***) programas de Netflix.
3 El deporte (***it is***) mi pasión: (***I do***) ciclismo todos los días y (***I am***) muy deportista.
4 No utilizo mucho el móvil porque (***I prefer***) la lectura, pero mis amigos siempre (***they do***) compras por Internet o (***they use***) aplicaciones como Snapchat.

Ser, ***tener*** and ***ir*** are important irregular verbs in the present tense. Learn them carefully.

Notice that ***ser*** and ***ir*** have no accents in the present tense, even in the *vosotros* form. See verb tables on page 11.

tener · ser · ir · usar · jugar · preferir · hacer · ver

Gramática 2

The near future tense (Unit 3, page 12)

Escribir **1** **Choose the correct form of the verb *ir* to complete the near future sentences. Then translate the sentences into English.**

1 Mi madre **vas** / **vamos** / **va** a tomar un café con su amiga.
2 ¿**Van** / **Vas** / **Voy** a visitar a tus abuelos?
3 Marta y Diego **va** / **van** / **vais** a quedar en el parque el domingo.
4 Creo que **voy** / **vas** / **va** a ir al cine con mi novia esta tarde.
5 Pablo **van** / **va** / **voy** a ver una serie nueva en casa si tiene tiempo.
6 Mis padres y yo **van** / **vais** / **vamos** a ir de compras después de hacer tareas.

The **near future tense** is used to describe what is going to happen and is the most common tense in Spanish for describing future plans.

Remember that this tense consists of three parts: ***ir*** (in the present tense) + ***a*** + infinitive.

(yo)	**Voy a** ver una obra de teatro.
(tú)	**Vas a** bailar mucho.
(él/ella/usted)	**Va a** salir a las tres y media.
(nosotros/as)	**Vamos a** tocar la guitarra.
(vosotros/as)	**Vais a** ir a un espectáculo.
(ellos/ellas/ustedes)	**Van a** relajarse.

Hablar **2** **Read out the sentence starters and complete them using the near future tense.**

1 Mi amigo va a ir al cine, pero yo ...
2 Ayer no hice nada, pero mañana ...
3 Si tengo tiempo, mis amigos y yo ... y también ...
4 Más tarde, mi hermano ...
5 El fin de semana próximo mis padres y yo ...

The preterite tense (Unit 4, page 15)

Escuchar **3** **Listen. Complete and transcribe the sentences about Maya's weekend. (1–4)**

1 El fin de semana pasado ... fantástico porque ... muchas cosas.
2 Primero, mis amigos y yo ... por la tarde y ... a un concierto de mi banda favorita y me ...
3 Luego, ...
4 ...

Escribir **4** **Write a paragraph about what you did last weekend. Use the sentence starters and pictures to create your text, using as much detail as you can.**

El sábado pasado
Luego ..., pero no ...
Después, mis amigos y yo ...
Finalmente, ...

The **preterite tense** is used to talk about completed actions in the past.

Remember that ***-er*** and ***-ir*** verbs in the preterite have the same endings, which are different to ***-ar*** verbs.

As well as ***ser*** and ***ir***, other common irregulars in the preterite include ***hacer***, ***tener*** and ***ver***.

hacer (*to do/make*)	**tener** (*to have*)	**ver** (*to see*)
hice	tuve	vi
hiciste	tuviste	viste
hizo	tuvo	vio
hicimos	tuvimos	vimos
hicisteis	tuvisteis	visteis
hicieron	tuvieron	vieron

Irregular verbs do not take accents in the preterite.

Some verbs are irregular in the first person singular: *ju**gu**é* (I played), *lle**gu**é* (I arrived), *sa**qu**é* (I took), *to**qu**é* (I played), *cru**c**é* (I crossed), *empe**c**é* (I started).

Some verbs are irregular in the third person singular and plural: *le**y**ó*, *le**y**eron* (he/she read, they read), *ca**y**ó*, *ca**y**eron* (he/she fell, they fell).

Direct object pronouns (Unit 5, page 16)

Escribir **5** **Fill in the gaps with the correct direct object pronoun.**

1 Me gustan las películas de ciencia ficción. Siempre ____ veo con mi abuelo.
2 El tenis es un deporte bastante popular y me gusta mucho ver____ en la tele.
3 Hay un documental en la televisión esta noche. ____ voy a ver con mi madre.
4 Joel perdió su mochila en el metro, pero su amigo ____ encontró en la estación.
5 Queremos dos entradas para el concierto y ____ vamos a comprar por Internet.
6 En mi opinión, los móviles son importantes porque ____ usamos para hacer muchas cosas.

Leer **6** **Translate the text into English.**

Ayer tuve un día muy malo porque mis amigos trabajaron todo el día, yo no hice nada interesante y perdí el móvil. Creo que lo perdí en casa, pero lo busqué y no lo encontré. Por la mañana hice los deberes y los encontré muy difíciles.

Luego mi padre fue al centro comercial donde compró unos libros. Los voy a leer el domingo. Mi padre también compró unas revistas, pero son aburridas y, por lo tanto, no voy a leerlas. Mañana quiero tener un día mejor.

Direct object pronouns replace something or someone that has already been mentioned.
Remember to place the direct object pronoun directly before the conjugated verb.

Lo/La tenemos. We have **it**.
No lo/la tenemos. We do not have **it**.

The pronoun should agree with the noun it replaces.
*Me gustan **las** películas de ciencia ficción.* → ***Las** veo mucho.*
*Me gustan **los** libros.* → ***Los** compro mucho.*

With infinitives, direct object pronouns can be attached to the infinitive or can be placed before the conjugated verb, regardless of the tense used.
*No pude encontrar**lo**/encontrar**la**.* I could not find **it**.
*No **lo**/**la** pude encontrar.* I could not find **it**.

¡En marcha! (Units 1–5)

Escribir **7** **Copy and complete the text with the correct form of each verb. Use the time markers in purple to help.**

En mi tiempo libre **normalmente** **1 (ir)** al gimnasio o **2 (jugar)** al hockey. En casa, mis hermanos y yo **3 (buscar)** música nueva o **4 (utilizar)** aplicaciones en nuestros móviles. **El domingo pasado** **5 (ir)** al estadio y **6 (ver)** un partido de fútbol increíble. **7** ¡**(Ser)** muy divertido! **El fin de semana que viene** mis padres y yo **8 (tomar)** un café y después **9 (ir)** al cine. Normalmente **10 (preferir)** las comedias.

Hablar **8** **In pairs, copy the table and add some more verbs (infinitives or preterite tense) to columns 1, 3 and 4.**
Use your table to help you ask and answer these questions.

- *¿Qué te gusta hacer en tu tiempo libre?*
- *¿Qué deportes haces? ¿Por qué?*
- *¿Qué hiciste el fin de semana pasado?*
- *¿Qué vas a hacer el sábado que viene?*

1	2	3	4
Me gusta/encanta ... jugar al ... ir al / a la ...	Hago ... Juego al ... porque es ...	Fui/Fuimos al / a la ... Jugué/Jugamos al ...	Voy/Vamos a ... jugar al ... ir al / a la ...

Leer y escuchar

Reading

Leer 1

A television series. **Read Monika's review of a Spanish programme called *The Protected*. Write down the correct word for the gap in each sentence, using the words from the box. There are more words than gaps.**

Los protegidos trata de un grupo de adolescentes con poderes sobrenaturales y por lo tanto estos jóvenes son más importantes que los adultos. Es una de mis series favoritas porque me encanta la ciencia ficción. En mi opinión es una serie para toda la familia porque tiene elementos de comedia y los actores son buenos. Aunque mi hermano prefiere ver documentales porque piensa que son más interesantes. Muchos dicen que los efectos especiales son malos, pero creo que son divertidos.

trata de	*is about*
los poderes	*powers*

adults actors teenagers
fun bad important funny

- **a** The ____ have the key roles in the series.
- **b** Monika believes it's a good watch for families because it is ____.
- **c** She thinks the special effects are ____.

Remember that texts and questions will use different words to say the same thing. For example, the first question uses the word 'key', which means the same as 'important'.

Leer 2

A frustrating weekend. **What does Raúl say about his weekend in his email to Hugo? Write down the correct letter (A–F) for each of the <u>three</u> correct statements.**

Buenas tardes, Hugo. ¿Qué tal? Estoy muy aburrido porque hoy no tengo nada que hacer. Normalmente los sábados paso mucho tiempo en casa frente a la pantalla. Me gusta usar el móvil para aplicaciones como Snapchat o para subir vídeos, y a veces veo algunas series nuevas en la televisión. Pero ayer perdí mi móvil. Lo perdí en un centro comercial. Ahora tengo que usar el móvil de mi mamá si quiero mandar correos electrónicos, y no puedo utilizar mis aplicaciones. Mañana voy a ir al estadio con mi hermana a un concierto que empieza a las cinco de la tarde. No quiero ir porque no puedo grabar las canciones sin el móvil.

¡Hasta pronto! Raúl!

A	Raúl usually spends a lot of time on his phone on Saturdays.
B	He does not like to watch or upload anything on his phone.
C	He likes to watch documentaries on television.
D	He lost his phone yesterday in the shopping centre.
E	He is allowed to send emails using his mother's phone.
F	He is looking forward to going to a concert tomorrow with his sister.

Leer 3

***My hobbies.* Translate the following paragraph into English.**

Soy Cris y mis amigos dicen que soy una persona muy deportista. Creo que es verdad porque hago natación tres veces a la semana y me encanta jugar al baloncesto. También la música es mi pasión y toco la guitarra en una banda. Es divertido ser miembro de un grupo y, además, nos gusta ir a los conciertos juntos. Hace una semana fuimos al estadio para ver a mi cantante favorito y fue emocionante.

Remember that Spanish uses definite articles (*el*, *la*, *los* and *las*) much more than English.

Pay attention to verb endings when translating into English.

Notice the word *Hace* here before a time period. How is this phrase translated?

When you come across unfamiliar words or words you cannot remember, use the context and other similar words to help you.

Listening

Escuchar 1

***Free time preferences.* Indra is talking about her and her brother's habits. What does she say? Listen to the recording and write A, B or C for each question.**

1 Indra spends a lot of time online because she ...
- **A** is addicted to social media.
- **B** loves playing video games.
- **C** is bored at home.

2 Her brother likes ...
- **A** reading the news online and books.
- **B** playing video games.
- **C** reading social media posts.

3 Indra is never going to ...
- **A** delete her social media apps.
- **B** read three novels in a week.
- **C** share private information online.

Listen carefully for verb endings to work out who Indra is talking about. Remember that regular present tense verbs in the 'I' form end in ***–o***, but in the 'he/she/it' form they end in either ***–e*** or ***–a***.
Is she talking about herself or her brother? Watch out also for irregular verbs and verbs in other tenses!

Escuchar 2

***Cinema visits.* Emilio, Omar and Jorge are talking about watching films. What do they say? Listen to the recording and answer in English under the following headings. You do not need to write in full sentences.**

a Emilio – How often he goes to the cinema
b Omar – Film preference
c Jorge – Problem at cinema

Escuchar 3

You are going to hear someone talking about their hobbies. Sentences 1–2: write down the missing words for each gap. For each gap, you will write one word in Spanish. (1–2)

1 Me gusta ____ ____ estoy en mi ____.
2 Si ____, ____ dibujos ____ en el ordenador.

Sentences 3–6: write down the full sentences that you hear in Spanish. (3–6)

When completing a dictation task, don't panic if you miss a word. You will hear each sentence three times, so you can add in missing words the second or third time you listen. To achieve top marks, aim to include accents too.

Prueba oral

Read aloud

Hablar 1 **Look at this task. With a partner, read aloud the four sentences, paying attention to the underlined words.**

Pay particular attention to the pronunciation of the underlined words. Remember that the letter ***ñ*** is pronounced as 'ny'. Pronounce each vowel sound separately and don't forget that a ***c*** followed by an ***i*** is a soft ***c*** ('th').

Nadia, your Mexican friend, has contributed to a blog about young people and their devices.

Read out the text below to your partner.

> Paso dos horas al día con el teléfono celular.
>
> Mis amigos y yo no compartimos las contraseñas nunca.
>
> Muchas aplicaciones son buenas, pero a veces algunos usuarios escriben cosas malas.
>
> Creo que muchos jóvenes usan las redes sociales todos los días y por lo tanto no practican mucho deporte.

Escuchar 2 **Listen and check your pronunciation.**

Hablar 3 **Listen to the teacher asking the two follow-up questions. Translate each question into English and prepare your own answers in Spanish. Then listen again and respond to the teacher.**

You will be asked two questions following a read aloud task. Both questions will relate to the topic of the sentences you have read aloud. The second question will always ask for your opinion. You only need to respond with short sentences to both questions.

Role play

Escribir 1 **Look at the role-play card and prepare what you are going to say.**

> **Setting:** At the cinema
>
> **Scenario:**
> - You are at the cinema buying tickets.
> - The teacher will play the part of the employee and will speak first.
> - The teacher will ask questions in Spanish, and you must answer in Spanish.
> - Say a few words or a short phrase/sentence for each prompt. One-word answers are not sufficient to gain full marks.
>
> **Task:**
> 1 Say what type of film you want to watch.
> 2 Say how many tickets you want.
> 3 Say when you plan to watch the film.
> 4 Ask a question about the cost.
> 5 Ask a question about food or drink.

Keep it simple and just say the film type. (1)

Say the number of tickets or people. (2)

Give either the day or the time you want – or both. (3)

e.g. 'How much is/are ...?' (4)

e.g. 'Do you have...?' (5)

Hablar 2 **Practise what you have prepared. Then, using your notes, listen and respond to the teacher.**

Escuchar 3 **Now listen to Luis doing the role play task. In English, note down what he says for the first three points on the card.**

Picture task

Escuchar 1

Look at the photo and read the first part of the task card. Then listen to Leya describing the photo.

1 What does Leya say the young people are doing on their phones?
2 Where does she say the group is?
3 What does she say about how the teenagers are feeling?

Describe this picture.

Your description must cover:

- people
- location
- activity.

When you have finished your description, you will be asked **two questions** relating to the picture. Say a **short phrase/ sentence** in response to each question.

One-word answers will not be sufficient to gain full marks.

You will then move on to a **conversation** on the broader thematic context of **Media and technology**.

During the conversation, you will be asked questions in the present, past and future tenses.

Your responses should be as **full and detailed** as possible.

Hablar 2

Prepare your own description of the photo, mentioning people, location and activity. Then, with a partner, take turns to describe the picture.

Escuchar 3

Read the second part of the task card. Then listen to the first two follow-up questions and respond to the teacher. Remember: you only need to give a short answer for each one.

Remember to use different persons of the verb to show off your knowledge. The 'we' form is easy to use as the preterite and present tense forms are the same – you can talk about you and your friends.

Escuchar 4

Read the third part of the task card. Listen and write down the missing word or words for each gap in Leya's answers to the first two follow-up questions.

¿Para qué usas el móvil?

Soy **1** a los videojuegos y por eso a **2** uso mi móvil y mi ordenador. Mis amigos y yo siempre **3** aplicaciones seguras como WhatsApp y, cuando **4** en directo a Xbox, **5** usar auriculares.

¿Cómo usaste Internet el fin de semana?

El sábado **6** al voleibol con mis amigos y luego **7** al estadio para ver un **8** de fútbol. Usé Internet para **9** las entradas. El domingo hice un maratón de películas en Netflix; **10**, mi hermano escuchó pódcasts.

Escuchar 5

Finally, listen to Leya moving on to the conversation on the theme of Media and technology. Note down, in English, the three questions she is asked by the teacher. Next, for each of her answers, note down three verbs she uses.

Escribir 6

Prepare your own answers to Module 1 questions 1–12 on page 228. Then practise with your partner.

Módulo 1

Prueba escrita

80–90 word writing task

Leer 1

Look at the task and answer the questions.

1 What type of text are you asked to write?
2 What tense(s) will you need to use for each bullet point?

Remember to use connectives and time phrases to enable you to write detailed sentences for each bullet point, for example ***y***, ***también***, ***pero***, ***o***, ***porque***, ***por eso***, ***por lo tanto***, ***a menudo***, ***de vez en cuando***, ***nunca***, etc.

Write a letter to your friend about your free time activities.

You **must** include the following points:
- what you do in your free time
- your opinion of one of your hobbies
- what you did last week in your free time
- what you will do next weekend.

Write your answer **in Spanish**.
Aim to write between 80 and 90 words.

Leer 2

Read Lin's answer to the exam task. Answer the questions in the callouts.

This is an example of an **irregular verb**. Find three more examples from the text.

What detailed **reason** does Lin give to avoid a simple reason like *es interesante*?

What does the useful connective ***para*** mean here?

En mi tiempo libre, soy miembro de un club de natación y voy a la piscina dos veces a la semana. Me encanta nadar porque me ayuda a olvidarme de todo. También me gusta leer cuando estoy en casa. La semana pasada fui al cine para ver una película de aventuras y después mi hermana y yo vimos a una banda increíble en un concierto. ¡Fue fantástico! El fin de semana que viene voy a ver un documental sobre mi equipo de fútbol favorito con mi madre y luego vamos a salir para comer algo.

Aim to use a variety of verbs and verb endings. What **tense** is this?

What **extra details** are added to his future plans?

Leer 3

Read Lin's answer again and answer the questions.

1 How often does he go swimming?
2 Why does he love swimming?
3 What else does he like to do?
4 What did he do last week? (Give two details.)
5 What is he going to watch this weekend?
6 What else is he going to do and who with?

Escribir 4

Prepare your own answer to the task.

- Think about how you can develop your answer for each bullet point.
- Look back at your notes from exercises 1 and 2.
- Look at the 'Challenge Checklist' and consider how you can show off your Spanish!
- Write a **brief** plan and organise your answer into paragraphs.
- Write your answer and then carefully check the accuracy of what you have written.

Challenge checklist	
	✓ The 'I' form of the verb in different time frames ✓ Verbs of opinion (e.g. *me gusta*) ✓ Simple connectives (e.g. *y, pero, también*) ✓ Time markers (e.g. *la semana pasada, el fin de semana que viene*)
	✓ The 'I' form of the verb in different time frames, plus different persons of the verb in the present ✓ A variety of verbs of opinion (e.g. *me encanta, me interesa, prefiero*) ✓ Simple reasons (*porque* + *ser*) and exclamations (e.g. *¡Fue increíble!*) ✓ Connectives (e.g. *sin embargo, por eso*) ✓ Sequencers (e.g. *primero, después, luego*)
	✓ Different persons of the verb in different time frames ✓ Verbs of opinion in different persons (e.g. *creen que, nos gusta*) ✓ Detailed reasons using a variety of verbs and phrases ✓ More varied connectives (e.g. *por lo tanto, cuando*) ✓ Direct object pronouns (e.g. *lo hago porque ...*)

Translation

Escribir 1

Read the English text and Nadim's translation of it. Write down the missing word for each gap.

In my free time I use my phone all the time. Often, I take photos on my mobile. Sometimes I make calls but I almost never play video games. Yesterday I played football with my friends in the park and then we went to the cinema. Next week, my brother and I are going to go to a concert.

En mi tiempo libre **1** el móvil todo el tiempo. A menudo **2** fotos con el móvil. A veces **3** llamadas, pero casi **4** juego a los videojuegos. Ayer **5** al fútbol con mis amigos en el **6** y luego fuimos al cine. La semana **7** mi hermano y yo vamos a **8** a un concierto.

Escribir 2

Translate the following text into Spanish.

If I have free time, I play sport. Sometimes I go horse-riding. I don't spend much time on my phone because I think it is boring. Last weekend I went to the swimming pool with my friends and then we went out. On Sunday my parents and I are going to go to a football match.

Be careful with phrases that cannot be translated word for word. For example, which verb do you need to use for 'I play sport'? And how do you translate 'on' when it is with a day of the week?

Módulo 1 Palabras

Key:
bold = this word will appear in higher exams only
* = this word is not on the vocabulary list, but you may use it in your own sentences

El mundo hispanohablante (pages 6–7):

La personalidad	*Personality*
Mi nombre es / Me llamo ...	*My name is / I am called ...*
Soy / Es una persona ...	*I am / He/She is a ... person.*
Soy como ...	*I am like ...*
Soy / Es ...	*I am / He/She is ...*
bueno/a	*good*
divertido/a	*funny, amusing*
interesante / **optimista**	*interesting / optimistic*
positivo/a / **práctico/a**	*positive / practical*
responsable / social	*responsible / social*
*tímido/a	*shy*
trabajador/a	*hard-working*
tranquilo/a	*calm, tranquil, relaxed*

Mi vida digital (pages 8–9):

¿Qué haces con tu móvil?	*What do you do on your phone?*
¿Qué haces con tu ordenador/portátil?	*What do you do on your computer/laptop?*
Escucho música	*I listen to music*
Mando / Recibo mensajes	*I send / receive messages*
Leo las noticias	*I read the news*
*Envío correos electrónicos	*I send emails*
*Saco fotos / **Grabo** vídeos	*I take photos / record videos*
Uso aplicaciones como ...	*I use apps like ...*
Utilizo las redes sociales	*I use social media*
No tengo ordenador	*I don't have a computer*
Chateo en línea/con mis amigos	*I chat online/to my friends*
Hago compras / *llamadas	*I shop / I make calls*
Soy *adicto/a a ...	*I am addicted to ...*
Mis amigos y yo ...	*My friends and I ...*
*sacamos fotos / subimos vídeos	*take photos / upload videos*
no jugamos mucho a los *videojuegos	*don't play videogames much*
Prefiero / Preferimos / Prefieren ...	*I / We / They prefer (to) ...*
aplicaciones como ...	*apps like ...*
compartir/subir imágenes ...	*share/upload images ...*
*enviar correos electrónicos	*send emails*
hacer compras por Internet	*shop on the Internet*
jugar *en directo a ...	*play ... live*
ver vídeos/programas	*watch videos/programmes*
ver **documentales**/series	*watch documentaries/series*
¿Cuánto tiempo pasas ...?	*How much time do you spend ...?*
Paso ... horas al día	*I spend ... hours per day*
Siempre / Todo el tiempo	*Always / All the time*
Todos los días / A menudo	*Every day / Often*
De vez en cuando	*From time to time*
A veces	*Sometimes*
(**Casi**) Nunca	*(Almost) Never*
Una vez / dos veces a la semana	*Once / twice a week*
Los fines de semana	*At the weekends*

¡Disfrutamos al máximo! (pages 10–11):

¿Qué actividades te gusta hacer?	*What activities do you like doing?*
(No) Me gusta (mucho) ...	*I (don't) (really) like ...*
(No) Me encanta ...	*I (don't) love ...*
(No) Me interesa (nada) ...	*I am (not) interested in ... (at all) ...*
Prefiero / Preferimos ...	*I prefer / We prefer ...*
escuchar música/mis canciones favoritas	*listening to music/my favourite songs*
estar en casa con mi familia	*being at home with my family*
hacer ciclismo / ir a conciertos	*going cycling / going to concerts*
jugar al fútbol/voleibol/tenis	*playing football/volleyball/tennis*
montar a caballo	*horse riding*
salir con mis amigos	*going out with my friends*
ver películas en mi portátil/móvil	*watching films on my laptop/mobile*
ver películas/una **comedia** en el cine	*watching films/a comedy in the cinema*
leer (libros/**novelas** de ...).	*reading (... books/novels).*
(No) Hago muchas actividades	*I (don't) do many activities*
porque es/son ...	*because it is/they are ...*
aburrido/a(s) / difícil(es)	*boring / difficult*
divertido/a(s)/ emocionante(s)	*fun / exciting*
fácil(es) / guay	*easy / cool*
relajante(s) / terrible(s)	*relaxing / terrible*
¿Qué deportes haces?	*What sports do you do?*
Juego al/a la ...	*I play ...*
Practico / Hago ...	*I practise / I do ...*
(el) atletismo	*athletics*
(el) baile / ciclismo / deporte	*dance / cycling / sport*
(el) fútbol / baloncesto / tenis	*football / basketball / tennis*
(la) natación	*swimming*
¿Qué te gusta hacer en tu tiempo libre?	*What do you like doing in your free time?*
¿Qué actividades haces en tu tiempo libre?	*What activities do you do in your free time?*
En mi tiempo libre ...	*In my free time ...*
Si tengo / tenemos tiempo, ...	*If I / we have time, ...*
Si tengo / tenemos dinero, ...	*If I / we have money, ...*
voy / vamos al/a la ...	*I / we go to the ...*
leo / veo / bailo / escucho...	*I read / watch / dance / listen to ...*
juego al/a la / hago ...	*I play / do ...*
porque me ayuda a ...	*because it helps me to ...*
estar en forma	*keep fit*
olvidarme de todo	*forget everything*
mantenerme en contacto con ...	*stay in touch with ...*
¿Eres miembro de algún club?	*Are you a member of a club?*
Soy miembro de un equipo (local).	*I am a member of a (home) team.*

Nos juntamos (pages 12–13):

¿Qué vas / vamos a hacer?	*What are you / we going to do?*
Este fin de semana / Primero	*This weekend / First*
Luego	*Later/afterwards*
*Por la mañana/tarde/noche	*In the morning/afternoon/evening*
Quiero / Queremos ...	*I / We want to ...*
Mis amigos/padres y yo vamos a ...	*My friends/parents and I are going to ...*
(No) Voy a ...	*I am (not) going to ...*
descansar / estar en casa	*rest / be at home*
hacer deporte/los deberes	*do sports/homework*
ir de compras	*go shopping*
ir al parque/cine/centro comercial	*go to the park/cinema/ shopping centre*
ir a un restaurante	*go to a restaurant*
ir a la piscina	*go to the pool*
limpiar mi habitación	*clean my bedroom*
salir (por la tarde)	*go out (in the afternoon)*
tomar un café	*have a coffee*
mandar mensajes a mis amigos	*send messages to my friends*
hacer **tareas**	*do chores*
No puedo ...	*I can't ...*
porque tengo que ...	*because I have to ...*
hacer los deberes	*do my homework*
salir con mis padres/abuelos	*go out with my parents/ grandparents*
trabajar / **cuidar** a mi perro	*work / look after my dog*
¿Tienes planes?	*Do you have (any) plans?*
(No) Tengo planes para ...	*I (don't) have plans for ...*
hoy / mañana	*today / tomorrow*
este fin de semana	*this weekend*
el viernes/sábado/domingo	*Friday/Saturday/Sunday*
la semana próxima/que viene	*next week*
Estoy libre. / No puedo ir.	*I am free. / I can't come.*
Lo siento. / ¡Claro que sí!	*I'm sorry. / Of course!*
No tengo dinero.	*I don't have (any) money.*
De acuerdo.	*OK.*
¿A qué hora quedamos?	*What time shall we meet?*
A las (diez) en (la *cafetería).	*At (ten o'clock) at (the café).*
¿Quedamos a las (cuatro)?	*Shall we meet at (four o'clock)?*

El fin de semana pasado (pages 14–15):

¿Qué hiciste ...?	*What did you do ...?*
El fin de semana pasado / Ayer	*Last weekend / Yesterday*
El sábado/domingo pasado	*Last Saturday/Sunday*
La semana pasada	*Last week*
El mes pasado	*Last month*
Hace ... días	*... days ago*
Hace una semana ...	*A week ago ...*
comí / bebí ...	*I ate / I drank ...*
compré una entrada para un partido de fútbol	*I bought a ticket to a football match*
escuché música	*I listened to music*
no hice mucho	*I didn't do much*
fui a un restaurante	*I went to a restaurant*
fui a un concierto	*I went to a concert*
gané una competición (de natación)	*I won a (swimming) competition*
me quedé en casa todo el día	*I stayed at home all day*
hablé con mi amigo en el parque	*I spoke to my friend at the park*
salí con mi amigo al centro comercial	*I went out to the shopping centre with my friend*
fui al **gimnasio** y *entrené	*I went to the gym and trained*
jugué a los *videojuegos	*I played videogames*
Mi familia y yo ...	*My family and I ...*
comimos en un restaurante (peruano)	*(we) ate at a (Peruvian) restaurant*
fuimos a la piscina	*(we) went to the pool*
salimos a comer	*(we) went out to eat*
¿Qué tal fue?	*How was it?*
¿Por qué (no) te gustó?	*Why did you (not) like it?*
Me gustó / Me encantó	*I like it / I loved it*
No me gustó (nada)	*I didn't like it (at all)*
porque fue ...	*because it was ...*
aburrido/a / emocionante	*boring / exciting*
fantástico/a / guay / terrible	*fantastic / cool / terrible*

¡Un día fatal! (pages 16–17):

¿Qué pasó el fin de semana pasado?	*What happened last weekend?*
Tuve un día ...	*I had a(n) ... day*
difícil / *estresante / *fatal	*difficult / stressful / awful*
*horroroso / malo / terrible	*horrific / bad / terrible*
porque ...	*because ...*
comí ... / no comí (nada)	*I ate ... / I didn't eat (anything)*
llegué muy tarde	*I arrived very late*
no hice los deberes	*I didn't do my homework*
pasé todo el día enfrente de la televisión	*I spent all day in front of the television*
me caí	*I fell*
Fui/Fuimos a ...	*I/We went to ...*
un concierto / un partido	*a concert / a match*
ver una película de ...	*watch a ... film*
y ...	*and ...*
la voz del cantante fue terrible	*the singer's voice was terrible*
el grupo / la banda fue *horroroso/a	*the group / band were horrific*
mi equipo perdió	*my team lost*
el sonido no funcionó	*the sound didn't work*
Perdí ...	*I lost ...*
el móvil / al perro / a mis amigos	*my mobile / dog / friends*
Lo/La/Los/Las perdí en ...	*I lost it/them in/at ...*
Lo/La/Los/Las encontré en ...	*I found it/them in/at ...*
casa / la ciudad	*home / the city*
el coche / el tren	*the car / the train*
el estadio / el metro	*the stadium / the metro/ underground*
¿Qué vas a hacer el fin de semana próximo?	*What are you going to do next weekend?*
El fin de semana próximo	*Next weekend*
El sábado próximo	*Next Saturday*
La próxima vez	*Next time*
(no) voy a ...	*I am (not) going to ...*
ir al estadio	*go to the stadium*
ver otra película de terror	*watch another horror film*
viajar en ...	*travel by ...*

¡Descubre Andalucía!

- Using *me gusta(n) / me gustaría* + infinitive
- Describing a photo

Bienvenidos a Andalucía

Cada año, Andalucía atrae a más de doce millones de turistas extranjeros. Situada en el sur de España, esta región (la segunda más grande del país) tiene más de ochocientos kilómetros de costa, montañas y valles preciosos, dos Parques Nacionales y ciudades históricas como Sevilla, Málaga, Córdoba y Granada.

Un ejemplo famoso de su cultura única es el flamenco, un arte andaluz que incluye el baile, el cante y la música de guitarra.

el flamenco

¿Por qué vienen a Andalucía?

Según una encuesta, los turistas visitan Andalucía por muchas razones diferentes.

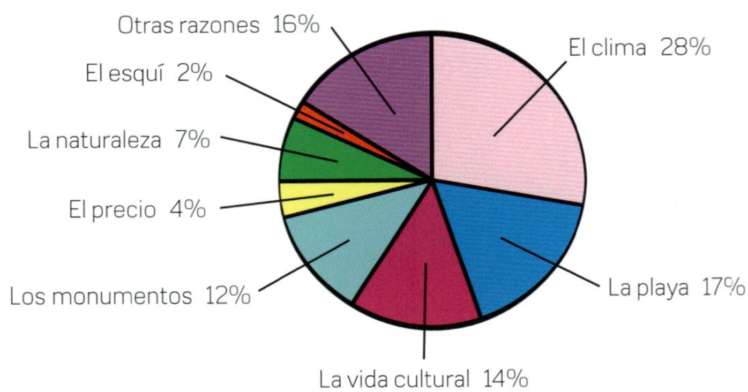

Leer 1 **Read the text. Find the Spanish for the following phrases.**

1. foreign tourists
2. the second biggest in the country
3. beautiful mountains and valleys
4. historic cities
5. according to a survey
6. for many different reasons
7. the cultural life
8. the price

En la foto A la izquierda A la derecha En el centro Al fondo	hay	un bosque. una torre. un río. una playa. un barco. agua. vistas bonitas. muchos árboles/animales/edificios. muchas casas/montañas/personas.
Está(n) en		el campo. la montaña. la costa. un pueblo. una ciudad.
Es		bonit**o**/**a**. históric**o**/**a**. precios**o**/**a**. hermos**o**/**a**. tranquil**o**/**a**. interesante.

Hace	sol	frío
	viento	buen tiempo
	calor	mal tiempo
Llueve		Nieva

Así es Andalucía

conocido por	*known for*	***el bosque***	*forest, wood*
el paisaje	*landscape*	***la marisma***	*marsh*

A El Rocío

¿Dónde? El Parque Nacional de Doñana

Tipo de destino pueblo pequeño

Conocido por el turismo sostenible
el paisaje hermoso

Tiene ecosistemas diferentes como bosques y marismas
varias especies de pájaros y otros animales

Ideal para apreciar la naturaleza
estar al aire libre
montar a caballo

Flamencos y caballos

C Pradollano

¿Dónde? Sierra Nevada

Tipo de destino estación de esquí

Conocido por las vistas bonitas de la montaña y el valle

Tiene tiendas y hoteles
escuelas de esquí

Ideal para hacer esquí
hacer snowboard
hacer ciclismo de montaña

La estación de esquí

B Sevilla

¿Dónde? a orillas del río Guadalquivir

Tipo de destino ciudad histórica

Conocido por las procesiones de Semana Santa

Tiene edificios antiguos
más de 2 000 años de historia

Ideal para ver un espectáculo de flamenco
caminar por el centro
hacer turismo

La Torre del Oro

D Estepona

¿Dónde? La Costa del Sol

Tipo de destino ciudad costera

Conocido por las diecisiete playas con arena fina

Tiene más de 20 kilómetros de costa y un parque acuático al lado del mar

Ideal para tomar el sol y nadar
descansar
hacer deportes acuáticos

La playa

Escuchar 2 **Read the information about the <u>four</u> destinations and then listen. Which one would you recommend for each person? (1–8)**

> Spanish sometimes uses *hacer* where English uses the verb 'to go'.
> What do these phrases mean?
> *hacer ciclismo* *hacer esquí*
> *hacer natación* *hacer turismo*

Hablar 3 **In pairs, talk about the <u>four</u> destinations. Which ones would you (not) like to visit?**

- *¿Te gustaría visitar <u>Sevilla</u>?*
- *Sí, me gustaría visitar ... porque me gust**a** **la** historia / porque me gust**an** **los** edificios antiguos.*
  También me gusta <u>hacer turismo</u>. Finalmente, me gustaría ver <u>un espectáculo de flamenco</u>. ¿Y a ti? ¿Te gustaría visitar ... ?
- *No, no me gustaría visitar ... porque no ...*

> **G**
> To say what you like, use:
> ***Me gusta(n)*** + ***el***/***la***/***los***/***las*** + noun
> To say what you like to do/doing, use:
> ***Me gusta*** + <u>infinitive</u>
> To say what you would like to do, use:
> ***Me gustaría*** + <u>infinitive</u>
> Page 42

Escuchar 4 **Listen to Mariam. Which photo from exercise 2 is she describing? Which <u>two</u> things does she mention which are <u>not</u> in the photo?**

Escribir 5 **Write a description of <u>one</u> of the photos from exercise 2. Then read it out to your partner.**

> In these photos, focus on the setting rather than what people are doing. Use:
> ***hay*** (there is/are) to say what/who is in the photo
> ***es*** (he/she/it is) to describe someone or something
> ***está*** (he/she/it is) to talk about location.

1 En ruta

- Discussing travel plans
- Using comparatives
- Using se *puede(n)* + infinitive

Escuchar 1 **Match each question to the correct section of this holiday planning website. Then listen and write down the five correct letters (a–v) for each person. (1–4)**

1 ¿**Adónde** te gustaría ir de vacaciones?
2 ¿**Cuándo** te gustaría ir?
3 ¿**Qué tipo** de destino te gustaría visitar?
4 ¿**Con quién** te gustaría viajar?
5 ¿**Qué** te gustaría hacer?

G
Use these **impersonal verb phrases** to say 'you/one can …':
Se puede *visitar la capital.* (singular noun)
Se pueden *sacar fotos.* (plural noun)
Page 42

Continente
a África
b Asia
c Europa
d Latinoamérica

Zona
e costa
f campo
g ciudad
h montaña

Viajeros
i solo/a
j pareja
k grupo de amigos
l familia

Estación
m primavera
n verano
o otoño
p invierno

Actividades

q  hacer deportes de aventura
r  hacer turismo
s  ir de compras
t  disfrutar de la vida cultural
u  tomar el sol
v  probar platos típicos

Leer 2 **Read these holiday recommendations. Write the correct destination for each question.**

La Habana (Cuba)
La Habana Vieja es la parte antigua de la ciudad donde se puede pasear por las calles y descubrir la arquitectura única con sus edificios de colores brillantes. Además, se puede hacer un viaje en uno de los famosos coches clásicos.

Lanzarote (Islas Canarias)
En Lanzarote hay más de cien playas donde se pueden hacer castillos de arena, aprovechar el buen clima y descansar. Una atracción muy popular es el Parque Nacional de Timanfaya donde se puede apreciar el paisaje volcánico - ¡y montar a camello!

Baños de Agua Santa (Ecuador)
Situado al pie de un volcán, el pueblo de Baños es ideal para hacer deportes de aventura como el ciclismo de montaña y el rafting. También se pueden probar productos locales como la bebida de caña de azúcar. Para los niños hay un parque temático: El Bosque Encantado.

Where can you …

1 ride a camel?
2 ride in a classic car?
3 go to a theme park?
4 take advantage of the good climate?
5 discover unique architecture?
6 try the local drink?

Hablar 3 **In pairs, take turns to ask and answer the five questions from exercise 1.**

- *¿Adónde te gustaría ir de vacaciones?*
- *Me gustaría ir a Latinoamérica.*
- *¿…?*

Me gustaría Quisiera Se puede	ir a … disfrutar de la vida cultural. pasear por las calles. aprovechar el buen clima.
Me gustaría Quisiera Se pued**en**	sacar fotos [del paisaje]. hacer castillos de arena. probar platos típicos.

Leer 4 **Read the opinions about how people prefer to travel. Fill in the gaps with the correct word from the word box below. Then translate the phrases in bold into English.**

¿Cómo te gustaría viajar?

Me gustaría viajar en **1** porque **es más seguro que** el barco y hay muchas tiendas en el aeropuerto donde se puede ir de compras antes del vuelo. ***Carlos***

Quisiera viajar por la ciudad a **2** porque me gusta hacer ejercicio y **es mejor que** coger el autobús o el metro. También **es más sostenible que** viajar en coche, y además siempre hay mucho tráfico. ***Luis***

Me gustaría ir en **3** porque vivo cerca de la estación. **Es más cómodo que** el autobús para distancias largas, aunque **no es tan rápido como** el avión. También se pueden hacer otras cosas durante el viaje. Sin embargo, actualmente hay muchas huelgas y muchos retrasos. ***Bea***

No me gusta viajar en autobús porque la otra gente me molesta – prefiero viajar sola. Me gustaría ir en **4** porque siempre tengo mucho equipaje, y por eso **es más práctico que** el transporte público. ***Irene***

Me gustaría ir en **5**, ya que me encanta el mar y tengo miedo a volar. **Es menos caro que** el avión, aunque también **es más lento**. ***Jesús***

el retraso *delay*

avión	tren
barco	autobús
pie	coche

*ir/viajar **en** [avión]*
*coger **el** [avión]*
Note: ir ***a*** pie

Leer 5 **Read the texts again. Who ...**

1 says there are lots of strikes?
2 mentions travelling by bus or underground?
3 is scared of flying?
4 lives near the train station?
5 likes to go shopping before a flight?
6 always has lots of luggage?

G

Use a 'comparative sandwich' with an adjective or adverb.

más ... ***que*** ... more ... than ...
menos ... ***que*** ... less ... than ...
tan ... ***como*** ... as ... as ...

*El tren es **más** rápido **que** el barco.*
The train is **faster than** the boat.

These comparatives are irregular
mejor/peor que ... better/worse than ...
mayor/menor que ... bigger/smaller than ...

Page 43

Escuchar 6 **Listen. Copy and complete the table in English. (1–6)**

	Preference	Reason	Disadvantage
1	Train	quicker than ...	much more ...

Escribir 7 **Write a paragraph about where you would like to go on holiday and how you would like to travel.**

Me gustaría ir a <u>Latinoamérica</u> con <u>mi familia</u> en <u>verano</u> porque ...

Creo que me gustaría visitar <u>La Habana</u> porque hay ... donde se puede(n) ...

También se puede(n) ...

Me gustaría viajar en ... / coger el ... porque ...

Además, es más/menos ... que ...

No me gustaría viajar en ..., ya que ...

Me gustaría Quisiera	ir/viajar en coger el	autobús/coche/avión/metro/barco/tren	
porque es	más	caro/barato/económico	que ...
	menos	rápido/lento/sostenible	que ...
	tan	cómodo/práctico/seguro	como ...
	mejor/peor		que ...
porque hay	mucho tráfico. mucha gente.	muchos retrasos. muchas tiendas.	
porque	me gusta hacer ejercicio. se pueden hacer otras cosas. siempre tengo mucho equipaje. tengo miedo a volar. la otra gente me molesta.		

2 La cultura en la calle

- Talking about festivals in the Spanish-speaking world
- Using the superlative
- Using 'if' clauses with the present tense

Escuchar 1 **Listen and read. Translate the superlative phrases in purple into English.**

Fiestas para todos los gustos

Son una parte esencial de las tradiciones y costumbres de un país. Te hacen sentir orgulloso de tu cultura, son populares entre los turistas - ¡y son muy divertidas! Aquí recomendamos cuatro de **las mejores fiestas** del mundo hispanohablante.

Si te gusta el ruido, ...

hay que ir a **las Fallas de Valencia** donde se puede disfrutar de la música, los desfiles y **los fuegos artificiales más ruidosos**. Sin embargo, **el momento más dramático** es cuando queman las enormes figuras de cartón y madera.

del 15 al 19 de marzo

Si eres muy aventurero, ...

hay que ir a **la fiesta más popular** de España (¡y **la más peligrosa**!) – **los Sanfermines**. Cada mañana, **las personas más valientes** participan en el encierro donde corren delante de los toros.

del 7 al 14 de julio

Si te interesa la historia, ...

hay que viajar a Cuzco, en Perú, donde organizan un espectáculo especial para representar **la Fiesta del Sol**, el festival inca que coincide con **el día más corto** del año. Es quizás uno de **los festivales menos conocidos, pero más lindos**.

el 24 de junio

Si quieres divertirte al máximo, ...

hay que participar en **la Tomatina**, **la fiesta más divertida** del mundo. Los participantes tiran miles de tomates en una batalla emocionante. (¡Pero es **la peor opción** si eres alérgico a los tomates!)

último miércoles de agosto

orgulloso/a	*proud*
los fuegos artificiales	*fireworks*
el encierro	*running of the bulls*

Leer 2 **Read the text again and write the phrases in Spanish. Then choose one of the festivals and translate the text into English.**

1 they burn
2 they run
3 they throw
4 they organise
5 they make you feel
6 they participate

Use complex structures such as ***si*** (if) clauses and ***hay que*** (you must) + infinitive.
Si te gusta el ruido, ***hay que*** *ir* a ...
If you like noise, **you must** go to ...

Escuchar 3 **Look at the pronunciation box on page 35. Then listen and fill in the gaps with the correct word in Spanish.**

Cada año en abril o mayo, en **1** celebran la Feria de Abril, donde **2**, bailan y **3** instrumentos por las **4**. Mucha gente **5** ropa tradicional y ve desfiles como el 'Paseo de **6**.' Si te gusta el pescado, hay que **7** el plato más típico y **8** de la fiesta: el pescaíto frito.

G

Use the **superlative** to talk about the biggest, the most popular, the best etc.
el/la/los/las + noun + ***más/menos*** + adjective
Sometimes the noun is omitted:

el *[plato]* ***más*** *rico*	the **tastiest** [dish]
las *[fiestas]* ***menos*** *populares*	the **least** popular [festivals]

Note these irregular superlatives:

el/la/los/las	*mejor(es)*	*peor(es)*	*mayor(es)*	*menor(es)*
the	best	worst	biggest	smallest

Page 43

Hablar 4 **In pairs, take turns to give your opinion of different festivals.**

- *En tu opinión, ¿cuál es la fiesta más divertida/interesante/histórica (etc.)?*
- *Para mí, la fiesta más … es la Feria de Abril porque llevan/comen … (etc.)*
- *¿Cuándo es la Feria de Abril?*
- *Es … Y en tu opinión, ¿cuál es la fiesta más …?*

Remember that ***ll*** has a similar sound to 'y' in English.
Listen and repeat the words.
***ll**evan*   *las Fa**ll**as*   *orgu**ll**oso*

Escribir 5 **Translate this text into Spanish.**

One of the most popular festivals is Carnival, which they celebrate in February or March in lots of Spanish-speaking countries. If you visit Latin America, you must go to Barranquilla in Colombia, where you can see the best parades. Also, you can try the tastiest dishes.

- Superlatives - take care with word order.
- *el Carnaval*
- Look back at page 34.
- *Hay que* + infinitive
- Look back at Unit 1.

Escuchar 6 **Listen to and read the dialogue. Look at the menu and then answer the questions below in English.**

Mustafa e Isatere están en Sevilla y quieren tomar tapas.

- *Quisiera una mesa para dos personas, por favor.*
- *Sí, señora. ¿Prefiere dentro o fuera?*
- *Fuera, por favor – hace buen tiempo hoy.*
- *Por supuesto. Aquí tiene la carta. ¿Qué van a tomar?*
- *Vamos a pedir tapas. Queremos pan con tomate, pescaíto frito y tortilla española, por favor.*
- *¿Y para beber?*
- *Una botella de agua para compartir.*

****

- *¡Por favor! Necesito un vaso.*
- *Lo siento, señora. Aquí tiene. ¡Buen provecho!*

****

- *¿Quieren postre?*
- *Sí, vamos a tomar helados. Y quisiera la cuenta, por favor.*

1 Where do they want to sit and why?
2 Which three tapas do they order?
3 Later, why does the customer call the waiter?
4 What is the very last thing she asks for?
5 Which four main courses are on the menu?
6 Which three choices are there for dessert?

Hablar 7 **In pairs, make up your own dialogue by changing the underlined words/phrases from exercise 6. Choose from the menu or use any other food/drink vocabulary you have learned.**

Quisiera	una mesa para … personas. la carta.	la cuenta.
Voy a / Vamos a	pedir … tomar …	
Necesito	un vaso.	un plato.

3 Mis últimas vacaciones

- Saying what you did on holiday
- Using *acabar de* + infinitive
- Using a range of structures to give opinions in the past

Escuchar 1 **Read the texts and then listen. For each person, correct the mistake and write down the two opinions you hear in English. (1–4)**

¿Qué tal tus últimas vacaciones?

1 Acabo de visitar Cartagena donde pasé una semana en casa de mis abuelos.
2 Acabo de volver de San Juan donde pasé quince días.
3 Acabo de regresar de Vigo donde pasé el fin de semana con mi pareja.
4 Mi familia y yo acabamos de ir a Bilbao donde pasamos la Nochevieja.

quince días *a fortnight*

Use a variety of structures to give opinions about activities in the past:

(No) Me/Nos gustó. Me/Nos encantó.	*Fue ... genial. increíble.*
Lo pasé ... bien/mal/fatal.	*¡Qué ... desastre! suerte!*

G To say that you have just done something, use the present tense of ***acabar de*** + infinitive.

***Acabo de** volver de España.*
I have just returned from Spain.

***Acabamos de** visitar Sevilla.*
We have just visited Seville.

Page 44

Hablar 2 **In pairs, take turns to read out the text. Pay attention to *j*, *ge*, *gi* and *h*.**

Acabo de visitar **Gij**ón donde pasé una semana con mi **h**ermano. Via**j**amos en tren y fue **ge**nial. El primer día tomé el sol porque **h**izo buen tiempo.
Sin embargo, al día si**gui**ente **h**izo viento, y por lo tanto decidimos **h**acer windsurf.
Lo me**j**or fue cuando visitamos el parque temático, pero lo peor fue cuando de**j**é mi relo**j** en el **h**otel.

Remember that ***j***, ***ge*** and ***gi*** are pronounced like a stronger version of the English 'h'. However, the Spanish ***h*** is silent.

Escuchar 3 **Listen to check your pronunciation. Then translate the underlined phrases in exercise 2 into English.**

Escuchar 4 **Listen. Copy and complete the table in English. (1–4)**

	Transport	Weather	Best thing	Worst thing
1				

G *¿Qué fue **lo mejor/peor** de tu visita?*
Lo + **adjective** means 'the ... thing'.
Lo bueno/malo The good/bad thing
Lo mejor/peor The best/worst thing

Page 44

El primer día ...	Al día siguiente ...	El último día ...	Lo peor fue cuando ...	
comí algo malo y vomité.	me puse enfermo/a.			
dejé perdí rompí	 mi bolsa  mi reloj	 mi cámara  mi pasaporte	 mi maleta  mi tarjeta de crédito	 mis llaves
en	el aeropuerto.	la playa.	el autobús.	la estación.
¿Qué tiempo hizo?	Hizo	buen tiempo / mal tiempo. calor/frío/sol/viento.		
	Llovió/Nevó.			

Hablar 5 **In pairs, describe a recent trip. Use the underlined phrases from exercise 2 and the vocabulary from exercise 4 to help you.**

- *¿Qué tal tus últimas vacaciones?*
- *Acabo de visitar ... donde pasé ... con ... Viajé en ... Fue ...*
- *¿Qué hiciste?*
- *El primer día ... porque ... Al día siguiente ...*
- *¿Qué fue lo mejor de tus vacaciones?*
- *Lo mejor fue cuando ..., pero lo peor ...*

Leer 6 **Read the text and select the correct photo for each gap. Then copy and complete the sentences below in English.**

Un día de excursión por Málaga

Iñaki Sánchez

Mi novio y yo acabamos de pasar tres días en Málaga, la ciudad más hermosa de la región. El primer día decidimos comprar billetes para el autobús turístico porque se puede subir y bajar todo el día.

Por la mañana, recorrimos el centro histórico. Empezamos en **a** – dos de los lugares más antiguos donde se pueden apreciar las vistas increíbles de la ciudad.

Por la tarde, mi novio visitó **b** porque es un fanático del fútbol, pero yo fui al **c**, ya que prefiero la naturaleza. Me encantó. Después, fuimos al **d** donde compramos pan, jamón y queso para hacer bocadillos frescos. ¡Qué ricos!

Al día siguiente hizo mucho calor, y por eso fuimos a **e** donde jugamos al voleibol en la arena y nadé en el mar. Más tarde, compré recuerdos en un centro comercial, pero lo peor fue cuando perdí mis bolsas ¡y todas mis compras!

Finalmente, lo mejor fue cuando asistimos a un espectáculo de flamenco por la noche. Fue una experiencia estupenda.

recorrer	*to travel all over*
asistir a	*to attend*

1 According to Iñaki, Málaga is the ...
2 They decided to buy bus tour tickets because you can ...
3 From the castle you can appreciate ...
4 They bought bread, ...
5 They played volleyball on ...
6 The worst thing was when he ...
7 The best thing was when they ...

Escribir 7 **Write a text about a recent trip (real or imaginary). Include the following information:**

- where you have just been, with whom and for how long
- how you travelled
- your opinion of the trip
- what the weather was like
- what you did
- the best/worst thing about your trip.

Use **time phrases** and **sequencers** to help structure your text.

por la mañana	*primero*
por la tarde	*luego*
por la noche	*más tarde*
	finalmente

4 ¿Dónde te quedaste?

- Describing where you stayed
- Using the imperfect tense
- Giving and spotting positive/negative opinions

Leer 1 **Read these accommodation reviews. Identify the <u>two</u> correct pictures (a–f) for each person. What do the phrases in purple mean?**

la ubicación	*location*	***quedarse/alojarse***	*to stay*
alquilar	*to rent/hire*	***decepcionante***	*disappointing*

Ubicación ★★★★★ **Instalaciones** ★★★★

En mayo, me quedé en un camping con mi novia. **Estaba** cerca de la playa y **tenía** vistas lindas al mar. También **había** una piscina al aire libre. Sin embargo, **no era** posible cargar el coche eléctrico allí.

Ricardo Salas

Ubicación ★★ **Instalaciones** ★★★★★

En marzo, mi familia y yo alquilamos un apartamento en el centro de la ciudad. La cocina **era** muy moderna y las habitaciones **eran** grandes. **Estaba** cerca de los restaurantes, los cines, etc., pero por la noche **había** mucha gente en la calle – ¡y mucho ruido!

Marcos Navarro

Ubicación ★★★★ **Instalaciones** ★★

En agosto, me alojé en un hotel de tres estrellas en un barrio agradable. Por un lado, **era** bastante económico y todo **estaba** muy limpio. Por otro lado, el desayuno **no estaba** incluido y las habitaciones **no tenían ni** wifi **ni** televisión. **Tampoco había** gimnasio en el hotel. ¡Qué decepcionante!

Águeda Rubio

a 

b 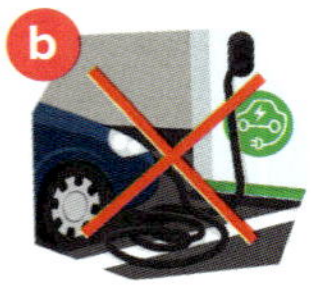

c 

d 

e 

f 

Leer 2 **Read the text and fill in the gaps with the correct word from the box. Then read the completed text out, paying attention to *qu* (see page 39).**

Acabamos de pasar **1** días en Murcia donde nos **2** en un pueblo en el campo. **3** una casa cerca del **4**, pero no me gustó. El dueño no era nada agradable y el pueblo era demasiado **5** porque estaba lejos de todo. Las habitaciones eran muy **6**, y no había ni jardín ni terraza. Mi madre tuvo que **7** porque el baño estaba muy sucio, la televisión no funcionaba y la ventana estaba rota. ¡ **8** desastre!

pe**que**ñas	bos**que**	**que**jarse
quince	Al**qui**lamos	
tran**qui**lo	**Qué**	**que**damos

Escuchar 3 **Listen to the text from exercise 2 to check your pronunciation. Then translate the text into English.**

G

The **imperfect tense** is used for describing things in the past.
Estaba *en el campo y* ***tenía*** *un restaurante.*
It was in the country(side) and **it had** a restaurant.

	est**ar** (*to be*)	ten**er** (*to have*)
(yo)	est**aba**	ten**ía**
(tú)	est**abas**	ten**ías**
(él/ella/usted)	est**aba**	ten**ía**
(nosotros/as)	est**ábamos**	ten**íamos**
(vosotros/as)	est**abais**	ten**íais**
(ellos/ellas/ustedes)	est**aban**	ten**ían**

***-er* / *-ir* verbs** have the same endings.
Verbs which are irregular in the imperfect include
ser (to be) ⟶ ***era*** (it was)
The imperfect tense of ***hay*** (there is/are) is ***había*** (there was/were).

Page 44

Use ***era*** (*ser*) for describing something in the past.
El baño ***era*** *pequeño.* The bathroom **was** small.

Use ***estaba*** (*estar*) for talking about a location or a temporary state in the past.
Estaba *cerca de la playa.* **It was** near the beach.
La ducha ***estaba*** *rota.* The shower **was** broken.

Note:
No *tenía* ***ni*** ~~*un*~~ *bar* ***ni*** ~~*una*~~ *piscina.* It didn't have a bar or a pool.
Tampoco *tenía* ~~*un*~~ *ascensor.* Nor did it have a lift.

Escuchar 4 **Listen and write positive (*P*), negative (*N*) or positive and negative (*P+N*) for each person's review. Then listen again and note down <u>three</u> other details in English. (1–5)**

¿Dónde te quedaste?

Remember that ***qu*** is pronounced like 'k' in English. The ***u*** is always silent.
When pronouncing ***que*** ('keh') and ***qui*** ('key'), take care to avoid saying 'kw' (as in 'question' or 'quick').

Escribir 5 **Use your imagination to write a review for a holiday website.**

En <u>mayo</u> me quedé en <u>una casa</u> en ... *Estaba ... Tenía ... y ...*	*Por un lado, era ... y ...* *Por otro lado, no tenía ni ... ni ...* *(No) Me gustó porque ...*

El hotel ...	El camping ...	El apartamento ...	La casa ...		
era	bastante muy demasiado	moderno/a. pequeño/a. barato/a. económico/a. decepcionante.	antiguo/a. grande. caro/a. viejo/a. agradable.	Tenía No tenía (ni ... ni ...)	(un) baño. (un) gimnasio. (un) jardín. (un) restaurante. (una) cocina. (una) piscina. mucho espacio. mucho ruido. mucha gente. vistas al mar.
estaba	en el centro.	cerca de ...	lejos de ...	También había Tampoco había	
	limpio/a.	sucio/a.			
La ducha	La ventana	estaba roto/a.			
El ascensor	El wifi La luz	no funcionaba.			
Una habitación ... individual / doble / con dos camas.					

Escuchar 6 **Listen to both conversations and fill in the gaps with the correct word(s) in Spanish. In pairs, create your own dialogue. (1–2)**

En la recepción del Hotel Miramar

- *Quisiera una habitación* **a** *para* **b** *persona(s), por favor.*
- *¿Para cuántas noches?*
- *Para* **c** *noches. ¿Cuánto es?*
- *Son* **d** *euros por noche. El desayuno* **e** *incluido.*
- *¿A qué hora se sirve el desayuno?*
- *Entre las* **f** *y las* **g**. *Necesito su pasaporte, señora.*
- *Aquí tiene. ¿Hay* **h** *en el hotel?*
- *Por supuesto. Es gratuito/a para los clientes.*

Add variety by giving both positive and negative opinions.
Lo bueno/malo era que *(era/tenía) ...*
The good/bad thing was that (it was/it had) ...
Por un lado, ... ***Por otro lado***, ... On one hand, ... On the other hand, ...
When listening/reading, pay attention to adjectives.
Don't jump to conclusions – do the following phrases suggest positive or negative opinions?
No *era nada caro.* ***Tampoco*** *era bonito.* *Era* ***demasiado*** *tranquilo.*

Escribir 7 **Prepare your answers to this role play card.**

You are at a hotel reception desk in Spain. The teacher will play the part of the receptionist and will speak first.

1. Say what type of room you would like.
2. Say how many nights it is for.
3. Ask a question about facilities in the hotel.
4. Ask a question about breakfast.
5. Say what you are going to do in Spain.

Start with either '*Me gus...*' or '*Quis...*'

e.g. 'Is there a gym?' or 'When does the pool open?'

Use the near future tense.

You could start with '*¿Cuánto ...?*' or '*¿A qué hora ...?*'

When you use a **question word**, it is usually followed immediately by the <u>verb</u>.
*¿**Cuándo** <u>abre</u> [el gimnasio]?*
When does [the gym] <u>open</u>?

What do these question words mean?
¿Qué? *¿Cuándo?* *¿Cuánto?*
¿Dónde? *¿Cómo?* *¿Cuál?*
¿Quién? *¿Por qué?* *¿A qué hora?*

Escuchar 8 **Using your notes from exercise 7, listen and respond. Then practise with a partner.**

5 Mi aventura por Latinoamérica

- Talking about holidays using different tenses
- Using *suelo* + infinitive
- Using strategies to work out meaning

Leer 1 **Read the text and complete the statements.**

Soy Víctor y vivo en Tenerife. Normalmente paso las vacaciones en casa donde suelo ver películas en mi tableta. No suelo ir de vacaciones al extranjero, pero mi hermano y yo solemos ir a la playa. Sin embargo, acabo de ganar una competición y el premio es increíble – ¡una excursión en grupo por México! Voy a escribir un blog para describir mis aventuras.

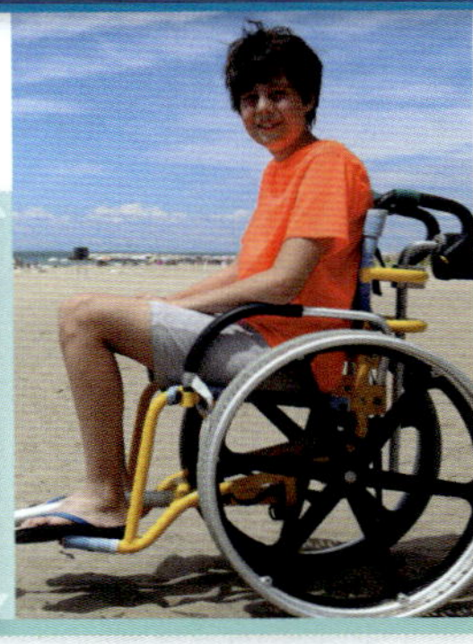

1 Víctor usually spends the holidays … where he …
2 He doesn't tend to …
3 He has just …
4 He is going to …

G

To say what you tend to do or usually do, you can use ***soler*** + infinitive.

Suelo *ir de vacaciones.*
I tend to / I usually go on holiday.

Soler is a stem-changing verb.

Page 45

Escuchar 2 **Listen to and read the blog. Then put the photos (a–f) in the order in which they are mentioned.**

Mi aventura por México

Día 4

Llegué a la capital hace tres días. El primer día estaba cansado después del vuelo, pero al día siguiente decidí visitar Xochimilco donde hice una excursión en barco y escuché la música tradicional de los mariachis. Mañana voy a visitar el Museo Frida Kahlo, 'la Casa Azul', donde nació.

Día 8

Me encantó Oaxaca. La ciudad estaba llena de colores y olores, y el centro era fácil de recorrer en silla de ruedas. Primero, visitamos un cementerio decorado con flores para el Día de los Muertos, que celebran en México el 1 y 2 de noviembre. Pero, lo mejor fue cuando vimos los desfiles por la calle. Conocí a mucha gente agradable y aprendí mucho sobre esta tradición.

Día 11

Ayer probé *papadzules*, un plato tradicional con tortillas de maíz, huevo duro y una salsa especial. ¡Qué rico! Hoy vamos a ir a las ruinas de Chichén Itzá, el sitio arqueológico maya más famoso.

Día 14

Chichén Itzá fue increíble. Tenía buen acceso para personas con discapacidad y saqué muchas fotos del Templo de Kukulcán, una pirámide enorme. Ayer nadé en un cenote en forma de corazón – solo me costó cien pesos. Desafortunadamente, mañana va a ser el último día de mi visita a México. ¡No quiero marcharme!

a

d

b

e

c

f

el cenote	*a water-filled sinkhole*
pesos	*pesos (Mexican currency)*

Leer 3 **Read the blog again and write the Spanish for the following phrases.**

Present	**Preterite**
1 which they celebrate	**5** where she was born.
2 I don't want to leave!	**6** I met lots of nice people
Near future	**Imperfect**
3 I am going to visit	**7** I was tired
4 it is going to be	**8** it was full of colours and smells

Use **the four Cs** to help you work out the meaning of words which you can't remember or don't know.

Clues	(e.g. the glossary box, photos)
Cognates	(e.g. *las ruinas, arqueológico*)
Context	(e.g. 'It had good access for people with ________')
Common sense	(e.g. How might he feel after the flight?)

Escuchar 4 **Listen and for each person write down:**

- **what they are talking about (a–f)**
- **which tense they use (present / preterite / imperfect / near future). (1–6)**

a cost
b food
c festivals
d travel
e accommodation
f shopping

G

Use the **present tense** to say what you normally do.

Veo *películas.*	**I watch** films.
Suelo *ir a la playa.*	**I tend to** go to the beach.

Use the **preterite tense** to say what you did, to talk about the weather and to give opinions in the past.

Probé *un plato típico.*	**I tried** a typical dish.
Me gustó *porque* ***hizo*** *sol.*	**I liked it** because **it was** sunny.

Use the **imperfect tense** to describe something in the past.

Tenía *una piscina.*	**It had** a swimming pool.

Use the **near future tense** to say what you are going to do.

Voy a sacar *fotos.*	**I'm going to take** photos.

Page 45

Leer 5 **Read the text and write the correct form of each verb in brackets. Remember that you may need the preterite or imperfect tense when talking about the past. Then listen to check your answers.**

En verano yo **1 (soler)** ir al parque donde **2 (montar)** en bici o **3 (jugar)** al fútbol. También, mis amigas y yo **4 (ir)** a la piscina a veces.

Sin embargo, el verano pasado yo **5 (ir)** de vacaciones a Buenos Aires, la capital de Argentina. El primer día **6 (pasear)** por la Plaza de Mayo donde **7 (sacar)** fotos de la Casa Rosada. Luego, por la noche, **8 (disfrutar)** de un espectáculo de tango (un tipo de baile y música) en el Café Tortoni, el café más antiguo de la ciudad. Me encantó, pero después **9 (estar)** muy cansada.

Por un lado, lo mejor fue cuando **10 (visitar)** la Bombonera, el estadio de Boca Juniors. ¡Qué guay! Por otro lado, desafortunadamente, no **11 (ver)** un partido porque **12 (ser)** demasiado caro.

El año próximo, **13 (pasar)** dos semanas en un camping con mi familia. Mi hermana y yo **14 (alquilar)** bicicletas y creo que **15 (ser)** muy relajante.

Hablar 6 **In pairs, take turns to ask and answer questions about your holidays.**

- *¿Qué sueles hacer en verano?*
- *¿Adónde fuiste de vacaciones el año pasado?*
- *¿Qué hiciste el primer día/el último día?*
- *¿Qué fue lo mejor/lo peor de tus vacaciones?*
- *¿Cómo era el pueblo/la ciudad?*
- *¿Adónde vas a ir de vacaciones el año próximo?*
- *¿Qué vas a hacer allí?*

En las vacaciones En verano	suelo normalmente	jugar ... hacer ... ir ... juego ... hago ... voy ...
Hace [dos] años El verano pasado	fui	de vacaciones a ... a un parque temático. al mercado / a la playa.
El primer día Al día siguiente El último día	hice	una excursión [en barco]. turismo.
	vi	un partido. los edificios. una exposición [de arte].
Por la mañana Por la tarde Por la noche Lo mejor/lo peor fue cuando	aprendí [mucho sobre] ... conocí a [mucha gente] ... decidí [ir a] ... probé [un plato típico] ...	compré ... llegué ... nadé en ... visité ...
Costó/Costaron ... euros/pesos.		
El año próximo El año que viene	voy a vamos a	ir ... hacer ... ver ... pasar ... alquilar ... viajar ...

Escribir 7 **Write a text about your holidays (real or imaginary). Use the present, preterite, imperfect and near future tenses.**

Gramática 1

Me gusta(n) / Me gustaría (Culture, page 31)

Escuchar 1

Listen and write down the phrase which should replace each beep in the sentence (*me gusta*, *me gustan* or *me gustaría*). Listen out for clues such as singular/plural nouns, infinitive verbs and time phrases. (1–8)

Example: 1 ***Me gusta*** *(mucho el paisaje hermoso de la región).*

Escribir 2

Translate these sentences into Spanish.

Example: 1 *Me gustaría ir a un parque acuático porque ...*

1. I would like to go to a water park because I like swimming.
2. I really like animals and therefore I would like to go horse riding.
3. When it is sunny, I like doing water sports.
4. I don't like going to the beach because I don't like the sand.
5. I love birds and trees and therefore I would like to walk through the forest.
6. I would like to visit Seville because I love to go sightseeing.

To say what you like, use:
Me gusta + ***el***/***la*** + singular noun
Me gustan + ***los***/***las*** + plural noun
Me gusta el *campo, pero* ***no me gustan los*** *animales.*
I like the countryside, but **I don't like** animals.

You must use the definite article (***el***/***la***/***los***/***las***) when giving an opinion about a noun.

To say what you like to do/doing, use:
Me gusta + infinitive
Me gusta *mucho tomar el sol.*
I really **like** to sunbathe/sunbathing.

To say what you would like to do, use the conditional tense of the verb ***gustar***.
Me gustaría + infinitive
En el futuro ***me gustaría*** *visitar Andalucía.*
In the future **I would like** to visit Andalusia.

Verbs such as ***encantar*** and ***interesar*** work in a similar way.
Me encantaría *visitar Alicante.*
I would love to visit Alicante.

Se puede(n) + infinitive (Unit 1, page 32)

Escribir 3

Look at this webpage and write eight sentences about what you can do in Córdoba. Try to use a different infinitive verb in each sentence (e.g. *ver*, *probar*, *apreciar* ...).

Example: 1 ***Se pueden*** *descubrir los jardines del Alcázar.*

¿Cómo se puede aprovechar al máximo una visita a Córdoba?

- la Mezquita-Catedral
- los platos tradicionales
- el barrio judío
- los patios típicos
- el Puente Romano y la Torre de la Calahorra
- los jardines del Alcázar
- el Palacio de Viana
- los Baños Árabes

Use these **impersonal verb phrases** to say 'you/one can ...':
Se puede + infinitive + singular noun
Se pueden + infinitive + plural noun
Se puede *visitar el museo, pero no* ***se pueden*** *sacar fotos.*
You can visit the museum but **you can't** take photos.

Where the verb is not directly followed by a noun, use ***se puede*** + infinitive.
Se puede *pasear por las calles.*

Where there are two or more nouns, use ***se pueden*** + infinitive.
Se pueden *apreciar el parque y el río.*

Comparatives (Unit 1, page 33)

Leer 4 **Translate these puzzles into English to work out each person's preference.**

1 Marc prefers to travel by … **2** Eva would prefer to visit …

El tren es **más** rápido **que** el barco.
Sin embargo, el tren es **tan** caro **como** el autobús y **menos** cómodo **que** el avión.
El coche es **menos** seguro **que** el avión y también es más lento.
Además, los retrasos en el aeropuerto son **menos** frecuentes **que** en la estación de tren.
Marc

Me gustaría ir a la costa, pero es **más** caro **que** ir al campo.
También, las vistas en el campo son **más** bonitas **que** en la costa.
En la capital las tiendas son **mejores que** en el campo, pero la capital es menos tranquila.
Para mí, el precio y el paisaje son **más** importantes **que** las compras.
Eva

Escribir 5 **Use exercise 4 to write <u>three</u> comparison sentences of your own. Extra challenge: try to write your own puzzle using the comparative.**

Use a 'comparative sandwich' with an adjective or adverb.

***más** … **que** …*	more … than …
***menos** … **que** …*	less … than …
***tan** … **como** …*	as … as …

*La costa es **más** bonita **que** la ciudad.*
The coast is **prettier than** the city.

These comparatives are irregular:

***mejor que** …*	better than …
***peor que** …*	worse than …
***mayor que** …*	bigger than …
***menor que** …*	smaller than …

*Granada es **mejor que** Madrid para hacer turismo.*
Granada is **better than** Madrid for sightseeing.

The adjective must agree with the first noun mentioned. However, when used to compare two <u>infinitives</u>, it doesn't agree.

*<u>Visitar</u> la capital es **tan** caro **como** <u>ir</u> al extranjero.*
Visiting the capital is **as** expensive **as** going abroad.

Superlatives (Unit 2, page 34)

Escribir 6 **Read the grammar box on page 34 and then write the jumbled words below in the correct order to form superlative sentences. Translate each one into English.**

Example: 1 *El plato más rico es la paella. / La paella es el plato más rico.*
The tastiest dish is paella. / Paella is the tastiest dish.

1 la / más / plato / rico / paella / es / el
2 la / es / batalla / peligrosa / la / más / Tomatina
3 ciudad / hermosa / es / la / Córdoba / más
4 costumbres / las / fiestas / más / las / interesantes / son
5 la / importante / la / aspecto / más / ropa / es / de / el / fiesta

Hablar 7 **In pairs, discuss these results of a survey in Spanish. Remember to make adjectives agree.**

- *¿Cuál es <u>la ciudad</u> / <u>el plato</u> / <u>la fiesta</u> / <u>el aspecto</u> más …?*
- *<u>El plato</u> más <u>rico</u> es …*
- *<u>La ciudad</u> más <u>histórica</u> es …*

- *¿Cuál es <u>la mejor ciudad</u> / <u>el peor aspecto</u>?*
- *<u>La mejor ciudad</u> es …*

City	Festival
• Most historic - Cádiz • Most beautiful - Granada • Most interesting - Valencia • Best - Sevilla	• Most fun – La Feria de Abril • Oldest – Las Fallas • Most well known – La Tomatina • Best – El Día de los Muertos
Dish	**Aspect (of the festival)**
• Tastiest – pan con tomate • Most typical – pescaíto frito • Most famous – paella • Best – tortilla	• Most important – the music • Most popular – the food • Best – the parade • Worst – the noise

Gramática 2

***Acabar de* + infinitive** (Unit 3, page 36)

Escuchar **1** **Read the grammar box on page 36 and listen to people talking about what they have just done. Write down the letter of the picture (a–f) and the form of *acabar* which is mentioned. Then identify the correct person of the verb in English. (1–6)**

Example: 1 *d – acabáis – you (plural)*

a 

b 

c 

d 

e 

f 

***Lo* + adjective** (Unit 3, page 36)

Hablar **2** **Read the grammar box on page 36. In pairs, take turns to build sentences, taking care with your pronunciation. Your partner then translates your sentences into English.**

Lo	bueno malo mejor peor increíble divertido	es que	se puede descansar hay fuegos artificiales hay mucha gente la comida es muy rica	en el aeropuerto. en el autobús. en el estadio. en el mar. en el mercado. en la calle. en la fiesta. en la playa.
		fue cuando	dejé mi pasaporte perdí mis llaves compramos recuerdos vimos un espectáculo	

The imperfect tense (Unit 4, page 38)

Escribir **3** **Re-write these sentences using the imperfect tense.**

Example: 1 *La ciudad era moderna y ...*

1 La ciudad es moderna y tiene muchos restaurantes.
2 El camping está cerca de la playa y es muy económico.
3 Las habitaciones son modernas, pero no tienen mucho espacio.
4 Las camas están rotas y la luz no funciona.
5 No hay wifi, pero el dueño es agradable.
6 No podemos ir al museo porque no tenemos tiempo.

Leer **4** **Translate this text into English.**

El hotel era caro, pero no tenía ni piscina ni gimnasio. Los jardines eran decepcionantes y había mucho ruido por la noche. Las habitaciones tenían vistas preciosas, pero las ventanas estaban sucias. Un día necesitaba usar el wifi, pero no funcionaba. Queríamos cambiar de habitación, pero el hotel estaba completo.

completo *full*

The **imperfect tense** is used for describing things in the past and for what you used to do.
Estaba *en el campo y* ***había*** *un restaurante.*
It was in the country and **there was** a restaurant.

	est**ar** *(to be)*	ten**er** *(to have)*
(yo)	est**aba**	ten**ía**
(tú)	est**abas**	ten**ías**
(él/ella/usted)	est**aba**	ten**ía**
(nosotros/as)	est**ábamos**	ten**íamos**
(vosotros/as)	est**abais**	ten**íais**
(ellos/ellas/ ustedes)	est**aban**	ten**ían**

***-er* / *-ir* verbs** have the same endings.

Irregular verbs:
ser (to be) → ***era***, ***eras***, etc.
ir (to go) → ***iba***, ***ibas***, etc.
ver (to see/watch) → ***veía***, ***veías***, etc.

Soler + infinitive (Unit 5, page 40)

Escribir 5 **Re-write these sentences. Replace the underlined verbs with the correct form of *soler* (in the present tense) followed by the infinitive. Then translate the sentences into English.**

Example: 1 *Mi padre **suele** montar en bici los fines de semana.*
*My dad **tends to** ride / **usually** rides his bike at weekends.*

1 Mi padre monta en bici los fines de semana.
2 Cuando hace buen tiempo, salgo con mis amigos.
3 David, ¿adónde vas de vacaciones en verano?
4 Mi mejor amiga y yo compramos ropa en el mercado.
5 Mi abuelo ve los desfiles, pero mi abuela juega al golf.
6 No aprenden nada porque es muy aburrido.

To say what you tend to do or usually do, you can use ***soler*** + infinitive.
***Suelo** ir de compras.*
I tend to / I usually go shopping.
Soler is a stem-changing verb.

(yo)	s**ue**lo
(tú)	s**ue**les
(él/ella/usted)	s**ue**le
(nosotros/as)	solemos
(vosotros/as)	soléis
(ellos/ellas/ustedes)	s**ue**len

Using different tenses (Unit 5, page 41)

Leer 6 **Select the correct verb to complete each question. Then translate each question into English. Refer to the grammar box below to help you.**

1 ¿Adónde **ibas** / **fuiste** / **vas a ir** de vacaciones hace dos años?
2 ¿Qué **vas a hacer** / **hiciste** / **haces** en verano cuando no llueve?
3 ¿Con quién **íbamos** / **fuimos** / **vamos a ir** a la fiesta la semana próxima?
4 ¿Cómo **es** / **era** / **va a ser** tu ciudad en el pasado?
5 ¿A qué hora **llegó** / **llegaba** / **llega** el tren ayer?
6 ¿Por qué no **van a visitar** / **visitaban** / **visitaron** el parque temático mañana?
7 ¿Cuándo **fuiste** / **ibas** / **vas** de compras normalmente?
8 ¿Cuántas habitaciones **tenía** / **tuvo** / **va a tener** la casa que alquilaste?
9 ¿Qué platos **vas a decidir** / **decidiste** / **decides** probar en tus últimas vacaciones?
10 ¿**Vas a estar** / **Estás** / **Estabas** cansado cuando llegaste a Argentina?

¡En marcha! (Units 1–5)

Escuchar 7 **Listen and fill in the gaps with the correct word(s) in Spanish.**

a mucho las fiestas, y por eso **b** ir de vacaciones a España. Mi familia y yo **c** visitar Valencia, una ciudad preciosa donde **d** ver **e** fuegos artificiales. Fueron espectaculares. Sin embargo, **f** fue cuando perdí mi cámara. **g** mucha gente en el centro de la ciudad y las calles **h** llenas de turistas.
En el futuro, **i** asistir a la fiesta de los Sanfermines. En mi opinión, es **j** las Fallas - ¡aunque también es la fiesta **k**! Creo que **l** guay.

Tense	Used to talk about …	Examples
Present tense	what you normally **do** what something **is like**	**Veo** películas. **Suelo** ir al cine. **Hace** sol. **Hay** vistas bonitas.
Preterite tense	what you **did** the **weather** in the past **opinions** in the past	**Probé** platos típicos. **Me gustó** porque **fue** genial. **Hizo** frío y **llovió**.
Imperfect tense	**descriptions** in the past what you **used to** do	**Era** moderno. **Tenía** una piscina.
Near future tense	what you **are going to do**	**Voy a sacar** fotos.

Hablar 8 **Look back at exercise 7. In pairs, take it in turns to read the whole text out, paying attention to pronunciation. Then, find five examples of the different grammar points covered on pages 42–45. Copy and translate into English the phrase where each one is used.**

Example: ***Me gustan** mucho las fiestas. – **I** really **like** festivals.*

Reading

Leer 1

Accommodation. **Read these two entries on a travel forum about unusual places to stay.**

Palacio de Sal (Bolivia)

No es un palacio verdadero, ¡pero sí que está construido de sal! Las habitaciones, las camas... todo está hecho de sal. Fue el primer hotel de sal del mundo y tiene vistas preciosas de un paisaje único. Su restaurante tiene un menú regional con una amplia variedad de platos. Está lejos de ser la opción más barata, pero es la más original.

la sal	*salt*
amplio/a	*wide*
hecho	*made*
verdadero/a	*true, real*

a Write down the correct letter (A–F) for each of the three correct statements.

The *Palacio de Sal* hotel ...

A is a real palace.	**D** offers beautiful views.
B has beds made from salt.	**E** has a restaurant with a varied menu.
C is the only 'salt hotel' in the world.	**F** is the cheapest option.

Avoid jumping to conclusions and beware of distractors. For example, why is the phrase ***está lejos de ser*** important in this task?

Islas flotantes (Perú)

El lago Titicaca es conocido por sus increíbles vistas. Si te interesa 'el turismo verde', una opción ideal es quedarse en casa de una familia local en una de las islas flotantes. Es mucho más divertido que alojarse en un hotel y puedes tomar el desayuno con la familia. Es una experiencia inolvidable porque hay que viajar en barco para llegar a la casa donde te alojas.

Lago Titicaca	*Lake Titicaca (a large lake on the border of Peru and Bolivia)*
flotante	*floating*

b What does the text say? Write down your answers in English. You do not need to write in full sentences.

(i) What Lake Titicaca is famous for

(ii) An ideal place to stay if you are interested in 'green tourism'

(iii) How it compares to staying in a hotel

(iv) Why it's a memorable experience

Leer 2

Festivals. **Read this travel guide article about the Tomatina festival.**

Miles de personas llegan al pueblo de todas partes del mundo para vivir la Tomatina, la fiesta más divertida de España donde tiran tomates. Para participar, hay diferentes tipos de entradas, por ejemplo, con transporte incluido o con paella y bebida incluidas. Mucha gente también compra una camiseta como recuerdo.

El día de la fiesta, los trenes siempre están llenos de gente y puede ser muy caro dejar el coche en el centro. Por eso, la mejor opción es coger el autobús.

Suele hacer calor y es una buena idea llevar ropa vieja. Hay que llevar gafas de natación para proteger los ojos. Además, es más seguro guardar el móvil, la cámara y otros objetos personales en una ***taquilla***.

guardar	*keep, store*
las gafas	*glasses, goggles*
los ojos	*eyes*

a Complete the sentences below. Write the correct letter, A, B or C, for each question.

(i) People arrive from all over ...
A the town. B Spain. C the world.

(ii) As well as their ticket, lots of people also buy ...
A something to eat.
B something to drink.
C something to wear.

(iii) It can cost a lot of money if you travel ...
A by train B by car. C by bus.

(iv) It is a good idea to wear ..
A warm clothing.
B old clothing.
C sportswear.

b Which of these is the best translation of the word *taquilla*? Write the correct letter, A, B or C.

A	locker
B	car park
C	information desk

This question is testing your ability to use **inference** to work out the meaning of a word which you haven't seen before (e.g. by looking at the **context** where it is used).

Leer 3 ***My holidays.*** **Translate the following paragraph into English.**

En las vacaciones de verano voy a Barcelona. Suelo ir a la playa con mi familia donde jugamos al voleibol en la arena. Por desgracia, el año pasado perdí el reloj que compré en el aeropuerto. Este año me gustaría viajar a América Latina, donde se pueden descubrir muchas culturas diferentes. Hacer turismo es más interesante que tomar el sol.

Listening

Escuchar 1 ***A visit to Bilbao.*** **Marcos is telling you why you should visit the city of Bilbao. What does he mention? Listen to the recording and write down the correct letter (A–F) for each of the three correct options.**

A historic buildings	C places to stay	E public transport
B shopping	D weather	F local food

Escuchar 2 ***Holiday preferences.*** **Carmen is talking about holidays. What does she say? Write down the word or phrase for the gap in each sentence, using the words and phrases from the box. There are more words/phrases than gaps.**

walking	horse riding	swimming	resting
with children	with allergies	with a disability	
gift shop	price	food	gym

Which Spanish words/phrases might you hear?

Before you listen, check which words/phrases would make sense in each gap. In this particular task, which row do you need to select from to complete each sentence?

a On holiday, Carmen likes ...
b Her mum prefers ...
c Last year's hotel was perfect for people ...
d What her brother liked most was the ...
e Her dad was impressed by the ...

Pay attention to **who** each question is referring to.

Listen out for 'distractors' (i.e. words/phrases which are mentioned but not needed for any of your answers).

Escuchar 3 **You are going to hear someone talking about their holidays. Sentences 1–2: write down the missing words for each gap. For each gap, you will write one word in Spanish. (1–2)**

1 También juego al ____ con mi ____ ____.
2 Pero, si ____, me ____ en ____.

Sentences 3–6: write down the full sentences that you hear in Spanish. (3–6)

Listen out for:
- ***ll*** – which has a similar sound to 'y' in English
- ***qu*** – which sounds like 'k' in English
- ***j, ge, gi*** – which sound like a stronger version of 'h' in English

Remember that the Spanish ***h*** is silent.

Módulo 2

Prueba oral

Read aloud

Hablar 1 **Look at this task. With a partner, read aloud the four sentences, paying attention to the underlined letters.**

Jorge, your Spanish friend, has emailed you to tell you about festivals in Spain. Read out the text below to your partner.

> En todas las regiones de España hay muchos festivales maravillosos.
>
> En junio voy a viajar a Alicante donde celebran las Hogueras de San Juan.
>
> La ciudad va a estar llena de gente que llega de todo el país porque es genial.
>
> Quiero descubrir esta costumbre con orígenes religiosos y ver las figuras enormes que queman en las calles.

Escuchar 2 **Listen and check your pronunciation.**

Hablar 3 **Listen to the teacher asking the two follow-up questions. Translate each question into English and prepare your own answers in Spanish.** **Then listen again and respond to the teacher.**

Take extra care with how you pronounce:
- ***ll***
- ***qui, que***
- ***j, ge, gi***

Remember that ***h*** is silent in Spanish.

Role play

Escribir 1 **Look at the role-play card and prepare what you are going to say.**

Setting: In a restaurant

Scenario:
- You are asking for a table at a restaurant.
- The teacher will play the part of the waiter and will speak first.
- The teacher will ask questions in Spanish and you must answer in Spanish.
- Say a few words or a short phrase/sentence for each prompt. One-word answers are not sufficient to gain full marks.

Task:
1. Say where you would like a table.
2. Say what you would like to drink.
3. Ask the price of something on the menu.
4. Say what you are going to do this afternoon.
5. Ask a question about where the toilet is.

e.g. 'I would like a table outside.'

Start with 'How much ...?'

Use the near future tense.

You could use the word for 'bathroom' here.

Hablar 2 **Practise what you have prepared. Then, using your notes, listen and respond to the teacher.**

Escuchar 3 **Now listen to Elena doing the role play task. In English, make a note of:**

a how she **answers** the questions for points 1, 2 and 4.
b what question she **asks** for point 3.

Picture task

Escuchar 1 **Look at the photo below and read the first part of the task card. Then listen to Vicente describing the photo.**

1. In Vicente's opinion, who are the three people in the photo? Do you agree?
2. What does he say about the person in the middle?
3. Where does he think they are? Do you agree?
4. What do you think the verb ***esperar*** means?

Describe this picture.

Your description must cover:

- people
- location
- activity.

When you have finished your description, you will be asked **two questions** relating to the picture. Say a **short phrase/ sentence** in response to each question.

One-word answers will not be sufficient to gain full marks.

You will then move on to a **conversation** on the broader thematic context of **Travel and tourism**.

During the conversation, you will be asked questions in the present, past and future tenses.

Your responses should be as **full and detailed** as possible.

To talk about what someone is doing you can simply use the **present tense**. In Module 3 you will also learn to use a tense called the present continuous.

Hablar 2 **Prepare your own description of the photo, mentioning people, location and activity. Then, with a partner, take turns to describe the picture.**

Escuchar 3 **Read the second part of the task card. Then listen to the first two follow-up questions and respond to the teacher. Remember: you only need to give a short answer for each one.**

Escuchar 4 **Read the third part of the task card. The teacher asks Vicente *'¿Dónde pasaste tus últimas vacaciones?'* Listen and write down the missing word or words for each gap.**

Acabo de **1** de Manchester donde pasé tres días con mi familia. **2** en casa de mi abuela, que vive **3** del centro. **4** tenía que **5** con mi hermano. ¡Qué desastre! Sin embargo, lo mejor fue cuando fuimos al **6**. ¡Fue increíble!

Escuchar 5 **Listen to Vicente answering the question *'¿Qué planes tienes para el verano próximo?'***

1. Write the letters a–d in the order in which he mentions these things.
   a sightseeing **b** old buildings **c** fear of flying **d** hot weather
2. Listen again and write down three examples where Vicente uses complex language.

Escribir 6 **Prepare your own answers to Module 2 questions 1–12 on page 228. Then practise with your partner.**

Prueba escrita

80–90 word writing task

Escribir 1

Look at this writing exam task and then, for each bullet point:

1 Think about what vocabulary you have learned that you could use in your answer. For example:
- **nouns** and **verbs** to say what there is / what tourists can do
- **verbs of opinion** and **adjectives** to explain reasons
- language for **narrating a story** about what you did
- how to explain where you **would like to go** and **why**.

2 Write down three or four ideas for what you could write about.
3 Write down which tense(s) you will need to use in your answer.

Write a letter to your friend about holidays and travel.

You **must** include the following points:
- activities or attractions for tourists in your area
- your opinion of public transport with reasons
- what you did in the summer holidays
- somewhere you would like to visit in the future.

Write your answer **in Spanish**.
Aim to write between 80 and 90 words.

Only use language that you know. For example, if you went to Scotland but don't know the Spanish name for it, say you went to Spain instead (as long as you know the word *España*!).

Leer 2

Read Alex's answer to the exam task. Answer the questions in the callouts.

Hola, Gonzalo:

Mi pueblo es bonito, pero es pequeño. No hay mucho para los turistas. Sin embargo, si te gusta la historia, hay que pasear por las calles antiguas. También hay un bosque. Se puede apreciar la naturaleza.

Por un lado, suelo viajar en autobús porque es más barato que viajar en tren. Por otro lado, no me gusta porque es menos rápido. ¡Qué aburrido!

Acabo de pasar una semana en España. Lo mejor fue cuando fuimos a la playa y jugué en la arena con mi hermano, pero el hotel fue decepcionante porque no tenía ni piscina ni gimnasio.

Creo que me gustaría ir a Australia y aprovechar el buen clima. También, me gustaría disfrutar del bonito paisaje.

¡Hasta luego!

Alex

1 These are examples of **complex language**. What do they mean? Find three more examples from the text.

2 Which **tense** is this? What other examples can you find? Does he use any other tenses?

3 How could he **avoid repetition** by using a synomym here?

4 Which connectives could you use here to form **extended sentences**? What other connectives does he use?

5 These words show a **variety of vocabulary**. What do they mean? Find two more examples.

Leer 3 **Read Alex's answer again. Copy and complete the sentences.**

1 In Alex's town there is a ___ where you can ___.
2 He tends to travel by ___ because ___.
3 He has just ___.
4 He liked it when they ___.
5 He wasn't impressed with the ___ because ___.
6 Australia has ___ and ___, in his opinion.

Escribir 4 **Prepare your own answer to the task.**

- Think about how you can develop your answer for each bullet point.
- Look back at your notes from exercises 1 and 2.
- Look at the 'Challenge Checklist' and consider how you can show off your Spanish!
- Write a **brief** plan and organise your answer into paragraphs.
- Write your answer and then carefully check the accuracy of what you have written.

Challenge checklist	
	✓ Past, present and future time frames ✓ Connectives/time phrases/sequencers ✓ Some extended sentences ✓ Different opinion phrases
	✓ A wider range of tenses (e.g. imperfect) ✓ Different persons of the verb ✓ More varied opinions (e.g. exclamations) ✓ Negatives (e.g. *no tenía* ...) ✓ A wide range of interesting vocabulary
	✓ Phrases with more than one tense ✓ Verbs with an infinitive (e.g. *acabo de / suelo / se puede(n)* + infinitive) ✓ Complex language (e.g. comparatives, superlatives, *si* + present tense) ✓ Positive/negative phrases (e.g. *lo peor fue cuando* ...) ✓ More varied connectives (e.g. *por un lado, por otro lado* ...)

Translation

Escribir 1 **Read the English text and Carla's translation of it. Correct the ten mistakes in the Spanish translation. (But be careful: they are not grammatical mistakes, just mistakes of meaning.)**

I love going to the countryside in the holidays. It is usually very beautiful in autumn. There aren't many shops, but you can enjoy the incredible views. However, last year we went to Mexico. Next time I think I would like to travel by boat because it's less expensive than the plane.

Me gusta ir al camping en las vacaciones. A menudo es muy hermoso en primavera. No hay muchos espectáculos, pero se puede disfrutar de edificios increíbles. Por lo tanto, el año pasado fui a México. La próxima vez creo que me gustaría viajar en metro porque es más caro que el avión.

Escribir 2 **Translate the following text into Spanish.**

I don't like going abroad in summer. It is always hot and there are lots of people. Last year I lost my mobile phone on the beach. I prefer to visit a city because you can enjoy the architecture. Next year we are going to rent an apartment because it's cheaper than a hotel.

Remember that most weather phrases don't translate word for word. Which verb do you need to use for 'it is hot'?

Módulo 2 Palabras

Key:
bold = this word will appear in higher exams only
* = this word is not on the vocabulary list, but you may use it in your own sentences

¡Descubre Andalucía! (pages 30–31):

Describe la foto	*Describe the photo*
Hace …	*It is …*
sol / calor / frío / viento	*sunny / hot / cold / windy*
Hace buen/mal tiempo.	*It is good/bad weather.*
Llueve. / Nieva.	*It is raining. / It is snowing.*
En la foto …	*In the photo …*
a la izquierda / a la derecha	*on the left / on the right*
en el centro / al **fondo**	*in the centre / in the background*
hay …	*there is/there are …*
un bosque / **un río**	*a forest / a river*
un barco / una *torre	*a boat / a tower*
una playa / agua	*a beach / water*
vistas bonitas	*beautiful views*
muchos **árboles**/animales	*lots of trees/animals*
muchas casas/personas	*lots of houses/people*
Está(n) en …	*It is / They are in …*
el campo / la costa	*the countryside / the coast*
un pueblo / una ciudad	*a small town / a city*
¿Te gustaría visitar …?	*Would you like to visit …?*
(No) Me gustaría visitar … porque …	*I would (not) like to visit … because …*
(no) me gusta la historia	*I (don't) like history*
(no) me gustan los edificios antiguos	*I (don't) like old buildings*
el mar / el valle (**precioso**)	*sea / (beautiful) valley*
los caballos / los **pájaros**	*horses / birds*
los turistas (extranjeros)	*(foreign) tourists*
las tiendas / los monumentos	*shops / monuments*
el paisaje hermoso	*beautiful landscape*
el turismo (**sostenible**)	*(sustainable) tourism*
la **arena** / el parque *acuático	*sand / water park*
Me gusta / Me gustaría …	*I like to / I would like to …*
caminar / descansar	*walk / rest, relax*
hacer ciclismo (de montaña)	*go cycling (mountain biking)*
montar a caballo	*go horse riding*
tomar el sol	*sunbathe*
ver un espectáculo de flamenco	*watch a flamenco show*
apreciar la naturaleza	*appreciate nature*
estar al aire libre	*be outside*
hacer turismo	*go sightseeing*
hacer natación / *nadar	*go swimming / swim*

En ruta (pages 32–33):

¿Adónde te gustaría ir de vacaciones?	*Where would you like to go on holiday?*
Me gustaría ir (de vacaciones) a …	*I would like to go (on holiday) to …*
¿Cuándo te gustaría ir?	*When would you like to go?*
Me gustaría ir (de vacaciones) …	*I would like to go (on holiday) …*
en primavera / en verano	*in spring / in summer*
en otoño / en invierno	*in autumn / in winter*
al campo / a la ciudad	*to the countryside / to the city*
a la costa / a la montaña	*to the coast / to the mountains*
¿Con quién te gustaría ir?	*Who would you like to go with?*
Me gustaría ir con …	*I would like to go with …*
mi familia	*my family*
mi **pareja** / mis amigos/as	*my partner / my friends*
Me gustaría ir solo/a.	*I would like to go alone.*
¿Qué se puede hacer?	*What can you do?*
Se puede(n) …	*You/One can …*
Quisiera / Me gustaría …	*I would like to …*
disfrutar de la vida cultural	*enjoy the cultural life*
hacer deportes de aventura	*do adventure sports*
ir al cine	*go to the cinema*
ir de compras	*go shopping*
pasear por las calles	*walk through the streets*
ver una **obra** de teatro	*watch a play*
apreciar el paisaje	*appreciate the landscape*
aprovechar el buen clima	*take advantage of the good climate*
descubrir la arquitectura	*discover the architecture*
probar platos típicos	*try typical dishes*
*sacar fotos	*take photos*
¿Cómo te gustaría viajar?	*How would you like to travel?*
Me gustaría / Quisiera …	*I would like to …*
viajar en / coger el …	*travel by / take the …*
autobús / avión / barco	*bus / plane / boat*
coche / metro / tren	*car / underground / train*
ir a pie	*go on foot*
porque …	*because …*
es más/menos … que …	*it's more/less … than …*
es tan … como …	*it's as … as …*
barato / caro	*cheap / expensive*
cómodo / **económico**	*comfortable / economic*
lento / rápido	*slow / fast*
seguro	*safe, secure*
práctico / **sostenible**	*practical / sustainable*
es mejor/peor que …	*it's better/worse than …*
hay mucha gente	*there are lots of people*
me gusta hacer ejercicio	*I like doing exercise*
la otra gente **me molesta**	*other people annoy me*
tengo miedo a **volar**	*I am scared of flying*

La cultura en la calle (pages 34–35):

Las fiestas	*Festivals*
Si te gusta/interesa …	*If you like/are interested in …*
hay que …	*you/one must …*
ver las Fallas	*see the Fallas*
ir a la Tomatina	*go to the Tomatina*
las costumbres / **los desfiles**	*customs / parades*
los festivales / las fiestas	*festivals*
*los fuegos artificiales / las tradiciones	*fireworks / traditions*
El/La/Los/Las más / menos …	*The most / least …*
conocido/a(s) / divertido/a(s)	*well-known / fun*
emocionante(s) / histórico/a(s)	*exciting / historic*
interesante(s) / **lindo/a(s)**	*interesting / beautiful*
peligroso/a(s) / popular(es)	*dangerous / popular*
rico/a(s) / típico/a(s)	*rich, tasty / typical*
mayor / menor	*biggest / smallest*
mejor / peor	*best / worst*
Cada día/mañana …	*Every day/morning …*
queman / participan	*they burn / participate*
corren (delante de los *toros)	*they run (in front of the bulls)*
organizan / tiran	*they organise / throw*
celebran / bailan	*they celebrate / dance*
llevan / comen	*they wear / eat*

¿Qué van a tomar?	*What are you going to have?*
Quisiera ...	*I would like ...*
la carta / la cuenta	*the menu / the bill*
una mesa para ... personas	*a table for ... people*
dentro / fuera	*inside / outside*
Voy / Vamos a pedir / tomar ...	*I / We are going to order / have ...*
arroz / fruta / helado	*rice / fruit / ice-cream*
una hamburguesa	*a hamburger*
patatas fritas	*chips*
paella / pastel / postre	*paella / cake / dessert*
tortilla española	*Spanish omelette*
una botella de agua (para compartir)	*a bottle of water (to share)*
Necesito / Necesitamos ...	*I / We need ...*
un **vaso** / un **plato**	*a glass / a dish/plate*

Mis últimas vacaciones (pages 36–37):

¿Qué tal tus últimas vacaciones?	*How was your last holiday?*
Acabo / **Acabamos de** ...	*I / We have just ...*
volver / **regresar** de	*come back / returned from*
visitar / ir a	*visited / been to*
Viajé / Viajamos en ...	*I / We travelled by ...*
donde pasé / pasamos ...	*where I / we spent ...*
el fin de semana / una semana	*the weekend / a week*
cinco días / *la Nochevieja	*five days / New Year's Eve*
Me / Nos gustó / encantó	*I / We liked / loved it*
Fue *genial / *estupendo	*It was great / amazing*
*Lo pasé bien / mal / fatal	*I had a good / bad / terrible time*
¿Qué hiciste?	*What did you do?*
*Por la mañana/tarde ...	*In the morning/afternoon ...*
*Por la noche...	*In the evening / at night ...*
compré / decidí	*I bought / I decided to*
encontré / fui (de compras)	*I found / I went (shopping)*
jugué / **asistí** a	*I played / I attended*
recorrí / vi	*I travelled all over / I saw*
¿Qué tiempo hizo?	*What was the weather like?*
Hizo buen/mal tiempo.	*It was good/bad weather.*
Hizo calor/frío/sol/viento.	*It was hot/cold/sunny/windy.*
Llovió. / Nevó.	*It rained. / It snowed.*
¿Qué fue lo mejor/peor de tu visita?	*What was the best/worst thing about your visit?*
El primer/último día ...	*The first/last day ...*
Al día siguiente ...	*The next day ...*
Lo bueno/malo fue cuando ...	*The good/bad thing was when ...*
comí algo malo y vomité	*I ate something bad and vomited*
me puse enfermo/a	*I became ill*
tuvimos que (volver a casa)	*we had to (go back home)*
dejé / perdí / rompí	*I left / lost / broke*
mi bolsa / mi cámara / mi **reloj**	*my bag / camera / watch*
mi **maleta** / tarjeta de *crédito	*my suitcase / credit card*
mi pasaporte / mis llaves	*my passport / my keys*

¿Dónde te quedaste? (pages 38–39):

El alojamiento	*Accommodation*
¿Dónde **te alojaste**?	*Where did you stay?*
Me alojé / Me quedé en ...	*I stayed in ...*
Nos alojamos / Nos quedamos en ...	*We stayed in ...*
Alquilé / Alquilamos ...	*I / We rented ...*
*un apartamento / una casa	*an apartment / a house*
una habitación / un coche	*a room / a car*
Tenía / No tenía ...	*It had / It didn't have ...*
Había / No había ...	*There was/were / There wasn't/weren't ...*
No tenía **ni ... ni ...**	*It didn't have either ... or ...*
(un) baño / jardín	*a bathroom / garden*
(un) restaurante	*a restaurant*
(una) cocina / piscina	*a kitchen / pool*
vistas al mar / mucho ruido	*sea views / lots of noise*
El **ascensor** / La *ducha / La **luz** ...	*The lift / shower / light ...*
La televisión / La ventana ...	*The TV / window ...*
estaba roto/a.	*was broken.*
Era (muy/bastante) ...	*It was (very/quite) ...*
agradable / **decepcionante**	*pleasant / disappointing*
gratuito/a (para los clientes)	*free (for customers)*
Estaba ...	*It was ...*
cerca de / lejos de	*near (to) / far from*
limpio/a / sucio/a	*clean / dirty*
Por un lado... Por otro lado...	*On one hand... On the other hand*
(No) Me gustó porque ...	*I (didn't like) liked it because ...*
el **dueño** (no) era (nada) agradable	*the owner was (not) pleasant (at all)*
Quisiera ...	*I would like ...*
una habitación individual/doble	*a single/double room*
una habitación con dos camas	*a room with two beds*
¿Cuánto es?	*How much is it?*
Son ... euros por noche.	*It is ... euros per night.*

Mi aventura por Latinoamérica (pages 40–41):

¿Qué sueles hacer en verano?	*What do you tend to do in summer?*
Suelo / Solemos (ir al extranjero)	*I / We tend to (go abroad)*
¿Adónde fuiste de vacaciones el año pasado?	*Where did you go on holiday last year?*
El verano pasado ...	*Last summer ...*
Hace ... días/meses/años ...	*... days/months/years ago ...*
fui de vacaciones a ...	*I went on holiday to ...*
Lo mejor/peor fue cuando ...	*The best/worst thing was when ...*
aprendí (mucho) sobre ...	*I learned (a lot) about ...*
compré regalos / conocí a ...	*I bought presents / I met ...*
decidí (visitar ...) / llegué	*I decided (to visit) / I arrived*
fui a un *parque temático	*I went to a theme park*
vi un partido / una exposición	*I watched a game / saw an exhibition*
visité / **hice turismo**	*I visited / I went sightseeing*
probé un **plato** típico	*I tried a typical dish*
Costó/Costaron ... euros.	*It/They cost ... euros.*
¿Adónde vas a ir?	*Where are you going?*
El año próximo / que viene ...	*Next year ...*
voy a / vamos a ...	*I am / We are going to ...*
ir a / pasar ...	*go to / spend ...*
hacer / ver / visitar ...	*do / see/watch / visit*
Va a ser ...	*It is going to be ...*

Repaso de gramática

Different types of verbs in the present tense (Pages 8, 9, 11 and 13)

Escribir 1

Copy and complete the table according to how each verb behaves in the present tense. Then write each verb in the 'I' form of the present tense.

Regular verbs	Stem-changing verbs	Irregular verbs	Verbs with irregular 'I' form only
	querer (quiero)		

~~querer~~ visitar subir poder ser salir montar ir
preferir leer hacer jugar ver soler escribir tener

Escribir 2

Complete the sentences with the correct form of the present tense of the verbs in brackets. Use exercise 1 to help you. Then translate each sentence into English.

1 En las vacaciones (*do*) mucho deporte porque me encanta.
2 Mis amigas y yo (*go*) al parque, donde (*play*) al fútbol. (*Are*) muy deportistas.
3 Sin embargo, cuando (*is*) frío, mi hermano David (*prefers*) quedarse en casa.
4 David (*reads*) muchas novelas y también (*watches*) películas en su habitación.
5 Yo nunca (*watch*) películas en casa porque el sonido (*is*) mejor en el cine.
6 A veces, mi hermana y yo (*visit*) a nuestros abuelos cuando (*have*) tiempo.
7 Mi abuela (*has*) un móvil nuevo. Le gusta grabar vídeos y luego los (*uploads*) a YouTube.
8 Mis padres (*ride*) en bici porque (*are*) miembros de un club de ciclismo.

To conjugate a verb accurately, always consider:
1 the **tense**
2 the **person** of the verb
3 the **type** of verb

In this task, all verbs are in the present tense.
Look for clues in the sentences to work out the **person** of the verb.

Talking about the past (Pages 14 and 38)

Leer 3

Read this text and write down at least <u>ten</u> preterite tense verbs in Spanish. Translate each verb into English and then write down the infinitive form.

Example: visitamos – we visited (visitar)

Hace seis meses visitamos Perú, donde descubrimos la Fiesta del Sol, un festival inca muy antiguo. Lo mejor fue cuando asistimos al espectáculo especial que organizaron para celebrar el día más corto del año. ¡Qué bonito! También probé muchos platos típicos de la región e hice turismo con mis padres. Desafortunadamente, cuando volvimos a España, mi madre dejó su maleta en el aeropuerto y luego yo perdí mi cámara durante el vuelo. Finalmente, rompieron la silla de ruedas de mi padre. Sin embargo, disfruté mucho de la visita.

Escribir 4

Re-write the following story in the past, changing the verbs to the correct form of the preterite tense or the imperfect tense. Then translate the story in the past into English.

Por la mañana **voy** al centro de la ciudad. **Viajo** en metro, pero **no me gusta** porque **está** muy sucio. Cuando **llego** al centro, **quedo** con mis amigos. Primero, **visitamos** mi tienda favorita para comprar un nuevo videojuego. Desafortunadamente, la tienda no **tiene** mucha variedad y por eso no **compro** nada. Por la tarde **vamos** al estadio, donde **vemos** un partido. **Hay** mucha gente y el ambiente **es** increíble. ¡Y lo mejor **es** cuando mi equipo **gana** el partido!

Remember that some verbs have a spelling change in the 'I' form of the **preterite tense**.
Also, the 'we' form of regular ***-ar*** and ***-ir*** verbs is identical in the **present** and **preterite tenses**.

Using different tenses (Pages 12, 14, 38 and 40)

Leer 5

In each set of verbs below, one verb is in a different tense. Write the odd one out and explain why it is different. Then translate that verb into English.

Example: 1 *voy (present tense; the others are preterite tense) – I go / I am going*

1	fui	comí	voy	compré	**4**	son	tienen	comieron	suben
2	voy a ir	vamos	vas a ser	van a ver	**5**	perdió	compró	juego	hizo
3	tenía	canta	manda	juega	**6**	era	había	estaba	va a usar

Verbs and phrases followed by the infinitive (Pages 13, 31, 32, 34, 36 and 40)

Leer 6

Translate this text into English.

No **suelo** ir al extranjero porque no **me gusta** volar, pero **acabo de** pasar una semana en Salamanca, donde asistí a un concierto. Salamanca es una ciudad preciosa que es conocida por su Plaza Mayor, donde **se puede** tomar un café. Si te gusta la arquitectura, **hay que** caminar por las calles del barrio histórico donde **se pueden** apreciar los edificios antiguos. **Me gustaría** regresar en el futuro porque **quiero** visitar la Catedral Vieja. Además, **quisiera** ver la universidad.

Escribir 7

Translate these sentences into Spanish. Use the purple phrases from exercise 6 and the verbs in the box below to help you.

1. You must visit Mexico, where you can take advantage of the good climate.
2. I tend to travel by train because you can do other things during the journey.
3. Tomorrow I want to look for a watch and so I would like to go to the shopping centre.
4. We have just celebrated my birthday in Jaén and next year I would like to spend a week there.

The verbs in **purple** are always followed by the infinitive.
For phrases like ***soler*** and ***acabar de***, use the correct person of the verb.
Also remember:
Se puede + infinitive + singular noun
Se pueden + infinitive + plural noun

pasar buscar hacer visitar viajar ir aprovechar celebrar

Comparatives and superlatives (Pages 7, 33 and 34)

Leer 8

Translate these sentences into English. Then write C (comparative) or S (superlative) next to each one.

1. Compro ropa por Internet ya que es más rápido que en las tiendas.
2. Los campings suelen ser menos caros que los hoteles.
3. Para mí, Ecuador es el país más hermoso de Latinoamérica.
4. No juego con mi móvil porque la pantalla no es tan grande como la pantalla de mi portátil.
5. Alquilamos un apartamento porque fue la opción menos cara.
6. El peor problema en la capital es el tráfico.

Escribir 9

Write sentences using the shapes below to give your opinion using both the comparative and the superlative.

Example: 1 *El fútbol es **más divertido que** la natación, pero el tenis es **el** deporte **más** divertido.*
*La natación es **menos** divertida **que** el tenis, pero el fútbol es **el** deporte **menos** divertido.*

1. el fútbol el tenis la natación (sport, fun)
2. las series los documentales las comedias (programmes, interesting)
3. la lectura el ciclismo el baile (activity, expensive)
4. la paella la tortilla española el pan con tomate (dish, tasty)

¡No hay dos familias iguales!

- Reading about different families
- Using possessive adjectives

¡Feliz Día Internacional de la Familia!

¿Sabes que el *Día Internacional de la Familia* se celebra el 15 de mayo todos los años? Descubre a tres jóvenes hablando de sus familias. ¿Reconoces a las familias famosas que mencionan?

1

Gemelos Javi y Paco: **Nuestra familia** es numerosa y multicultural como la familia de Cesc Fàbregas. **Nuestro padrastro** y **nuestra madre** se casaron hace cinco años y ¡ahora somos siete! Adoramos el fútbol, especialmente cuando nuestra madre juega con nosotros.

2

Itzan: **Mi padre** es cantante y está de gira a menudo. **Mis hermanos** pequeños me molestan mucho cuando mi padre no está, pero el bébé es un ángel. ¡Somos similares a la familia de Ricky Martin!

3

Luz: Me llevo muy bien con **mi madrastra** y **mi hermanastra**. Nos encanta pasar tiempo juntas y yo sé que siempre puedo confiar en ellas. Compartimos todo. **Mi abuelo** dice que somos como la hija de Salma Hayek y **su hermanastra**.

el gemelo	*twin*
está de gira	*he's on tour*
echar de menos	*to miss*
la familia homoparental	*same-sex (parent) family*

Leer 1 **Read and match the correct text (a–d) to the family profiles (1–3). There is one text too many. Then make notes in English about all the family members mentioned in purple by Javi, Paco, Itzan and Luz.**

¿Quién es mi familia?

a Echo de menos a mi padre cuando tiene que trabajar mucho. En mi opinión, tener que cuidar siempre de mis hermanos es muy irritante.

b Puedo contar con mi hermanastra y no tenemos secretos. Aunque no vivo con ella, nos vemos casi todos los días.

c Tengo una familia homoparental. Aunque soy hija única, siempre invitamos a muchos amigos a nuestra casa.

d Mi hermano nació el mismo día que yo. Hay muchos miembros en mi familia y somos una familia muy activa.

¿Qué otras familias famosas conoces?

Escuchar 2 **Listen and select the correct word to complete each sentence. Then translate the completed sentences into English.**

1 Su **primo** / **tío** / **abuelo** vive en México.
2 Nuestra **hija** / **prima** / **tía** es una actriz famosa.
3 Mi **hermanastro** / **hermanastra** / **hermano** está en Sevilla de vacaciones.
4 Mi **tía** / **abuela** / **padre** vive en Colombia.
5 Es el coche de su **madrastra** / **padrastro** / **primo**.

Spanish doesn't use apostrophes in the same way as English.

El hermano ***de mi madre*** *es mi tío.*
My mum's brother is my uncle.

La hija ***de mi tía*** *es mi prima.*
My aunt's daughter is my cousin.

Es el coche ***de mi padrastro****.*
It's **my stepdad's** car.

Escribir 3 **Translate the phrases for family members into Spanish.**

1 my sisters
2 her father
3 our grandparents
4 their children
5 your (plural) families
6 our cousin (female)
7 her brothers and sisters
8 your (singular) parents

G

Most **possessive adjectives** have two forms, singular and plural.

	singular	plural
my	mi	mis
your	tu	tus
his/her/its	su	sus
our	nuestro/a	nuestros/as
your (plural)	vuestro/a	vuestros/as
their	su	sus

In addition, *nuestro* (our) and *vuestro* (your, plural) also have masculine and feminine forms:

nuestro hermano — our brother
nuestras hermanas — our sisters

Page 68

Hablar 4 **Look at the pronunciation box. Read this phrase out in pairs to practise the *h*, *v*, *j*, *ge-* and *gi-* sounds. Then listen to check your pronunciation.**

Jorge y Hugo son los hijos gemelos de Germán y Virginia.

Remember:
- the Spanish ***h*** is silent.
- ***v*** is pronounced the same as ***b***.
- ***j***, ***ge-*** and ***gi-*** are pronounced like a stronger version of the English 'h', as if you are scraping your throat.

Escuchar 5 **Listen and fill in the gaps with the correct word from the box. Read the text out to practise pronunciation. Then translate the text into English.**

Las familias **1** de hoy son muy **2** y complejas; hay muchos tipos y formas de familia. A veces, **3** generaciones viven **4**, lo que significa que abuelos, padres e **5** viven en el mismo **6**. En **7**, la familia es muy importante para la cultura hispanohablante. Los hispanos **8** las tradiciones y costumbres familiares. Les gusta **9** para celebrar los cumpleaños, los festivales culturales y la Navidad. La religión es **10** importante para muchas familias del mundo hispanohablante.

la Navidad *Christmas*

todavía	varias	hijos
general	juntas	juntarse
diversas	valoran	hogar
hispanohablantes		

1 Esta es mi gente

- Describing people
- Using the present continuous to describe a picture
- Using *ser* for physical descriptions and *estar* for location

Escuchar 1

Listen and read. What do the words in bold mean? Then translate text number 2 into English. (1–2)

mientras *while*

¿Qué están haciendo?

1 Aquí hay una foto de mi familia: mis padres, mis abuelos y mi hermano menor. Están al fondo, en el jardín. Mi abuelo y mi hermana **están sonriendo**. Mi abuelo **está cocinando** y mi hermana **está mirando** y **ayudando**. Mis padres y mi abuela **están hablando** y mi padre **está tocando** la guitarra. **Estamos celebrando** mi cumpleaños. ¿Y yo, dónde estoy? ¡**Estoy sacando** la foto!

2 Aquí hay una foto de mis padres y mis dos hermanos. Están en la cocina. Mientras **están tomando** el desayuno, mi hermana **está haciendo** los deberes en la tableta y **bebiendo** zumo. Mi madre **está comiendo** una tostada y **mandando** un mensaje. Mi hermano gemelo **está escuchando** música en el móvil y **chateando** con sus amigos en Snapchat. Mi padre **está trabajando** en el ordenador y **leyendo** correos electrónicos.

Escuchar 2

Listen. Copy and complete the table in English. (1–5)

	People in the photo	Where they are	What they are doing
1	2 younger brothers	in their bedroom	

Hablar 3

Look at the picture. Imagine this is your family. In pairs, describe the following in Spanish:

- *¿Quién está en la foto?*
- *¿Dónde están?*
- *¿Qué están haciendo?*

Aquí hay una foto de	mi padre. mi herman**o**/**a**. mi abuel**o**/**a**. mi gemel**o**/**a**.	mi madre. mis herman**o**/**a**s. mis abuel**o**/**a**s. los gemel**o**/**a**s.	mis padres.
Está(n)	en casa / en la cocina / en la sala / en el jardín.		
Está(n)	jugando/cocinando/chateando/sonriendo. bebiendo/comiendo/leyendo. haciendo/viendo/sacando ...		

G

The **present continuous tense** is used to describe what people are doing, for example in a photo.

Use the present tense of ***estar*** + **present participle**.

To form the present participle, remove the ***-ar***, ***-er***, ***-ir*** from the <u>infinitive</u> and add the endings ***-ando*** (for ***-ar*** verbs) or ***-iendo*** (for ***-er*** and ***-ir*** verbs).

	estar (*to be*)	**present participle** (*'-ing'* form)
(yo)	estoy	
(tú)	estás	
(él/ella/usted)	está	jug**ando**
(nosotros/as)	estamos	com**iendo**
(vosotros/as)	estáis	escrib**iendo**
(ellos/as/ustedes)	están	

Note these irregular present participles:

leer → ***leyendo*** (reading)

sonreír → ***sonriendo*** (smiling)

Page 68

G

Use the verb ***estar*** for talking about **location**.

Estoy/Están *en el jardín.*

I am / They are in the garden.

Use the verb ***ser*** when talking about **physical description**.

Soy/Es *moren**o**/**a**.*

I am / He/She is dark-haired.

Page 68

Leer 4 **Read the texts and answer the questions in English. Then listen to and read out Nina's text.**

¿A quién te pareces?

Ayesha

Tengo el pelo negro, largo y los ojos marrones. A veces llevo el pelo con trenzas. Soy bastante alta. No me parezco a nadie de mi familia porque soy adoptada. Mi mejor amigo lleva gafas y es más alto que yo.

Nina

Tengo los ojos verdes y el pelo largo y castaño. Me parezco a mi padre porque tenemos los mismos ojos y los dos somos bajos, aunque yo soy más baja que él. Tengo dos hermanas gemelas menores.

Marcus

Soy alto, moreno y tengo el pelo corto. No me parezco nada a mis dos hermanos porque nuestras madres son diferentes. Sin embargo, mi hermana menor se parece a mi padre porque los dos son pelirrojos y tienen la misma nariz.

1 Who has siblings with different mothers?
2 Who does not look like anyone in their family?
3 Who is shorter than their father?
4 Who is adopted?
5 In what way does Marcus' younger sister look like their father? (two details)
6 Who looks more like their father? Why?

las trenzas	*braids*
me parezco a	*I look like*
se parece a	*he/she looks like*
la misma nariz	*the same nose*

Hablar 5 **In pairs, talk about what you look like.**

- *¿Cómo eres?*
- *Soy ...*
- *¿De qué color tienes los ojos?*
- *Tengo los ojos ...*
- *¿Cómo tienes el pelo?*
- *Tengo el pelo ...*
- *¿A quién te pareces de tu familia? ¿Por qué?*
- *Me parezco a... porque los dos/las dos tenemos ...*

Soy/Es [muy/bastante]	alto/a. bajo/a. moreno/a. rubio/a.	
Tengo/Tiene el pelo	largo. corto. castaño. rubio. negro. pelirrojo. rizado. liso.	
Llevo/Lleva	gafas. trenzas.	
Tengo/Tiene los ojos	marrones. azules. verdes.	
Mi hermano/a es más/menos	alto/a bajo/a	que yo.
Me parezco a Se parece a	mi [padre]	porque ... los/las dos somos/son ... los/las dos tenemos/tienen [los mismos ojos].
No me parezco a	nadie de mi familia	porque soy adoptado/a.

Escuchar 6 **Listen and for each person (1–3) write down the details in English:**

- **People in the family**
- **Physical description of the family member**

Then correct the errors in sentences 1–3.

1 Mi familia es **numerosa**.
2 Mi familia es **multicultural**.
3 Mis padres **se casaron** hace dos años.

¿Cómo es tu familia?

la familia monoparental	*single-parent family*

Escribir 7 **Choose one of the families on page 56, or another famous family you know. Write about it as if it were yours. Then read it out to your partner. Your partner guesses who the family is. Include:**

- who the family members are
- physical descriptions

Adjectives in Spanish usually come after the noun and 'agree' with the noun in gender and number (singular/plural). Adjectives referring to eyes and hair are always masculine.

Soy alto/a. *Somos altos/as.*
Tengo el pelo corto. *Tengo los ojos verdes.*

2 ¿A quién sigues?

- Talking about who you admire
- Saying how long you have been doing something
- Using the personal *a*

Escuchar 1 **Read and complete the messages by writing the correct letter for each person. Listen to check your answers. Then translate sentences 1–4 into Spanish.**

¿A quién sigues en las redes sociales?

Naim: Soy creativo y me encanta cocinar **desde hace mucho tiempo**. Por lo tanto, …

Salima: Me interesan la fotografía y el arte. Saco fotos para un proyecto **desde hace meses**. Por eso …

Chloe: Me interesa el mundo de la belleza y la moda. Por lo tanto, …

a … **sigo** a artistas en las redes sociales porque quiero tener inspiración y aprender más.

b … **sigo** vlogs de rutinas, estilo de vida y moda **desde hace un año** en las redes sociales porque tienen buenos consejos.

c … **sigo** muchos canales de cocina en YouTube y TikTok y preparo platos ricos.

1 I've been following artists for months.
2 I'm interested in the world of beauty and fashion.
3 I've been following lifestyle and fashion vlogs for a year.
4 I follow cookery channels and I prepare delicious dishes.

Escuchar 2 **Listen. For each person (Anika, David, Gema or Roberto), write down in English (1-4):**

- who or what they follow
- for how long
- why? (give two reasons)

Hablar 3 **In pairs, talk about who you follow on social media.**

- *¿A quién sigues en las redes sociales?*
- *Soy aficionado/a de … y por eso sigo a cantantes /artistas como …*
- *Además, sigo vlogs de moda / canales de videojuegos / veo vídeos sobre cocina/arte.*
- *¿Desde hace cuánto tiempo?*
- *Desde hace un año / meses / (mucho) tiempo.*
- *¿Por qué te gusta?*
- *Me gusta porque aprendo mucho / los vídeos son guay / divertido(s).*

G

To say how long you have been doing something, use ***desde hace*** + period of time and the **present tense** of the verb.

Sigo *muchos canales en YouTube* ***desde hace*** *meses / un año.*
I have been following lots of YouTube channels **for** months / a year.

Notice that ***seguir*** is a stem-changing verb in the present tense (*sigo, sigues*, etc.)

Page 69

G

Use the **personal *a*** when the object of the verb is a person.
Admiro ***a*** *esta persona desde hace mucho tiempo.*
I have admired this person for a long time.

Do **not** use it when the object is **not** a person.
Veo videotutoriales sobre cocina.
I watch video tutorials about cooking.

Page 69

Escuchar 4 **Listen and fill in the gaps. Then translate the text into English.**

Pau Ribes hizo historia

Admiro a Pau Ribes desde hace tiempo porque **1** barreras en la natación artística y **2** muchas competiciones. Es famoso porque **3** el primer hombre español en participar en competiciones internacionales de natación artística. Durante su carrera deportiva **4** en una variedad de eventos importantes, **5** por la igualdad de oportunidades y **6** una inspiración para otros también.
Hugo

romper barreras	*to break barriers*
la igualdad de oportunidades	*equal opportunities*

Leer 5 **Read the comments about role models. Find five verbs in the preterite and translate them into English. Then answer the questions.**

¿A quién admiras?

Ryan

Creo que el futbolista Marcus Rashford es un buen modelo de conducta porque apoya a otras personas. Ganó un premio porque ayudó a muchos niños de familias pobres a tener suficiente comida en el instituto. Lo admiro porque es una inspiración para otros y lucha por la igualdad.

Maithri

Me interesa la ciencia, por lo tanto, mi inspiración es Jessica Esquivel. Nació en Estados Unidos y estudió Física en el instituto y en la universidad, donde descubrió su pasión por la ciencia. La admiro porque rompe barreras para las mujeres afrolatinas y las anima a luchar por su representación en la comunidad científica.

Lena

Mi inspiración es Jazz Jennings. Cuando era pequeña, se identificó como niña. La admiro porque fue una de las personas más jóvenes en aceptar su verdadera identidad y luchar por ella. Hoy es un icono para la comunidad LGBTI mundial. Pienso que da un mensaje positivo porque lucha por los derechos de las personas transgénero.

Use the **preterite tense** to talk about completed actions in the past:
nacer* → *nació (he/she was born).
Remember to add an accent and to stress the last syllable in the third person singular. Otherwise it could be confused with the present tense:
lucho (I fight)
luchó (he/she fought).

Remember to pay attention to grammatical agreement when using **direct object pronouns** to replace the noun.

***Lo** admiro.*	I admire **him**.
***La** admiro.*	I admire **her**.
***Los/Las** anima.*	He/She encourages **them**.

1. Why is Marcus Rashford a good role model? (Give two details)
2. Where did Jessica Esquivel discover her passion for science?
3. How does Jessical Esquivel help others?
4. Why does Lena admire Jazz Jennings?
5. What does Jazz Jennings fight for today?

Escribir 6 **Write about someone you admire or follow on social media. Include:**

- Who you admire/follow on social media
- Why you admire them
- Details of their life and achievements.

Blake Leeper **ganó** muchas carreras importantes y particip**ó** en eventos mundiales.

Admiro a / Sigo (a) ...	desde hace ...meses / un año / (mucho) tiempo.
Lo/**La** admiro porque **Lo**/**La** sigo porque Pienso/Creo que	es una inspiración para otros. es un buen modelo de conducta. apoya a otras personas.
Lucha por Luchó por	la igualdad [de oportunidades]. los derechos de las personas transgénero.
Nació en	Estados Unidos/Europa/España.
Fue la primera persona / la persona más ... en	ganar / participar en ...
El año pasado / Hace dos años / En ...	ganó / participó en ...

3 ¡Amigos para siempre!

- Talking about friendships and relationships
- Using reflexive verbs
- Using the pronouns *me* and *te* before a verb

Escuchar 1 **Listen to and read the texts. Translate the phrases in purple into English. Then write if the activities mentioned refer to the near future (*NF*) or the preterite (*P*). (1–6)**

¿Cómo es tu relación con tus amigos?

1 **Me llevo muy bien con** mis amigos. ¡**Siempre estamos juntos**! El domingo vamos a ver una película de terror en el cine, y luego vamos a tomar un café. ¡Va a ser guay!

2 Mis mejores amigos y yo **nos llevamos superbién**. Mañana vamos a jugar un partido de fútbol contra un equipo rival. ¡Vamos a ganar!

3 Me llevo genial con mis amigos. **Tenemos mucho en común** y **puedo contar con ellos para todo**. El sábado pasado vimos a nuestra banda de música favorita. ¡Fue flipante!

4 Mi mejor amiga es divertida y positiva. **Aunque a veces discutimos, tengo confianza en ella**. El mes pasado hicimos un maratón de películas en mi habitación y comimos helado. ¡Fue muy relajante!

5 La amistad es muy importante para mí. Mis amigos y yo **tenemos los mismos intereses**, por eso nos llevamos genial. El viernes vamos a montar en bici. ¡Va a ser divertido!

6 **Me divierto mucho** con mis amigos. Casi nunca nos peleamos y **hacemos muchas cosas juntos**. Ayer jugamos a los videojuegos, escuchamos música y subimos vídeos a TikTok. ¡Fue guay!

Escuchar 2 **Listen. Copy and complete the table for each person in English. (1–4)**

Two details about their friendship	Two activities mentioned	Future or past activity?

Hablar 3 **In pairs, take turns to ask and answer these questions.**

- *¿Cómo es tu relación con tus amigos?*
- *¿Qué hiciste con tus amigos el fin de semana pasado?*
- *¿Qué vas a hacer con tus amigos el próximo fin de semana?*

Me llevo bien/genial con	mi mejor amigo/a mis amigos
... porque	es divertido/a. son divertidos/as. puedo contar con él/ella/ellos/ellas para todo. me conoce(n) bien. tengo confianza en él/ella/ellos/ellas.
Me divierto con mis amigos/as porque	hacemos muchas cosas juntos/as. me hacen reír.
Mi mejor amigo/a y yo Mis amigos/as y yo	nos llevamos bien/genial/superbién
... porque	tenemos los mismos intereses. tenemos mucho en común. hacemos muchas cosas juntos/as. nos divertimos mucho. siempre estamos juntos/as.
A veces / (Casi) Nunca / Siempre	discutimos / nos peleamos.

G

Some verbs for describing relationships are **reflexive** in Spanish.

	llevarse (*to get on*)
(yo)	**me** llevo
(tú)	**te** llevas
(él/ella/usted)	**se** lleva
(nosotros/as)	**nos** llevamos
(vosotros/as)	**os** lleváis
(ellos/ellas/ustedes)	**se** llevan

Verbs like this include:
pelearse
divertirse (ie)
sentirse (ie)
reírse (i) (the last three are stem changing)

Page 70

Check page 20 in the Module 1 grammar section for more on the preterite and near future tenses.

Leer 4 **Read the texts and answer the questions. Then translate what Lorena says into English.**

¿Cómo es un buen amigo?

Lorena
Para mí, una buena amiga te acepta como eres y no te critica. Además, te escucha cuando tienes problemas, puede guardar un secreto y es fiel. Con una amiga de verdad puedes ser tú misma, sin miedo. Por ejemplo, mi mejor amiga siempre me apoya. También me da buenos consejos, me conoce bien y me ayuda en todo. Somos amigas desde hace cinco años. Puedo confiar en ella totalmente y me siento feliz en su compañía.

Adrián
En mi opinión, un buen amigo te comprende y te apoya en lo bueno y en lo malo. Creo que un amigo auténtico también te respeta. Tengo suerte porque siempre puedo contar con mi mejor amigo cuando tengo problemas. Es muy comprensivo, me ayuda mucho y tengo confianza en él. También me hace reír, ¡nos divertimos mucho juntos! Por eso nos llevamos genial.

Who says that a good friend …
1 supports you in good and bad moments?
2 is loyal?
3 gives good advice?
4 helps when you have problems?
5 accepts you the way you are?
6 understands you and respects you?

Escribir 5 **Translate these sentences into Spanish.**

1 My best friend understands me and supports me.
2 A good friend respects you and never criticises you.
3 My friend knows me well and accepts me the way I am.
4 A good friend listens to you and always gives you good advice.
5 A good friend helps you with everything.
6 My best friend makes me laugh.

Remember to put the pronouns ***me*** and ***te*** before the conjugated verb.
me *escucha* — he/she listens **to me**
te *ayuda* — he/she helps **you**

Escuchar 6 **Listen to Santi describe his best friend, Rafa, and note down <u>four</u> details about their friendship in English.**

Escribir 7 **Write a paragraph about friends and friendship. Then read it out to your partner. Include:**

- ¿Cómo es tu mejor amigo/a físicamente y de carácter?
  Es alto/a, moreno/a … También es divertido/fiel … Se llama …
- ¿Desde cuándo sois amigos? *Somos amigos desde hace … años.*
- ¿Cómo es un buen amigo?
- ¿Cómo te ayuda tu mejor amigo/a?
- ¿Qué actividades hiciste la semana pasada con tu mejor amigo/a?

Para mí, En mi opinión, Creo que	un buen amig**o** una buen**a** amig**a**	me/te escucha y me/te comprende. me/te ayuda cuando tengo/tienes problemas. me/te apoya en todo / en lo bueno y en lo malo. me/te conoce bien y me/te respeta. me/te da buenos consejos. me acepta como soy / te acepta como eres. me/te hace reír. no me/te critica.
Mi mejor amig**o**/**a**		
La semana pasada	fuimos	al cine / al polideportivo / al centro comercial / a una fiesta.
	vimos	una película.
	jugamos	a los videojuegos.
	montamos	en bici.

4 Así soy yo

- Talking about your identity and what matters to you
- Using *para* + infinitive
- Listening for gist

Escuchar 1 **Listen and write the letters of the categories mentioned for each person (1–5). Then choose your own categories from the list to create your 'identity pizza' toppings.**

¡Mi identidad es única!

¡Todos somos diferentes!

¿Cómo eres? ¿Cómo te identificas?

a mi personalidad

b mi género / mi sexualidad

c mis intereses

¿Qué es lo más importante para ti?

d mi familia

e mi educación

f mis amigos

g mi religión / mi fe

¿Qué cosas te preocupan?

h las cosas que me importan o me preocupan:

el amor

la justicia

la paz

el planeta

mis derechos

mi cultura / mis raíces

¿Cuáles son tus sueños?

i mis sueños

los Juegos Olímpicos	*the Olympic Games*

Leer 2 **Match the questions to the answers to create a dialogue.**

1. ¿Cómo eres?
2. ¿Qué pronombre usas?
3. ¿Qué es lo más importante para ti?
4. ¿Qué cosas te preocupan?
5. ¿Cuál es tu sueño? / ¿Cuáles son tus objetivos?

a **Para mí, lo más importante es** mi familia y mi educación. Mi familia me apoya en todo, y mi educación me ayuda para el futuro.

b **Mi objetivo es** luchar por un mundo mejor. **Pienso que** los derechos de los animales son muy importantes también. **Mi sueño es** ser jefa de una compañía verde.

c **Soy** optimista y social. Además, **pienso que soy** trabajador y responsable.

d **Me preocupan** mis derechos. **Creo que es necesario** conseguir la paz y me preocupa el futuro del mundo.

e **Uso el pronombre** 'él'. Tengo amigos que usan el pronombre 'elle', en vez de 'él' o 'ella'. También se puede usar el pronombre 'ellx.'

Hablar 3 **In pairs, use the questions and purple phrases in exercise 2 to create your own dialogue.**

Soy		trabajad**or**/**a**. serio/**a**. optimista. abiert**o**/**a**. responsable. social.
Uso el pronombre		él/ella/elle/ellx.
Para mí, lo más importante	es	mi familia/educación/identidad. mi cultura/mi fe/la amistad.
	son	mis amigos/intereses/derechos.
Me interesa(n) Me preocupa(n)		el futuro del mundo. la protección del planeta / la paz. mis derechos / los derechos de los animales.
Mi sueño es Mi objetivo es		tener (mucho) dinero/éxito. ser ric**o**/**a** ser jef**e**/**a**. luchar por un mundo mejor.

Listen for gist. Remember that you don't need to understand every phrase or sentence. Instead, focus on important pieces of information without details.

Try to pick up keywords, intonation and other clues to guess the overall meaning or topic of the passage.

Leer 4 **Read the texts. Decide if the opinions about social media are positive (*P*), negative (*N*) or both (*P+N*). Then write down five advantages and disadvantages of social media in Spanish.**

Mi identidad en línea: ¿qué piensas de las redes sociales? ¿Para qué las usas?

Pienso que las redes sociales son esenciales en mi vida. Las utilizo todos los días para jugar y chatear con mis amigos. Ayer las usé para buscar información sobre mi trabajo ideal. Me interesa mi futuro y uso las redes sociales para estar en contacto con gente con mucha experiencia. ¡Es guay! **Tarik**

Creo que las redes sociales son una gran distracción para los jóvenes porque las usan todo el tiempo y no duermen bien. Pienso que hay que tener cuidado porque también pueden ser peligrosas. A veces los jóvenes usan aplicaciones como Instagram para presentar una imagen falsa de su vida. Eso me preocupa mucho. Para mí, es muy importante compartir tu verdadera identidad en línea. **Marta**

Aunque las redes sociales son buenas para expresarse y divertirse, también causan acoso por la presión de grupo. Para mí, la mejor red es TikTok. La usé hace dos días para compartir fotos, mensajes y vídeos y también para buscar información. ¡Me interesan las noticias y la música! **Laia**

Creo que las redes sociales son útiles para comunicarse y hacer amigos. Para mí, no son una pérdida de tiempo porque suelo usarlas para participar en la comunidad y en la sociedad en general. Me interesan mis derechos y utilizo las redes para aprender más. **Rosario**

Ventajas	Desventajas
son buenas para expresarse	son una gran distracción

tener cuidado	*to be careful*
el acoso	*bullying*
la presión de grupo	*peer pressure*

Escuchar 5 **Listen. For each bullet point, note down two details for each speaker (1–6):**

- Advantages of social media
- Disadvantages of social media

G
Use ***para*** to mean '**for ...-ing**' or '**in order to**'.
It is always followed by an infinitive if you are using a verb.
*Son importantes **para** estar en contacto.*
They are important **for** being in touch.
*Las uso **para** compartir fotos.*
I use them **in order to** share photos.
Page 71

Hablar 6 **In pairs, practise saying the words ending in '*-ión*.' Remember to pronounce the words ending in '*-ción*' with a soft '*c*'. Listen to check your pronunciation.**

adicción, discriminación, opinión, información, comunicación, protección, presión, relación

Hablar 7 **In pairs, practise the questions and answers in the grid about social media. Then write a paragraph with your own opinions. You can look at exercise 4 for more ideas.**

G
Interesar and ***preocupar*** are used in the same way as ***gustar*** and ***encantar***. They are used in the third person singular and plural forms.
Page 70

¿Qué piensas de las redes sociales?	Creo que Pienso que	son útiles/ importantes para	estar en contacto con ... buscar información sobre ... compartir vídeos ...
	Me interesa(n)	mi futuro. mis derechos.	la música. las noticias.
¿Para qué usaste las redes sociales la semana pasada?	Las usé para Usé [TikTok] para	escuchar/ver / chatear con / jugar a ...	
¿Qué es lo bueno/ malo de las redes sociales?	Lo bueno es que puedes	divertirte/expresarte / comunicarte con ...	
	Lo malo es que causan	problemas para dormir. acoso/adicción/presión.	

5 Necesito ayuda, ¿qué puedo hacer?

- Talking about problems and giving advice
- Using *estar* to express moods
- Using *podrías* and *deberías* + infinitive

Leer 1 **Read the texts. What do the phrases in purple mean in English?**

www.problemasyconflictos.com

Tengo 15 años y mi problema es que no me relaciono con nadie y **me siento diferente**. **Solo me relajo** cuando estoy con mi madre. Me siento muy mal cuando tengo que ir al instituto. Pienso que todos **se ríen de mí**. ¿Qué puedo hacer? **Virginia**

No me llevo bien con mi padrastro y **me peleo mucho con él**. Es muy negativo y **siempre está enfadado**. **Nunca está contento** con mi comportamiento. Tampoco me apoya cuando necesito ayuda y siempre me critica. ¿Cómo puedo mejorar mi relación con él? **Roberto**

Mi hermano menor no tiene amigos desde hace dos años. **Se siente solo** y **está muy triste**. No sale nada. Está todo el tiempo en su cuarto viendo la televisión, jugando a los videojuegos y usando las redes sociales. ¿Cómo puedo ayudarle? **Diego**

¡Ayuda! No me llevo bien con mi mejor amiga. Sale con un chico desde hace un mes y ahora **nunca se relaciona conmigo**. Ignora todos mis mensajes y no me invitó a su cumpleaños. **Estoy muy sola y triste**. **Laura**

Watch out for negatives like ***nunca***, ***nada***, ***nadie*** and ***tampoco***. Sometimes the negative comes after the verb as a 'sandwich' with ***no*** before the verb. Other times it comes at the beginning of the whole sentence.

No *me relaciono con* ***nadie***.	I **don't** interact with **anyone**.
No *sale* ***nada***.	He/She **doesn't** go out **at all**.
Nunca *se relaciona conmigo*.	He/She **never** interacts with me.
Tampoco *me apoya*.	**Nor** does he/she support me.

G Use the verb ***estar*** when talking about **feelings**, **emotions** and **mood**.

Estoy *contento/a*.	**I'm** happy.
Está *enfadado/a*.	**He/She is** angry.

Page 71

Leer 2 **Read and match the advice to the correct photos (a–d).**

a

b

c

d
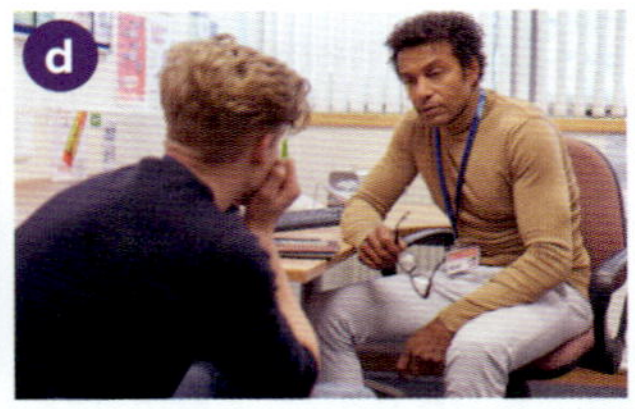

1 **Deberías** buscar ayuda profesional. Tienes que ser fuerte. Poco a poco **podrías** cambiar cómo te sientes y encontrar amigos.

2 **Podrías** sentarte para hablar con él en un ambiente tranquilo. **Deberías** explicarle cómo te sientes y tus deseos de llevarte mejor con él.

3 **Podrías** hablar con ella cara a cara. La comunicación en persona es importante. **Deberías** expresar tus sentimientos sobre la situación.

4 **Deberías** ayudarle a cambiar de costumbres. **Podrías** organizar actividades divertidas fuera de casa y pasar tiempo juntos.

Hablar 3 **Choose one person from exercise 1 and read out the problem to your partner. Your partner then chooses two pieces of advice to give you, using exercise 2 for help.**

G Use ***deberías*** (you should) and ***podrías*** (you could) followed by the infinitive to give advice or suggestions.

Deberías *buscar ayuda profesional.*
You should seek professional help.
Podrías *explicarle cómo te sientes.*
You could explain to him/her how you feel.

Escuchar 4 **Read the survey results. Then listen and write the two problems each person mentions. (1–5)**

La voz de los jóvenes

¿Cuáles son los principales puntos de conflicto y de preocupación para los jóvenes de hoy?
Aquí tienes el resultado de una encuesta con la lista de problemas que sufren:

1. Problemas con los estudios
2. Las relaciones con los amigos y los novios / las novias
3. El acoso en la escuela y/o por Internet
4. La obsesión con el aspecto físico y el cuerpo
5. Problemas en las relaciones familiares
6. La presión social o de grupo
7. La adicción a las redes sociales
8. El futuro del planeta
9. La violencia en el hogar
10. La discriminación

el ambiente familiar *family atmosphere*

Leer 5 **Read the texts and complete the sentences below in English.**

Consejos de un experto

El acoso por Internet es un problema serio que afecta a muchos jóvenes. Si eres víctima de acoso en línea, es importante hablar con alguien de confianza, como tus padres, un amigo cercano o un profesor. Además, es necesario tomar medidas para proteger tu privacidad en la red y no compartir nunca información personal en línea ni tu contraseña porque te pueden robar tu identidad.

El uso excesivo y sin control de las redes sociales puede causar adicción entre los jóvenes, lo que puede tener efectos negativos en su salud física y emocional. Los jóvenes que sufren este problema pasan mucho tiempo pensando en las redes sociales, mirando y enviando mensajes. Como consecuencia, sacan malas notas en el colegio y se pelean con sus padres. Para evitar esto, es importante limitar el tiempo en línea y crear nuevas rutinas.

1 If you are being bullied online, it is important …
2 Examples of people who can help you are …
3 The advice given is to take measures to … and never to …
4 Young people who experience this problem …
5 Two consequences of this problem are …
6 Two pieces of advice to avoid this are … and …

Escuchar 6 **Listen and fill in the gaps with the correct word(s) in Spanish. Practise reading the text out to a partner. Then translate the text into English.**

reflexive verbs

te and *me* pronouns

stem-changing verb

Problema

No **a** bien con mis padres y **b** relación es bastante mala. **c** mucho con ellos porque son demasiado estrictos, entonces en mi casa no hay buen ambiente familiar. Nunca **d** , tampoco me entienden y siempre me están criticando. **e** que mis amigos son una mala influencia y no les gusta su comportamiento. Me siento mal y **f** muy triste.

Consejo

Deberías hablar con ellos para explicarles cómo te sientes. Podrías expresar tus sentimientos sobre la situación. Si esto no funciona, deberías **g** ayuda profesional para **h** a tu familia. Con el tiempo todo es posible.

possessive adjectives

estar with mood

verb in the infinitive

Escribir 7 **Write an imaginary problem in Spanish for an online forum. Then write the advice received, using exercises 1 and 2 for ideas.**

Gramática 1

Possessive adjectives (Culture, page 57)

Escribir **1** **Read the grammar box on page 57. Use the prompts to fill in the gaps with the correct possessive adjective. Then translate the sentences into English.**

Example: 1 *<u>Nuestros</u> padres no son famosos. <u>Our</u> parents are not famous.*

1 ___ padres no son famosos. (*our*)
2 ¿Qué te gusta hacer con ___ hermanos? (*your, singular*)
3 ¿Cómo es ___ familia? (*your, plural*)
4 ___ familia es pequeña. (*our*)
5 ___ abuelos viven en México. (*her*)
6 Alejandra y Sergio son ___ tíos. (*my*)
7 Valeria, ¿cómo es ___ familia? (*your, singular*)
8 ___ hermano mayor se llama Javier. (*his*)

The present continuous tense (Unit 1, page 58)

Escuchar **2** **Read the grammar box on page 58. Listen to <u>six</u> sentences about what people are doing. Write down the letter of the correct picture (a–f). Listen again and write down the present continuous form you hear. Then translate the verbs into English. (1–6)**

Example: 1 *c – está cocinando – he's cooking*

a

b

c

d
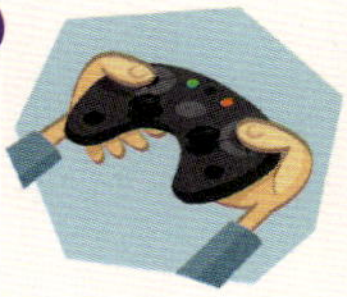
e

f

Ser* and *estar (Unit 1, page 58)

Escribir **3** **Complete each sentence with the correct form of *ser* or *estar*. Then translate into English.**

1 En esta foto mis tíos y mis primos ___ en el jardín de su casa.
2 Tengo el pelo largo y ___ bastante baja.
3 Mi hermana mayor ___ rubia y tiene los ojos azules.
4 En la foto hay una familia que ___ en el salón de su casa viendo una película.
5 Aquí, mi familia y yo ___ en la cocina comiendo.
6 En la foto yo ___ en el instituto con mis amigos.
7 Mis padres ___ altos y morenos.
8 No me parezco nada a mis hermanos. ___ muy diferentes.

The verbs ***ser*** and ***estar*** mean 'to be' but are used to express different things in Spanish. ***Ser*** has an irregular pattern in the present tense. Remember that the first person of ***estar*** is also irregular.

Use ***ser*** + <u>adjective</u> for descriptions.

*Mi tía **es** <u>alta</u> y <u>simpática</u>.* My aunt **is** <u>tall</u> and <u>nice</u>.
*Mis primos **son** <u>bajos</u>.* My cousins **are** <u>short</u>.

Use ***estar*** when talking about location.

*El perro **está** en el jardín.* The dog **is** in the garden.

You also use ***estar*** to talk about feelings, emotions and your mood.

***Estoy** contento/a.* **I'm** happy.
***Está** triste.* **He/She is** sad.

Can you complete the missing verbs in this table?

	ser (*to be*)	**estar** (*to be*)	**tener** (*to have*)
(yo)	**soy**	4	7
(tú)	1	estás	8
(él/ella/usted)	2	está	tiene
(nosotros/as)	**somos**	5	9
(vosotros/as)	**sois**	6	tenéis
(ellos/ellas/ustedes)	3	están	tienen

Hablar 4 **In pairs, imagine this is a photo of your family. Create a dialogue using the questions and the prompts provided in the table. Make up the details for the eyes and remember to make the adjectives agree.**

- *¿Quiénes son las personas de la foto?*
- *Las personas de la foto son …*
- *¿Dónde está/están en la foto?*
- *Está/Están en …*
- *¿Qué está haciendo tu padre/madre/hermano …?*
- *Mi padre está …*
- *¿Cómo tiene el pelo tu padre/madre/hermano …?*
- *Tiene el pelo …*
- *¿De qué color tiene los ojos?*
- *Tiene los ojos …*

People	Actions
mi hermano/a menor/mayor … mi padre / mi madre …	escuchar/comer/beber/hacer/hablar/trabajar/ sonreír/mandar/hablar/chatear/jugar …

Desde hace + period of time (Unit 2, page 60)

Escuchar 5 **Listen to six people talking about different activities. Correct the underlined words in the Spanish sentences. (1–6)**

Example: 1 *pop / Spotify*

1 Escucho música rap desde hace tres años en YouTube.
2 Toco el violín desde hace cinco meses.
3 Mis amigos y yo seguimos canales de ciencias desde hace un año en el insti.
4 Mi hermano sigue a *streamers* como Shakira y Bizarrap desde hace semanas.
5 Mis padres hacen *podcasts* sobre política desde hace años.
6 Mi mejor amigo es aficionada al fútbol desde hace poco tiempo.

To say how long you've been doing something use ***desde hace*** + period of time and the **present tense** of the verb.

Escucho *reguetón* ***desde hace*** *dos años*.

I've listened to/been listening to reguetón **for** two years.

Remember that when you are translating, the equivalent in English for ***desde hace*** is 'for' + amount of time. This structure can go either at the end of the whole sentence or at the very beginning, before the verb. e.g. *Desde hace dos años escucho reguetón.*

Escribir 6 **Translate the following sentences into Spanish.**

1 My friend has been listening to music channels on TikTok for months.
2 My sisters have been following streamers and YouTubers for two years.
3 He has played the piano for seven years.
4 I have been a basketball fan for a long time.

Personal *a* (Unit 2, page 60)

Leer 7 **Refer to the grammar box on page 60. Read the sentences and identify the ones that need a personal *a* and write them out in full. Then create your own four sentences: two that need a personal *a*, and two that don't.**

1 Admiro mi abuela porque es una persona optimista.
2 Sigo canales de viajes desde hace un mes porque son interesantes.
3 Sigo mis cantantes favoritos en YouTube desde hace mucho tiempo.
4 Admiro Marcus Rashford porque es un buen modelo de conducta.
5 Sigo videotutoriales de cocina para preparar mis platos preferidos desde hace un año.
6 Sigo mi youtubero favorito porque sus sesiones de videojuegos en directo son emocionantes.

Gramática 2

Reflexive verbs for relationships (Unit 3, page 62)

Some verbs for describing relationships are **reflexive** in Spanish. Watch out for those that are also stem-changing in the present tense, such as ***sentirse***.

Present tense	**pelearse** (*to argue/fight*)	**sentirse** → **ie** (*to feel*)
(yo)	**me** peleo	**me** siento
(tú)	**te** peleas	**te** sientes
(él/ella/usted)	**se** pelea	**se** siente
(nosotros/as)	**nos** peleamos	**nos** sentimos
(vosotros/as)	**os** peleáis	**os** sentís
(ellos/ellas/ustedes)	**se** pelean	**se** sienten

Other reflexive verbs include:
relajarse (to relax)
llevarse (to get on)
relacionarse (con) (to relate to / interact with)
casarse (con) (to get married to)
separarse (to split up)
reírse → ***i*** (to laugh)
divertirse → ***ie*** (to have fun)

Escribir **1** **Translate these sentences into Spanish.**

Example: 1 *Mi padrastro y yo no nos ...*

1. My stepdad and I don't get on well and we argue a lot.
2. I get on very well with my best friend. We never argue.
3. I relax with my family when I go on holiday.
4. I feel good when I'm with my friends because we have a lot of fun.
5. Friendship is important for me and I relate well to all my friends.
6. I have a lot of fun with my friends because we laugh a lot when we are together.

Verbs of opinion: *me interesa(n) / me preocupa(n)* (Unit 4, page 65)

Escribir **2** **Use the prompts to fill in the gaps with the verb and pronoun. Check for clues such as singular/plural nouns. Then translate the sentences into English.**

Example: 1

1. Me preocupa la falta de paz en nuestro mundo. (*yo, preocupar*)
2. A los jóvenes ___ ___ las redes sociales porque son divertidas. (*ellos, interesar*)
3. ¿___ ___ tu educación? (*tú, importar*)
4. A mi hermano ___ ___ mucho el futuro de nuestro planeta. (*él, preocupar*)
5. ¿___ ___ los problemas del mundo? (*vosotros, importar*)
6. A los padres y a los profesores ___ ___ el acoso y la adicción a las redes sociales. (*ellos, preocupar*)

To say what interests you or worries you, use ***interesar***, ***preocupar*** or ***importar***.

These verbs work like ***gustar***/***encantar*** and use singular/plural forms, and the definite article (or a possessive adjective like *mi/mis*).

*Me interesa **la** lectura.*
I'm interested in reading.

*Me importan **los** derechos de los animales.*
I'm worried about animal rights.

*Me interesa**n** **la** música **y** **el** deporte.*
I'm interested in music and sport.

Remember to add '***a***' when talking about someone else like your brother, sister or friend.
***A** mi hermana **le** preocupa la situación.*
My sister is worried about the situation.

Remember to change the **pronoun**:

me *interesa*	***nos*** *interesa*
te *interesa*	***os*** *interesa*
le *interesa*	***les*** *interesa*

Para + infinitive (Unit 4, page 65)

Escribir 3 **Refer to the grammar box on page 65. Then translate these sentences into Spanish.**

Example: 1 *Las redes sociales son buenas para …*

1 Social media is good for communicating with other people.
2 I use social media to follow famous people.
3 Some people use social media to send negative messages.
4 Yesterday I used Snapchat to watch funny videos with my friends.
5 Some people use social media to present a false image.
6 I think social media is good for reading and seeing what's happening in the world.

Estar to express feelings, emotions and moods (Unit 5, page 66)

Escribir 4 **Write the <u>six</u> short sentences contained in the word box to reveal the full conjugation of *estar* in the present tense. Write down the letter of the matching picture (a–f) and then translate each sentence into English.**

Example: estoy contento – c – I am happy

estoy contenta	estamos cansados
estás triste	estáis enamorados
está enfadado	están nerviosos

¡En marcha! (Units 1–5)

Escuchar 5 **Read the text and fill in the gaps. Then listen to check your answers.**

Problemas y conflictos

a **1** tímido y nuevo en el instituto, por eso no **2** amigos. Siempre estoy aburrido y triste. ¿Qué puedo hacer?

b Estoy muy cansado porque no puedo dormir por la noche desde **3** meses. Paso horas en las redes sociales, ¡son mi vida!

c Algunos estudiantes del instituto **4** ignoran, dicen cosas malas sobre mí y se ríen cuando me ven. ¡Ayuda, por favor!

d **5** muy triste porque me **6** el futuro de nuestro planeta. Hay muchos problemas serios. ¿Cómo puedo ayudar?

e A mi madre **7** preocupa mi actitud. Siempre **8** enfadada conmigo y me grita todo el tiempo. ¿Cómo puedo llevarme bien con ella?

f Ahora no estudio ni hago los deberes porque siempre estoy **9** a los videojuegos. **10** peleo con mis padres, ¡no están contentos porque saco malas notas!

Leer y escuchar

Reading

Leer 1 ***Equality.*** **Dani is talking about equality. What does he say? Write down the word or phrase for the gap in each sentence, using the words and the phrases from the box. There are more words/phrases than gaps.**

En mi opinión, hay muchos famosos que realmente no son buenos modelos de conducta. Por el contrario, el equipo nacional español de fútbol femenino me inspira, especialmente la jugadora Salma Paralluelo.

Con una madre africana y un padre español, nació en Zaragoza en 2003. Juega al fútbol desde el 2017 y aunque es bastante joven, la razón principal por la cual me inspira es que está cambiando la imagen del fútbol.

Jugó en el equipo nacional de España por primera vez en 2022 y se la considera una futbolista excepcional por cómo jugó en la Copa Mundial de 2023. Además, Salma lucha contra el sexismo en el deporte.

Y a ti, ¿quién te inspira?

realmente	*really*
por la cual	*for which*
futbolista	*footballer*

good role models | not good role models | an inspiration | 2003 | 2017 | 2022 | 2023

a Dani thinks that many famous people are ____.
b Salma Paralluelo began playing football in ____.
c She is particularly well known for her success in ____.

For 'finish the sentence'-style questions, narrow things down by seeing which options make sense with each sentence stem.

Leer 2 ***Life online.*** **Read Mario's blog about social media and Sara's reply to his blog.**

Soy Mario. Tengo muchas aficiones: juego al fútbol y veo un montón de televisión, pero prefiero pasar tiempo en las redes. Suelo conectarme a Internet después de cenar. Me encanta conversar con mis amigos en Internet, pero hay peligros. Uso las redes demasiado y creo que soy adicto.

Sigo a muchos famosos y a veces publican cosas inútiles, pero hay muchos que usan las redes para hablar sobre temas importantes. Sara Ramírez habla con orgullo sobre ser bisexual y persona no binaria, y el futbolista Vinícius Júnior se manifiesta contra el racismo.

orgullo	*pride*
adicto/a	*addicted*
un montón de	*lots of*

a What does Mario say about life online? Write down the correct letter (A–F) for each of the three correct statements.

A	Mario's favourite hobbies are playing football and watching television.
B	Mario usually goes online in the evening.
C	Mario thinks that he uses social media too often.
D	Famous people always publish useless things online.
E	Vinícius Júnior protests online about racism in football.
F	Vinícius Júnior regularly protests.

Is there a word next to these activities that suggests these are his favourite activities?

You might not see the exact word for 'evening' in the text – is there another time phrase that could imply 'evening'?

The main idea might be in the text, but does the frequency expression match?

Pay attention to details like these.

b What does Sara say in her reply to Mario's blog? Write down the information in English. You do not need to write in full sentences.

Hola Mario:

Pienso que estoy pasando demasiado tiempo conectada y el peligro más grande para mí es que está afectando mis estudios. Ayer, pasé más de cuatro horas jugando a los videojuegos y, como consecuencia, no hice mis deberes. No quiero continuar así, por eso voy a reunirme más en persona con mis amigos para conversar con ellos y mis padres van a poner límites en mi uso del ordenador. Creo que limitar el uso del ordenador va a mejorar mis estudios y, sobre todo, va a ayudar a mi salud mental.

Sara

reunirse con	*to meet up with*

(i) What she thinks about the amount of time she spends online

(ii) The biggest problem with her use of the internet

(iii) Why she did not complete her homework

(iv) The most important benefit of limiting her use of the internet

When dealing with 'biggest' or 'most important' in questions, always check your answer to ensure you haven't chosen a distractor by accident – look for ***más***, ***especialmente*** or ***sobre todo*** to help you.

Leer 3

Relationships. **Translate the following paragraph into English.**

Tengo quince años y vivo en Medellín, una ciudad en Colombia. Vivo aquí desde hace cinco años con mis dos padres y mi hermana menor. Me llevo bien con mis padres porque ambos me apoyan en todos los momentos difíciles. La semana pasada mis padres se casaron y pienso que fue un día extraordinario. Esta noche voy a colgar los videos en mi página de Facebook donde mis amigos pueden verlos.

ambos	*both*
casarse	*to get married*
colgar	*to post*

Listening

Escuchar 1

Problems and advice. **Toni, Marta and Malek are talking about personal problems and advice. What do they say? Listen to the recording and make notes in English under the following headings. You do not need to write in full sentences.**

a Toni – An issue he had with his friends yesterday

b Marta – Her problem with her friends

c Malek – What you could do if you have problems with your friends

First, listen to the whole recording to familiarise yourself. Then listen again, focusing in on the sections where you think the key information is. Listen carefully for distractors.

Escuchar 2

Social issues. **Jalil is talking about social issues. What does he mention? Write down the letter (A–F) for each of the three correct options.**

A Gender discrimination	**D** Racism
B Fighting for rights	**E** Listening
C Friendship problems	**F** Bullying

Listen for related words as clues to help you pick the correct options.

Escuchar 3

You are going to hear someone talking about relationships. Sentences 1–2: write down the missing words for each gap. For each gap, you will write one word in Spanish.

1 Sin embargo, a ___ me ___ con mi ___.

2 Suelo ___ con mis ___ porque me ___.

Sentences 3–6: write down the full sentences that you hear in Spanish.

Módulo 3

Prueba oral

Read aloud

Hablar 1 **Look at this task. With your partner, read aloud the four sentences, paying particular attention to the underlined letters or syllables.**

Diego has written a blog about his family.

Read out the text below to your partner.

> En mi familia hay cuatro personas: mis dos madres, mi hermano menor y yo.
>
> Mis madres son colombianas que viven en España desde hace dos años.
>
> Pienso que no existen dos familias iguales. Por ejemplo, mis madres son lesbianas.
>
> Generalmente, considero que nos llevamos muy bien, pero a veces pueden ser irritantes y discutimos sobre cosas absurdas.

Remember: ***b*** and ***v*** are both pronounced like 'b' in English.

Two vowels together are known as a diphthong. Practise pronouncing both vowels separately, before linking the two vowel sounds together.

Escuchar 2 **Listen and check your pronunciation.**

Hablar 3 **Listen to the teacher asking the two follow-up questions. Translate each question into English and prepare your own answers in Spanish. Then listen again and respond to the teacher.**

The follow-up questions are addressed in the 'you' form. In your answers, you will need to change this to the 'I' form.

Role play

Escribir 1 **Look at the role-play card and prepare what you are going to say.**

Setting: At a leisure centre

Scenario:

- You are in a leisure centre, about to speak to an employee.
- The teacher will play the part of the employee and will speak first.
- The teacher will ask questions in Spanish and you must answer in Spanish.
- Say a few words or a short phrase/sentence for each prompt. One-word answers are not sufficient to gain full marks.

Task:

1 Say what activity you would like to do at the leisure centre.
2 Say what time you plan to do the activity.
3 Give a description of your favourite sporting role model.
4 Ask a question about the employee's favourite role model.
5 Ask the employee how a good role model should be.

Which verb form do you need after 'me gustaría'?

Use *a las* to give the time.

Ask who their favourite role model is, using *¿Quién?*

Think about the question word you need for 'how'.

Hablar 2 **Practise what you have prepared. Then, using your notes, listen and respond to the teacher.**

Escuchar 3 **Now listen to Lola doing the role play task. In English, make a note of how she answers points 1–3.**

Always check the question word used and ensure your response makes sense with the question!

Picture task

Escuchar 1 **Look at the photo below and read the first part of the task card. Then listen to Grace describing the photo.**

1 Where does Grace say the two people are? Give two details.
2 What does Grace say the two people are doing? Give two details.
3 How does Grace describe their mood?
4 How does Grace describe their appearance? Give two details.

Note how Grace uses the present continuous to describe what people are doing.

Prepare your own description of the photo.

Your description must cover:

- people
- location
- activity.

When you have finished your description, you will be asked **two questions** relating to the picture. Say a **short phrase/ sentence** in response to each question.

One-word answers will not be sufficient to gain full marks.

You will then move on to a **conversation** on the broader thematic context of **Family and relationships**.

During the conversation, you will be asked questions in the present, past and future tenses.

Your responses should be as **full and detailed** as possible.

Hablar 2 **Prepare your own description of the photo, mentioning people, location and activity. Then, with a partner, take turns to describe the picture.**

Escuchar 3 **Read the second part of the task card. Then listen to the first two follow-up questions Grace is asked. Write the questions down in Spanish and make notes in English on how she answers them.**

Escuchar 4 **Read the third part of the task card. Listen to the wider conversation and write down the missing word for each gap in Grace's answers, using the words from the box. There are more words than gaps.**

¿Qué planes tienes para este fin de semana?

Este fin de semana, **1** a jugar con mi equipo de fútbol en el parque. Soy bastante **2** y pienso que es importante practicar deporte porque te ayuda a cuidar tu **3** mental. Más tarde, voy a reunirme con mis amigos. Vamos a ir al estadio para ver a nuestra banda favorita en **4**.

¿Qué hiciste con tus amigos el fin de semana pasado?

El fin de semana pasado, mis amigos y yo **5** al cine para ver una película de **6**. Luego pasamos la tarde **7** música y subiendo videos a TikTok. Fue **8**.

concierto terror voy fuimos vamos guay deportista escuchando salud

Hablar 5 **Prepare your own answers to Module 3 questions 1–10 on page 228. Then practise with your partner.**

Módulo 3
Prueba escrita

80–90 word writing task

Escribir 1

Look at this writing exam task and then, for each bullet point spend one minute thinking of useful vocabulary and structures you could use. Share and compare your ideas with a partner.

Write a blog about yourself and your relationship with others.

You **must** include the following points:
- a description of your appearance
- your opinion of your friends, with reasons
- a problem you have had with a friend recently
- what you are going to do with your friends next weekend.

Write your answer **in Spanish**.
Aim to write between 80 and 90 words.

Leer 2

Read David's answer to the exam task. Answer the questions in the callouts.

Hola, soy David. Soy británico y vivo en Inglaterra. Soy bastante alto. Tengo el pelo largo y negro y los ojos marrones.

En mi opinión, mis amigos son muy fieles. Admiro a mis amigos porque siempre me apoyan cuando estoy triste y nunca me critican.

Recientemente mis amigos y yo fuimos al centro comercial donde me peleé con mi amigo Luis en una tienda. Fue terrible.

El próximo fin de semana, pienso que voy a ir a la casa de mi amigo para jugar a la videoconsola.

1 Vary your **adjectives** to make your work stand out with impressive vocabulary.

2 Why has David used ***estar*** here?

3 Use **time phrases**, such as 'recientemente' and 'normalmente', to introduce ideas and vary sentence structure.

4 What is the difference between ***me peleo*** and ***me peleé***?

5 What other **opinion phrases** can you add to your writing?

6 Which form of the verb must ***para*** always be followed by?

Inglaterra *England*

Leer 3

Read David's answer again. Answer the questions.

1 What is David's nationality?
2 How does he describe himself? Give three details.
3 How does he describe his friends?
4 Why does he admire his friends? Give two details.
5 What happened when David and his friends went to the shopping centre?
6 Where is he going next weekend and what is he going to do there?

Escribir 4

Prepare your own answer to the task.

- Think about how you can develop your answer for each bullet point.
- Look back at your notes from exercises 1 and 2.
- Look at the 'Challenge checklist' and consider how you can show off your Spanish!
- Write a **brief** plan and organise your answer into paragraphs.
- Write your answer and then carefully check the accuracy of what you have written.

Challenge checklist	
	✓ Develop all four bullet points ✓ At least two opinions and two reasons ✓ Past, present and future time frames
	✓ Longer sentences using a range of connectives: *donde, cuando, que, además, también* ✓ A wider range of ways to give opinions and reasons (*me inspira, admiro a, amo a... ya que, para* + infinitive) ✓ Extended answers
	✓ More varied adjectives (*fiel, triste*) ✓ A wide range of preterite tense forms (*me peleé*) ✓ Using pronouns (*me apoyan, me critican, los admiro*)

Translation

Escribir 1

Read the English text and the Spanish translation. Fill in the blanks with the correct Spanish word(s).

I like to look at photos of famous people online. In the photo, Shakira is in a stadium and she is smiling. I have followed Shakira for many years on social media and her music interests me. She won several awards for fighting for the rights of children. In the future, I am going to go to a concert in order to listen to her music.

Me gusta **1** fotos de los famosos en línea. En la foto Shakira **2** en un estadio y **3** sonriendo. Sigo a Shakira **4** muchos años en las redes sociales y **5** música me **6** . **7** varios premios por luchar por los derechos de los niños. En el futuro, **8** a ir a un concierto para escuchar su música.

Escribir 2

Translate the following text into Spanish.

I like to follow famous people on social media. In the photo, Miss Raisa is in the city and she is chatting on her mobile phone. I have listened to her music for two years and her lyrics inspire me. In 2021, she won an award because she fought for diversity and inclusion. Next year, I am going to go to Spain in order to go to her concert in Madrid.

Break the translation down into small sections to make it more manageable.
If you get stuck on a word, leave a gap and move on to the next word/phrase, then return to the gap later on.

Palabras

Key:
bold = this word will appear in higher exams only
* = this word is not on the vocabulary list, but you may use it in your own sentences

¡No hay dos familias iguales! (pages 56–57):

¿Quién es mi familia?	*Who is my family?*
mi(s) / tu(s)	*my / your*
su(s)	*his/her/their*
nuestro/a(s) / vuestro/a(s)	*our / your*
el padre / el padrastro	*father / step-father*
la madre / la madrastra	*mother / step-mother*
el hermano / el hermanastro	*brother / step-brother*
la hermana / la hermanastra	*sister / step-sister*
el primo / la prima	*(male) cousin / (female) cousin*
los padres / los hermanos	*parents / siblings*
el hijo (único) / la hija (única)	*(only) son / (only) daughter*
el abuelo / la abuela	*grandfather / grandmother*
los abuelos / los gemelos	*grandparents / twins*
el tío / la tía	*uncle / aunt*
el bebé	*baby*
los miembros de la familia	*members of the family*

Esta es mi gente (pages 58–59):

¿Quién está en la foto?	*Who is in the photo?*
Aquí hay una foto de ...	*Here is a photo of ...*
¿Dónde están?	*Where are they?*
Está / Están ...	*He/She is / They are ...*
en el jardín	*in the garden*
en la sala	*in the living room*
en casa / en la cocina	*at home / in the kitchen*
en su habitación	*in his/her/their room*
al **fondo**	*in the background*
¿Qué están haciendo?	*What are they doing?*
Estoy / Estamos ...	*I am / We are ...*
Está / Están ...	*He/She is / They are ...*
bebiendo / chateando	*drinking / chatting*
cocinando / comiendo	*cooking / eating*
escuchando (música) / hablando	*listening (to music) / talking*
haciendo / jugando	*doing / playing*
leyendo / mandando (un mensaje)	*reading / sending (a message)*
*sacando (fotos) / sonriendo	*taking (photos) / smiling*
trabajando / viendo	*working / watching*
¿A quién te pareces?	*Who are you like?*
¿Cómo eres?	*What are you like?*
Soy / Es ...	*I am / He/She is ...*
(bastante) alto/a / bajo/a	*(quite) tall / short*
moreno/a	*dark-haired, tanned*
rubio/a	*blonde*
más alto/a que yo	*taller than me*
más bajo/a que él/ella	*shorter than him/her*
Somos / Son ...	*We are / They are ...*
bajos/as	*short*
pelirrojos/as	*redheads*
¿De qué color tienes los ojos?	*What colour are your eyes?*
¿Cómo tienes el pelo?	*What is your hair like?*
Tengo / Tenemos ...	*I have / We have ...*
Tiene(n) ...	*He/She has / They have ...*
el pelo ...	*... hair*
castaño / negro	*brown / black*
pelirrojo / rubio	*red / blonde*
largo / corto	*long / short*
los ojos ...	*... eyes*
azules / marrones / verdes	*blue / brown / green*
la misma nariz	*the same nose*
Llevo / Lleva gafas.	*I wear / He/She wears glasses.*
¿A quién **te pareces** de tu familia?	*Who are you like in your family?*
(No) **Me parezco** (nada) a ...	*I am (not at all) like ...*
(No) **Se parece** a ...	*He/She is (not) like ...*
nadie de mi/su familia	*anyone in my/his/her family*
mis dos hermanos	*my two siblings*

¿A quién sigues? (pages 60–61):

¿A quién sigues en las redes sociales?	*Who do you follow on social media?*
Sigo ...	*I follow ...*
a artistas / cantantes latinos	*artists / Latin singers*
canales de cocina/*videojuegos	*cooking/videogames channels*
*vlogs de ...	*... vlogs*
*rutinas / estilo de vida / moda	*routines / lifestyle / fashion*
¿**Desde hace** cuánto tiempo?	*For how long?*
Desde hace ...	*For ...*
un mes/año	*a month/year*
meses / (mucho) tiempo	*months / a long time*
¿Por qué te gusta?	*Why do you like it?*
Me gusta porque ...	*I like it because ...*
aprendo mucho	*I learn a lot*
quiero aprender más	*I want to learn more*
la música es mi vida	*music is my life*
los vídeos son divertidos/ útiles/*virales	*the videos are fun/useful/ viral*
soy aficionado/a	*I am a fan ...*
al deporte	*of sport*
a la música latina	*of Latin music*
¿A quién admiras?	*Who do you admire?*
*Admiro a ...	*I admire ...*
Lo/La sigo / *admiro porque ...	*I follow / admire him/her because ...*
apoya a otras personas	*he/she supports other people*
es un buen modelo de conducta	*he/she is a good role model*
es una *inspiración para otros	*he/she is an inspiration to others*
Lucha / Luchó por ...	*He/She fights/fought for ...*
los derechos de las personas transgénero	*transgender rights*
la igualdad de **oportunidades**	*equal opportunities*
Fue ...	*He/She was ...*
la primera persona en ...	*the first person to ...*
participar / ganar ...	*participate / win ...*
El año pasado / Hace dos años ...	*Last year / Two years ago ...*
participó en / ganó ...	*he/she participated in / won ...*

¡Amigos para siempre! (pages 62–63):

¿Cómo es tu relación con tus amigos?	*What is your relationship with your friends like?*
¿Te llevas bien con tus amigos?	*Do you get on well with your friends?*
(No) Me llevo bien con ...	*I (don't) get on well with ...*
Me divierto mucho con ...	*I have lots of fun with ...*
Mi mejor amigo/a y yo ...	*My best friend and I ...*
Mis amigos/as y yo ...	*My friends and I ...*
nos llevamos *genial	*get on really well/great*
nos divertimos mucho juntos/as	*have lots of fun together*
porque ...	*because ...*
hacemos muchas cosas juntos/as	*we do lots of things together*
me hace(n) reír	*he/she/they make(s) me laugh*
me conoce(n) bien	*he/she/they know(s) me well*
puedo **confiar** en él/ella totalmente	*I can trust him/her totally*
siempre estamos juntos	*we are always together*
casi nunca **nos peleamos**	*we hardly ever fight*
puedo **contar** con él/ella/ellos/ellas (para todo)	*I can count on him/her/them (for everything)*
tenemos los mismos **intereses**	*we have the same interests*
¿Cómo es un buen amigo?	*What is a good friend like?*
¿Cómo te ayuda tu mejor amigo/a?	*How does your best friend help you?*
Mi mejor amigo/a ...	*My best friend ...*
Un buen amigo / Una buena amiga ...	*A good friend ...*
te comprende	*understands you*
te conoce bien	*knows you well*
te hace reír	*makes you laugh*
te respeta	*respects you*
me acepta como soy	*accepts me as I am*
te acepta como eres	*accepts you as you are*
te ayuda cuando tienes problemas	*helps you when you have problems*
te apoya en **lo** bueno y en **lo** malo	*supports you in the good and the bad*
te da buenos **consejos**	*gives you good advice*
no **te critica**	*does not criticise you*
es **fiel**	*is loyal*
puede **guardar** un *secreto	*can keep a secret*

Así soy yo (pages 64–65):

¿Cómo eres?	*What are you like?*
¿Qué es **lo** más importante para ti?	*What is the most import thing to you?*
Para mí, **lo** más importante es / son ...	*For me, the most important thing is ...*
mi familia / mi educación	*my family / my education*
mi cultura / mis derechos	*my culture / my rights*
mis amigos / **la amistad**	*my friends / friendship*
mi religión / mi **fe**	*my religion / my faith*
¿Qué cosas te interesan/ **preocupan**?	*What things interest/worry you?*
Las cosas que me interesan/ **preocupan** son ...	*The things that interest/worry me are ...*
el amor / la **paz** / el planeta	*love / peace / the planet*
la **justicia** / el futuro del mundo	*justice / the future of the world*
¿Cuáles son tus sueños?	*What are your dreams?*
Mi **objetivo**/sueño es ...	*My objective/dream is to ...*
En el futuro voy a ...	*In the future I am going to ...*
ser jefe/a (de una compañía)	*be a/the boss (of a company)*
ser rico/a / tener éxito	*be wealthy / be successful*
luchar por un mundo mejor	*fight for a better world*
¿Qué piensas de las redes sociales?	*What do you think about social media?*
¿Qué es **lo** bueno/**lo** malo de las redes sociales?	*What is the good/bad thing about social media?*
Lo bueno/malo es que ...	*The good/bad thing is that ...*
causan *adicción/**presión**/ *acoso	*it (social media) causes addiction/pressure/bullying*
causan problemas para dormir	*it (social media) causes sleeping problems*
son una gran *distracción	*it (social media) is a big distraction*
son buenas/útiles para ...	*it (social media) is good/ useful for...*
compartir fotos/vídeos/ideas	*sharing photos/videos/ideas*
buscar información sobre ...	*searching for information about ...*
estar en contacto con tus amigos	*being in touch with your friends*
participar en la comunidad	*participating in the community*
expresarse	*expressing yourself*
chatear con ...	*chatting with ...*
escuchar / ver ...	*listening to / watching ...*

Necesito ayuda, ¿qué puedo hacer? (pages 66–67):

¿Qué puedo hacer?	*What can I do?*
Mi problema es que ...	*My problem is that ...*
me siento / estoy ...	*I feel / I am ...*
diferente / triste	*different / sad*
solo/a / muy mal	*alone/ very bad*
no **me relaciono** con nadie	*I don't interact with anyone*
ignora todos mis mensajes	*he/she ignores all my messages*
es muy negativo/a	*he/she is very negative*
me peleo mucho con él/ella	*I fight with him/her a lot*
se ríen de mí	*they laugh at me*
siempre me **critica**	*he/she is always criticising me*
Deberías ...	*You should ...*
Podrías ...	*You could ...*
Es importante/necesario ...	*It is important/necessary to ...*
limitar el tiempo en línea	*limit your time online*
organizar actividades	*organise activities*
apoyar a tu familia	*support your family*
buscar ayuda **profesional**	*seek professional help*
explicarles cómo **te sientes**	*explain to them how you feel*
expresar tus **sentimientos**	*express your feelings*
hablar con él/ella/ellos/ ellas cara a cara	*speak to him/her/them face to face*
crear nuevas *rutinas	*create new routines*
Tienes que ser fuerte.	*You have to be strong.*

¡Qué rico!

- Learning about typical foods in Spanish-speaking countries
- Using adjectives of nationality

¡A comer!

La diversidad cultural y geográfica en los países hispanohablantes ofrece muchas opciones de comida rica. De hecho, la comida es muy importante en la cultura de Latinoamérica y España. Descubre los platos más conocidos y las bebidas más típicas.

Para el desayuno …

A las ocho de la mañana

Los chilaquiles son el desayuno **mexicano** más rico, hecho con tortillas de maíz, huevos, queso, tomates y crema.

Beber el té que contiene hojas de *yerba mate* es la costumbre social **argentina** más típica. El mate es una bebida buena.

Para la comida …

A las dos de la tarde

La paella es el plato **español** de arroz más famoso. Hay muchos tipos: de verduras, carne o pescado.

Los tamales son un plato popular de América Latina. Es tradición comer los tamales **cubanos** en las fiestas familiares. Tienen maíz, verduras y carne.

Para la merienda …

A las cinco y media de la tarde

El chocolate caliente con churros es la merienda **española** más típica, especialmente en invierno. ¡Qué rico!

El choclo con queso es una comida típica **peruana**. Los ingredientes simples son maíz, queso y sal.

Para la cena …

A las nueve de la noche

El choripán es el bocadillo **argentino** más típico. Tiene pan, carne y salsa de chimichurri. ¡Buen provecho!

El pastel de choclo es un plato típico **chileno** hecho con maíz. Los chilenos lo comen especialmente en verano. Puede ser dulce o salado.

Leer 1 **Read the texts and look at the photos. Note down the key food ingredients mentioned for each dish in English.**

Example: *Los chilaquiles – tortillas, eggs, cheese, tomatoes, cream*

Escribir 2 **Read the texts again. Copy and complete the sentences in Spanish with the country each dish comes from.**

¿De qué país es cada plato?

Example: La paella **es** de…
Los chilaquiles **son** de…

México España Perú
Chile Argentina Cuba

Escribir 3 **Copy and complete the table with the countries from exercise 2. Then write the corresponding adjectives of nationality.**

Country	People
Mexico	los mexicanos

G

Adjectives of nationality do not start with a capital letter in Spanish, unlike countries, which do.

Like all adjectives, they must agree with the noun.

Adjectives of nationality ending in a vowel usually follow the regular pattern:

chilen**o**	chilen**a**	chilen**os**	chilen**as**

Those ending in a consonant follow an irregular pattern.

ending in **-l**	español	español**a**	español**es**	español**as**
ending in **-s**	inglés	ingles**a**	ingles**es**	ingles**as**

Adjectives of nationality can be used to form nouns:
los españoles – Spanish people

Page 92

Escuchar 4 Listen to some young people talking about food and drink they would like to try. Copy and complete the table in English. (1–3)

	Food/Drink	Photo	Country	Opinion
1				

la horchata — las arepas — el agua de Jamaica

a

b

c

Hablar 5 In pairs, talk about which dish and which drink you would like to try.

¿Qué plato y qué bebida te gustaría probar?

- *¿Qué plato te gustaría probar?*
- *Me gustaría probar el pastel de choclo porque suena / parece rico y me gustan los postres dulces. Sin embargo, no me gustaría probar… porque no me gusta(n) …*
- *¿Qué bebida te gustaría probar?*
- *…*

Leer 6 Translate the text into English and then take turns to read it out with your partner. Pay attention to the letters in purple. Then listen to check your pronunciation.

Postres típicos

El champurrado

El **ch**ampu**rr**ado es una de las bebidas más tradi**ci**onales de la co**ci**na mexi**ca**na. Los mexi**ca**nos lo toman muy **ca**liente, y po**r** eso es ideal pa**r**a bebe**r**lo en invie**r**no, **cu**ando ha**ce** mucho frío. Pa**r**a ha**ce**rlo de mane**r**a tradi**ci**onal, ne**ce**sitas agua, **ch**o**co**late, ha**r**ina de maíz, azú**car** y **ca**nela.

la harina de maíz	*corn flour*
la canela	*cinnamon*

Hablar 7 Mystery words. Write two words from the list. Can your partner guess them? Respond *'No, no es correcto'* or *'Sí, es correcto'*. Then close your book and say a word from the list for your partner to transcribe.

La palabra misteriosa

churros con chocolate — caliente — choripán — choclo con queso — cocina — agua de Jamaica — chilaquiles — arepas — Cuba — horchata — rico — champurrado — azúcar — tradicional

Pienso que / Creo que / Diría que / Me parece que la palabra misteriosa es …

- **ch** is pronounced like the 'ch' in 'chat'.
- **r** is a soft 'r' pronounced by lightly touching your tongue against the back of your front teeth.
- **rr** (or **r** at the start of a word) has a stronger, rolled sound – a bit like an engine revving!
- **ce** and **ci** are pronounced like the 'th' in 'think' in most of Spain.
- **ca**, **co** and **cu** are pronounced like a 'k', similar to the English word 'cake'.

1 ¿Llevas una vida sana?

- Describing healthy daily routines
- Using indefinite adjectives
- Using *tener* + noun

Escuchar 1

Listen to and read the text. Translate the words in purple. Then copy and complete the sentences in English.

Una rutina sana

Admiro a la atleta venezolana Lisbeli Vera. Me gustaría ser una atleta profesional como ella. Por eso tengo una rutina sana y cuido mi dieta. Por la mañana **me levanto** temprano, a las seis y media. Primero hago diez minutos de ejercicio para empezar el día con energía.

Luego **me preparo** y **me visto**. A las siete **tomo un desayuno** ligero porque no tengo mucha hambre. **Tomo el almuerzo** a mediodía. Siempre llevo una botella de agua cuando tengo sed porque es la bebida más sana.

'Lisbeli es mi inspiración en mi vida diaria.'

'Me siento feliz cuando corro.'

Después de terminar las clases, **voy** directamente al estadio para entrenar. ¡No tengo tiempo para dormir la siesta! Entreno todos los días salvo los domingos. **Antes de empezar a correr**, suelo comer chocolate negro, sin leche. Cuando corro me divierto mucho y **vuelvo** a casa cansada pero feliz.

Normalmente mi cena consiste en verduras y pollo o pescado. Por la noche **me relajo** un poco. Antes de acostarme, **suelo hacer** meditación para cuidar mi salud mental. Finalmente, **me acuesto** a las diez y media de la noche. ¡Siempre tengo mucho sueño y duermo bien! ***Gabriela***

1. Gabriela would like to be ...
2. After getting up in the morning, she ...
3. Gabriela's breakfast is ... because ...
4. She trains every day except ...
5. When she returns home, she is ...
6. She usually meditates in order to ...
7. She goes to bed at ...
8. At the end of the day she's always ... and ...

G

The expressions ***después de*** and ***antes de*** can be followed by a verb or a noun. When followed by a verb, use the infinitive:

Antes de comer	Before eating
Después de terminar	After finishing

For reflexive verbs, add the correct **reflexive pronoun** to the infinitive:

*Antes de vestir**me***	Before getting (**myself**) dressed
*Después de lavar**te***	After washing (**yourself**)

When followed by a masculine singular noun, remember that ***de*** + ***el*** = ***del***.

*Después **del** desayuno*	After breakfast
Antes de la cena	Before dinner

Page 92

Escuchar 2

Listen. Write the correct time for each person and what they do in English. (1–8)

Example: *1 have breakfast - 7.30*

Use ***a*** + ***la/las*** + time to say what time you do something.
*Me levanto **a las** siete menos cuarto de la mañana.*
I get up **at** quarter to seven in the morning.
*Me acuesto **a las** diez y cuarto de la noche.*
I go to bed **at** quarter past ten at night.

Use ***tomar el desayuno / el almuerzo / la cena*** for 'to have breakfast/lunch/dinner'.

Escribir 3

Translate the sentences into Spanish.

1. In summer I'm thirsty.
2. In the morning I'm not very hungry.
3. In the afternoon I'm very sleepy.
4. At night I'm very cold.
5. During the day I'm very hot.
6. I'm always right.

The verb ***tener*** (to have) is sometimes used with a noun where English uses the verb 'to be':

Tengo mucha hambre.	I am very hungry.
Tengo sed.	I am thirsty.
Tienes razón.	You are right.
Tener cuidado.	To be careful.

Escuchar 4 **Listen to Quique and Ricardo talking about their routine. Write down the following information for each person in English. (1–2)**

- what they do at the weekend (two details)
- two healthy habits
- two unhealthy habits

fumar	*to smoke*
beber alcohol	*to drink alcohol*
el humo	*smoke*
el olor	*smell*

G

Like all adjectives, **indefinite adjectives** agree in number and gender with the noun they modify, except ***cada***, which is invariable. They always come before the noun.

algunos/as (some)	*muchos/as* (many/a lot of)
mismos/as (same)	*demasiados/as* (too many)
otros/as (other)	*todos/as* (all/every)

Todos/as is followed by *los/las*.

*Hago ejercicio **todos los** días.* I exercise **every day**.

Page 93

Escuchar 5 **Listen again and write down at least four examples of indefinite adjectives and nouns that Quique and Ricardo use. Then translate them into English.**

Example:

algunos fines de semana – some weekends

Hablar 6 **In pairs, talk about your routine and habits.**

- *¿Cómo es tu rutina?*
- *¿Qué costumbres sanas tienes?*
- *¿Tienes costumbres malsanas?*

- *Durante la semana ..., pero algunos fines de semana ...*
- *Me levanto/acuesto temprano, ...*
- *Pues, todas las tardes ...*

Siempre / A veces / Nunca Todos los días / Algunos fines de semana Todas las tardes / Algunas noches Primero / Luego Durante la semana Finalmente	me levanto me acuesto como tomo el desayuno tomo la merienda tomo la cena hago deporte	tarde. temprano. a las [nueve]. a la misma hora.

Antes de Después de	levantarme tomar el desayuno comer/beber terminar las clases volver a casa	tomo como bebo	demasiadas bebidas con azúcar. [mucha] agua. algunos/muchos pasteles. algunas/muchas verduras. chocolate/fruta/pasta.
Si tengo hambre, Si tengo sed,			

Escribir 7 **Rewrite this article about Kai as if you were the person being interviewed. Then change some details and write five sentences about your own routine.**

*Example: Kai **se despierta** muy temprano.* → ***Me despierto** muy tarde.*

Durante la semana, Kai se despierta muy temprano, a las seis y media. Mientras toma el desayuno, mira los mensajes para mantenerse en contacto con sus amigos. Luego va al colegio. Durante el camino escucha música. Toma el almuerzo a la una. ¡Siempre tiene mucha hambre!

Por la tarde vuelve a casa y toma la cena a las siete. Después de hacer los deberes, se relaja con su familia. Finalmente, se acuesta a las diez porque tiene mucho sueño.

Remember that:

- some present tense verbs are irregular in the first person:
  tener → *tengo* *estar* → *estoy*
- you have to change the **pronoun** and **ending** in reflexive verbs:
  se** levant**a → ***me** levant**o***
- you have to change **possessive adjectives**:
  ***su** casa* → ***mi** casa*

2 ¿Somos lo que comemos?

- Talking about mealtimes and food trends
- Using direct object pronouns
- Practising listening skills

Escuchar 1 **Listen to Cecilia talking about her breakfast, lunch and dinner. For each point, write down the following information:**

1 meal time **2** food and drink **3** any extra details

Hablar 2 **In pairs, imagine you are from Spain or Chile. Take turns to discuss mealtimes. Use the information to help you.**

Los horarios de las comidas en el mundo hispanohablante

- *¿De qué nacionalidad eres?*
- *Soy ...*
- *¿A qué hora tomas el desayuno/almuerzo?*
- *Normalmente **lo** tomo a las ...*
- *¿A qué hora tomas la merienda/cena?*
- *Generalmente **la** tomo entre las ... y las ...*

Tomo ...	Soy de España 	Soy de Chile 
el desayuno	8:00 – 10:00	7:00 – 9:00
el almuerzo	10:00 – 11:00	11:00 – 12:00
la comida	13:00 – 14:00	14:00 – 15:00
la merienda	16:15 – 18:30	17:00 – 21:00
la cena	21:00 – 22:30	20:30 – 22:15

En Chile toman ***la once*** entre las cinco de la tarde y las nueve de la noche.
Es una mezcla de la tradición inglesa del 'té de las cinco' y la tradición española de la merienda.
Los españoles toman la cena a las nueve o las diez de la noche. Sin embargo, los británicos la toman a las seis o las siete de la tarde.

Leer 3 **Translate the text into English.**

La comida en España y Latinoamérica es muy rica y diversa. En general, consiste en una gran variedad de ingredientes frescos como frutas y verduras. La gente los compra en los mercados y suele prepararlos según la tradición familiar. Además, cada país tiene sus propios platos tradicionales y ricos postres. En México, la dieta típica consiste en alimentos como maíz, carne y pescado. A los españoles les encanta el pescado también y lo comen a menudo. Sin embargo, como en otros lugares del mundo, la gente sigue diferentes tipos de dietas según cada gusto. Algunas personas eligen una dieta vegetariana o vegana porque la prefieren.

G

Direct object pronouns replace the noun that has already been mentioned and avoid repetition. The pronoun agrees with the noun it replaces.

English	Spanish
me	me
you (singular)	te
him/her/it	**lo**/**la**
us	nos
you (plural)	os
them	**los**/**las**

Direct object pronouns:
- go before a conjugated verb.
  ***Lo** comen.* They eat **it**.
- go after a negative word.
  *No **la** toman.* They don't have **it**.
- are attached to the end of an infinitive.
  *Te recomiendo probar**los**.*
  I recommend you try **them**.

Page 94

Leer 4 **Read Guadalupe's food blog post and answer the questions in English.**

www.comidasricas.mx

¿Comer en la calle? ¡Buen provecho!

comiendo una quesadilla

La comida callejera en los países hispanohablantes está muy rica y llena de color. Hay una amplia variedad de opciones para disfrutar porque cada país tiene sus platos callejeros únicos. Te recomiendo probarlos en los puestos de comida mientras visitas las calles de cada ciudad. Por ejemplo, en mi país, México, se pueden encontrar *tacos de carne*, *quesadillas* y mucho más. A los mexicanos nos encanta comer en la calle, sobre todo para la cena, porque nos ayuda a ahorrar dinero ya que suele ser más barato y también es más rápido que comer en un restaurante.

En Argentina, hay que probar *los choripanes* (pan con chorizo). Los argentinos están orgullosos de su plato típico: *el asado de carne*. Cuando fui a España el verano pasado, probé la comida típica que era muy buena, la recomiendo. Por supuesto, comí *churros con chocolate caliente* para la merienda. ¿Te gustaría probarlos? ***Guadalupe Ríos***

la comida callejera	*street food*
el puesto de comida	*food stall*
el asado de carne	*roast meat*

1 How does Guadalupe describe street food in Spanish-speaking countries?
2 Why are there so many options to enjoy?
3 What does Guadalupe recommend you do and when?
4 What nationality is Guadalupe?
5 What does she say about the people in her country?
6 How do Argentinians feel about their typical dish?

Escuchar 5 **Listen to Claudia talking about her diet. Identify the four correct statements. Then listen again and correct the four incorrect statements.**

1 Claudia's diet includes fish and eggs.
2 She mentions an allergy to chocolate.
3 She looks after her health.
4 She likes cakes and sweets, and usually has them for dessert.
5 She doesn't eat anything for breakfast.
6 Her main meal of the day is lunch.
7 She's usually very hungry in the evening.
8 Claudia has two or three dishes for dinner.

Hablar 6 **In pairs, talk about your diet and what you eat.**

- *¿Cómo es tu dieta?*
- *¿Qué hay que hacer para tener una dieta sana?*

(No) Tengo una dieta bastante sana	porque	soy vegetariano/a. soy vegano/a. a veces como comida (mal)sana. como demasiados pasteles.
Mi desayuno/comida/cena consiste en		un plato de … verduras/carne/ensalada.
Para tener una dieta sana	(no) hay que (no) se necesita (no) hace falta	comer comida tradicional/fresca/malsana. tomar demasiadas bebidas con azúcar. tener cuidado con [la cantidad de azúcar que tomas].

To identify correct statements, look at each one and decide whether:
1 it gives information that doesn't quite match what you hear (not correct!)
2 it is talking about something which is simply not mentioned. (not correct!)

G These **impersonal verbs** are followed by the infinitive:

hay que	you/one must
se necesita	you/one needs
hace falta	you/one needs to

Hay que tener una dieta equilibrada.
One must have a balanced diet.

Page 94

Escribir 7 **Find out about a diet or dish from the Spanish-speaking world and write about it.**

- *Es un postre/un plato típico/una bebida … Se llama …*
- *Otros platos típicos de México son …*
- *Me gustaría probarlo/la/los/las porque … suena(n) …*
- *La dieta de Perú consiste en … Normalmente los peruanos comen …*

3 ¡Los tiempos cambian!

- Comparing old and new habits
- Using the imperfect tense to say what you used to do
- Using *ya no* + verb

Escuchar 1 **Listen and read. Find ten imperfect tense verbs and translate them into English. (1–2)**

Mi vida antes y ahora

Cuando era más pequeño, tenía una dieta sana y equilibrada. También era muy activo y por la mañana me levantaba temprano. Iba a la piscina tres veces a la semana, salía al parque a jugar y montaba en bici cada día. ¡Tenía mucha energía y me movía todo el tiempo! Por el contrario, ahora no hago nada para mantenerme en forma. Como comida rápida y malsana, ¡y siempre tengo hambre! Ya no bebo agua porque prefiero las bebidas con azúcar. En vez de estar al aire libre, estoy sentado en mi cuarto, triste y aburrido. **Roberto**

Antes no tenía energía. Todos los días comía comida malsana y bebía demasiado café. Por eso siempre estaba cansada y enferma. Me acostaba tarde porque veía mis series favoritas y, por la mañana, tenía mucho sueño. ¡Necesitaba cambiar de costumbres! Ahora solo como comida sana y fresca, y bebo agua natural. Además, voy al gimnasio a diario para mantenerme en forma. Mi vida actual es más sana y ¡me siento mucho mejor! **Esmeralda**

en vez de *instead of*

Leer 2 **Read the texts again and write the correct name for each question. Then translate Esmeralda's text into English.**

Who …
1. used to have a very active life?
2. was always tired and sick?
3. was always on the move?
4. only drinks water?
5. is always indoors?
6. doesn't do anything to keep fit?

Escuchar 3 **Listen and fill in the gaps with the correct verb. Then practise reading out the text with a partner.**

Antes no **1** una vida sana porque no me **2** las verduras ni el pescado. Mi dieta no **3** equilibrada: **4** bastante pan, queso, arroz, pasta, demasiadas patatas fritas y alguna fruta de vez en cuando. Además, me encantaban los postres y los pasteles. También me **5** muy tarde. Por eso al día siguiente **6** siempre cansada. Nunca **7** al gimnasio. Pero un día decidí cambiar mis costumbres malsanas. Ahora **8** más mi dieta y como la mitad de pan y pasta que antes. Ya no **9** comida dulce porque **10** el azúcar. Tengo cuidado con la cantidad de azúcar que tomo a diario. ***Valeria***

G

You have already seen the **imperfect tense** for describing things in the past. It is also used for saying what you used to do.

*Antes **me acostaba** tarde.* Before **I used to go to bed** late.

	jugar (*to play*)	**comer** (*to eat*)	**salir** (*to go out*)
(yo)	jug**aba**	com**ía**	sal**ía**
(tú)	jug**abas**	com**ías**	sal**ías**
(él/ella/usted)	jug**aba**	com**ía**	sal**ía**
(nosotros/as)	jug**ábamos**	com**íamos**	sal**íamos**
(vosotros/as)	jug**abais**	com**íais**	sal**íais**
(ellos/ellas/ustedes)	jug**aban**	com**ían**	sal**ían**

***-er*/*-ir* verbs** have the same endings.

Reflexive verbs follow the pattern in the table above: ***me*** *levant**aba***

Only three verbs are irregular in the imperfect tense:
ser (to be) → ***era***, ***eras***, etc.
ir (to go) → ***iba***, ***ibas***, etc.
ver (to see/watch) → ***veía***, ***veías***, etc.

Page 93

Use ***ya no*** + **verb** to talk about what you no longer do or what no longer happens.
Ya no como *comida malsana.* **I no longer eat** unhealthy food.

Escribir 4

Translate the text into Spanish.

Imperfect tense

Present tense

Ya no + verb

When I was 8 years old, I never watched television at night because I used to go to bed early at the same time every night, except on Fridays. However, now I go to bed later as I have a mobile phone to watch the Spanish series that I like. When I was younger, I used to play more, whereas now I have to do homework and I no longer go to the park to run. Also, before, I used to sleep better and I ate a balanced and healthy diet. I had more energy, but now some days I am very tired, and I eat too many cakes.

Look back at page 83.

Nationalities – look back at page 80.

Expression with *tener*

Escribir 5

Write a paragraph about your lifestyle. Mention the things you used to do before, in contrast to what you do now. Include four old habits and four new ones.

Antes		(no) me levantaba/acostaba	temprano/tarde.
Cuando	era más pequeño/a era más joven tenía [diez] años	(no) tenía una dieta	sana/malsana.
		(no) comía comida	sana/malsana.
		(no) hacía	(mucho/suficiente) ejercicio/deporte.
		(no) tenía	(mucha) energía.
		(no) dormía	bien/mal.
		(no) jugaba/iba/veía ...	
Sin embargo, ahora Por el contrario, ahora		me levanto/acuesto ...	
		(ya no) tengo una dieta ...	
		(ya no) como comida ...	
		(no) hago (mucho/suficiente) ...	
		(no) tengo (mucha) energía.	
		(ya no) duermo ...	
		(ya no) juego/voy/veo ...	

Leer 6

Match the questions with Carlos's replies to find out how his life has changed.

Cuando era más joven

1. ¿Cómo era tu rutina cuando tenías seis años?
2. ¿Qué te gustaba comer y beber?
3. ¿Qué hacías en tu tiempo libre cuando eras pequeño?
4. ¿Cómo eras antes?

Ahora

5. ¿Cómo es tu rutina ahora?
6. ¿Qué te gusta comer y beber?
7. ¿Qué haces en tu tiempo libre?
8. ¿Cómo eres ahora?

a Era muy activo y tenía mucha energía.

b Me gusta comer comida sana, pero a veces también como pasteles.

c Me acostaba muy pronto y me levantaba muy temprano también.

d Soy bastante activo, pero a veces estoy muy cansado y tengo sueño.

e Me gustaba comer comida dulce cuando tenía hambre y bebía un vaso de chocolate caliente.

f Hago deporte, voy al cine, escucho música y juego a los videojuegos.

g Jugaba todo el tiempo. También iba al parque y montaba en bicicleta.

h Ya no me levanto temprano como antes. Me acuesto más tarde también.

Carlos

Hablar 7

In pairs, use the questions from exercise 6 and the vocabulary from exercise 5 to talk about your life when you were a child and now.

4 ¡Qué mal estoy!

- Talking about illnesses and injuries
- Using reflexive verbs in the preterite tense
- Giving advice using *debes, tienes que* and *necesitas*

Escuchar 1 **Look at the labels for the parts of the body. Listen and use this vocabulary to fill in the gaps in the text with the correct word(s).**

profundamente	*deeply*
suave	*soft*

Una sesión de relajación

Para comenzar la sesión, es importante relajar todo el cuerpo.

Primero, empezamos con **[1]** abiertos y después los cerramos. Es necesario respirar profundamente por **[2]** y no por **[3]**, y mantener las manos sobre las rodillas. Luego, tenemos que poner nuestra atención en **[4]** derecho e intentar sentirlo.

Después, subimos por **[5]** derecha y bajamos por la izquierda hasta los dedos del pie izquierdo. Ahora subimos por **[6]**, la espalda, los brazos y sentimos también **[7]** de la mano. Por último, pasamos por **[8]** y llegamos a **[9]**, donde sentimos la piel, la boca, **[10]** y los oídos. Finalmente, abrimos los ojos. ¿Cómo te sientes después de dos minutos de relajación?

Leer 2 **Read about the different problems and write the correct picture letter for each one.**

1. ¡Qué mal estoy! Tengo fiebre y me duelen la cabeza y la garganta. Estoy muy enfermo.
2. La semana pasada me rompí el brazo y la pierna cuando me caí de la bici. ¡Qué dolor!
3. Ayer pasé todo el día en la playa y me quemé la piel. ¡Me duele mucho todo el cuerpo! ¡Ay!
4. Estaba en la cocina y me corté el dedo por accidente. ¡Qué horror!
5. Tengo heridas en los pies porque mis nuevos zapatos son demasiado pequeños. ¡Qué mal!
6. Ayer fui a la piscina y ahora me duelen los oídos. Creo que tengo una infección. ¡Me duelen mucho!

G

Use the **preterite tense** to say what happened to you.
For reflexive verbs such as *romperse, quemarse* and *cortarse*, put the correct reflexive pronoun before the verb and use the **definite article**.

In English we say 'my leg', but Spanish uses 'the leg'.

Me *rompí* ***el*** *brazo.* I broke **my** arm.

With *caerse* you have to use a **preposition**.

La semana pasada me caí ***de*** *la bici.*
Me caí ***en*** *el parque.*

Hablar 3 **In pairs, take turns to choose and read out a problem from exercise 2. Then give advice to help with the problem. Listen to check your pronunciation.**

Debes Tienes que	descansar y recuperarte. ir al médico/hospital/dentista. comprar medicinas en la farmacia. quedarte en la cama.
También necesitas	beber/tomar agua. evitar el sol. relajarte/dormir.

Hablar 4 **In pairs, practise reading out the words in the pronunciation box.**

Listen and repeat the sounds and words.
ca – *caí, descansar, cabeza*
co – *comidas, médico, cómoda*
cu – *recuperarte*
cu + vowel – *cuerpo, cuidar, cuidado*

Escuchar 5 **Listen and write the details in English. (1–8)**

- the part of the body that hurts
- the reason

Estoy enfermo/a Me siento mal No me siento bien	porque tengo	fiebre. dolor de [cabeza]. una herida [en los pies].
Me / Te / Le	duele(n)	[el estómago]. [los oídos].
Ayer La semana pasada	me rompí me quemé me corté	el brazo/dedo. la pierna/piel.
Me caí	de la bici / en el parque / en la calle.	

¿Desde cuándo?	
Desde	ayer / esta mañana/tarde. la semana pasada. el [sábado] pasado. el fin de semana pasado.
¿Desde hace cuánto tiempo?	
Desde hace	un día. una hora/semana. más de [dos días].

Escribir 6 **Translate these sentences into Spanish.**

1. I burnt my hand in the kitchen last week. It hurts a lot now.
2. I've had a headache since this morning and my throat hurts a lot too.
3. I broke my arm yesterday when I fell off my bike.
4. My stomach has been hurting since Monday. I don't feel well.
5. My back has been hurting a lot for two days.
6. I broke my tooth on Sunday when I fell in the street. It hurts a lot.

G

Doler (to hurt) is a stem-changing verb. It works like ***gustar***.
Me *duel**e** la espalda.* My back hurts.
Te *duel**en** los pies.* Your feet hurt.
*A mi hermano **le** duel**en** los oídos.*
My brother has earache.

Use ***tengo dolor de*** followed by the part of the body that hurts. Don't use the definite article.
Tengo dolor de espalda.
My back hurts. / I have pain in my back.

Page 94

Escuchar 7 **Listen and complete the table in English. Listen again and write down the reason in English. (1–5)**

	What hurts?	What is the advice given?
1	*head*	*go to the hospital immediately / ask for an urgent appointment*

Reason: 1 *fell in the park (yesterday)*

Escuchar 8 **Listen and read. Then create your own dialogue by replacing the underlined words.**

- *¡Ay! ¡Qué mal estoy! Estoy enfermo.*
- *¿Por qué? ¿Qué te pasa?*
- *Tengo fiebre y también tengo <u>dolor de garganta</u>. Además, me duele <u>todo el cuerpo</u>.*
- *¿Desde cuándo estás enfermo?*
- *Desde <u>ayer</u>.*
- *Bueno, creo que tienes que <u>quedarte en la cama</u> y también necesitas <u>descansar</u>.*
- *Vale, gracias. Voy a <u>acostarme</u> ahora.*

5 Mi salud, de la cabeza a los pies

- Future plans for health and wellbeing
- Using the simple future tense
- Using 'if' clauses

Leer 1

Francisco is considering how he will improve his lifestyle. Complete sentences 1–6 with logical future outcomes (a–h). Then listen and compare your answers with Francisco's.

¿Cómo **cambiarás** tu estilo de vida?

The simple future tense is also used in 'if' clauses to say what will happen.
Si + **present** + **future**:
Si ***me acuesto*** *más pronto,* ***no estaré*** *cansado/a al día siguiente.*
If **I go to bed** earlier, **I will not be** tired the next day.

1 Si dejo de comer comida rápida o malsana, ...

2 Si bebo agua en vez de bebidas malsanas, ...

3 Si reduzco el tiempo que paso en las redes sociales por la noche, ...

4 Si cada noche duermo al menos ocho horas, ...

5 Si practico más deporte, ...

6 Si practico la meditación, ...

a me sentiré más feliz.
b mi salud física y mental mejorarán.
c mi cuerpo se sentirá mejor.
d evitaré los cambios de humor.
e dormiré mejor.
f no tendré hambre todo el tiempo.
g mis niveles de energía aumentarán.
h me levantaré con más energía al día siguiente.

Escuchar 2

Listen to these young people talking about their lifestyle (1–4). For each person write down in English:

- one bad habit they have
- two things they'll do to improve their lifestyle

tomar drogas	*to take drugs*

Escribir 3

Translate these sentences into Spanish.

1. If I do more sport, I will have more energy.
2. If I don't use my mobile at night, I'll sleep better.
3. If I practise meditation, I'll look after my mental health.
4. If I stop eating fast food, I'll have a more balanced diet.
5. If I go to bed earlier, I won't be tired in the morning.
6. If I drink water and have an active life, I will feel happier and avoid mood changes.
7. If I don't smoke, I will feel healthier.

Hablar 4

In pairs, take turns practising 'if' clauses. Start the sentence with an 'if' clause. Your partner completes it with a positive outcome.

- *Si dejo de comer comida malsana, ...*
- *... tu cuerpo se sentirá mejor.*

G

Use the **simple future tense** to say what you will do or what will happen.
To form the simple future, add the following endings to the infinitive:

	evitar *(to avoid)*
(yo)	evitar**é**
(tú)	evitar**ás**
(él/ella/usted)	evitar**á**
(nosotros/as)	evitar**emos**
(vosotros/as)	evitar**éis**
(ellos/ellas/ustedes)	evitar**án**

Some verbs have an **irregular stem** in the simple future. They include:
tener → ***tendr****é* (I will have)
poner → ***pondr****é* (I will put)
venir → ***vendr****é* (I will come)
hacer → ***har****é* (I will do/make)
decir → ***dir****é* (I will say)
poder → ***podr****é* (I will be able to)
salir → ***saldr****é* (I will go out)
saber → ***sabr****é* (I will know)
querer → ***querr****é* (I will want)

Page 95

Leer 5 **Read Ramiro's lifestyle blog. Answer the questions in English. Then read the text again and write down the verbs that appear in the present, imperfect, preterite and simple future tenses.**

www.mividasana.net

Ramiro Valle

¿Tienes poca energía porque te acuestas tarde? ¿Sobrevives con un montón de café? Yo antes también era como tú. Siempre estaba cansado y no tenía una dieta equilibrada porque comía comida malsana. Además, me sentía triste porque no cuidaba mi salud mental. Un día decidí cambiar mis malas costumbres, dejé de beber café y mi vida y mi salud empezaron a mejorar. Por eso me gustaría darte algunos consejos.

Si reduces la cantidad de pasteles y comida rápida que comes, no tendrás hambre todo el tiempo. Además, si dejas de beber café, te sentirás mejor. Si usas menos el móvil durante la noche, no tendrás sueño al día siguiente. Si evitas fumar y no bebes alcohol, estarás mucho más sano. Yo personalmente no fumo y nunca tomaré drogas. Por último, si practicas la meditación, estarás más relajado. Si sigues estos consejos, mantendrás un estilo de vida más sano y tu salud física y mental mejorarán.

1 What does Ramiro say about his health in the past? (mention two things)
2 How did he feel back then? (give one detail)
3 When did his life and health start to improve?
4 How will you have more energy and be less hungry?
5 What will allow you to be less tired?
6 What will happen if you avoid smoking and don't drink alcohol?

Remember that:
- the **present tense** is used to talk about what you normally do: *como, tengo, voy ...*
- the **imperfect tense** is used to talk about what you used to do: *estaba, tenía ...*
- the **preterite tense** is used to talk about what you did in the past: *empecé, dejé ...*
- the **simple future tense** is used to talk about what you will do: *iré, comeré ...*

Escuchar 6 **Listen to Tenoch talking about his health and wellbeing. Choose the correct option for each sentence below. (1–6)**

1 Tenoch used to drink **tea** / **cold drinks** / **hot drinks** when he was 11 years old.
2 Sometimes he feels very tired because he **drinks too much coffee** / **studies for his exams** / **doesn't have enough energy**.
3 Now he normally goes to bed **before 10 p.m.** / **before 11 p.m.** / **after 11 p.m.**
4 Tenoch says he will **smoke and drink** / **be more active** / **spend more time in his room** in the future.
5 To sleep better, Tenoch will **reduce his screen time** / **switch off his mobile after 10 p.m.** / **not be addicted to technology**.
6 He thinks it's important to **stay in touch with nature** / **ask for help** / **share how you feel**.

Hablar 7 **In pairs, take turns to ask and answer questions about your lifestyle.**

- *¿Cómo era tu estilo de vida antes?*
- *Y ahora, ¿cómo te sientes? ¿Tienes malas costumbres?*
- *¿Qué harás para mejorar tu salud y evitar problemas en el futuro?*

Escribir 8 **Write about your lifestyle and the things you will do to improve it.**

• What your life used to be like	*Cuando era más joven, ... / Antes ...*
• What unhealthy habits you have	*Mi problema ahora es que ...* *Ahora ... / Además, siempre ...*
• What you will do to change or improve	*Para cambiar esta mala costumbre ... / Para mejorar mi dieta / mi salud / mi salud mental en el futuro ...*
• How you will feel if ...	*Si hago más ejercicio, tendré ... / me sentiré ... / estaré ...*

Gramática 1

Adjectives of nationality (Culture, page 80)

Escribir **1** **Read the grammar box on page 80. Complete the words in the table with the missing letters.**

	singular		plural	
country	**masculine**	**feminine**	**masculine**	**feminine**
México	mexican **1**	mexicana	mexican **6**	mexican **11**
España	español	español **3**	español **7**	español **12**
Perú	peruan **2**	peruana	peruan **8**	peruan **13**
Colombia	colombiano	colombian **4**	colombian **9**	colombianas
Inglaterra	inglés	ingles **5**	ingles **10**	ingles **14**

Escribir **2** **Rewrite these sentences using the adjectives of nationality in brackets. Make sure that the endings agree with the nouns. Then translate the sentences into English, using the Spanish names for each dish.**

1. *La paella* es una comida **(español)**.
2. *El choclo con queso* es un plato **(peruano)**.
3. A mis amigas **(argentino)** les encanta beber *mate*.
4. La comida **(latinoamericano)** es rica y diversa.
5. Los **(mexicano)** comen muchas *quesadillas* y *chilaquiles*.
6. A los **(inglés)** les gusta la comida **(español)**.
7. Me gustaría probar la comida típica **(chileno)**.
8. ¿Cuáles son los platos **(español)** y **(cubano)** más típicos?

Adjectives of nationality can be used to form nouns by adding the **definite article**.
Los *cubanos* (Cubans)
Los *ingleses* (English people)

Después de and *antes de* + infinitive (Unit 1, page 82)

Escuchar **3** **Read the grammar box on page 82. Listen to Ricardo and Marisol talking about their daily routine. Correct the underlined part of the sentences in Spanish. Then translate the sentences into English. (1–6)**

Example: 1 *Me preparo y me pongo el uniforme después del desayuno.*
I get ready and I put on my uniform after breakfast.

1. Me preparo y me pongo el uniforme después de levantarme.
2. Antes de coger el autobús, mando mensajes a mis amigos.
3. Suelo ir al gimnasio después del colegio.
4. Siempre hago los deberes antes de la cena.
5. Por la tarde tomo la merienda después de llegar a casa.
6. Por la noche me relajo y escucho música después de acostarme.

Ricardo

Marisol

Escribir **4** **Translate these sentences into Spanish.**

1. Before breakfast, I get ready to go to school.
2. I do exercise after getting up to start the day with energy.
3. I relax with my friends after finishing school.
4. My brother and I have an afternoon snack after returning home.
5. Normally I do my homework before dinner.
6. My sister reads online and listens to music before going to bed.

Indefinite adjectives (Unit 1, page 83)

singular		plural	
masculine	**feminine**	**masculine**	**feminine**
alg**ún** día	algun**a** vez	algun**os** sábados	algun**as** personas
otr**o** deporte	otr**a** comida	otr**os** ejercicios	otr**as** costumbres
el mism**o** lugar	la mism**a** hora	los mism**os** intereses	las mism**as** cosas
demasiad**o** tiempo	demasiad**a** sal	demasiad**os** exámenes	demasiad**as** fiestas
tod**o** el día	tod**a** la noche	tod**os** los fines de semana	tod**as** las semanas
much**o** dinero	much**a** suerte	much**os** jóvenes	much**as** escuelas

Cada (each) always stays the same. ***Varios/ Varias*** (several) is only used in the plural.

Remember that **indefinite adjectives** always come before the noun.
Ningún/ Ninguna is normally only used in the singular form, except for emphasis.

ningún día (not any day) — ***ninguna persona*** (nobody/not anyone)
*No tengo **ningunas** ganas de ir.* — I don't have any interest in going.

Leer 5 **Choose the correct indefinite adjective phrase for each sentence. Then translate each one into English. Remember to check if the noun is masculine/feminine and singular/plural.**

1 Voy al gimnasio **todas las / todos los / algunos** tardes.
2 No hago deporte **cada / todo el / ningún** día.
3 **Algunos / Algunas / Ninguna** mañanas no tomo el desayuno porque no tengo tiempo.
4 Mi amigo come **mucha / demasiadas / muchos** patatas fritas y **otras / mucha / varios** comidas malsanas.
5 **Toda la / Cada / Alguna** mañana tomo el desayuno **al mismo / a otra / a la misma** hora.
6 Mis amigos y yo montamos en bici **demasiados / varias / algunos** fines de semana.

Imperfect tense (Unit 3, page 86)

Escribir 6 **Read the grammar box on page 86. Complete these sentences with the imperfect tense of the verbs in brackets. Then translate the sentences into English.**

1 ¿Cómo **(ser)** tu rutina por la mañana antes?
2 Antes, **(levantarse, yo)** temprano cada día y **(acostarse, yo)** a la misma hora cada noche
3 Antes, mis amigos y yo **(ir)** al parque todas las tardes después de terminar el colegio.
4 Antes, mi hermano mayor **(fumar)** todos los días y no **(tener)** una vida sana.
5 ¿Qué **(hacer, tú)** cuando **(tener, tú)** diez años?
6 Antes, **(tener, yo)** una vida muy activa porque cada semana **(hacer, yo)** natación, **(montar, yo)** en bici y **(jugar, yo)** al fútbol en el parque.

Hablar 7 **In pairs, take turns to ask and answer questions about your routine now and when you were in primary school. Add extra details to develop your answers, such as *cada día, por la tarde, después de terminar el instituto/la escuela …***

Example: Ahora, tengo una dieta sana. Sin embargo, cuando tenía ocho años comía muchos pasteles y chocolate …

Present tense	Imperfect tense
¿Cómo es tu dieta ahora?	¿Qué comías antes?
¿Qué haces en tu tiempo libre ahora?	¿Qué hacías en tu tiempo libre antes?
¿Qué haces después del colegio?	¿Qué hacías después de la escuela?
¿A qué hora te acuestas?	¿A qué hora te acostabas?

Gramática 2

Direct object pronouns (Unit 3, page 84)

La ropa vieja

Escribir **1** **Read the grammar box on page 84. How many sentences can you complete with the correct direct object pronoun? Listen and check your answers (1–6). Then translate the sentences into English.**

me te lo/la nos os los/las

1 Me encanta la *ropa vieja*. ___ como para la cena.
2 Cristina, me gustaría invitar___ a mi fiesta de cumpleaños el próximo miércoles.
3 Mi padre ___ ayuda a cocinar su postre favorito porque ___ hace muy rico.
4 Antes tomaba muchas bebidas con azúcar, pero ya no ___ bebo porque el médico me ___ prohibió.
5 Nuestros amigos mexicanos ___ llevaron a visitar los mercados típicos de frutas y verduras.
6 Luis y Ana, voy a llevar___ a los mejores restaurantes de la ciudad para disfrutar de la mejor comida.

More impersonal verbs + infinitive: *hay que / hace falta / se necesita* (Unit 3, page 85)

Escribir **2** **Read the grammar box on page 85. Write two sentences for each of the questions on the right using the language from the boxes below. Try to include an opinion. Then read your sentences out in pairs.**

Example: 1 ***Para** tener una vida sana, **pienso que** se necesita evitar fumar **porque** es malo para la salud.*

1 ¿Qué hay que hacer para tener una vida sana?
2 ¿Qué hace falta comer para tener una dieta sana?
3 ¿Qué se necesita hacer para mantenerse en forma?

hay que hace falta se necesita	evitar (+ infinitive / + noun) comer / tomar hacer / cuidar dormir / descansar	fumar / beber alcohol deporte regularmente verduras / frutas comida sana/fresca/malsana	demasiad**a** sal / demasiad**o** azúcar demasiad**os** pasteles suficientes horas cada noche usar el móvil demasiado la salud mental / la dieta / el cuerpo

Me duele(n) (Unit 4, page 89)

Escribir **3** **Read the grammar box on page 89. Write an indirect object pronoun from the word box, to match the person in brackets, and the correct form of doler. Check for clues, such as singular/plural parts of the body. Then match the two halves of each statement/question and translate them into English.**

Example: 1 ***Me duele** mucho la piel porque ayer fui a la playa y me quemé la espalda.*

me te le nos os les

1 ___ ___ **(*I*)** mucho **la piel** porque ...
2 A mi hermana ___ ___ **(*She*)** **los oídos** un montón hoy porque ...
3 ¿Qué **parte** del cuerpo ___ ___ **(*You*)** exactamente?
4 ___ ___ **(*I*)** **la garganta** y también tengo fiebre desde ayer.
5 ___ ___ **(*I*)** **las rodillas**, **el hombro** y **la espalda** desde hace dos días porque ...
6 ___ ___ **(*You*)** mucho **los pies** porque ...

a ... me caí de la bici y me hice mucho daño.
b ¿Qué hiciste y qué comiste ayer?
c ... el otro día caminaste muchas horas.
d ... ayer fui a la playa y me quemé la espalda.
f ... ayer fue a la piscina y el agua estaba muy fría.
g Estoy muy enferma. Creo que tengo un virus.

The simple future tense (Unit 5, page 90)

Santiago Valverde

Escribir 4 **Read the grammar box on page 90. Complete Santiago's action plan for better health with the correct form of the simple future tense of <u>one</u> of the verbs in the word box. Then translate the verbs into English.**

Example: 1 *cambiaré – I will change*

acostarse hacer comer salir cuidar dormir tomar tener poder cambiar

Para estar sano y evitar problemas de salud en el futuro, ...

1 ___ todas mis malas costumbres.
2 ___ una dieta sana y equilibrada con muchos alimentos frescos.
3 ___ deporte todas las semanas y ___ una vida activa para aumentar mis niveles de energía.
4 No ___ drogas porque tienen demasiados riesgos para la salud.
5 No ___ demasiado tarde por las noches. ___ al menos ocho horas cada noche.
6 Mi hermano y yo ___ nuestra salud mental con sesiones de meditación.
7 Mis padres ___ ayudarme si tengo problemas.
8 Mis amigos y yo ___ al parque para montar en bici cada fin de semana.

Using a range of tenses: present, imperfect, preterite, simple future (Unit 5, page 91)

Escuchar 5 **Listen and fill in the gaps with the correct word(s) in Spanish.**

Antes **1** una persona activa, **2** una rutina sana y **3** mucho ejercicio. Sin embargo, **4** de hacerlo hace un año y ahora **5** demasiado tarde. El médico **6** que si en vez de tantos pasteles y comida malsana **7** alimentos frescos, **8** mejor y mis niveles de energía **9**. Por eso, **10** mi dieta.

Alejandra

Hablar 6 **Read this passage out in pairs, paying attention to pronunciation. Write down the verbs and classify them according to their tense: imperfect, preterite or present. Then translate them into English.**

En el pasado mi tío nunca hacía deporte, no dormía bien y siempre estaba de mal humor. También tenía muchos problemas de salud porque fumaba cada día. El médico le recomendó cambiar su estilo de vida. Por lo tanto, comenzó a ir al gimnasio cada semana y dejó de fumar. Ahora le gusta pasear, está más contento y se siente mucho mejor. En el futuro hará meditación y montará en bici.

Francisco

¡En marcha! (Units 1-5)

Escribir 7 **Translate Mark's text into Spanish.**

Imperfect tense
Direct object pronoun
Present tense
Simple future tense
Indefinite adjectives
Preterite tense

In the past I was not an active person because I liked to spend hours sitting in my room. I used to play a lot of videogames, I went to bed late every night and I was always very sleepy during the day. Although I didn't smoke or drink alcohol, I didn't have a healthy diet because I ate fast food. I ate it all the time! I decided to change my lifestyle. Now I am no longer tired because I sleep well. If I exercise every week and eat a balanced diet, I will avoid health problems in the future. I will also look after my mental health to be happier. ***Mark***

Leer y escuchar

Reading

Leer 1

Daily routine. **Read Sara's post about her daily routine.**

Mucha gente tiene una rutina diaria constante, pero por el contrario mi rutina diaria suele cambiar y depende del día de la semana. Generalmente me despierto a las siete menos cuarto para coger el autobús. Sin embargo, los martes tengo que levantarme más temprano, a las seis y media, para preparar el desayuno y ayudar a mi madre. Lo que me molesta es que no puedo reunirme con mis amigos antes de llegar al colegio. Es ***una lástima***.

a Complete the sentences below. Write the correct letter, A, B or C, for each question.

(i) Sara's daily routine ...
A is constant.
B regularly changes.
C has recently changed.

(ii) Sara most often ...
A wakes up at 6:45.
B gets up at 7:15.
C gets up at 6:30.

(iii) Sara gets up earlier on Tuesdays in order to ...
A catch the bus.
B see her friends.
C help her mother.

(iv) On Tuesdays, Sara ...
A sees her friends before school.
B doesn't see her friends before school.
C doesn't get up on time.

b Which of these is the best translation of ***una lástima***? Write the correct letter, A, B, or C.
A a relief **B** a shame **C** a disadvantage

Leer 2

Mental and physical health. **Read Marcos's email to Alba about life at school and Alba's reply.**

Hola Alba:

No duermo bien desde hace más de una semana y, a decir verdad, por eso me siento bastante triste en el colegio en este momento. Es imposible estudiar en clase, y ayer después de clase lloré. No es normal en mí.

Marcos

Use time markers to locate information that proves/disproves an option.

la verdad	*truth*
llorar	*to cry*

a Write down the correct letter (A–F) for each of the three correct statements.
Marcos ...

A usually sleeps well.	**D** currently feels sad in school.
B hasn't slept well for over a week.	**E** cried in class yesterday.
C is usually happy in school.	**F** thinks this situation is normal for him.

Hola Marcos:

Antes estaba contenta en el instituto, pero ahora la presión de los exámenes me pone nerviosa. Lo que me molesta es que nunca veo a mis amigos y tampoco salgo con ellos porque tengo que estudiar.

Aunque discuto con mis profesores, tengo la intención de hablar con ellos porque mi instituto cuenta con servicios de salud mental.

Alba

b What does Alba say in her reply to Marcos? Write down your answer in English. You do not need to write in full sentences.
(i) How Alba used to feel in school
(ii) What is causing Alba to feel anxious
(iii) Why Alba does not go out with her friends
(iv) Why Alba intends to speak to her teachers

Leer 3 ***Food.*** **Translate the following paragraph into English.**

Me encanta probar diferentes tipos de comida del extranjero. Mis amigos y yo solemos ir a restaurantes en nuestro tiempo libre. El fin de semana pasado decidimos tomar unas tapas en el nuevo mercado. En el futuro, tengo la intención de probar más platos de otros países. Me apetecen unos churros con chocolate porque me encantan las cosas dulces.

How does this best translate into English?

What would sound more natural than 'take some tapas' in English?

Watch out for opinions that don't translate word-for-word back into English.

Be careful not to skip important words such as '*más*', '*muy*', '*mucho*', '*poco*', '*bastante*' and '*nunca*'.

Listening

Escuchar 1 ***Healthy living.*** **Carla is talking about her lifestyle choices. What does she say? Listen to the recording and write A, B or C for each question.**

1 When Carla was young, she used to ...
A eat fruit.
B not eat fast food.
C eat too much fast food.

2 Two years ago, she decided to ...
A do more physical activity.
B change her diet.
C become a fan of football.

3 She has just ...
A become a fan of football.
B recovered from an injury.
C broken her arm.

Listen carefully for common distractors: negatives, more, less, best, worst. Do they change any of your possible options?

Escuchar 2 ***Food.*** **Karima is talking about her father's eating habits and their future plans. Listen carefully and complete the gaps with the appropriate words from the box.**

a Karima's father usually has ___ for breakfast.
b Karima's family are going to ___ and are going to ___.

nothing	a cake	eggs	
drink a hot drink	celebrate her birthday	go to a restaurant	eat vegan food

All the options may be mentioned. Listen carefully to who is doing each action to avoid any distractors.

Escuchar 3 **You are going to hear someone talking about healthy lifestyles. Sentences 1–2: write down the missing words for each gap. For each gap, you will write one word in Spanish.**

1 Pienso que ___ una ___ muy ___.
2 Es ___ importante ___ el ___.

Sentences 3–6: write down the full sentences that you hear in Spanish.

Prueba oral

Read aloud

Hablar 1 **Look at this task. With a partner, read aloud the four sentences, paying attention to the underlined letters.**

> Remember:
> - ***ll*** is pronounced like 'ye' in English
> - ***v*** is pronounced like 'b' in English.

> Be careful with ***e*** as it is pronounced like 'eh' in the underlined examples.

Paula has written a letter about her mental and physical wellbeing.

Read out the text below to your partner.

Llevar una vida sana es importante.
Mi familia y yo no solemos comer comida con altos niveles de azúcar porque es muy mala para la salud.
Para cuidar tu salud mental, debes hablar con otra gente sobre tus problemas.
En el futuro, me encantaría participar en más deportes para poder reunirme con mis amigas y conversar con ellas.

Escuchar 2 **Listen and check your pronunciation.**

Hablar 3 **Listen to the teacher asking the two follow-up questions. Translate each question into English and prepare your own answers in Spanish. Then listen again and respond to the teacher.**

> Change the verb form in each question you are asked from the second person (***tú***) to the first person (***yo***).

Role play

Escribir 1 **Look at the role-play card and prepare what you are going to say.**

Setting: In a hospital

Scenario:

- You are in a hospital in Cuba talking to a doctor about a medical problem.
- The teacher will play the part of the doctor and will speak first.
- The teacher will ask questions in Spanish and you must answer in Spanish.
- Say a few words or a short phrase/sentence for each prompt. One-word answers are not sufficient to gain full marks.

Task:

1. Give your name and say where you are from.
2. Say what is hurting you.
3. Say what your plans are for tomorrow.
4. Ask a question about medicine.
5. Ask a question about the cost.

> **1** Don't forget the preposition 'de'.
>
> **2** Use 'doler' with the correct pronoun.
>
> **3** Whenever you see 'plans', use an appropriate time marker (e.g. *mañana*) and one of the future tenses.
>
> **4** Raise your intonation to make what you ask sound like a question.
>
> **5** Think about the common expression used to ask the price of something.

Hablar 2 **Practise what you have prepared. Then, using your notes, listen and respond to the teacher.**

Escuchar 3 **Now listen to Priya doing the role play task. Make a note of how she answers the questions for points 1, 2 and 3 and what questions she asks for points 4 and 5.**

Picture task

Escuchar 1 **Look at the photo below and read the first part of the task card. Then listen to Alex describing the photo.**

1 How does Alex describe the two people? Give three details.
2 Where does Alex say the two people are?
3 What does Alex say the woman is doing? Give two details.

Prepare your own description of the photo.
Your description must cover:

- people
- location
- activity.

When you have finished your description, you will be asked **two questions** relating to the picture. Say a **short phrase/ sentence** in response to each question.

One-word answers will not be sufficient to gain full marks.

You will then move on to a **conversation** on the broader thematic context of **Mental and physical wellbeing**.

During the conversation, you will be asked questions in the present, past and future tenses.

Your responses should be as **full and detailed** as possible.

Hablar 2 **Give your own description of the photo, mentioning people, location and activity.**

Use ***estar*** to describe location and with the present continuous tense to say what people are doing
Use ***ser*** for physical description and professions.

Escuchar 3 **Read the second part of the task card. Then listen to the first two follow-up questions Alex is asked. Write the questions down in Spanish and make notes in English on how he answers them.**

Escuchar 4 **Listen to the first two questions again. Write down the correct letter (A–F) for each of the three correct statements.**

A Exercise helps you to relax.	**D** Alex sprained his leg.
B Sport sometimes makes you happy.	**E** Alex could not play with his friends.
C Alex broke his arm.	**F** Alex couldn't play sport.

Escuchar 5 **Read the third part of the task card. The teacher asks Alex the question:**
¿Qué puedes hacer para tener mejor salud mental?
Note down what Alex used to do in the past and what he does now to have better mental health.

Escuchar 6 **The teacher then asks Alex the question:**
¿Qué cambios quieres hacer en el futuro para ser más feliz?
Note down (a) the two changes he wants to make and (b) the reason why he wants to make them.

Hablar 7 **Prepare your own answers to Module 4 questions 1–10 on page 228. Then practise with your partner.**

Módulo 4 Prueba escrita

130–150 word writing task

Escribir 1 **Look at this writing exam task and then, <u>for each bullet point</u>, spend one minute thinking of useful vocabulary and structures you could use. Share and compare your ideas with a partner.**

> Write a blog about your mental and physical wellbeing.
>
> You **must** include the following points:
> - what makes a healthy lifestyle
> - the pros and cons of participating in sport
> - what you did recently to improve your health
> - what you will do in order to stay healthy and happy in the future.
>
> Write your answer **in Spanish**.
> Aim to write between 130 and 150 words.

Leer 2 **Read Thomas's answer to the exam task. Answer the questions in the callouts.**

Para mucha gente, una vida sana consiste en comer bien y hacer ejercicio físico. Por ejemplo, algunas personas intentan evitar la carne porque dicen que hay muchos beneficios para la salud si eres vegano. En el pasado comía mucha carne, pero ya no la como.

Lo bueno de practicar deporte es que te ayuda a olvidar la presión del instituto. Suelo jugar al fútbol con mis amigos y creo que mejora mi salud mental. Lo negativo es el riesgo de accidentes. El mes pasado, tuve un accidente y me rompí el hombro.

Antes, no hacía mucho ejercicio, pero el año pasado, decidí hacer más para llevar una vida más activa. Ahora, voy al gimnasio todos los días y me siento mejor.

Para mantenerme feliz y sano en el futuro, quisiera pasar más tiempo con mis amigos porque siempre me escuchan cuando tengo problemas. Además, tengo la intención de mejorar mi dieta. Me encantan las verduras, por eso intentaré comer más.

1 Look for opportunities to use **direct object pronouns**. Which noun does this refer back to?

2 Use ***lo* + adjective** (the ___ thing) as an alternative way to give an opinion. Find <u>one</u> more example from the text.

3 Which **tense** is this? How would you translate it? What other tense could you use here?

4 Combine **different tenses** to build complex sentences. Which tenses are used in these sentences?

5 Use **frequency expressions** with verbs to say how often you do something. Which other frequency expressions do you know?

Leer 3 **Read Thomas's answer again. Answer the questions.**

1 According to Thomas, what do many people say makes a healthy lifestyle? Give <u>two</u> details.
2 What did he use to do that he now does not do?
3 What does he say is the benefit of playing sport?
4 What happened to Thomas last month? Give <u>two</u> details.
5 Why did he decide to do more exercise?
6 What would he like to do in the future in order to be happy and healthy? Give <u>three</u> details.

Escribir 4

Prepare your own answer to the task.

- Think about how you can develop your answer for each bullet point.
- Look back at your notes from exercises 1 and 2.
- Look at the 'Challenge checklist' and consider how you can show off your Spanish!
- Write a **brief** plan and organise your answer into paragraphs.
- Write your answer and then carefully check the accuracy of what you have written.

Challenge checklist	
	✓ Past, present and future time frames ✓ Connectives / time phrases / sequencers ✓ Extended sentences
	✓ Longer sentences using a range of connectives (*donde, cuando, que, además, también*) ✓ *Ya no* + present to say what you no longer do (*ya no bebo refrescos …*) ✓ A wider range of adjectives, e.g. *grave* (serious), *fundamental, absurdo, agradable* (pleasant)
	✓ Other people's opinions (*pero mi familia prefiere … mi amiga piensa que …*) ✓ Direct object pronouns (*Me gustan las verduras. Las como todos los días …*) ✓ Contrast between the imperfect and *pero ahora* + present to say what you now do

Translation

Escribir 1

Read the English text below. Then, write down the word for each gap in the Spanish translation.

You have to be active in order to lead a healthy life. On weekends, my friends and I usually run in our local park. The most difficult thing is eating healthily. I am Argentinian and before, I used to eat too much meat. I no longer eat as much meat as in the past and I am going to drink less coffee in the future.

Tienes **1** ser activo/a para llevar una vida sana. Los fines de semana, mis amigos y yo **2** correr en nuestro parque local. Lo más difícil es **3** sano. Soy **4** y antes **5** demasiada carne. Ya no **6** tanta carne como en el pasado y **7** beber menos café en el futuro.

Check the subject of the verb carefully to ensure you use the correct form of the verb.

Escribir 2

Translate the following text into Spanish.

You must have positive habits in order to be healthy. On Tuesdays, my football team usually plays in the park. The most difficult thing is to not eat unhealthily. My family and I used to eat lots of sugar but we no longer eat it because it causes problems for your teeth. Also, we are going to follow a vegan diet.

Para can mean 'for', or, when expressing a goal or purpose, it can mean 'in order to'.

Watch out for expressions such as 'football team' that must be translated as 'team of football' in Spanish.

Módulo

4 Palabras

Key:
bold = this word will appear in higher exams only
* = this word is not on the vocabulary list, but you may use it in your own sentences

¡Qué rico! (pages 80–81):

Para ...	*For ...*
el desayuno / la comida	*breakfast / lunch*
la merienda / la cena	*afternoon snack / dinner*
una comida típica	*a typical meal*
un **plato** popular	*a popular dish*
¿De qué país es cada plato?	*What country is each dish from?*
El/La ... es de ...	*... is from ...*
Los/Las ... son de ...	*... are from ...*
México / España / Perú	*Mexico / Spain / Peru*
Chile / Argentina / Cuba	*Chile / Argentina / Cuba*
argentino/a / chileno/a	*Argentinian / Chilean*
colombiano/a / cubano/a	*Colombian / Cuban*
español(a) / inglés/inglesa	*Spanish / English*
mexicano/a / peruano/a	*Mexican / Peruvian*
venezolano/a	*Venezuelan*
¿En qué consiste(n)?	*What is it / are they made of?*
Está hecho/a con ...	*It is made with ...*
Están hechos/as con ...	*They are made with ...*
Consiste(n) en ...	*It consists / They consist of ...*
verdura/carne/*pollo	*vegetables/meat/chicken*
pescado/arroz	*fish/rice*
¿Qué comida o bebida te gustaría probar?	*What food or drink would you like to try?*
Me gustaría **probar** (la paella).	*I would like to try (paella).*
¿Por qué te gustaría probarlo/la/los/las?	*Why would you like to try it/them?*
Porque ...	*Because ...*
parece/**suena** rico/a	*it looks/sounds tasty*
me gusta(n) ...	*I like ...*
es (muy) sano/a.	*it is (very) healthy.*
tiene muchos **beneficios** para la salud.	*it has lots of health benefits.*
¡A comer!	*Let's eat!*
¡Buen provecho!	*Enjoy your meal!*

¿Llevas una vida sana? (pages 82–83):

¿Cómo es tu *rutina?	*What is your routine like?*
Por la mañana/tarde/noche ...	*In the morning/afternoon/night ...*
Durante el día/la semana ...	*During the day/week ...*
El fin de semana ...	*At the weekend ...*
Los domingos ...	*On Sundays ...*
todos los días / fines de semana	*every day / weekend*
algunos días / fines de semana	*some days/weekends*
Primero / Luego ...	*First / Later/Afterwards ...*
Finalmente ...	*Finally ...*
Antes de / Después de ...	*Before / After ...*
hacer los deberes	*doing homework*
levantarme / vestirme	*getting up / getting dressed*
terminar las clases	*finishing classes*
tomar el desayuno	*having breakfast*
volver a casa / **acostarme**	*returning home / going to bed*
¿Qué costumbres sanas tienes?	*What healthy habits do you have?*
Duermo (bien) / *entreno	*I sleep (well) / I train*
Hago diez minutos de ejercicio.	*I do ten minutes of exercise.*
Llevo una botella de agua.	*I carry a bottle of water.*
Me levanto / Me acuesto ...	*I get up / I go to bed ...*
a las ... / a la misma hora	*at ... (o'clock) / at the same time*
tarde / temprano	*late / early*
Tomo un descanso / **Me relajo**	*I have a rest / I relax*
Suelo comer / hacer *meditación	*I usually eat / do meditation*
Tengo / Tienes / Tiene ...	*I am / you are / he/she is ...*
sed/hambre	*thirsty/hungry*
sueño/calor	*sleepy/hot*
¿Tienes costumbres malsanas?	*Do you have any unhealthy habits?*
Si tengo hambre/sed, ...	*If I'm hungry/thirsty, ...*
tomo / como / bebo ...	*I have / eat / drink ...*
mucha agua.	*lots of water.*
algunos/muchos *dulces.	*some/lots of sweets.*
algunas/muchas verduras.	*some/lots of vegetables.*
chocolate/fruta/pasta.	*chocolate/fruit/pasta.*

¿Somos lo que comemos? (pages 84–85):

¿A qué hora tomas ...	*What time do you have ...*
el desayuno/almuerzo?	*breakfast/lunch?*
la merienda/cena?	*afternoon snack/dinner?*
Normalmente/Generalmente	*Normally/Generally*
lo/la tomo ...	*I have it ...*
entre las ... y las ...	*between ... and ...*
A veces como a las ...	*Sometimes I eat at ...*
¿Te gustaría probarlos/las?	*Would you like to try them?*
Te recomiendo ...	*I recommend ...*
Hay que probar ...	*You have to try ...*
Es un postre / una bebida ...	*It is a ... dessert/drink.*
rico/a / típico/a.	*tasty/typical*
Me gustaría **probarlo/la/probarlos/las** ...	*I would like to try it/them ...*
porque **parece**/**suena** ...	*because it looks/sounds ...*
porque **parecen**/suenan ...	*because they look/sound ...*
¿Cómo es tu dieta?	*What is your diet like?*
(No) Tengo una dieta sana porque ...	*I (don't) have a healthy diet because ...*
soy vegano/a / vegetariano/a	*I am vegan / vegetarian*
como comida sana/malsana	*I eat healthy/unhealthy food*
como demasiados *dulces/pasteles	*I eat too many sweets/cakes*
¿Qué hay que hacer para tener una dieta sana?	*What do you have to do to have a healthy diet?*
Hay que / Se necesita ...	*You have to / need to ...*
Hace falta ...	*It is necessary to ...*
comer una dieta equilibrada	*eat a balanced diet*
tener **cuidado** con la cantidad de azúcar que tomas	*be careful with the amount of sugar you have*

¡Los tiempos cambian! (pages 86–87):

¿Cómo eras antes?	*What were you like before?*
Cuando era pequeño/a ...	*When I was little*
Cuando era más joven ...	*When I was younger ...*
Antes / Cuando tenía ... años, ...	*Before / When I was ... years old, ...*
dormía bien/mal	*I slept well/badly*
me levantaba / **me acostaba** ...	*I got up / I went to bed ...*
temprano/pronto / tarde	*early / late*
(no) era muy activo/a.	*I was (not) very active.*
(no) tenía ...	*I had / I didn't have ...*
(mucha) energía	*(lots of) energy*
una vida sana	*a healthy life*
(nunca) iba al **gimnasio**	*I (never) went to the gym*
¿Qué te gustaba comer y beber?	*What did you like to eat and drink?*
Solía comer / beber ...	*I usually ate / drank ...*
(No) Comía ...	*I ate / I didn't eat ...*
Bebía demasiado café.	*I drank too much coffee.*
Me encantaban los postres.	*I loved desserts.*
Me gustaba comer *dulces.	*I liked eating sweets.*
¿Qué hacías en tu tiempo libre cuando eras pequeño/a?	*What did you do in your free time when you were little?*
(No) Hacía (mucho/suficiente) ejercicio/deporte.	*I did / didn't do (lots of/enough) exercise/sports.*
(No) Iba a la piscina (tres veces a la semana).	*I went / didn't go to the pool (three times a week).*
(No) Montaba en *bici (cada día).	*I rode / didn't ride my bike (every day).*
(No) Jugaba ...	*I played / didn't play ...*
(Siempre) Estaba cansado/a y enfermo/a.	*I was (always) tired and sick.*
¿Cómo es tu *rutina ahora?	*What is your routine like now?*
Cuido más mi dieta.	*I look after my diet more.*
¿Cómo eres ahora?	*What are you like now?*
Me siento mucho mejor.	*I feel a lot better.*
Soy bastante activo/a.	*I am quite active.*
No / **Ya no** ...	*I don't / no longer ...*
hago (mucho) ejercicio/deporte	*do (lots of) exercise/sports*
hago nada para **mantenerme** en forma	*do anything to stay in shape*
me levanto temprano como antes	*get up early like before*
¿Qué te gusta comer y beber?	*What do you like to eat and drink?*
(No) Como comida rápida/malsana.	*I (don't) eat fast/unhealthy food.*
(**Ya no**) Bebo/Como ...	*I (no longer) eat/drink ...*
Prefiero las bebidas con azúcar.	*I prefer sugary drinks.*
Me gusta comer comida sana.	*I like to eat healthy food.*
¿Qué haces en tu tiempo libre?	*What do you do in your free time?*
(No) Hago ejercicio/deporte.	*I (don't) do exercise/sports.*
(No) **Voy** al **gimnasio**/cine.	*I (don't) go to the gym/cinema.*
(No) Juego a *los videojuegos.	*I (don't) play videogames.*

¡Qué mal estoy! (pages 88–89):

¿Qué te pasa?	*What's the matter with you?*
Me / te / le duele(n) ...	*My / your / his/her ... hurt(s)*
el brazo / el estomago	*arm / stomach*
el pie / la boca / la mano	*foot / mouth / hand*
la cabeza / la espalda	*head / back*
la garganta / la nariz	*throat / nose*
la rodilla / la pierna	*knee / leg*
los oídos / los ojos / los dedos	*ears / eyes / fingers*
los dientes / (todo) el cuerpo	*teeth / (whole) body*
Estoy (muy) enfermo/a.	*I am (very) sick.*
Me siento (muy) mal.	*I feel (very) unwell.*
No **me siento** bien porque tengo ...	*I don't feel well because I have ...*
fiebre / **dolor de cabeza**	*a fever / a headache*
una **herida**	*an injury*
Ayer / La semana pasada ...	*Yesterday / Last week ...*
me rompí / me corté ...	*I broke my / I cut my ...*
me quemé ...	*I burned my ...*
la pierna/**piel**	*leg/skin*
¿Desde cuándo estás así?	*Since when have you been like this?*
desde (ayer)	*since (yesterday)*
desde hace una hora / más de (dos días)	*for an hour / more than (two days)*
Debes / Necesitas ...	*You must / You need to ...*
Tienes que ...	*You have to ...*
quedarte en la cama / en casa	*stay in bed / at home*
descansar/dormir	*rest/sleep*
comprar medicinas (en la farmacia)	*buy medicine (at the chemist's)*
evitar el sol	*avoid the sun*
recuperarte/**relajarte**	*recover/relax*
ir al **médico**/hospital	*go to the doctor's/hospital*
Voy a pedir cita con el **médico**.	*I am going to ask for a doctor's appointment.*

Mi salud, de la cabeza a los pies (pages 90–91):

¿Cómo cambiarás tu estilo de vida?	*How will you change your lifestyle?*
Si dejo de comer/beber/fumar, ...	*If I stop eating/drinking/smoking, ...*
Si duermo (al menos ocho horas), ...	*If I sleep (at least eight hours), ...*
Si practico más deporte, ...	*If I practise more sport, ...*
Si tengo (una vida más activa), ...	*If I have (a more active life), ...*
me sentiré más feliz	*I will be happier*
mi salud física/mental mejorará	*my physical/mental health will improve*
dormiré mejor	*I will sleep better*
me levantaré con más energía	*I will wake up with more energy*
¿Qué harás para mejorar tu salud en el futuro?	*What will you do to improve your health in the future?*
Para cambiar esta mala costumbre, ...	*To change this bad habit, ...*
Para mejorar mi dieta/salud ...	*To improve my diet/health ...*
dormiré más tiempo / beberé agua	*I will sleep longer / I will drink water*
no usaré el móvil (después de las nueve)	*I won't use my mobile (after nine o'clock)*
iré (al **gimnasio**)	*I will go (to the gym)*
evitaré beber alcohol y fumar	*I will avoid drinking alcohol and smoking*
empezaré a practicar deporte	*I will start practising sport*

Módulo 5 ¡A clase!

La vida escolar en España

- Learning about schools in Spain
- Using absolute superlatives

¿Lo sabías?

A los doce años, los alumnos españoles dejan la escuela primaria y empiezan la Educación Secundaria Obligatoria (ESO). Luego, a la edad de dieciséis años, hay dos opciones si quieres continuar con los estudios: hacer el Bachillerato (equivalente a los *A-Levels* en el Reino Unido) o hacer un ciclo de Formación Profesional.

¿En qué curso estás?

Estoy en ...
1º (*primero*) de ESO.
2º (*segundo*) de ESO.
3º (*tercero*) de ESO.
4º (*cuarto*) de ESO.
1º (*primero*) de Bachillerato.
2º (*segundo*) de Bachillerato.

El curso escolar

El curso escolar comienza en la segunda o tercera semana de septiembre y termina en junio. Los alumnos suelen tener dos semanas para las vacaciones de Navidad, otra semana en abril – ¡y casi doce semanas de vacaciones en verano!

El día escolar

Mientras que la mayoría de los alumnos va al instituto por la mañana, en algunos institutos se puede asistir a clases por la noche. El Bachillerato nocturno se ofrece a los adultos y a los mayores de dieciséis años que tienen trabajo o que son deportistas o músicos de alto nivel. Sus clases no terminan hasta las diez de la noche – ¡o incluso más tarde!

El uniforme

En el pasado, el uniforme escolar era obligatorio en muchas escuelas privadas (por ejemplo, una camisa, una corbata, una chaqueta o un jersey y un pantalón o una falda). Ahora, es más común en las escuelas públicas también, aunque todavía hay muchos colegios donde los alumnos pueden decidir lo que llevan – zapatos o zapatillas de deporte, una camiseta, un vestido, ropa deportiva ...

Las clases

En muchos institutos hay seis clases por día. En general, los alumnos llaman a los profesores por su nombre, no por su apellido.

la escuela pública *state school*

Leer **1** **Read the text above about schools in Spain and answer the questions in English.**

1. What do Spanish children do at the age of 12?
2. How many weeks do the school holidays last in total?
3. Which four groups of people can do the *Bachillerato nocturno*?
4. How has the situation regarding school uniform changed? (give three details)
5. Write down four differences between schools in Spain and schools in the UK.

In most of Spain, ***ce***, ***ci*** and ***z*** are pronounced like the 'th' in the English word 'think'. In parts of southern Spain and in Latin America, they are pronounced like the 's' in 'sun'. Listen and repeat.
*do**ce*** *vaca**ci**ones* *empe**z**ar*

Escribir **2** **Read the text again and write down the Spanish for the following phrases. Then take turns to read out the Spanish phrases, taking extra care with how you pronounce *ce*, *ci* and *z*.**

1. they begin compulsory secondary education
2. there are two options
3. do a vocational training course
4. the school year starts
5. 12 weeks of holidays
6. is offered to adults and over-16s
7. (they) can decide what they wear
8. shoes or trainers

Remember to use the correct word order and to make adjectives agree with the noun.
*Llevo un**a** camis**a** blanc**a** y un**os** zapat**os** negr**os**.*
However, where a colour adjective is followed by ***claro*** (light) or ***oscuro*** (dark), the **masculine** singular form is used.
*Llevo un**a** camis**a** roj**o** **claro** y un**os** zapat**os** verde **oscuro**.*

Escuchar **3** **Listen to some teenagers talking about their school. Then copy and complete the table in English. (1–4)**

	Country	School year starts	School year ends	What they wear for school
1				

En España, más de ocho millones de alumnos asisten a uno de los 28.000 centros educativos.

- Según el Ministerio de Educación y Formación Profesional (2023), el 67 por ciento asiste a un colegio público (financiado por el Estado).
- El 8 por ciento asiste a un colegio privado (financiado por las familias de los alumnos).
- El 25 por ciento asiste a un colegio 'concertado' (donde el Estado paga la mitad de los gastos y las familias también contribuyen dinero).

Nombre del colegio:	**Colegio Guzmán Miraflores**
Tipo de instituto:	concertado
Instalaciones:	edificio moderno con aulas grandes
Instalaciones deportivas:	dos gimnasios, campos deportivos
Uniforme escolar:	jersey azul oscuro camiseta blanca pantalón o falda gris

un colegio concertado *a privately owned school which receives some State funding*

Leer **4** **Read these opinions about life at *Colegio Guzmán Miraflores*. Which aspect is each pupil describing (a–f)? Is their opinion positive (P), negative (N) or positive and negative (P+N)?**

1 Cuesta muchísimo dinero viajar a mi colegio – es carísimo. ***Clara***

2 Los bocadillos son riquísimos y muy baratos. Por otro lado, hay poca variedad. ***Natalia***

3 La directora es alegre y tiene buen sentido del humor. Mi profesora de historia es buenísima – siempre aprendemos mucho en sus clases. ***Samuel***

4 Creo que la falda es feísima, aunque la chaqueta es bastante cómoda. ***Isabel***

5 Acaban de construir un gimnasio nuevo – es increíble. No suelo trabajar en la biblioteca porque hay mucho ruido. ***Andrés***

6 Estudio inglés desde hace cinco años pero lo odio porque es aburridísimo. Me gustaría aprender una lengua más fácil. ***Karim***

a El uniforme
b Las instalaciones
c La gente
d Las clases
e La comida
f El precio

G

To say 'really [good]', 'extremely [expensive]', etc., use the **absolute superlative**.

Add ***-ísimo/a*** to the end of the adjective, and make it agree.

*Es facil**ísimo/a**.*
It is **extremely easy**.

If the adjective ends in a vowel, remove it before adding the ending.

*Son buen**ísimos/as**.*
They are **really good**.

Page 116

Hablar **5** **In pairs, talk about your school using the questions below. Include some examples of the absolute superlative. Use vocabulary from the word box and the texts above to help you.**

- *¿Cómo se llama tu instituto?*
- *Mi instituto se llama ... y está en ...*
  Es un instituto público con más de mil alumnos.
- *¿Qué ropa llevas en el insti?*
- *Llevo una camisa blanca, ... y ... En mi opinión, es ...*
- *¿Cómo son las instalaciones?*
- *Hay muchos laboratorios modernísimos y ... Además, hay ...*
- *¿Cómo es el director / la directora?*
- *En mi opinión, el director / la directora es ...*
- *¿Te gusta la comida de tu insti?*
- *Sí, me gusta / No, no me gusta porque ...*

bueno/a(s)	malo/a(s)
moderno/a(s)	viejo/a(s)
caro/a(s)	barato/a(s)
cómodo/a(s)	incómodo/a(s)
bonito/a(s)	feo/a(s)
divertido/a(s)	aburrido/a(s)
excelente(s)	decepcionante(s)

1 Un día en el insti

- Talking about a typical day at school
- Using the relative pronouns *que, donde, cuando*
- Translating into English effectively

Escuchar 1

Listen and read. Select the three correct statements below. Then translate the phrases in purple into English.

Polo y Santiago, Coahuila (México)

¿Cómo vas al insti?

Normalmente voy al insti a pie con mi amigo Santiago, **que vive en la misma calle** que yo. Sin embargo, cuando llueve o hace frío, tomo el autobús.

¿Cómo es tu día escolar?

Las clases empiezan a las siete menos cuarto de la mañana y por eso salgo de casa a las seis. ¡Es muy temprano! Cada clase dura una hora y hay un descanso a las diez. Normalmente las clases terminan a las dos y media de la tarde. Sin embargo, en este momento hay una ola de calor **que puede ser peligrosa para la salud**, ya que tenemos temperaturas superiores a los cuarenta grados. Por lo tanto, actualmente solo asistimos al insti por la mañana y luego a las once volvemos a casa, **donde continuamos con las clases a distancia**.

¿Qué sueles hacer a la hora de comer?

Mi amigo Sergio va a la cantina, **donde compra algo de comer**, pero a mí no me gusta nada la comida **que venden allí**. Por eso traigo un bocadillo de casa. A veces voy a la nueva biblioteca **que acaban de construir**, pero en general salgo al patio, **donde mis amigos y yo jugamos al baloncesto**.

¿Qué día de la semana prefieres?

Prefiero los martes, **cuando tengo actividades extraescolares** después del insti, y también los miércoles, **cuando tenemos todas mis asignaturas favoritas**. Me gustan más las clases **donde trabajamos en equipo**, como la educación física.

1. Polo lives near his friend Santiago.
2. His lessons begin at 7:15 a.m.
3. His school is currently closed because of the heatwave.
4. Polo buys something to eat in the school canteen.
5. He generally spends lunchtime outdoors.
6. He has all his favourite lessons on Wednesdays.

G

Use the **relative pronouns** ***que*** (that/which/who), ***donde*** (where) or ***cuando*** (when) to give more information about the noun you are talking about.

*Voy con un amigo, **que** se llama Álex.*
I go with my friend, **who** is called Alex.
*Salgo al patio, **donde** juego al fútbol.*
I go out to the playground, **where** I play football.

Page 116

Escuchar 2

Listen to Clari. Which question is she answering? Write down the correct letter. Then listen again and note down two details in English for each answer. (1–6)

a ¿Cómo vas al instituto por la mañana?
b ¿A qué hora empiezan las clases?
c ¿Cuánto tiempo dura cada clase?
d ¿Qué haces en el descanso?
e ¿Dónde sueles comer?
f ¿Qué haces después del insti?

In the present tense, some verbs are irregular in the 'I' form only. They include:

hacer → *ha**g**o* (I do/make)
venir → *ven**g**o* (I come)
poner → *pon**g**o* (I put)
tener → *tra**ig**o* (I bring)
salir → *sal**g**o* (I go out/leave)
conocer → *cono**zc**o* (I know/meet)

Hablar 3

In pairs, take turns to ask and answer the six questions from exercise 2.

- *¿Cómo vas al instituto por la mañana?*
- *Normalmente voy al insti (en autobús) porque …*

Voy al insti **a** pie / **en** [bici].
Las clases empiezan a las …
Las clases terminan a las …
Cada clase dura …

Leer 4 **Read the texts and write the correct name for each question. Then translate Raquel's text into English.**

la bandera	*flag*
las artes escénicas	*performing arts*

¿Qué actividades extraescolares haces?

Raquel

Solo llevo dos años jugando al voleibol en el insti – ¡pero ya soy capitana del equipo! Los lunes a la hora de comer ayudo con la radio escolar. Me encanta porque te da la oportunidad de ser creativa y hacer nuevos amigos. Acabo de ganar un premio por un programa, donde hice una entrevista a la directora.

Pablo

Mi pasión es el medioambiente y mi amiga Mónica y yo llevamos tres años participando en el proyecto 'Ecoescuela' después del insti. Estoy orgulloso de nuestro trabajo porque el año pasado conseguimos la 'Bandera Verde'. La semana pasada organizamos una competición para celebrar el Día de la Biodiversidad.

Marta

¡Me encantan las artes escénicas! Soy miembro del club de teatro y toco en la orquesta del insti. Además, llevo seis meses asistiendo a clases de baile urbano, que es muy popular en nuestro insti, y en marzo hicimos un espectáculo. En mi opinión, hacer actividades extraescolares te da más confianza y te permite aprender cosas nuevas.

Who ...
1 recently organised a competition?
2 recently won a prize?
3 is proud of their work?
4 says these activities give you more confidence?
5 interviewed the headteacher?
6 plays an instrument?

When translating into English, remember that some phrases do not translate word for word. Spanish often uses the word **de** to give more information about a noun.

*la hora **de** comer*	lunchtime
*el equipo **de** natación*	the swimming team
*el club **de** teatro*	the drama club

Escuchar 5 **Listen to some students talking about their extracurricular activities. Copy and complete the table in English. (1–4)**

	Activity	How long?	Opinion (two details)	Recent success
1				

G

To say how long you have been doing something, use the present tense of ***llevar*** + time period + the **present participle**.

***Llevo** dos años **jugando** al fútbol.*
I've been playing football for two years.

You can also use the present tense of a verb + ***desde hace*** + time period.

*Juego al fútbol **desde hace** dos años.*
I've been playing football for two years.

Page 117

Hablar 6 **In pairs, take turns to ask and answer the following questions.**

- *¿Qué actividades extraescolares haces?*
- *¿Cuánto tiempo llevas haciendo / participando en / jugando al/a la ...?*
- *¿Por qué te gusta esta actividad?*
- *¿Qué hiciste recientemente con el club/equipo?*

Soy miembro del club/equipo de ...	
Llevo [tres] meses / [dos] años	asistiendo a ... jugando al / a la ... participando en ... tocando ...
Te permite Te anima a Te ayuda a	aprender cosas nuevas. desarrollar tus talentos. hacer nuevos amigos. ser creativo/a.
Te da	la oportunidad de ... más confianza. un sentimiento de éxito.
Te hace sentir orgulloso/a.	

Escribir 7 **Write a text about your extracurricular activities. Answer the questions from exercise 6 and look at the texts in exercise 4 for ideas.**

Mi pasión es ... y llevo ... meses/años ...
También, soy miembro del club/equipo de ...

2 ¿Qué tal tus estudios?

- Talking about your studies
- Using *lo que*
- Talking about the opinions of others

Escuchar 1 **Listen and for each person write the following information in English. (1–5)**

- the <u>two</u> subjects they mention
- their opinion of each subject

En Perú, hay más de 20.000 escuelas bilingües donde los alumnos tienen clases en español y también en una de las 48 lenguas originarias (por ejemplo, *el quechua*).
Este sistema ayuda a conservar la identidad cultural, aunque lo malo es que hay una falta de profesores con conocimientos de ambos idiomas.

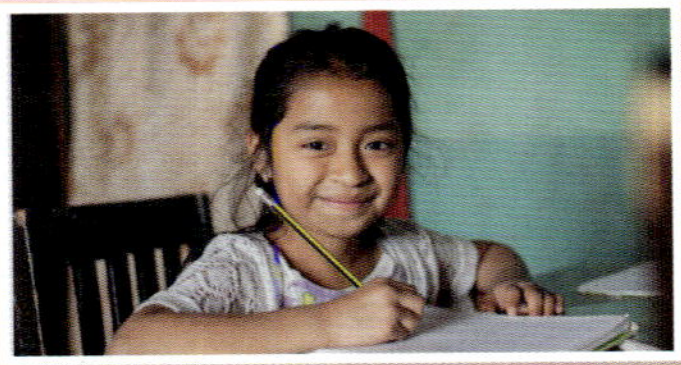

Prefiero Odio Me encanta (No) Me gusta	**el** dibujo **el** español **el** inglés **el** teatro **la** geografía **la** historia **la** informática **la** literatura **la** música **la** religión **la** educación física **la** tecnología	porque es	aburrid**o**/**a**(s). complej**o**/**a**(s). complicad**o**/**a**(s). difícil(es). divertid**o**/**a**(s). dur**o**/**a**(s). fácil(es). importante(s). imposible(s). interesante(s). pesad**o**/**a**(s). práctic**o**/**a**(s). útil(es).
Prefiero Odio Me encanta**n** (No) Me gusta**n**	**los** idiomas **las** ciencias **las** matemáticas	porque son	

la lengua originaria *indigenous language*

Leer 2 **Complete the sentences with the correct subject in Spanish. Remember to include the definite article (*el*/*la*/*los*/*las*). Then translate the phrases in bold into English.**

1. **Mi asignatura favorita es** ___ porque me gusta aprender sobre lo que ocurrió en el pasado.
2. **Me interesa** la naturaleza, y por lo tanto me encantan ___.
3. **Se me da bien** ___ y mi profesor dice que pinto muy bien.
4. **Lo que más me gusta es** ___ y paso mucho tiempo leyendo novelas.
5. **Me cuesta mucho** resolver problemas con los números, y por eso **se me dan mal** ___.
6. **Mi pasión es** ___ y llevo tres años tocando la guitarra en una banda.
7. **Lo que menos me gusta es** ___ porque **no entiendo** lo que dice mi profesor cuando habla en inglés.

decir (dice) *to say (he/she says)*

G

Use ***lo que*** to mean 'what' when you are <u>not</u> asking a question.

Lo que *más me gusta es …*
What I like most is …

*No entiendo **lo que** dice.*
I don't understand **what** he/she says.

Page 117

The four consonants in the word **C**a**R**o**L**i**N**a are the only ones that can be written as double letters in Spanish.
abburrido

Take extra care with cognates.
diffícil *impossible*
The only exceptions are some words taken from other languages (e.g. *el jazz*).

Hablar 3 **In pairs, give your opinion about the subjects you study. Use phrases from exercise 2 to extend your answers.**

- *¿Cuál es tu asignatura favorita?*
- *Prefiero …, ya que es/son … Además, me encanta(n) … porque …*
- *¿Qué otras asignaturas te gustan?*
- *También, me gusta(n) …, ya que …*
- *¿Y qué asignaturas no te gustan?*
- *Odio / No me gusta(n) nada … porque …*

Leer **4** **Read the text. Then copy and complete the sentences in English.**

Alba

A mis amigas Raquel y Rosa les gusta mucho la religión, pero mi asignatura favorita es la educación física porque me encanta correr. Sin embargo, odio la informática. La profesora nos pone deberes el martes y luego tenemos que entregarlos el miércoles. No es justo. Mañana tengo una prueba de historia. ¡Qué pesado! No se me da bien porque me cuesta recordar todas las fechas. Esta noche repasaré mucho porque quiero aprobar.

Diego

Lo que más me gusta es el teatro. En el pasado no tenía mucha confianza en mí mismo, pero ya no tengo miedo de actuar en el escenario cuando hacemos una obra de teatro. A mi amigo Ricardo le gustan las matemáticas, pero a mí me cuesta resolver los problemas más complejos. ¡Es durísimo! En abril tengo un examen de religión. Para sacar buenas notas, aprenderé de mis errores y también participaré más en clase.

entregar	*to hand in*
repasar	*to revise*

1 Alba's favourite subject is … because …
2 She hates … because the teacher …
3 In history, she finds it hard to …
4 Tonight she will … because …
5 In the past, Diego …
6 He is no longer scared of …
7 Ricardo likes …, but Diego finds it hard to …
8 To get good marks, he will …

G

For verbs like ***gustar***, ***encantar*** and ***interesar***, change the **pronoun** according to who you are talking about.

me *gusta(n)*	***nos*** *gusta(n)*
te *gusta(n)*	***os*** *gusta(n)*
le *gusta(n)*	***les*** *gusta(n)*

Remember to use the word ***a*** with these verbs when mentioning another person and include the **definite article** (***el***/***la***/***los***/***las***) when giving an opinion of a noun.

A *mi amigo le gusta* ***la*** *historia, pero no le gustan* ***las*** *ciencias.*
My friend likes history, but he doesn't like science.

Page 117

Hablar **5** **In pairs, read out one of the texts from exercise 4, paying attention to the letters *r* and *rr*.**

r is pronounced by touching your tongue against the back of your front teeth.
rr (or ***r*** at the start of a word) has a stronger, rolled sound.

Escuchar **6** **Listen to some students talking about what they will do to succeed. Copy and complete the table in English. (1–6)**

¿Qué harás para tener éxito?

	Subject	Will …	Why?
1	English	participate more …	

Para …
aprobar mis exámenes, …
mejorar mi nivel, …
sacar buenas/mejores notas, …
tener éxito en la prueba, …

aprenderé de mis errores.
asistiré a clases de repaso.
participaré más en clase.
pasaré más tiempo repasando.
preguntaré al profe si no entiendo.

Escribir **7** **Translate this text into Spanish.**

Remember to include *el*/*la*/*los*/*las*.

Use a comparative 'sandwich' around the adjective.

See exercise 4.

I prefer practical subjects because they are more fun than languages. I have been studying drama for three years. I'm good at music and my teacher says that I sing well. My best friend likes history, but I think that it's extremely difficult to remember the dates. Tonight I will revise lots because I have a test next week.

Use *llevo* + time period + present participle, or present tense + *desde hace* – time period.

Decir (to say/tell) is a stem-changing verb.

3 ¿Cómo cambiarías tu instituto?

- Talking about how you would change your school
- Using the conditional tense
- Using impersonal verbs with an infinitive

Leer **1** **Read how these students would improve their school and match each text (a–f) to the most appropriate opinion below (1–6). Then translate the <u>seven</u> conditional tense verbs in bold into English.**

¿Qué harías para mejorar tu instituto?

a

Organizaría una campaña para luchar contra el acoso.

b

Mejoraría la calidad y la variedad de la comida.

c

Permitiría el uso de los móviles en clase.

d

Reduciría el precio del uniforme.

e

Ofrecería más actividades extraescolares.

f

Construiría un nuevo gimnasio y **pondría** una piscina.

Lo malo de mi instituto es que …

1 tenemos que gastar mucho dinero en la chaqueta y la corbata – son carísimas.

2 las instalaciones deportivas son viejas y están en mal estado.

3 los bocadillos son malísimos y hay pocas opciones para los vegetarianos.

4 no hay muchas oportunidades deportivas o artísticas después del insti.

5 las reglas son demasiado estrictas. Por ejemplo, los móviles están prohibidos.

6 muchos alumnos tienen miedo porque sufren amenazas o violencia.

Escuchar **2** **Listen to check your answers to exercise 1. Then write down <u>one</u> additional change that each person would make to improve their school in English. (1–6)**

abriría	cambiaría	dejaría
compraría	vendería	aumentaría

G

Use the **conditional tense** to say what you would do.
You already know *me gustaría* (I would like).

To form the conditional, add the imperfect tense endings of **-er**/**-ir** verbs to the <u>infinitive</u>.

	cambiar (*to change*)
(yo)	cambiar**ía**
(tú)	cambiar**ías**
(él/ella/usted)	cambiar**ía**
(nosotros/as)	cambiar**íamos**
(vosotros/as)	cambiar**íais**
(ellos/ellas/ustedes)	cambiar**ían**

Cambiaría *el uniforme.* — **I would change** the uniform.

Some verbs have an **irregular stem** in both the simple future and conditional tense, including:

tener → ***tendr****ía* (I would have)
hacer → ***har****ía* (I would do/make)
poder → ***podr****ía* (I would be able to / I could)
poner → ***pondr****ía* (I would put)

The conditional of *hay* (there is/are) is ***habría*** (there would be).

Page 118

Hablar 3 **In pairs, discuss what you would change in your school.**

- *¿Qué es lo malo de tu instituto?*
- *Lo malo de mi insti es que las instalaciones son … Además, (no) hay mucho/a(s) …*
- *¿Qué harías para mejorar tu instituto?*
- *Primero, pintaría la biblioteca. Luego, … Finalmente, …*

Escuchar 4 **Read the list of school rules and fill in the gaps using the correct word from the word box. Then listen to Daniel and write down which three rules he would change and why.**

IES López Blanco

Normas para los alumnos de secundaria

a Hay que asistir a todas las clases y ___ a tiempo.
b Se debe ___ a los otros alumnos y a los profesores.
c No se permite ___ al servicio sin el permiso del profesor.
d Hay que ___ limpio el patio y no tirar basura al suelo.
e Está prohibido ___ aparatos electrónicos personales.
f Hay que ___ sentado durante la clase.
g No se debe ___ ni beber en las aulas (excepto agua).

G These **impersonal verbs** are followed by the infinitive:

hay que	you/one must
(no) se debe	you/one must (not)
(no) se permite	you are (not) allowed to
está prohibido	it is forbidden (to)

***No se debe** comer en clase.*
You mustn't eat in class.

quedarse comer ~~asistir~~ mantener respetar traer llegar ir

estar de acuerdo con *to agree with*

Escribir 5 **Write a text about what you would change in your school. Mention:**

- what you don't like about your school — *Lo malo de mi insti es que … Además, …*
- how you would improve your school — *Para mejorar mi instituto, primero … Luego, …*
- a school rule that you disagree with — *En mi insti no se permite / hay que …*
- why you disagree with it — *No estoy de acuerdo con esta norma porque …*
- how you would change the rule. — *Permitiría a los alumnos [comer/usar/ir …]*

Leer 6 **Read the text and select the correct option for each question.**

Programa de educación con perros para combatir el acoso escolar

Respétame es el nombre de un programa desarrollado por la Fundación Affinity y la escuela Lleó XIII de Barcelona para reducir el acoso escolar. Durante doce semanas, los alumnos asisten a sesiones especiales durante el día escolar donde hacen actividades distintas con los perros de terapia. Aprenden el respeto, la cooperación y la buena comunicación.

Muchos perros diferentes participan en los ejercicios – grandes y pequeños, algunos más rápidos en aprender y otros más lentos. Los alumnos aprenden que todos los perros – y todas las personas – tienen puntos fuertes y débiles, pero que todos son buenos en algo. El programa les enseña la importancia de aceptar las diferencias y de trabajar en equipo para resolver problemas, y que no es necesario gritar o amenazar para conseguir lo que quieres cuando sientes frustración.

el perro de terapia *therapy dog*

1 The programme has been developed to reduce **animal cruelty** / **bullying** / **stress**.
2 The sessions take place **after school** / **at weekends** / **during the school day**.
3 Some of the dogs **finish the exercises** / **run** / **learn** more quickly than others.
4 Pupils learn that everyone has different **strengths** / **interests** / **problems**.
5 You don't need to shout or threaten to **get what you want** / **explain what you need** / **describe how you feel**.

4 La gente de mi insti

- Talking about students and teachers at school
- Using negatives
- Forming questions

Leer 1 **Write down your answers to this survey to find out what sort of student you are. Then translate the <u>seven</u> negative sentences into English.**

Example: *No llevo ni cuadernos ni bolígrafos al insti.*
I don't take either notebooks or pens to school.

¿Qué tipo de alumno eres?

1 ¿Cómo te preparas para el día escolar?
- **a** Todas las noches preparo mi mochila antes de acostarme.
- **b** Suelo recordar lo que necesito, aunque no siempre.
- **c** No llevo ni cuadernos ni bolígrafos al insti.

2 ¿Cuándo sueles llegar al insti por la mañana?
- **a** Siempre llego temprano.
- **b** Suelo llegar a tiempo, pero depende del día.
- **c** Nunca llego a tiempo.

3 ¿Qué haces si faltas a clase?
- **a** No falto a ninguna clase.
- **b** Pregunto a un compañero lo que perdí.
- **c** No hago nada.

4 ¿Cuánto tiempo pasas repasando para las pruebas?
- **a** Paso dos o tres horas repasando.
- **b** Paso media hora repasando, si tengo tiempo.
- **c** No repaso para las pruebas.

5 ¿Dónde sueles hacer los deberes?
- **a** Los hago en casa o en la biblioteca.
- **b** Los hago en el autobús o en la cantina.
- **c** No los hago jamás.

6 ¿Aprendes mucho en clase? ¿Por qué (no)?
- **a** Sí, ya que siempre escucho al profe y hago todas las tareas.
- **b** Normalmente, sí, pero a veces hablo con mis compañeros.
- **c** No, porque no escucho a nadie y tampoco hago las tareas.

Tus respuestas
- Mayoría de **a** Siempre eres responsable, trabajador(a) e independiente. Tienes ganas de tener éxito.
- Mayoría de **b** Generalmente, eres un(a) buen(a) estudiante, pero podrías hacer más para sacar buenas notas.
- Mayoría de **c** Necesitas una actitud más positiva y seria si quieres aprobar los exámenes.

Escuchar 2 **Listen to Yoli answering the survey. Write down the <u>six</u> letters and her reason for each answer in English. Note that she sometimes uses different words to express the answer given. (1–6)**

Hablar 3 **In pairs, take turns to ask and answer the survey in exercise 1. Extend your answers by giving reasons.**

(No) Soy	muy bastante demasiado	perezoso/a. trabajador(a). responsable.	
(No) Es		aburrido/a. importante.	
Me levanto Salgo de casa		temprano. tarde.	
(No) Tengo	tiempo.	ganas (de ...).	
(No) Quiero	aprender. aprobar.	escuchar. estudiar.	hablar. repasar.

What do the <u>six</u> **question words** in exercise 1 mean?

For 'yes/no' questions, simply use question marks (when writing) or correct intonation (when speaking) to turn the statement into a question.

Aprendes mucho en clase. You learn a lot in class.
¿Aprendes mucho en clase? Do you learn a lot in class?

G

Many **negative** expressions form a 'sandwich' around the verb:

No *hago* ***nada***. I **don't** do **anything**.
No *escucho a* ***nadie***. I **don't** listen to **anyone**.
No *estudio* ***ni*** *dibujo* ***ni*** *teatro*. I **don't** study **either** art **or** drama.
No *falto a* ***ninguna*** *clase*. I **don't** miss **a single** lesson.

Nunca / ***Jamás*** (never) can go <u>before</u> or <u>after</u> the verb. When used after, add ***no*** before the verb.
Nunca *leo.* / ***No*** *leo* ***nunca***. I **never** read.

Tampoco (neither/nor) usually goes before the verb.
Tampoco *repaso*. I **don't** revise **either**.

Page 118

Leer 4 **Read the <u>ten</u> statements below. For each one, decide whether you think it refers to (a) the perfect student, (b) the ideal teacher or (c) both.**

¿Cómo sería un alumno perfecto / una alumna perfecta?

¿Cómo sería tu profesor(a) ideal?

> You have already seen the **conditional tense** to say what you would do.
> It is also used to say what something would be like.
>
> | | |
> |---|---|
> | *Mi profe ideal* | My ideal teacher |
> | ***no sería** estricto/a.* | **wouldn't be** strict. |

1 No nos pondría demasiados deberes.
2 Tendría un buen sentido del humor.
3 Nos dejaría usar el móvil en clase.
4 Escucharía al / a la profe con cuidado.
5 No sería demasiado estricto/a.
6 Haría mucho esfuerzo para sacar buenas notas.
7 Crearía un buen ambiente para los alumnos.
8 Siempre entregaría los deberes a tiempo.
9 Nos dejaría expresar nuestra individualidad.
10 Nunca llegaría tarde a clase.

Escuchar 5 **Listen and fill in the gaps. Pay particular attention to the pronunciation of the letters *ñ* and *u*.**

Me llamo Lucas. Suelo sacar buenas notas porque soy trabajador y nunca llego tarde por la **1**. Sin embargo, mi **2** Begoña no tiene una actitud positiva hacia los estudios. A menudo se salta las clases, nunca se calla y hace los deberes en el **3** – ¡si los hace!

Me llevo bien con mi profesor de **4** porque me da consejos para mejorar mi trabajo y nos deja escuchar música en clase. Por otro lado, no me gusta nada la **5** Núñez, mi profe de **6**, porque no estoy de acuerdo con su manera de enseñar. Sus clases son aburridas y nos trata como a niños **7**. Mi profesor ideal sería comprensivo y no gritaría a nadie. Tampoco nos pondría demasiadas **8**.

¿Y cómo sería el alumno perfecto? En mi opinión, **9** mucho, pero también haría mucho deporte. Es importante tener una vida equilibrada para cuidar la **10** física y mental.

comprensivo/a	*understanding*
equilibrado/a	*balanced*

Leer 6 **Read the text from exercise 5 again and write down who each picture refers to, using the names in the box on the right. Then read out the whole text with your partner.**

Example: *a – Begoña*

> The letter ***ñ*** is pronounced 'n-y', as in the English word 'canyon'.
> The letter ***u*** is a short, crisp sound, which is pronounced with your lips rounded and pushing forward.

Lucas
Begoña
Señora Núñez
El profesor de dibujo
El profesor ideal
El alumno perfecto

Escribir 7 **Write a text about your teachers and what your perfect teacher would be like.**

- *Me llevo bien con mi profesor(a) de ... porque ...*
- *Sin embargo, no me gusta mi ..., ya que ...*
- *Mi profesor(a) ideal sería/tendría ...*
- *También nos dejaría ... Nunca ...*

5 El viaje de fin de curso

- Describing a school trip in the past
- Using adjectives and adverbs
- Identifying false friends

Escuchar **1** **Listen and read. Then answer the questions in English.**

Noticias

Viaje de fin de curso 4º ESO

Nuestros alumnos acaban de disfrutar de un gran viaje de fin de curso a Valencia. Yolanda Marzo, alumna de 4ºC, nos cuenta qué tal fue la visita.

El viaje a Valencia que hicimos **recientemente** fue increíble. El primer día visitamos el Parque Natural de la Albufera donde dimos un paseo en barco. **Normalmente** no me interesa la naturaleza, pero este lugar me encantó.

Por la noche, asistimos a una clase de cocina donde aprendimos a preparar la paella, el plato de arroz tradicional de Valencia. **Históricamente**, era un plato de carne, pero ahora es común tener otras variedades. Luego la comimos – ¡estaba riquísima!

El segundo día hicimos windsurf en la playa. Hizo muy buen tiempo, pero el único problema era que el mar estaba muy frío. **Desafortunadamente**, mi amigo Esteban perdió su reloj en la arena. ¡Qué mala suerte!

El tercer día fue **completamente** diferente – hizo mal tiempo y llovió el día entero. **Afortunadamente**, no importó porque visitamos L'Oceanogràfic. Fue muy emocionante.

Finalmente, el último día fuimos al parque temático Terra Mítica. No había mucha gente, y por eso las colas no eran largas. También bebimos horchata, la bebida típica que se bebe **frecuentemente** en verano. Sin embargo, nuestro director bebió demasiada horchata, y luego vomitó cuando se montó en Titánide, una montaña rusa divertidísima. ¡Qué horror!

El viaje fue una experiencia **verdaderamente** única y me gustaría volver algún día.

Yolanda

L'Oceanogràfic

Terra Mítica

1 What did they do at *la Albufera*?
2 What does Yolanda tell us about paella? (give three details)
3 What didn't she like about going windsurfing?
4 What did her friend Esteban do?
5 Why didn't it matter when it rained?
6 Why was the headteacher sick?

En muchos países hispanohablantes, los alumnos hacen **un viaje de fin de curso** con los compañeros de clase cuando acaban los estudios de secundaria.

Normalmente los padres tienen que pagar el precio total, pero en algunos países el gobierno lo paga. En Buenos Aires (Argentina), los alumnos pueden hacer un viaje de tres noches sin pagar nada.

Leer **2** **Read the text again and write down the adverbs ending in *-mente* that have a similar meaning to the following adverbs.**

1 en el pasado
2 por último
3 en general
4 totalmente
5 hace poco
6 realmente
7 a menudo
8 por suerte

Look out for **'false friends'** – words that look or sound like an English word but have a different meaning.

What do these words from the text in exercise 1 mean?

asistir *cola* *emocionante*
importar *largo*

Escuchar **3** **Yolanda's teacher is talking about the trip from exercise 1 but gets some of the facts wrong. Listen and write down the numbers of the four correct statements, based on the information given in the text. (1–8)**

G

Adverbs are used to say when, where or how something is done.

In English, many adverbs end in '-ly'.

In Spanish, add ***-mente*** to the **feminine** form of the adjective.

rápido → *rápida* → *rápida**mente*** (quickly)
fácil → *fácil* → *fácil**mente*** (easily)

Page 119

Leer 4 **Read the text from exercise 1 again. Copy and complete the table for each of the underlined adjectives.**

	Shortened form? (Y/N)	English meaning
gran	Y	great

Escribir 5 **Read the text below. Look at the words in brackets and write the correct form of each adjective or adverb ending in *-mente*.**

El Lago Nahuel Huapi, Argentina

G

Adjectives must agree with the noun they are describing and usually follow the noun.
*una bebida **típica*** — a **typical** drink

Some adjectives come before the noun. These include:
mucho/a (much/a lot) ***poco/a*** (little/few)
próximo/a (next) ***último/a*** (last/latest)

Some adjectives have a shortened form when used before a **masculine** singular noun:
primero → ***primer*** *tercero* → ***tercer*** *alguno* → ***algún***
bueno → ***buen*** *malo* → ***mal*** *ninguno* → ***ningún***

The meaning of certain adjectives depends on their position:
*el **único** problema* (the **only** problem)
*un lugar **único*** (a **unique** place)

When used before a masculine or feminine singular noun, ***grande*** shortens to ***gran*** and means 'great'. When used after a noun, it means 'big' or 'large'.
*una **gran** persona* (a **great** person)
*un museo **grande*** (a **big** museum)

Page 119

1 (reciente) mis compañeros y yo hicimos un viaje de fin de curso a Bariloche, la ciudad más **2 (visitado)** de la Patagonia, que se puede alcanzar **3 (fácil)** en tren, avión o autobús. En invierno nieva mucho, pero **4 (actual)** hace muy **5 (bueno)** tiempo.

El **6 (primero)** día llegamos al hotel y luego salimos **7 (inmediato)** para visitar el parque nacional, donde disfrutamos de las vistas **8 (maravilloso)** de las montañas, los bosques y los lagos. ¡**9 (seguro)** no hay **10 (ninguno)** lugar más hermoso en el mundo!

Cada día hicimos actividades distintas – excursiones por la ciudad, actividades acuáticas en el lago, ciclismo de montaña, etc. ¡Y la **11 (último)** noche incluso tuvimos una fiesta de disfraces! Fue inolvidable y, más que nada, fue una **12 (grande)** oportunidad para celebrar con los amigos el fin de nuestros estudios.

el disfraz *costume, fancy dress*

Hablar 6 **In pairs, talk about a school trip using the questions below.**

- *¿Adónde fuiste?*
- *¿Cómo era (el pueblo / la ciudad)?*
- *¿Visitaste algún lugar de interés?*
- *¿Qué otras actividades hiciste?*
- *¿Qué comiste?*
- *¿Tuviste algún problema?*
- *¿Qué tiempo hizo?*
- *¿Te gustaría volver en el futuro?*

Escribir 7 **Use your imagination to write about an end-of-year school trip to Barcelona. Use the texts above and this trip itinerary to help you.**

Viaje de fin de curso a Barcelona

	mañana	tarde/noche
Día 1	Paseo a pie (Barrio Gótico)	Visita cultural (Sagrada Familia)
Día 2	Actividades acuáticas/deportivas (playa)	Espectáculo de agua, música y luces (Fuente Mágica)
Día 3	Excursión al parque temático (PortAventura)	
Día 4	Visita cultural (Museo Picasso)	Compras (centro comercial)

Remember to use:
- the **preterite tense** to say what you did, what happened, what the weather was like and to give your opinion in the past.
- the **imperfect tense** to describe things in the past or say what something used to be like.

Try to use a variety of verb forms (e.g. I, he/she, we/they, etc).

Gramática 1

Absolute superlatives (Culture, page 105)

Escribir **1**

Complete the sentences below with the absolute superlative form of the adjectives in brackets. Then translate the sentences into English.

Example: 1 *Las instalaciones son **malísimas** y ...*
The facilities are really bad and ...

1 Las instalaciones son **(malo)** y el gimnasio es **(viejo)**.
2 Mi insti es **(popular)** porque los alumnos sacan notas **(bueno)**.
3 El servicio en la cantina es **(lento)**, aunque sirven platos **(rico)**.
4 La hora de comer es **(corto)**, pero hay muchas actividades **(divertido)**.
5 Mi uniforme escolar es **(caro)** y la chaqueta es **(feo)**.
6 Las matemáticas son **(útil)**, pero los exámenes son **(duro)**.
7 Mi profesora de historia es **(listo)**. También es **(simpático)**.
8 Estaba **(cansado)** porque el viaje era **(largo)**.

To say 'really [good], 'extremely [expensive]', use the **absolute superlative**.
Add ***-ísimo/a*** to the end of the adjective, and make it agree.

If the adjective ends in a vowel, remove it before adding the ending.
***La** historia es divertidísim**a**.*
***Los** profes son buen**ísimos**.*

Some adjectives have a spelling change to preserve the sound.

rico → *riqu**ísimo***
largo → *largu**ísimo***

Only the ***-ísimo*** part of the word has an accent:

difícil → *dificil**ísimo***

You can only use the absolute superlative if it would also make sense to use ***muy*** or ***bastante*** before the adjective.

grande ✓ *famoso* ✓ *difícil* ✓
favorito ✗ *tercero* ✗ *otro* ✗

Relative pronouns *que, donde, cuando* (Unit 1, page 106)

Escribir **2**

Write eight sentences using a phrase or word from each box. Make sure that your sentences are logical, paying attention to verb endings and tenses. Then translate them into English.

Example: 1 *Voy al insti con Sonia, que es mi mejor amiga.*
I go to school with Sonia, who is my best friend.

1 Voy al insti con Sonia, ...
2 Fuimos al gimnasio, ...
3 Soy muy creativa y prefiero los días ...
4 Hay muchos alumnos ...
5 No me interesa nada la novela ...
6 Tenemos una piscina enorme, ...
7 Me encanta la nueva falda ...
8 Tengo tres meses de vacaciones, ...

que ...
donde ...
cuando ...

estamos leyendo en este momento.
no escuchan al profe en clase.
acabas de comprar.
jugamos al baloncesto.
se puede nadar después del insti.
tengo dibujo y teatro.
es mi mejor amiga.
llega el verano. ¡Qué guay!

Use ***que*** (that/which/who), ***donde*** (where) or ***cuando*** (when) to give more information about the noun you are talking about.

*Voy con un amiga **que** se llama Ana.*	I go with a friend, **who** is called Ana.
*Salgo al patio, **donde** juego al tenis.*	I go out to the playground, **where** I play tennis.
*Prefiero los días **cuando** tenemos teatro.*	I prefer days **when** we have drama.

You must use the word ***que*** even where it is optional in English.
*Me encantó la película **que** vimos ayer.* I loved the film **(that)** we saw yesterday.

Don't confuse relative pronouns with the question words (or 'interrogatives') ***qué, dónde*** and ***cuándo***, which always have a written accent.
*¿**Qué** haces con el dinero **que** recibes?* **What** do you do with the money **(that)** you receive?

Llevar + present participle (Unit 1, page 107)

Hablar 3 **In pairs, take turns to ask and answer questions using the pictures below. Give opinions to develop your answers.**

- For pictures 1–3, use the *tú* (you singular) and *yo* (I) forms.
- For pictures 4–6, use the *vosotros* (you plural) and *nosotros* (we) forms.

Example:

- *¿Cuánto tiempo llevas* ***tocando*** *la guitarra?*
- *Llevo más de cinco años* ***tocando*** *la guitarra. Es muy difícil.*

To say how long you have been doing something, use the present tense of ***llevar*** + time period + the **present participle**.
¿Cuánto tiempo ***llevas esperando****?*
How long **have you been** waiting?

To form the present participle, remove the ***-ar***, ***-er*** or ***-ir*** from the infinitive and add ***-ando***, ***-iendo***, or ***-iendo***.

Irregular present participles include:
leer → *leyendo*
dormir → *durmiendo*
servir → *sirviendo*

You can also use the present tense of a verb + ***desde hace*** + time period as an alternative. See page 107.

un minuto	un día	un mes
un año	una hora	una semana

Use ***más de*** (more than) + a number.

1 
more than 5 years

2 
4 hours

3 
2 days

4 
nearly 6 months

5 
3 weeks

6 
more than 20 minutes

Lo que (Unit 2, page 108)

Leer 4 **Read the grammar box on page 108 and translate these texts into English.**

1 Lo que más me gusta es la comida en mi insti. Me encanta lo que sirven en la cantina, pero lo que no entiendo es el precio – es altísimo. ***Paula***

2 No sé lo que quiero estudiar el año próximo. Lo que me gustaría hacer es ir a un instituto diferente, ya que no me gusta lo que tenemos que llevar – el uniforme no es muy cómodo. ***Rafa***

3 Lo que hacemos en las clases de teatro suele ser divertido, pero lo que menos me gusta es que hay alumnos en mi clase que no hacen lo que dice el profesor. ***Arturo***

Talking about the opinions of others (Unit 2, page 109)

Escuchar 5 **Read the grammar box on page 109. Listen to Fernando and write down what he says in Spanish, taking care to spot the correct pronoun (*me/te/le/nos/os/les*). Then write down who each sentence is referring to. (1–6)**

Example: 1 *Nos encantan los deportes. (we)*

Escribir 6 **Write six sentences of your own in which you describe/ask about the opinions of others. Use Fernando's examples from exercise 5 to help you. Where appropriate, justify the opinions by adding reasons.**

Example: 1 *A mi hermano le interesan los idiomas porque son útiles.*

Gramática 2

Conditional tense (Unit 3, page 110)

Escribir **1** **Read what Santi's ideal school would be like. Write out the sentences, changing the verbs in brackets to the conditional tense. Look at the context to identify the correct person of the verb.**

1 En mi insti ideal **(haber)** cuatro descansos al día.
2 Las clases **(empezar)** a las diez.
3 Mis amigos y yo **(poder)** jugar a los videojuegos en clase.
4 Yo no **(hacer)** mis deberes, pero mis profes no **(decir)** nada.
5 Solo **(tener)** mis asignaturas favoritas.
6 Mi amigo Iván **(ser)** el director y nos **(permitir)** dormir en clase.
7 ¡Mis amigos y yo no **(aprender)** nada!
8 ¿Y tú? ¿**(Venir)** a mi instituto ideal?

Use the **conditional tense** to say what you would do. To form the conditional, add the imperfect tense endings of **-er**/**-ir** verbs to the infinitive:

*cambiar**ía***	I would change
*cambiar**ías***	you (singular) would change
*cambiar**ía***	he/she/it would change
*cambiar**íamos***	we would change
*cambiar**íais***	you (plural) would change
*cambiar**ían***	they would change

Some verbs have an **irregular stem** in both the simple future and conditional tenses, but the endings are the same as for regular verbs:

decir → ***dir**ía* (I would say/tell)
tener → ***tendr**ía* (I would have)
hacer → ***har**ía* (I would do/make)
poder → ***podr**ía* (I would be able to / I could)
poner → ***pondr**ía* (I would put)
querer → ***querr**ía* (I would want)
saber → ***sabr**ía* (I would know)
salir → ***saldr**ía* (I would go out)
venir → ***vendr**ía* (I would come)

The conditional of *hay* (there is/are – from the verb *haber*) is ***habr**ía* (there would be).

Escribir **2** **Read what Eva doesn't like about her school. In Spanish, write a list of six things you think she would do to improve it. Use the verbs in the word box to help you.**

Example: 1 Permitiría las zapatillas de deporte.

I don't like my school. You can't wear trainers and mobile phones are banned. I think the rules are stupid. The library is too small, there aren't enough computers and the books are all really old. Also, the teachers are too strict and the headteacher is awful. Worst of all, the gym is falling apart, the food is very expensive and the uniform is uncomfortable. ***Eva***

cambiar comprar construir mejorar permitir poner reducir

Negatives (Unit 4, page 112)

Leer **3** **Read the grammar box on page 112. Select the correct negative word for each sentence below. Then translate each sentence into English.**

1 No voy al insti con **no** / **nadie** / **nunca** – voy sola.
2 Mi profesor de ciencias no hace **tampoco** / **nada** / **ni** para ayudarme.
3 ¿Por qué **ningún** / **nada** / **no** hiciste los deberes?
4 **No** / **Nada** / **Nadie** hablo inglés y **nada** / **nadie** / **tampoco** lo entiendo.
5 **Nadie** / **Nada** / **Nunca** voy a la biblioteca después del insti.
6 No hago **ninguna** / **ni** / **no** actividad extraescolar.
7 No estudio ni historia **jamás** / **nada** / **ni** geografía.
8 **No** / **Nada** / **Nunca** toco nunca en la orquesta.

Adverbs ending in *-mente* (Unit 5, page 114)

Escribir 4 **Translate the texts (1–3) into Spanish. Use the adjectives in the word box to help you form the correct adverb.**

1 **Normally**, I play volleyball **regularly**. However, I **rarely** go swimming, **especially** in winter because it rains **constantly**.

2 **Recently**, I went to Spain with my class. **Generally**, I understand **perfectly**, but **unfortunately** they spoke very **quickly**!

3 The town was **truly** beautiful but **completely** different.

completo constante desafortunado especial general normal perfecto rápido raro reciente regular verdadero

Adverbs are used to say when, where or how something is done.
In English, many adverbs end in '-ly'.
In Spanish, add ***-mente*** to the **feminine** form of the adjective.
rápido → *rápida* → *rápidamente* (quickly)
normal → *normal* → *normalmente* (normally)

If the adjective has a written accent, the corresponding adverb does too. Compare the two examples above.

Some adverbs don't end in ***-mente***. These include:

bien (well) *mal* (badly) *mucho* (a lot) *poco* (a little)
aquí/acá (here) *allí/allá* (there) *siempre* (always) *a menudo* (often)

The spelling and position of adjectives (Unit 5, page 115)

Escribir 5 **Read the grammar box on page 115. Re-write the sentences below by using the adjectives in brackets to describe each noun. Think carefully about the spelling and position of the adjectives.**

*Example: 1 Hice **una excursión divertida** con **mi buen amigo** del insti, Tomás.*

1 Hice **una excursión** con **mi amigo** del insti, Tomás. (***fun*** / ***good***)
2 Fuimos a **una ciudad** con **un castillo**. (***big*** / ***old***)
3 Nos alojamos en **un hotel** con **un restaurante**. (***small*** / ***cheap***)
4 **El día** fue genial porque descubrimos **la arquitectura**. (***first*** / ***unique***)
5 Luego, visitamos **un museo** dedicado a **un artista**. (***interesting*** / ***great***)
6 **El problema** era que no había **tiendas**. (***only*** / ***many***)
7 **La primera noche** fuimos a ver **la película** de mi actor favorito. (***third*** / ***latest***)

¡En marcha! (Units 1–5)

Escuchar 6 **Listen and write down the correct word(s) for each gap in Spanish. Then translate the text into English.**

No me gustan las normas escolares porque no se **1** usar el móvil en clase. **2** me gustan las matemáticas, ya que **3** hacemos en clase es **4**. Mi amigo Javier y yo preferimos las asignaturas creativas y por eso **5** los viernes cuando tenemos teatro. ¡Lo **6** todos los días, pero **7** estudiar otras asignaturas también! Llevamos dos años **8** al club de teatro y Javier es un actor **9**. En febrero fuimos a Madrid, **10** participamos en un festival. No ganamos **11**, pero fue una **12** experiencia.

Hablar 7 **In pairs, take turns to read out the whole text from exercise 6, paying attention to pronunciation.**

Leer y escuchar

Reading

Leer 1

My studies. **Read Amira's social media post about what she enjoys studying.**

Me gusta estudiar matemáticas porque sé que es muy útil. Sin embargo, prefiero las asignaturas como las ciencias donde no tenemos que quedarnos sentados durante la clase entera. El problema es que me cuesta aprender cuando los otros alumnos están haciendo tanto ruido en clase, nunca se callan.

Mi profesor favorito es mi profesor de música. Es una persona alegre con buen sentido del humor y siempre tiene ***una sonrisa*** en la cara.

a Answer the following questions in English. You do not need to write in full sentences.

(i) Why does Amira prefer subjects like science?

(ii) What stops her from making good progress in lessons?

b Which of these is the best translation of the words ***una sonrisa***? Write the correct letter, A, B or C.

A a mask
B a smile
C a frown

Leer 2

Going back to school. **Read this article about the cost of preparing for the new school year in Spain.**

Para muchas familias, la vuelta al colegio es uno de los momentos más caros del año. Antes del comienzo de las clases, hay que comprar cuadernos, bolígrafos y otro material escolar. La ropa también representa un gasto considerable, especialmente si se debe comprar artículos de uniforme con el emblema y nombre del instituto.

Lo que cuesta más dinero son los libros de texto, que pueden costar más de doscientos euros por alumno. Es otro gasto para los padres, salvo en algunas partes de España donde el gobierno de la región los compra.

Por supuesto, los gastos no paran cuando las clases empiezan. Si los niños quieren participar en actividades extraescolares después del instituto, las actividades gratuitas son poco comunes. Y para los alumnos que viven lejos del instituto, tampoco es barato el transporte escolar.

el gasto	*expense, cost*
parar	*to stop*

Read the text carefully. A single word can change the meaning of a phrase or a sentence.

Salvo means 'except for'. Why is this relevant for question *a (iii)*?

When used before an adjective, ***poco*** means 'not very'.

Remember that ***tampoco*** is a negative word.

a Complete the sentences below. Write the correct letter, A, B or C, for each question.

(i) For many families, the return to school ...
A is an expensive time of year.
B is more expensive this year.
C gets more expensive every year.

(ii) The greatest cost is for ...
A materials such as pens and exercise books.
B branded school uniform.
C textbooks.

(iii) Parents have to buy their children's school textbooks ...
A in some parts of Spain.
B unless they work for the government.
C no matter where they live.

b Answer the following questions **in English**. You do not need to write in full sentences.

(i) What is the problem with after-school activities?

(ii) What is the disadvantage for pupils who don't live near their school?

Leer **3** ***Extra-curricular activities.*** **Translate the following paragraph into English.**

Los martes toco el violín en la orquesta del instituto. Según mi profesor, hay que practicar cada día para mejorar. También llevo dos años asistiendo al club de debate que es divertidísimo. Acabamos de participar en una competición donde gané el segundo premio. Recomendaría este tipo de actividad si quieres hacer nuevos amigos.

Listening

Escuchar **1** ***School uniform.*** **Jalil, Elena and Leya are talking about the advantages and disadvantages of school uniform. What do they say? Listen to the recording and write your answers in English. You do not need to write in full sentences.**

a Jalil Advantage: ______ Disadvantage: ______

b Elena Advantage: ______ Disadvantage: ______

c Leya Advantage: ______ Disadvantage: ______

For this type of task, listen out for positive and negative phrases. Would each of the following suggest an advantage or a disadvantage?

desafortunadamente	*lo mejor*
lo que menos me gusta	*lo único malo*
estoy de acuerdo con	*lo bueno*

Escuchar **2** ***Lunchtime activities.*** **Manuel, Ana and Lin are talking about the lunchtime activities at their school. What do they say? Listen to the recording and write A, B or C for each question.**

1 Manuel tends to spend the lunch break ...
A in the park.
B in the library.
C in the playground.

2 Manuel goes to the athletics club when ...
A the weather is good.
B he has time.
C his friends are going.

3 Ana's school doesn't have ...
A a school orchestra.
B many sports activities.
C a technology club.

4 This year Lin is going to ...
A join the basketball team.
B attend the cookery club.
C help out with the film club.

For some of these questions you will hear more than one of the options mentioned. Distractors like these are designed to test your ability to listen for **detail** as well as gist.
Take care with words which have more than one meaning (e.g. *tiempo*) and with 'false friends' (e.g *asistir*)

Escuchar **3** **You are going to hear someone talking about their new school. Sentences 1–2: write down the missing words for each gap. For each gap, you will write one word in Spanish.**

1 La ____ de la ____ es ____.

2 Mi ____ de ____ es muy ____.

Sentences 3–6: write down the full sentences that you hear in Spanish.

Listen out for:
- ***ce***, ***ci***, ***z*** – which sound like 'th' in 'think'
- ***r-*** (at the start of a word) and ***rr*** – which sound like an engine revving!
- ***ñ*** – which sounds like 'ny' in 'canyon'.

Módulo 5 Prueba oral

Read aloud

Hablar 1

Look at this task. With a partner, read aloud the four sentences, paying attention to the underlined letters.

Luisa, your Mexican friend, has emailed you to tell you about her studies. Read out the text below to your partner.

No soy la alumna perfecta, pero hago mucho esfuerzo.

Me interesan las ciencias porque son útiles y el profesor es paciente.

Una vez al día tengo español con la Señora Ibañez que enseña bien y me corrige los errores.

En el futuro querría desarrollar mis conocimientos de inglés porque me gustaría regresar al Reino Unido.

Take extra care with how you pronounce:
- ***ce*, *ci*, *z***
- ***r-*** (at the start of a word) / ***rr***
- ***ñ***
- ***u***.

Escuchar 2

Listen and check your pronunciation.

Hablar 3

Listen to the teacher asking the two follow-up questions. Translate each question into English and prepare your own answers in Spanish. Then listen again and respond to the teacher.

Focus on giving short, simple, accurate answers to these two questions.

Role play

Escribir 1

Look at the role-play card and prepare what you are going to say.

Setting: At the tourist office on a school trip to Spain

Scenario:
- You have free time whilst on a school trip and visit the tourist office.
- The teacher will play the part of the employee and will speak first.
- The teacher will ask questions in Spanish and you must answer in Spanish.
- Say a few words or a short phrase/sentence for each prompt. One-word answers are not sufficient to gain full marks.

Task:
1. Say where you want to visit.
2. Say why you like learning Spanish.
3. Ask a question about schools in Spain.
4. Ask the price of one of the souvenirs on sale.
5. Say what you will do tomorrow.

Keep it simple – there are no extra marks for using complex language in the role play.

You can ask **any** question (but don't forget to say 'in Spain'!).

Use vocabulary that you know (e.g. a notebook, pen, t-shirt, etc).

You can use the near future or the simple future tense.

Hablar 2

Practise what you have prepared. Then, using your notes, listen and respond to the teacher.

Escuchar 3

Now listen to Josh doing the role play task. In English, make a note of:

a how he **answers** the questions for points 1, 2 and 5

b what questions he **asks** for points 3 and 4.

Picture task

Escuchar 1 **Look at the photo below and read the first part of the task card. Then listen to Nadya describing the photo.**

1 What does Nadya say about the person in the middle? Give two details.
2 What does she say about the type of school? What reason does she give?
3 In her opinion, what are the pupils doing? Do you agree?
4 Nadya says **está explicando**. Can you work out the infinitive of this verb and what it means?

Prepare your own description of the photo.

Your description must cover:

- people
- location
- activity.

When you have finished your description, you will be asked **two questions** relating to the picture. Say a **short phrase/ sentence** in response to each question.

One-word answers will not be sufficient to gain full marks.

You will then move on to a **conversation** on the broader thematic context of **Studying and my future**.

During the conversation, you will be asked questions in the present, past and future tenses.

Your responses should be as **full and detailed** as possible.

Hablar 2 **Prepare your own description of the photo, mentioning people, location and activity. Then, with a partner, take turns to describe the picture.**

Escuchar 3 **Read the second part of the task card. Then listen to the first two follow-up questions and respond to the teacher. Give a short answer for each one and focus on using accurate language.**

Escuchar 4 **Read the third part of the task card. The teacher asks Nadya *¿Cómo es tu instituto?* Listen and correct the six factual mistakes in the text below.**

Mi instituto es grande, con más de mil alumnos y sesenta profesores. Tiene muchos edificios modernos, pero las instalaciones son malas y no hay ni piscina ni gimnasio. No suelo comprar la comida en el instituto ya que el servicio es lentísimo.

Escuchar 5 **Listen to Nadya answering the next two questions: *Describe una excursión escolar que hiciste en el pasado* and *¿Cómo cambiarías tu instituto?* Answer the questions.**

a For her first answer, note down:
(i) what she did in the morning **(ii)** her favourite part of the trip **(iii)** what they didn't do and why.

b In her second answer, which of the following does she mention?
A uniform **B** rules **C** the school day **D** facilities **E** meals

c Listen to both answers again. Write down eight examples of how she shows off a wide variety of language.

la sala *room, hall*

Examples could include:
- complex language
- different tenses and verb forms
- adverbs and negatives
- sequencers and time phrases
- a variety of vocabulary.

Escribir 6 **Prepare your own answers to Module 5 questions 1–10 on page 229. Then practise with your partner.**

Prueba escrita

130–150 word writing task

Escribir 1

Look at this writing exam task and then, for each bullet point:

1 Think about what vocabulary you have learned which you could use in your answer.
For example:
- different **verbs** to give your opinion of school subjects, and **adjectives** to explain your reasons
- **examples** of specific school rules to illustrate the pros and cons
- language for **narrating a story** about what you did / where you went
- how to explain what you **will do** to get good marks.

Write a blog about your life at school.
You **must** include the following points:
- the subjects you like studying
- the pros and cons of school rules
- what you did on a recent school trip
- what you will do to get good marks in your exams.

Write your answer **in Spanish**.
Aim to write between 130 and 150 words.

2 Write down three or four ideas for what you could write about.
3 Write down which tense(s) you will need to use in your answer.

Leer 2

Read Rishi's answer to the exam task. Answer the questions in the callouts.

1 This is an example of **complex language**. What does it mean? Find two more examples from the text.

Llevo cuatro años aprendiendo español y me encanta. A mis amigos les interesa más la educación física porque dicen que las asignaturas prácticas son más útiles que los idiomas, pero yo no estoy de acuerdo.

Por un lado, las reglas escolares te dan un sentimiento de seguridad. Por ejemplo, se debe respetar a las otras personas y cuidar las instalaciones. Por otro lado, hay otras normas que no son necesarias. Por ejemplo, está prohibido llevar el cabello muy corto.

Acabo de visitar Madrid con mi clase y fue verdaderamente increíble. El primer día visitamos el Palacio Real, pero no saqué ninguna foto ya que perdí mi móvil. Lo que más me gustó fue cuando fuimos al Rastro, un mercado al aire libre donde compré un pañuelo para mi madre.

Quiero sacar buenas notas en los exámenes y por lo tanto voy a estudiar mucho. También voy a usar una aplicación para practicar las matemáticas porque no se me dan bien.

un pañuelo *a headscarf*

2 This phrase is followed by the **infinitive**. What does it mean? What other examples could you use to talk about rules?

3 Which **tense** is this? Which other tense could you use here to show variety?

4 This word shows a **variety of vocabulary**. Can you use context to work out its meaning?

5 What does this **opinion phrase** mean? What other examples does he use?

Leer 3

Read Rishi's answer again. Answer the questions in English.

1 Why do his friends prefer PE?
2 What is the benefit of school rules?
3 Which rule does he disagree with?
4 What is the *Rastro*?
5 How is he going to prepare for his maths exam?
6 Why does he need to practise?

Escribir 4

Prepare your own answer to the task.

- Think about how you can develop your answer for each bullet point.
- Look back at your notes from exercises 1 and 2.
- Look at the 'Challenge checklist' and consider how you can show off your Spanish!
- Write a **brief** plan and organise your answer into paragraphs.
- Write your answer and then carefully check the accuracy of what you have written.

Challenge checklist	
	✓ Past, present and future time frames ✓ Connectives / time phrases / sequencers ✓ Extended sentences ✓ Different opinion phrases
	✓ A wider range of tenses (e.g. simple future) ✓ Opinions of others (e.g. *A... le gusta...*) ✓ A wide range of interesting vocabulary ✓ Adverbs (e.g. *desafortunadamente*) ✓ Negatives (e.g. *nadie, ningún, no ... ni ..., ni ...*)
	✓ Complex verb phrases (e.g. *Llevar* + present participle) ✓ Other complex structures (e.g. *Lo que más me gustó*, comparatives, superlatives) ✓ Verbs with an infinitive (e.g. *Acabo de / Se debe / Hay que* + infinitive)

Translation

Escribir 1

Read the English text and the Spanish translation. Fill in the blanks with the correct Spanish word(s).

My lessons start at eight o'clock. It is too early, in my opinion. I live quite far from the school and therefore I tend to go by bus if it's raining. Unfortunately, yesterday morning I arrived late. Tonight, I am going to prepare my things before going to bed.

Mis clases **1** a las ocho. En mi opinión, es **2** **3**. Vivo bastante **4** del instituto y **5** suelo **6** en autobús **7** llueve. **8**, ayer por la mañana **9** tarde. Esta **10**, voy a preparar mis **11** antes de **12**.

Escribir 2

Translate the following text into Spanish.

I live near my school. Normally, my best friend and I go by bike. Lessons finish at three o'clock and then I study in the library if I have homework. Last week, I got good marks in the history exam. Tomorrow, I am going to visit the science museum with my class.

Spanish word order is often different to English when two nouns come together. For example:

- history exam = *examen* **de** *historia*
- science museum = ?

Módulo 5

Palabras

Key:
bold = this word will appear in higher exams only
* = this word is not on the vocabulary list, but you may use it in your own sentences

La vida escolar en España (pages 104–105):

¿Cómo es tu instituto? — What's your high school like?

el **curso**/día escolar — school year/day
el instituto / la escuela *primaria — secondary school / primary school
la escuela pública/privada — state/private school
los alumnos/estudios — students/studies
la formación **profesional** / *el bachillerato — vocational training / baccalaureate (equivalent to A Levels)

¿Qué ropa llevas en el insti? — What clothes do you wear at school?

Llevo ... — I wear ...
ropa deportiva / un jersey — sports clothes / a jumper
un pantalón/uniforme — trousers / a uniform
una camisa/camiseta — a shirt/T-shirt
un vestido / una falda — a dress/shirt
una chaqueta/corbata — a jacket/tie
unos zapatos — some shoes
unas zapatillas de deporte — some trainers

¿Cómo son las instalaciones? — What are the facilities like?

el edificio / la biblioteca — building / library
los campos deportivos — sports grounds
el gimnasio — gym
*los laboratorios / *las aulas — laboratories / classrooms

caro/a(s) / barato/a(s) — expensive / cheap
cómodo/a(s) / incómodo/a(s) — comfortable / uncomfortable
bonito/a(s) / feo/a(s) — beautiful, nice / ugly
divertido/a(s) / excelente(s) — funny, amusing / excellent
viejo/a(s) / **decepcionante(s)** — old / disappointing

¿Cómo es el director / la directora? — What is the headteacher like?

En mi opinión, el director / la directora ... — In my opinion, the headteacher ...
es alegre / buenísimo/a — is happy/cheerful / very good
tiene buen **sentido** del **humor** — has a good sense of humour

Un día en el insti (pages 106–107):

¿Cómo vas al instituto? — How do you go to school?

Voy (al insti) ... — I go (to school) ...
a pie / en coche/tren — on foot / by car/train
en autobús/bici — by bus/bike

¿Cómo es tu día escolar? — What is your school day like?

Las clases empiezan/terminan a las ... — Classes start/end at ...
Cada clase dura una hora. — Each class lasts an hour.
Hay un descanso a las ... — There is a break at ...

¿Qué sueles hacer a la hora de comer? — What do you usually do at lunchtime?

Salgo al patio. — I go out to the playground.
Traigo un bocadillo. — I bring a sandwich.
Voy a la biblioteca/cantina. — I go to the library/canteen.

¿Qué día de la semana prefieres? — Which day of the week do you prefer?

Prefiero los martes cuando tengo/tenemos ... — I prefer Tuesdays when I/we have ...
actividades *extraescolares. — extracurricular activities.
todas mis asignaturas favoritas. — all my favourite subjects.

¿Qué haces después del insti? — What do you do after school?

Soy miembro de un club. — I am a member of a club.
Soy **capitán**/**capitana** del equipo. — I am captain of the team.
Ayudo con la radio escolar. — I help with the school radio.
Toco en la orquesta. — I play in the orchestra.

¿Cuánto tiempo llevas ...? — How long have you been ...?

Llevo/**Llevamos** dos años ... — I/We have been ... for two years.
participando en el proyecto — participating in the project
asistiendo a clases de baile — attending dance classes
jugando al voleibol — playing volleyball

¿Por qué te gusta esta actividad? — Why do you like this activity?

Me encanta porque ... — I love it because it...
te ayuda a ... — helps you to ...
te da **la oportunidad** de ... — gives you the opportunity to ...
te anima a ... / **te permite** ... — encourages/allows you to ...
aprender cosas nuevas — learn new things
desarrollar tus talentos — develop your talents
hacer nuevos amigos — make new friends
ser *creativo/a — be creative
te da ... — gives you ...
más confianza — more confidence
un **sentimiento** de éxito — a sense of accomplishment
te hace **sentir orgulloso/a** — makes you feel proud

¿Qué hiciste recientemente con el club/equipo? — What did you do recently with the club/team?

Organizamos una competición ... — We organised a competition ...
Hicimos un espectáculo de ... — We did a ... show
Acabo de ... — I have just ...

¿Qué tal tus estudios? (pages 108–109):

¿Cuál es tu asignatura favorita? — What is your favourite subject?

Mi asignatura favorita es ... — My favourite subject is ...
Lo que más/menos me gusta es ... — What I like the most/least is ...
Se me da(n) bien/mal ... — I am good/bad at ...
el dibujo/teatro — Art/ Drama
el español/inglés — Spanish/English
la geografía/historia — Geography/ History
la *literatura/música — Literature/Music
la religión/educación física — Religion/PE
la tecnología/*informática — Technology/IT
las ciencias/matemáticas — Science(s)/Maths
los idiomas — languages
porque / ya que es/son ... — because it is / they are ...
aburrido/a(s) / difícil(es) — boring / difficult
divertido/a(s) / duro/a(s) — fun/amusing / hard
fácil(es) / importante(s) — easy / important
imposible(s) / interesante(s) — impossible / interesting
útil(es) / **práctico/a(s)**. — useful / practical
complejo/a(s) — complex
pesado/a(s). — annoying/boring

Me cuesta (mucho) ...	*I find it very difficult to ...*
Es difícil ...	*It is difficult ...*
recordar todas las fechas	*to remember all the dates*
resolver los problemas	*to resolve problems*
¿Qué vas a hacer para tener éxito?	***What are you going to do to be successful?***
Para aprobar mis exámenes, ...	*To pass my exams, ...*
Para mejorar mi **nivel**, ...	*To improve my level, ...*
Para sacar buenas/mejores notas, ...	*To get good/better marks, ...*
Para tener éxito en la **prueba**, ...	*To be successful in the test, ...*
aprenderé de mis errores	*I will learn from my mistakes*
participaré más en clase	*I will participate more in class*
preguntaré al profesor si no entiendo	*I will ask the teacher if I don't understand*
pasaré más tiempo *repasando	*I will spend more time revising*
asistiré a clases de *repaso	*I will attend revision classes*

¿Cómo cambiarías tu instituto? (pages 110–111):

¿Qué harías para mejorar tu instituto?	***What would you do to improve your school?***
Mejoraría la calidad de la comida.	*I would improve the quality of the food.*
Reduciría el precio del uniforme.	*I would reduce the price of the uniform.*
Permitiría el uso de los móviles en clase.	*I would allow the use of mobiles in class.*
Construiría un nuevo **gimnasio**.	*I would build a new gym.*
Ofrecería más actividades *extraescolares.	*I would offer more extracurricular activities.*
¿Qué es lo malo de tu instituto?	***What is the bad thing about your school?***
Lo malo de mi instituto es **que** ...	*The bad thing about my school is that ...*
las instalaciones deportivas son viejas / están en mal **estado**	*the sports facilities are old / are in a bad state*
las reglas son demasiado estrictas	*the rules are too strict*
los teléfonos están prohibidos	*telephones are prohibited*
tenemos que **gastar** dinero en ...	*we have to spend money on ...*
muchos alumnos ...	*many students ...*
tienen miedo / **sufren** *amenazas.	*are scared / suffer threats.*
Hay que ...	*You have to ...*
llegar a tiempo	*arrive on time*
respetar a los alumnos/profesores	*respect students/teachers*
mantener limpio el patio	*keep the playground clean*
quedarse sentado durante la clase	*stay seated during class*
No **se** debe ...	*You must (not) ...*
No **se permite** / Está prohibido ...	*You are (not) allowed to ...*
traer aparatos **electrónicos** personales	*bring personal electronic devices*
tirar **basura** al suelo	*throw rubbish on the floor*
comer/beber en *las aulas	*eat/drink in classrooms*
ir al servicio sin *el permiso del profesor	*go to the toilet without the teacher's permission*
(No) Estoy de acuerdo con esta norma porque ...	*I (don't) agree with this rule because ...*

La gente de mi insti (pages 112–113):

¿Qué tipo de alumno eres?	***What type of student are you?***
Soy muy/bastante/demasiado ...	*I am very/quite/too ...*
responsable / trabajador(a)	*responsible / hard-working*
independiente / *perezoso/a	*independent / lazy*
Tengo ganas de tener éxito.	*I am keen to be successful.*
(No) Quiero / (No) Me gusta ...	*I (don't) want / I (don't) like ...*
aprender / aprobar	*to learn / to pass*
estudiar / *repasar	*to study / to revise*
¿Cómo te preparas para el día escolar?	***How do you prepare for a school day?***
(No/Nunca) Llego temprano / a tiempo.	*I (don't/never) arrive early / on time.*
¿Dónde sueles hacer los deberes?	***Where do you usually do your homework?***
Los hago en casa o en la biblioteca.	*I do it at home or in the library.*
No los hago **jamás**.	*I never do it.*
¿Aprendes mucho en clase?	***Do you learn a lot in class?***
(No) Escucho al profe / a nadie.	*I (don't) listen to the teacher / to anyone.*
(No) Hago todas **las tareas**.	*I (don't) do all the homework.*
Suelo ...	*I usually ...*
sacar buenas notas	*get good marks*
recordar lo que necesito	*remember what I need*
¿Cómo sería tu profesor(a) *ideal?	***What would your ideal teacher be like?***
Mi profesor(a) *ideal ...	*My ideal teacher ...*
haría mucho esfuerzo para ...	*would make a lot of effort to ...*
no **gritaría** nada	*wouldn't shout at all*
no **nos** pondría demasiados deberes	*wouldn't give us too much homework*
no sería demasiado estricto/a	*wouldn't be too strict*
nos dejaría usar el móvil	*would let up use our mobile*
nunca llegaría tarde a clase	*would never arrive late to class*
tendría un buen **sentido** del **humor**	*would have a good sense of humour*
sería *comprensivo/a	*would be understanding*

El viaje de fin de curso (pages 114–115):

¿Cómo fue el viaje?	***How was the trip?***
(des)afortunadamente	*(un)fortunately*
especialmente / generalmente	*especially / generally*
inmediatamente / rápidamente	*immediately / quickly*
recientemente / **actualmente**	*recently / currently*
seguramente / **verdaderamente**	*surely / truly*
Hicimos un **viaje** de fin de **curso**.	*We went on an end-of-year trip.*
El primer/segundo/tercer día ...	*The first/second/third day ...*
¿Visitaste algún lugar de interés?	***Did you visit any place of interest?***
Visitamos el parque nacional ...	*We visited the ... national park.*
Fuimos al parque temático ...	*We went to the ... theme park.*
¿Qué otras actividades hiciste?	***What other activities did you do?***
Cada día hicimos actividades distintas.	*We did different activities each day.*
Asistimos a una clase de cocina.	*We attended a cookery class.*

Repaso de gramática

Using *ser, estar* and *tener* in the present tense (pages 58, 59 and 66)

Leer 1 **Read the sentences. Copy and complete the table by categorising the underlined verb phrases. Then translate the sentences into English.**

ser (*description/ nationality*)	estar (*location*)	estar (*feelings*)	tener (*age/possession*)
es lista			

1 Mi mejor amiga es lista y siempre está contenta.
2 Mis hermanos gemelos tienen once años. Nunca están tristes.
3 Mi colegio tiene muchas instalaciones deportivas.
4 Ahora estoy en el instituto con mi grupo de teatro.
5 La casa de mis primos es bonita y está en la costa.
6 Mis padres están enfadados porque siempre me acuesto tarde.
7 Mis amigos y yo estamos en nuestro restaurante favorito. Es chileno.
8 Mis abuelos están en España porque tienen una casa de vacaciones allí.

Escribir 2 **Fill in the gaps in the text below using the correct conjugated verb in the present tense of *ser, tener* or *estar*. Use exercise 1 to help you.**

Mi familia **1** monoparental y pequeña. Me parezco a mi madre porque las dos **2** el pelo negro y los mismos ojos marrones. Sin embargo, yo **3** el pelo más largo que ella y llevo trenzas. También **4** más alta. Sonia **5** mi mejor amiga. **6** el pelo castaño y **7** muy lista y trabajadora. Me llevo bien con ella porque nunca **8** triste. Sonia **9** la misma edad que yo y **10** juntas en clase. Nuestro instituto **11** en una zona que **12** muy bonita. ***Gema***

Reflexive verbs in the present tense (pages 62, 82 and 83)

Leer 3 **Use the verbs in brackets to complete the sentences with the present tense of Spanish reflexive verbs. Then translate the sentences into English.**

1 Por la mañana ____ temprano. Primero ____ y luego ____ para ir al colegio. (*I get up / I get dressed / I get ready*)
2 En las vacaciones ____ más tarde porque no tengo que ir al instituto. (*I go to bed*)
3 Mis amigas y yo ____ bien y casi nunca ____. (*we get on / we argue*)
4 Mi hermano ____ con sus amigos los fines de semana. (*he has fun*)
5 Aunque mis padres ____ bien, a veces también ____. (*they get on / they argue*)
6 Mi mejor amigo y yo ____ mucho cuando estamos juntos. (*we have fun*)
7 En el verano mi familia y yo ____ en la playa y tomamos el sol. (*we relax*)

Using different tenses (Pages 60, 86, 90 and 110)

Leer 4 **Read the text and complete the key for each tense (imperfect, preterite, present, simple future, conditional). Then translate the text into English.**

Number	Tense
1	

En mi antiguo colegio la comida no **era**[1] sana ni fresca. Siempre **servían**[1] los mismos platos con patatas fritas. Por lo tanto, no **tenía**[1] una dieta equilibrada y no **me sentía**[1] bien. Tampoco **había**[1] gimnasio, entonces no **practicaba**[1] deporte y no **estaba**[1] en forma. Ahora **voy**[2] a un instituto nuevo que **es**[2] mucho mejor ya que **tiene**[2] muchas instalaciones deportivas. Ayer **jugué**[3] un partido de baloncesto con mi equipo y luego **comí**[3] el plato especial del día, pescado con verduras, que **me gustó**[3] mucho. Mañana **iré**[4] a clase de natación, y también **aprenderé**[4] a cuidar mi salud mental. En el futuro **me gustaría**[5] participar en el club de cocina porque **me encantaría**[5] aprender a preparar comida saludable.

Escribir 5 **Translate these sentences into Spanish. Use the verbs and vocabulary from exercise 4 to help you. Then underline the Spanish verbs in your sentences and number them 1–5, using your key from exercise 4.**

1 I liked the food I ate at school yesterday because it was fresh and healthy.
2 At my old school I used to do a lot of sport every day and I was fit.
3 Tomorrow I will learn to cook healthy food in my cookery class.
4 Next month I would like to learn to relax when I have exams because it's important to look after my mental health.

Escribir 6 **Write six sentences with 'if' clauses to say what will happen, using the phrases in each box. Then translate your sentences into English.**

Example: Si me levanto más temprano, llegaré al instituto a tiempo. – If I get up earlier, I will arrive at school on time.

Remember the structure for 'if' clauses:
Si + **present** + **simple future**
*Si **estudio** más, **sacaré** mejores notas.*
If **I study** more, **I will get** better grades.
When the 'if' clause comes before the main verb, a comma is needed to separate the two clauses.

Si

~~me levanto más temprano,~~
no hago mis deberes,
los estudiantes aprenden a relajarse,
dejamos de comer comida malsana,
no discuto con mis padres,
pasas más tiempo al aire libre,

nos sentiremos más felices.
tendrás más energía.
mis profesores estarán enfadados,
tendrán mejor salud mental.
~~llegaré al instituto a tiempo.~~
me llevaré mejor con ellos.

Verbs and phrases followed by the infinitive (pages 85 and 111)

Escribir 7 **Write the words in the correct order to form sentences about healthy living and school rules. Then translate each sentence into English.**

Example: 1 No se debe fumar ni beber alcohol. – You must not smoke or drink alcohol.

1 se No ni beber debe alcohol fumar
2 Hay instalaciones cuidar las que
3 la se permite biblioteca No comer en
4 Está de llevar deporte prohibido zapatillas
5 sana debe llevar una comida dieta con fresca Se
6 hacer necesita Se ejercicio regularmente
7 Siempre que los escuchar hay a profesores
8 falta dormir por bien la Hace noche

Using adjectives (pages 59, 80, 83 and 105)

Leer 8 **Read the text. Copy and complete the table by writing down the adjectives in Spanish in the correct column.**

Masculine singular	Masculine plural	Feminine singular	Feminine plural

Conocí a Pedro, mi mejor amigo, el primer día de instituto. Desde entonces siempre estamos juntos. Es trabajador y responsable, pero también divertido. Además, es el chico más positivo que conozco. Su padre es inglés y su madre es española. Nos llevamos bien porque compartimos los mismos pasatiempos. Aunque estudiamos las mismas asignaturas, estamos en distintas clases. Nunca sacamos malas notas porque somos buenísimos alumnos. Para la fiesta de fin de curso del año pasado, mi amigo preparó varios platos típicos españoles, que estaban riquísimos. Mañana será un gran día porque celebraremos el final de los exámenes.

Repaso de gramática

Using the conditional (page 110)

Leer 1

Complete the sentences by translating the conditional verbs in brackets into Spanish. Then translate each sentence into English.

> Don't forget to write the accent on the final *í* of the conditional ending.

En mi mundo ideal ...

1 ... ___ todo el tiempo con mis amigos. (*I would spend*)
2 ... los profesores no ___ deberes y tampoco ___ exámenes. (*they would not set / there would be*)
3 ... nunca ___ levantarme temprano y ___ dormir hasta mediodía. (*I would have to / I would be able to*)
4 ... mis amigos y yo ___ mucho y siempre ___ juntos. (*we would have fun / we would be*)
5 ... ___ rico y ___ a gente famosa. También ___ a muchas fiestas. (*I would be / I would meet / I would go*)
6 ... ___ muchos seguidores en mi canal de YouTube y ___ mucho dinero. (*I would have / I would earn*)

Escribir 2

Translate these sentences into Spanish using the conditional. You can use some of the language from exercise 1 to help you.

1 In my ideal school there would not be a uniform and students would be able to wear their own clothes.
2 Teachers would allow mobile phones in class and pupils would not have too many exams.
3 Students would also be able to choose only the subjects they prefer.
4 The quality of the food would be excellent, and they would offer options for different types of diets.
5 There would be many extra-curricular activities to choose, and the school would organise interesting trips abroad.

Using different tenses (pages 60, 86 and 107)

Leer 3

Fill in the gaps using verbs from the lists. Then translate both paragraphs into English.

Antes ...

... las familias **1** muchos hijos y los padres **2** heterosexuales.
... la gente **3** comida sana y fresca. Los niños **4** en la calle. Los jóvenes **5** una vida más activa y **6** solamente cara a cara con sus amigos.
... las reglas escolares **7** más estrictas. Los alumnos **8** con libros, cuadernos, bolígrafos y papel.

Ahora ...

... las familias **1** más pequeñas. **2** más variedad en los tipos de familias y padres.
... la gente **3** la comida ya preparada. Los niños y los jóvenes **4** en casa con juegos de ordenador.
... las personas **5** a través de móviles e Internet. Muchas personas **6** a los famosos en las redes sociales.
... los profesores **7** hablar y trabajar en equipo en clase. Los alumnos **8** con tecnología como tabletas, ordenadores y móviles.

jugaban
preparaba
tenían (x2)
eran (x2)
se comunicaban
estudiaban

permiten
compra
estudian
son
hay
se comunican
se divierten
siguen

> Remember to use the **imperfect tense** to talk about what used to happen, and the **present tense** to talk about what happens now. The combination of both tenses allows you to compare and contrast how things have changed.

Escribir 4 **Rewrite the text about a student's plans, changing the near future tense to the simple future tense. Then translate the text in the simple future into English.**

Mañana **voy a empezar** mi nuevo plan para una vida más saludable.
Voy a dejar de comer comida malsana y **voy a hacer** deporte cuatro veces a la semana.
Voy a seguir los consejos de mis profesores y **ya no voy a usar** ni el móvil ni la tableta por la noche.
Además, **voy a cerrar** mis cuentas en todas las redes sociales. Esto **va a ayudarme** a mejorar mi salud mental y a estudiar mejor.
También **voy a tener** más tiempo para participar en las actividades que ofrece mi instituto.
El miércoles próximo **voy a ir** al campo en una excursión escolar. **Vamos a pasar** el día en contacto con la naturaleza. **Vamos a divertirnos** mucho.

Watch out for the position of **pronouns** when you change the text. Remember that they come before a conjugated verb:
*va a ayudar**me*** ⟶ ***me** ayudará*

Leer 5 **Read the sentences. Write down each verb and identify the tense (imperfect, preterite, present or simple future). Translate each verb into English.**

Example: Participé (preterite) – I participated

1 Participé en el club de baile por primera vez y me encantó.
2 Antes me llevaba mal con mis padres y discutíamos mucho. No me dejaban salir ni me permitían tener un móvil.
3 Haremos una excursión escolar y visitaremos los principales lugares de interés. Será divertido.
4 Siempre hago mis deberes y los entrego a tiempo. ¡Y nunca olvido mis libros!
5 Me acosté tardísimo y no dormí bien. Ahora estoy cansadísima y tengo poca energía. No quiero ir a clase de historia. ¡Es aburridísima!
6 Saqué muy malas notas porque no estudié nada. Mi profesor está enfadado y dice que debo trabajar más.
7 Traigo mi propia comida de casa porque la que sirven en el colegio no suele ser ni sana ni fresca.
8 Probé la comida típica chilena. La compré en un mercado de la calle. El postre estaba riquísimo.

Using adjectives (page 83)

Leer 6 **Read this text about young people and technology. Find and write down fifteen indefinite adjectives and their nouns. Then translate them into English.**

Example: algunos jóvenes – some young people

Actualmente algunos jóvenes no pueden vivir sin mirar las redes sociales cada día. Siguen a mucha gente famosa y pasan demasiado tiempo mirando los mismos canales de vídeos. Muchos chicos no tienen ningún interés en sus estudios. Solo piensan en ser ricos y famosos algún día porque quieren ser como sus modelos de conducta.

Muchas escuelas prohíben a los estudiantes usar el móvil durante todo el horario escolar. No todos los padres apoyan esta regla nueva. Pero otros padres ven demasiados ejemplos del acoso en las escuelas y creen que prohibir los móviles podría ayudar. Todas las escuelas quieren estudiantes contentos, pero no pueden tener las mismas reglas de antes.

En Colombia todo es posible

- Finding out about Colombia
- Recognising demonstrative adjectives

Colombia: un país megadiverso

Colombia tiene una gran variedad de paisajes y climas y posee un gran número de plantas y animales que representan una cantidad enorme de la diversidad mundial de especies. Bogotá, la capital, es la ciudad más grande del país, con once millones de habitantes.*

Estas playas hermosas de arena blanca se encuentran en el norte del país. Con aguas claras y una selva tropical, el Caribe es un destino increíble para disfrutar de la naturaleza y la diversidad geográfica.

En el oeste se encuentra el Pacífico y el clima tropical aquí es húmedo. Esta región tiene muchos pájaros, una gran cantidad de ríos, varios volcanes y aproximadamente treinta mil especies de plantas.

Esta región, en el sur, es perfecta para animales como jaguares, anacondas y tucanes. La región Amazónica tiene una importante porción de la selva tropical más famosa del mundo, y aquí viven veintiséis comunidades indígenas.

La región Andina se encuentra en el centro del país. Es la región con la mayor cantidad de habitantes y actividad económica. Aquí hay muchas ciudades históricas como Bogotá y Medellín. Estas montañas famosas se llaman los Andes.

La Orinoquía, en el este del país, es conocida por su pcisaje natural. Este paisaje tiene áreas de sabanas y bosques. Es una de las regiones más importantes del país gracias a sus reservas de gas natural y petróleo.

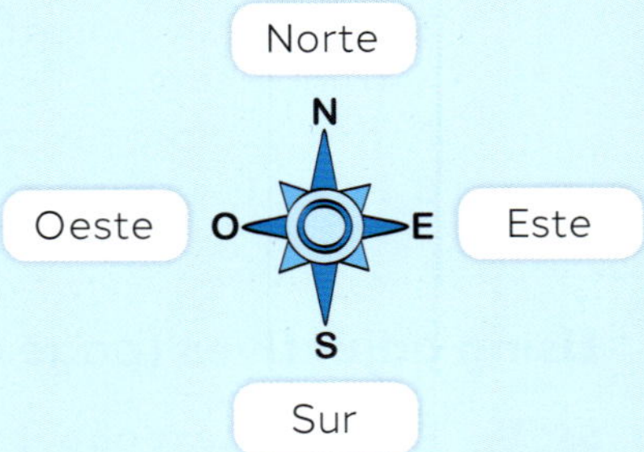

Demonstative adjectives (like 'this' and 'these') are useful to emphasise something or to point out something. They need to agree with the noun they describe.

Este *pueblo es hermoso.*	**This** village is beautiful.
Esta *ciudad está en el sur.*	**This** city is in the south.
Estos *lugares son muy grandes.*	**These** places are very big.
Estas *montañas son increíbles.*	**These** mountains are incredible.

You will learn more about these in Unit 2.

*Statistics from World Population Review (2023).

la selva	*jungle, rainforest*
la sabana	*savannah (a grassland area with trees)*
el petróleo	*oil*

Escuchar **1** **Listen and read about the diverse geography of Colombia. Copy and complete the table in Spanish.**

Región	¿Dónde está?	Características
El Caribe	en el norte	playas hermosas de arena blanca, aguas claras, selva tropical

Leer **2** **Read about Colombia's regions again. For each text, find and copy the sentence that contains a demonstrative adjective, then translate it into English.**

Example: *Estas playas hermosas de arena blanca se encuentran en el norte del país.*
These beautiful white sand beaches are found in the north of the country.

Leer 3 **Read the texts (a–h) and match them to the photos of these famous Colombians. There are <u>two</u> extra texts; can you guess who they are? Listen to check your answers. (1–8)**

1 
Luis Díaz

2 
Karol G

3 
Gabriel García Márquez

4 
María Isabel Urrutia

5 
J Balvin

6 
Shakira

a Esta cantante es del norte de Colombia. Es muy famosa, y también lleva muchos años ayudando a los niños pobres de Colombia con su fundación que se llama Pies Descalzos.

b Este famoso autor colombiano utiliza un estilo de escribir popular llamado realismo mágico, y siempre incluye elementos fantásticos en sus historias.

c Esta persona empezó su carrera en 2016 jugando en la segunda división del fútbol colombiano. Es de origen Wayúu. Los Wayúu son indígenas de la Península de la Guajira.

d Esta actriz y modelo es reconocida a nivel internacional. Es muy famosa por su papel como Gloria Delgado-Pritchett en la popular serie *Modern Family*.

e Esta artista nació bajo el nombre de Carolina Giraldo Navarra en Medellín. Es rapera, cantante y compositora, y una de las más famosas estrellas del reguetón.

f Este cantante popular de la música rap y reguetón canta en español e inglés. Le encanta colaborar con estrellas internacionales como Beyoncé y Ed Sheeran.

g Esta estrella colombiana de atletismo nació cerca de Medellín y comenzó a jugar al voleibol antes de practicar atletismo.

h Esta deportista obtuvo la primera medalla de oro en unos Juegos Olímpicos para Colombia. Luego se hizo política e inspiró a muchas personas colombianas y latinoamericanas.

Escuchar 4 **Listen to some Colombians talking about their country. Note down what they like about it in English. (1–5)**

Example: 1 *geographical diversity, the white sand beaches and big mountains*

Hablar 5 **In pairs, take turns to ask and answer questions about the geographical features where you live, using the points of the compass.**

- *¿Qué hay en tu región?*
- *En mi región tenemos ..., pero no hay ...*
- *¿Qué hay en el <u>norte</u> de tu país/región?*
- *En el norte hay ..., pero no tenemos ...*

En mi región ... En el [norte] de mi país ... (no) hay (no) tenemos	un río un paisaje una costa unos bosques unas playas much**o** campo much**a** diversidad much**os** lagos much**os** pueblos much**as** ciudades much**as** montañas	hermos**o**/**a**(s). históric**o**/**a**(s). modern**o**/**a**(s). pequeñ**o**/**a**(s). suci**o**/**a**(s). variad**o**/**a**(s). agradable(s). enorme(s). terrible(s). industrial(es).

1 Medellín, ciudad inteligente

- Describing cities
- Using the perfect tense
- Using prepositions of place for directions

Leer 1 Read the travel webpage and translate the perfect tense phrases into English. Read the webpage again and find the phrases below in Spanish.

¡48 horas en Medellín!

¿Has visto los grafitis de la Comuna 13?

Puedes ver el arte callejero con un guía local en un barrio joven y renovado.

Opiniones:

María Alejandra @213malejandrat
En las calles de la Comuna 13 **he descubierto** mucho arte innovador.

Tomás @tomás_aguilar15
Mis amigos y yo **hemos subido** las escaleras eléctricas para disfrutar de los grafitis.

¿Has ido a Pueblito Paisa?

Es un pueblo típico donde puedes comprar recuerdos de tu viaje. Está rodeado de árboles y montañas.

Opiniones:

Ismael @ismaelxr14
He viajado en Metro Cable y **he visitado** el Pueblito Paisa. Las vistas son espectaculares.

Ángela @xxgelarivera1
He visto las puertas de colores de las casas en Pueblito Paisa. ¡Qué lugar tan bonito!

¿Has visitado el Parque Explora?

Puedes hacer muchas cosas en el moderno Parque Explora: hay un museo de ciencias, un planetario y un acuario.

Opiniones:

Natalia @castillonatalia123
El acuario del Parque Explora es el más grande de Sudamérica. Ya **he aprendido** mucho sobre las pirañas. ¡Qué interesante!

Luis @luisssortiz98
Ya **hemos bebido** un café y **hemos probado** empanadas en la cafetería. **No hemos visto** el museo todavía.

la empanada *stuffed pastry (pasty)*

1 You can do lots of things
2 in a young neighbourhood
3 you can buy souvenirs
4 It is surrounded by
5 What a nice place!
6 coloured doors

Escuchar 2 Listen to these young people talking about Medellín and complete the table in English. (1–6)

	Have you …?	Two extra details
1	visited the …	It is very big and …

Escribir 3 Imagine you are a tourist in your local area. Write about how you have spent the last 48 hours for a travel webpage.

48 horas en …

Ya También Todavía no		he	visitado … viajado … comido …
Mis amigos y yo Mi familia y yo	ya todavía no	hemos	ido … visto … hecho …

When using the perfect tense, ***ya*** and ***todavía*** have different meanings.

*¿**Ya** has probado el helado?*	Have you **already** tried the ice cream?
*Sí, **ya** lo he probado.*	Yes, I've **already** tried it.
***Todavía** no hemos alquilado un coche.*	We haven't hired a car **yet**.

G

The **perfect tense** is used to talk about what you have done.
Use the present tense of ***haber*** + **past participle**.

(yo)	he	
(tú)	has	**visitado**
(él/ella/usted)	ha	**comido**
(nosotros/as)	hemos	**subido**
(vosotros/as)	habéis	
(ellos/ellas/ustedes)	han	

To form the **past participle**, take off the ***-ar***, ***-er*** or ***-ir*** endings from the infinitive and add:
-ado (***-ar*** verbs) ***-ido*** (***-er***/***-ir*** verbs)

Some past participles are irregular:

abrir (to open) → ***abierto***
decir (to say) → ***dicho***
descubrir (to discover) → ***descubierto***
escribir (to write) → ***escrito***
hacer (to do/make) → ***hecho***
poner (to put) → ***puesto***
romper (to break) → ***roto***
ver (to see) → ***visto***
volver (to return) → ***vuelto***

Page 144

Hablar 4 **Read and listen to the conversation. In pairs, use the information in the two boxes below to practise the dialogue, replacing the five underlined phrases.**

- *¿Dónde está el centro comercial más cercano?*
- *Está cerca de la estación de metro, delante del banco.*
- *¿Está lejos de aquí?*
- *No, está cerca. Mira el plano. Pasa el puente, toma la segunda calle a la izquierda y está a la derecha.*
- *Vale. Voy a ir al centro comercial esta tarde. ¿Qué hacemos mañana?*
- *¿Ya has ido a Pueblito Paisa?*
- *Todavía no. ¡Me encantaría ir!*

restaurant	swimming pool
behind the swimming pool	next to the school
take the first street on the left	take the second street on the right
it is on the left	it is on the right
museum	park

G

Use ***estar*** + **preposition of place** to say where something is located.

Está *delante de ...*	**It is** in front of ...
detrás de ...	behind ...
al lado de ...	next to ...
cerca de ...	near ...
lejos de ...	far from ...

Remember that *a* + *el* becomes ***al*** and *de* + *el* becomes ***del***.

Page 144

Gira / Está		
Toma	la primera la segunda la tercera	a la derecha. a la izquierda.
Pasa		el puente. la fuente.
Cruza		la plaza.

Escuchar 5 **Listen to the conversations about visiting Medellín. Note down in English (1–4):**

- the place they want to visit
- why they want to visit
- where it is located
- tomorrow's activity

Leer 6 **Read the interview with Salvador, a keen cyclist from Medellín, and answer the questions below.**

Hola, Salvador. ¿De dónde eres?

¡Soy colombiano y vivo en las afueras de la mejor ciudad del mundo, Medellín, donde nací! Me encanta montar en bici y mi deportista favorita es Mariana Pajón.

¿Quién es Mariana Pajón y de dónde es?

Es una ciclista increíble de BMX. Nació en Medellín y todavía vive en Medellín. Empezó a practicar BMX a la edad de cuatro años. Su mayor logro es ser la única mujer sudamericana que ha ganado dos medallas de oro en deportes individuales en la historia de los Juegos Olímpicos.

Salvador, ¿ya has visitado todos los sitios turísticos de Medellín?

¡Ya he visitado muchos, pero todavía no he visitado todos! Mañana mi amigo y yo vamos a tomar un vuelo de quince minutos en parapente para disfrutar del paisaje desde el cielo. Será buenísimo.

Si tienes tiempo libre, ¿qué te gusta hacer?

Pues, me gusta mucho salir porque no quiero pasar demasiado tiempo en casa. Es difícil mantenerme tranquilo porque siempre tengo mucha energía. Delante de mi casa hay un parque grande que está cerca de mi restaurante favorito.

el parapente	*paragliding*
el logro	*achievement*
la medalla de oro	*gold medal*

1 When did Mariana first start riding a BMX?
2 What has been her biggest achievement?
3 What is Salvador going to do tomorrow? (give two details)
4 Why is it hard for him to stay at home?
5 Why is his house well situated?

Escribir 7 **Write about where you live. Include:**

- where you were born and live
- tourist sites you have visited
- somewhere you have not been yet
- what you like to do in your area
- what you are going to do in your area.

2 Medellín ahora y antes

- Describing how a city or town has changed
- Using demonstrative adjectives for descriptions
- Comparing now and then in the imperfect tense

Leer 1 **Read about Medellín's library parks and complete the sentences.**

Los Parques Biblioteca de Medellín

Medellín ha cambiado muchísimo en los últimos veinte años. Han renovado muchas zonas de la ciudad: han plantado más árboles, han creado muchas zonas verdes y han mejorado la red de transporte. Además, han abierto diez parques biblioteca donde se puede descansar, caminar, leer y aprender mucho.

1 **Aquellos** árboles del parque son muy bonitos. En **aquella** biblioteca hay varias salas de Internet.

2 **Esa** biblioteca es grande y tiene salas de lectura. **Esas** vistas desde el parque son increíbles.

3 **Este** lugar es muy acogedor y **esta** biblioteca es muy moderna – está hecha de bloques de concreto.

acogedor *welcoming*

1 Medellín has changed a lot in ...
2 Many areas of the city have been ...
3 The transport system has ...
4 They have opened ...
5 If you want to find a reading room, visit ...
6 To see lots of trees, visit ...

Leer 2 **Now translate texts 1–3 from exercise 1 into English.**

Listen and read. Remember that ***ll*** and ***rr*** are pronounced differently.
ll makes a 'y' sound: *calle, aquello, se llama*
rr is a rolled 'r' sound: *carretera, torre, arriba*

When the next word starts with ***i*** or ***hi***, the conjunction ***y*** (and) becomes ***e***.
La ciudad es grande ***e*** *industrial.*
When the next word starts with ***o*** or ***ho***, the conjunction ***o*** (or) becomes ***u***.
Se puede visitar el castillo mañana ***u*** *hoy.*

Hablar 3 **Read out the following text with your partner. Pay attention to your pronunciation of *ll* and *rr*.**

Aque**ll**os edificios de mi ciudad son muy antiguos. Hay un casti**ll**o enorme y muchas ca**ll**es bonitas. Esos edificios de a**ll**í son más modernos y las tiendas casi nunca cie**rr**an. Han renovado esta ca**rr**etera y ahora está mucho mejor. También han construido aque**ll**os parques grandes en el centro.

G **Demonstrative adjectives**

	singular		plural	
	masculine	**feminine**	**masculine**	**feminine**
this / these	est**e** edificio	est**a** calle	est**os** edificios	est**as** calles
that / those	es**e** espacio	es**a** carretera	es**os** espacios	es**as** carreteras
that / those ... over there	aqu**el** barrio	aqu**ella** zona	aqu**ellos** barrios	aqu**ellas** zonas

Page 145

Escuchar 4 **Listen to some young people describing Medellín. What is it like now and what was it like before? Write the <u>two</u> correct letters for each person. (1–4)**

Ahora, ¿cómo es?

a La ciudad está limpia y hay más árboles.

b Su transporte es más sostenible.

c Es una ciudad digital.

d Las calles son más seguras y hay menos violencia.

Antes, ¿cómo era?

e La ciudad era más industrial y menos moderna.

f Había muchos delitos por todas partes.

g Se veían más drogas en las calles.

h Los niños de la calle sufrían mucho.

Escuchar 5 **Listen to the young people again. For each person note down <u>two</u> positives about the city now and <u>two</u> negatives from the past. (1–4)**

The **imperfect tense** is used when saying what places were like or what they 'used to' be like.

*La ciudad **era** más tranquila.*	The city **was / used to be** calmer.
***Había** menos edificios modernos.*	There **were / used to be** fewer modern buildings.

Leer 6 **Read about Medellín's development and history. Match each text with the descriptions of Medellín (a–h) from exercise 4.**

Thiago

Ahora Medellín es una ciudad vibrante e interesante, pero la imagen de la ciudad ha cambiado mucho. Antes era un lugar muy violento. En aquellos tiempos llegó a ser considerada como la ciudad más peligrosa del mundo. Ahora, con su servicio de internet de alta velocidad y como hogar de cientos de empresas de tecnología e innovación, es conocida como una ciudad inteligente.

Lucía

Estoy muy orgullosa de ser de Medellín - una ciudad con tanto arte innovador que expresa nuestra cultura rica. La ciudad ha transformado la educación, y por lo tanto se ha convertido en un lugar más seguro. Antes se podían observar signos de consumo de drogas en las calles y en aquellos tiempos había tanta basura que generaba una atmósfera industrial y sucia. Ahora todo es completamente diferente.

Escribir 7 **Translate this text about how Bogotá has changed into Spanish.**

Bogotá is a city with lots of rich culture and lots of public spaces to enjoy. It is also a beautiful place with lots of interesting buildings, such as castles. Before there used to be more rubbish on the streets and it was a lot dirtier. In those times the city was smaller. Now transport is more sustainable because there are more cyclists.

G

Use ***tan*** and ***tanto*** to write descriptively.
The word ***tan*** (so/such) is an adverb and therefore does not change.

*Las tiendas son **tan** caras.*
The shops are **so** expensive.

Tanto (so many/much) is an adjective and therefore has to agree with the noun it describes.

*Hay **tanta** cultura aquí.*
There is **so much** culture here.
*Hay **tantos** problemas en mi barrio.*
There are **so many** problems in my neighbourhood.

Escribir 8 **Write a paragraph about where you live. Use the present, imperfect and perfect tenses.**

- *Ahora es ... / tiene ...*
- *Antes era ... / había ...*
- *Han renovado ... Han construido ...*

3 ¡A comprar!

- Describing shopping preferences
- Revising direct object pronouns
- Practising key sounds

Escuchar 1 **Listen to and read these opinions about shopping from young people who live in Medellín. Copy and complete the table in English. (1–4)**

Name	Where they shop	Good points	Bad points
Claudia	Urban Outfitters online	Urban style	

¿Qué dicen estos jóvenes de Medellín de sus tiendas de ropa favoritas?

Claudia

Me encanta la ropa de *Urban Outfitters* porque, como su nombre, tiene un estilo urbano. Aquí en Medellín no tienen tienda, por lo tanto siempre compro su ropa por Internet. El único problema es que sus camisetas son muy caras.

Yamile

Pues prefiero llevar ropa bastante alternativa. *Seven.Seven* es una marca de moda sostenible que nació en Colombia. Esto es muy importante para mí. Vende mucha ropa bonita, pero por lo general, no me gustan sus vestidos.

Andrés

Suelo comprar los pantalones y las camisas de *Pull & Bear*, la marca española. Creo que los precios son económicos y siempre se puede encontrar mucha variedad, pero vivo lejos de la tienda porque está en el centro de la ciudad.

Héctor

Mis amigos son fans de ir de compras, pero, ¡yo no! Por eso suelo usar apps como *Vinted* para buscar ropa de segunda mano porque es más barata y sostenible. Lo malo es que se necesita mucho tiempo para comprar o vender ropa.

Leer 2 **Read the texts from exercise 1 again. Then choose one to translate into English.**

Hablar 3 **Read out the text below, paying close attention to vowels with and without written accents. Then listen and check your pronunciation.**

Solemos comprar en l**í**nea, pero mis amigos y yo todav**ía** vamos a las tiendas f**í**sicas de mi barr**io**. Sin embargo, la semana próxima nos gustar**ía** ir al centro comercial porque reducen los prec**io**s en jun**io** y el horar**io** es mejor. Nos encantar**ía** estar en las tiendas hasta muy tarde y ¡sería incre**í**ble poder encontrar prec**io**s baj**í**simos!

Remember to pronounce each vowel sound carefully when two come together.
If a vowel has a written accent, stress this letter sound in the word. Listen and repeat.

í → *salí, aquí, día*
ía → *encantaría, alegría, comisaría*
io → *julio, radio, gimnasio*
ió → *región, bebió, acción*

Hablar 4 **In pairs, discuss your shopping habits.**

- *¿Prefieres ir al centro comercial o ir a las tiendas de tu barrio/ciudad?*
- *Suelo / Prefiero / No me gusta ... porque ... Por otro lado ...*
- *¿Qué cosas te gusta comprar por Internet?*
- *Me gusta comprar ... Por ejemplo, la semana pasada compré ...*

<table>
<tr><td>(No) Suelo
(No) Me gusta
Prefiero / Odio</td><td colspan="3">ir a las tiendas [de mi barrio / de segunda mano]
ir al centro comercial
comprar por Internet</td></tr>
<tr><td rowspan="4">porque
ya que</td><td>es
son</td><td>más
menos
tan</td><td>barato/a(s).
caro/a(s).
económico/a(s).
práctico/a(s).
fácil(es).
sostenible(s).</td></tr>
<tr><td>(no) hay</td><td colspan="2">más/mucha variedad.
más/muchas ofertas.
tanta/demasiada gente.</td></tr>
<tr><td>(no) se puede</td><td colspan="2">comprar de todo.
probar la ropa.</td></tr>
<tr><td colspan="3">los precios son más bajos.
las tiendas son muy pequeñas.
(no) tengo que hacer cola.</td></tr>
</table>

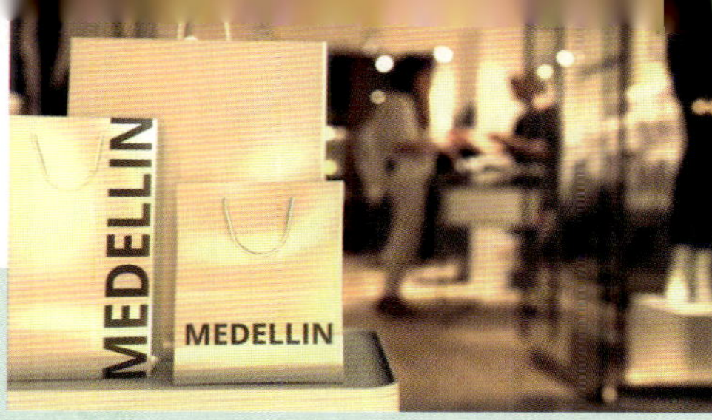

Leer 5 **Read this article about young people's shopping habits in Medellín. Then answer the questions below in English.**

¿Están muertos los centros comerciales?

Algunos jóvenes dicen que disfrutan de la experiencia de ir de compras porque prefieren ver y probarse los artículos. Muchos adolescentes todavía van al centro comercial o a las tiendas con sus amigos los fines de semana porque es divertido.

Por otro lado, hay quienes prefieren comprar en línea. Odian hacer cola y piensan que hay una mayor variedad de opciones en línea. También dicen que encuentran mejores precios en las rebajas en Internet. Más que nunca, muchos jóvenes suelen comprar ropa de segunda mano porque es sostenible, de buena calidad y puede estar de moda.

Algunas tiendas físicas han abierto espacios interactivos y han creado actividades para los jóvenes. Los centros comerciales y las calles principales no están muertos, pero sí están en constante cambio. Están en evolución.

1 What do young people like about going to physical shops? (give two details)
2 Why do some young people shop online? (give three details)
3 Why are so many youngsters buying second-hand clothes? (give three details)
4 What have some shops done to encourage young people? (give two details)
5 Are shopping centres and high street shops dead? Why (not)?

Escuchar 6 **Listen to and read the conversation. Then translate the underlined phrases into English.**

- *¿En qué puedo servirle?*
- *Ayer compré estas botas, pero son demasiado pequeñas. Las quiero devolver.*
- *¿Quiere usted probarse otros zapatos?*
- *No, gracias, pero me gustaría probarme este sombrero negro.*
- *Muy bien. ¿Qué talla?*
- *Grande. ¿Cuánto es?*
- *Cuesta treinta y cinco euros.*
- *Vale. Me lo llevo. ¡Hasta pronto!*

Many words contain **cua** or **cue** in Spanish. Listen and repeat.

cue → *cuesta, escuela, cuenta*
cua → *¿Cuánto? ¿Cuándo? adecuado*

Can you say this tongue twister?
Cuando cuentes cuentos, cuenta cuántos cuentos cuentas, porque si no cuentas cuántos cuentos cuentas, nunca sabrás cuántos cuentos cuentas tú.

Escuchar 7 **Listen and note down the item, when it was bought, the problem and the solution. (1–4)**

G

Remember that **demonstrative adjectives** and direct object pronouns agree with the noun they describe.

*Compré **este** traje y **lo** quiero devolver.*
I bought **this** suit and I want to return it.

*Quiero cambiar **estas** zapatillas de deporte. No **las** quiero.*
I want to exchange **these** trainers. I don't want them.

Page 146

Hablar 8 **In pairs, use the pictures to create two dialogues. Use the conversation in exercise 6 as a model.**

1

2

Quiero / Me gustaría devolver/cambiar		este	traje vestido jersey
		esta	falda camisa camiseta corbata
		estos	pantalones calcetines zapatos
		estas	zapatillas de deporte
porque	es demasiado son demasiado		pequeño/a(s). largo/a(s). ajustado/a(s). grande(s).
	es/son de mala calidad. no me gusta el color.		

Escribir 9 **Translate the text into Spanish.**

I usually go to the shopping centre with my friends on Saturdays. Last Saturday I bought some black shoes and my friend bought a blue shirt. Before, we used to find interesting clothing in second-hand shops, but now it is more difficult. Next Saturday I am going to return some trousers that I bought online because they are not good quality.

4 ¿Dónde prefieres vivir?

- Giving preferences about where you live
- Using the present subjunctive with *cuando*
- Revising comparisons

Escuchar 1 **Listen to and read statements from young people describing why they like living in Medellín or nearby. Then translate the phrases in bold into English.**

aburrirse	*to get bored*

¿Dónde prefieres vivir?

Prefiero vivir en Medellín porque **es más divertido que vivir en el campo**. Creo que **lo bueno de vivir en una ciudad es que siempre hay algo que hacer** y hay más cultura. **Es imposible aburrirse** con tantas tiendas en los alrededores.

Lo bueno de vivir en el campo es que hay **más paisajes bonitos**. Vivo en el campo, cerca de un pueblo que se llama San Carlos. Lo malo de vivir en el campo es que **no hay muchas posibilidades de trabajo**. Me encantaría vivir en una ciudad grande. ¡Sería fenomenal!

Yo vivo en un pueblo pequeño que se llama Santa Bárbara. Está a cincuenta kilómetros de Medellín. Me encanta vivir en un pueblo porque **hay menos polución que en una ciudad grande** y es más limpio. Además, **no hay tanta gente**.

Muchos dicen que en las ciudades la gente no se conoce, pero no es verdad. **Conozco a todos mis vecinos** y son tan agradables como los vecinos en el campo. Aquí el transporte es mejor y **hay una gran variedad de tiendas** a poca distancia.

Leer 2 **Read the text from exercise 1 again. Decide if the sentences below are true or false.**

1. Luciana prefers to live in the countryside.
2. She does not like the shops near her house.
3. There are lots of people where Samuel lives.
4. There are lots of jobs where Rosa lives.
5. Omar knows lots of people where he lives.
6. He thinks the transport system is good.

G

There are several ways to **compare** and **contrast**.

Use ***más/menos*** + **adjective/noun** + ***que*** (more/less ... than ...):
*Manchester es **más grande que** Medellín.*
*Medellín tiene **menos problemas que** muchas otras ciudades.*

Use ***tan*** + **adjective** + ***como*** (as ... as ...):
*Medellín es **tan bonito como** Nottingham.*

Use ***tanto/a(s)*** + **noun** + ***como*** (as much/many ... as ...):
*Mi barrio tiene **tantas tiendas como** un centro comercial.*

Hablar 3 **In pairs, talk about where you prefer to live. Use comparisons to give detailed answers.**

- *¿Dónde vives?*
- *Vivo en ...*
- *¿Prefieres vivir en el campo o en la ciudad?*
- *Prefiero vivir en ... porque es más/menos ... que ...*
- *¿Qué es lo bueno de vivir en ...?*
- *Lo bueno es que ...*
- *¿Qué es lo malo de vivir en ...?*
- *Lo malo es que ...*

Use the **conditional tense** to say what you would do in the future.
***Mejoraría** los autobúses.*
I would improve the buses.
***Construiría** más edificios sostenibles.*
I would build more sustainable buildings.

Escuchar 4 **How would these young people improve public transport in their city? Listen and write two details for each person in Spanish. (1–3)**

la accesibilidad	*accessibility*
la movilidad reducida	*reduced mobility*

Lo bueno Lo malo Lo positivo Lo negativo Lo mejor Lo peor	de mi ... barrio ciudad pueblo zona	es que	tiene	mucha polución/gente.
			es	tranquilo/a. limpio/a. sucio/a.
			está	en la costa / las montañas / el campo.
			hay	más posibilidades de trabajo. tanto tráfico / tanta gente.
			la gente (no) se conoce.	

Leer 5

Read the newspaper article and identify the four correct statements. Then copy the sentences that contain a present subjunctive verb and translate them into English.

Example: *Cuando tenga más dinero, … When I have more money, …*

los carros voladores	*flying cars*
los autopistas	*motorways*
las patinetas	*scooters*

¿Cómo deberían ser las ciudades del futuro?

La población de Colombia está creciendo rápidamente. Por eso si queremos tener un futuro habitable, hay que pensar en las ciudades del mañana. No habrá carros voladores, ni autopistas amplias, ni casas grandes porque ciudades grandes no son sostenibles. Las ciudades del futuro serán pequeñas, bien planificadas y con transporte activo. Tendremos bicicletas y patinetas, o caminaremos en vez de usar carros modernos o eléctricos.

Pero, ¿qué piensan los jóvenes que viven en Medellín?

Luisa dice: En el futuro me encantaría vivir en el campo, cerca de Medellín, porque preferiría vivir en un lugar con el aire más limpio. Cuando tenga más dinero, compraré una casa pequeña para mí y para mi familia.

Emiliano dice: Cuando sea mayor, viviré aquí en Medellín. Pienso que la ciudad tendrá aún más espacios verdes y no habrá carros ni motocicletas porque todo el mundo viajará en bici o a pie. La ciudad será más tranquila y limpia.

Maya dice: En el futuro me gustaría seguir viviendo en esta ciudad fantástica. Cuando tenga dieciocho años, viviré con mi novio y sus padres, y cuando haga suficiente dinero, él y yo compartiremos un piso pequeño en los alrededores. Creo que el Medellín del futuro será más sostenible.

1 The Colombian population is getting bigger.
2 Future cities will be big and sustainable.
3 Flying cars may exist.
4 Future cities will have to be small and well designed.
5 Luisa thinks that there will be fewer green spaces.
6 Maya and Emiliano think Medellín will be greener.
7 Two young people want to buy somewhere to live in the future.
8 All three young people want to live in Medellín in the future.

There are many words that are different in Spain and Latin America, in the same way that there are differences between British English and American English. The most common differences are:

English	Spanish (Spain)	Spanish (Latin America)
car	*el coche*	*el carro/auto*
mobile phone	*el móvil*	*el celular*
computer	*el ordenador*	*la computadora*
potato	*la patata*	*la papa*
pen	*el bolígrafo/boli*	*la pluma*
pretty	*bonito*	*lindo/bello*

G

The **present subjunctive** is a form of the verb that is used regularly in Spanish but only rarely in English. It is used when using ***cuando*** + future plans.

To form the present subjunctive in the first person singular, take the 'I' form of the present tense and remove the ***o***. For ***-ar*** verbs add ***e*** and for ***-er***/***-ir*** verbs add ***a***.

Infinitive	Present tense (*yo*)	Present subjunctive (*yo*)
tener	*tengo*	*tenga*
hacer	*hago*	*haga*
venir	*vengo*	*venga*

Ser and ***ir*** are irregular: *(yo) sea, (yo) vaya.*

*Cuando **sea** mayor, viviré en otro país.*
When **I am** older, I will live in another country.

*Cuando **vaya** al centro, tomaré un café.*
When **I go** to the centre, I will have a coffee.

*Cuando **haga** mis exámenes, estaré nervioso.*
When **I do** my exams, I will be nervous.

Page 146

Escribir 6

Write approximately 90 words about your city. Include:

• where you live and what your area is like	*Vivo en … con … Mi barrio es … y …*
• pros and cons of living in your area	*Lo bueno de vivir en … / Lo malo es …*
• something you did in your area last week	*La semana pasada fui …*
• where you want to live in the future and why	*Cuando sea mayor, viviré … porque …*
• what you would change about your area	*Mejoraría … Cambiaría …*

5 Un intercambio cultural

- Talking about your area
- Using a variety of verb tenses
- Finding different ways to describe future plans

Leer **1** **Read the text conversation. Then copy and complete the statements in English.**

Hola, me llamo James y soy de Glasgow. ¿Cómo te llamas?

Me llamo Amira y vivo en Medellín. ¿Qué estás haciendo ahora?

Estoy escuchando música en mi piso. Te mando una foto. Mi piso tiene dos habitaciones y un balcón. Es cómodo y moderno. ¿Y tú, dónde vives?

Vivo en una casa de dos plantas. Arriba está mi habitación y abajo hay varios cuartos. Te puedes sentar fuera en el jardín. Me gusta mucho porque nuestros vecinos son nuestros amigos.

Me encanta tu casa. Es muy bonita. ¿Te gusta vivir en Medellín?

Sí. Me gusta mucho porque aquí hace buen tiempo casi todo el año y no llueve mucho. Agosto siempre es mi mes favorito en Medellín porque celebramos la Feria de las Flores que dura diez días. Recorrí la feria con mis amigos. Había muchos desfiles y las flores eran tan hermosas. ¿Y a ti? ¿Te gusta vivir en Glasgow?

¡Qué feria más impresionante! Sí, me gusta mucho Glasgow, aunque a menudo hace mal tiempo y llueve mucho. Es una ciudad muy dinámica y moderna. El fin de semana pasado tuvimos la oportunidad de ir al Parque Kelvingrove y quise caminar a lo largo del río con mi familia, pero no pude a causa de la lluvia. ¡Qué pena! Este fin de semana vamos a ir al Centro de Ciencias porque quiero ir al cine en 3D – será fenomenal.

1 James's flat in Glasgow is ... and it has ...
2 Amira likes her house because ...
3 The weather in Medellín is ...
4 The weather in Glasgow is ...
5 The Medellín Flower Festival takes place in ... and lasts ...
6 Amira went with ... to the festival last ...
7 Last weekend, James ...

Try to use a variety of tenses and give your opinion to create more detailed and complex answers.

Remember to use the **preterite tense** for completed actions in the past.

Recorrí *la feria con mis amigos.*
I travelled around the fair with my friends.

Use the **imperfect tense** to describe what something was like.

Las flores ***eran*** *tan hermosas.*
The flowers **were** so beautiful.

Escuchar **2** **Listen to some teenagers talking about where they live. Copy and complete the table in English. (1–5)**

	What they like	A recent activity	A future plan
1	Fun and young atmosphere ...	Rented a bike and went to ...	...

Hablar **3** **In pairs, talk about your area. Answer the following questions.**

- *¿Dónde vives?*
- *Vivo en ...*
- *¿Qué es lo bueno/mejor de tu ciudad/pueblo/zona?*
- *Lo bueno/mejor es ...*
- *¿Cuál es tu lugar favorito de tu ciudad/pueblo/zona?*
- *Mi lugar favorito es ...*
- *¿Qué hiciste la semana pasada / ayer?*
- *La semana pasada / Ayer fui a ...*
- *¿Qué vas a hacer en tu ciudad/pueblo/zona el fin de semana próximo?*
- *Voy/Vamos a ...*

G

Some verbs in the **preterite tense** are completely irregular (*ser*, *ir*, *dar* and *ver*).

Other preterite verbs have **irregular stems**, but their endings follow similar patterns.

For example:

tener → *tuve, tuviste, tuvo, tuvimos, tuvisteis, tuvieron*
estar → *estuve, estuviste, estuvo, estuvimos, estuvisteis, estuvieron*
hacer → *hice, hiciste, hi**z**o, hicimos, hicisteis, hicieron*
poder → *pude, pudiste, pudo, pudimos, pudisteis, pudieron*

Page 147

Escuchar **4** **Listen to and read about the flower festival in Medellín. Identify the <u>three</u> correct statements.**

La Feria de las Flores

Medellín está listo para recibir uno de los eventos más esperados del año, que se celebra del 5 al 14 de agosto, y promete sorprender a todos con su belleza y alegría.

Durante la feria, las calles van a llenarse de desfiles y carrozas con las flores más hermosas. Los visitantes tendrán la oportunidad de ver los jardines flotantes que pasan por el río Medellín y de disfrutar de los distintos espectáculos artísticos en los parques.

Habrá conciertos, exposiciones de arte floral y una gran variedad de eventos culturales. Además, todos podrán participar en clases de arte floral y aprender sobre las tradiciones locales. Si te apetece comer algo, en la feria habrá muchos platos típicos de la región con sabores auténticos, hechos con ingredientes frescos.

Este evento es esencial para los que se interesan por la naturaleza y la cultura. ¡No te pierdas esta oportunidad si te gustaría vivir esta experiencia única!

las carrozas *floats*

1. La feria se celebra en agosto.
2. Durante la feria, las calles estarán decoradas con flores.
3. No habrá desfiles en las calles.
4. La feria va a incluir música y muchas cosas que hacer.
5. Las clases de arte floral son para niños.
6. La comida nunca forma parte de la feria.

Leer **5** **Translate the third paragraph of the text in exercise 4 into English.**

Escuchar **6** **Listen to some young people talking about their plans and write down each sentence you hear. Then translate the sentences into English. (1–5)**

Hablar **7** **In pairs, create dialogues about your weekend plans. Try to use different ways of saying what you will do. Then use the present subjunctive to say what you will do when you have more money. Complete the example dialogue, using the pictures below.**

- *¿Qué vas a hacer este fin de semana?*
- *Primero, <u>iré</u> a la playa para tomar el sol. Luego, <u>jugaré</u> al fútbol porque es divertido, y después mis amigos y yo vamos a …*
- *Cuando tenga más dinero, <u>iré</u> a …*

G

There are several ways you can describe future events or plans.

1. Use the **near future tense** (present of ***ir*** + ***a*** + <u>infinitive</u>):
   *Los niños **van a** <u>comprar</u> helados.*
   The children **are going to** <u>buy</u> ice-creams.
2. Use the **simple future tense**:
   *Mi amigo **irá** a la playa.*
   My friend **will go** to the beach.
   ***Podremos** <u>disfrutar</u> de muchos eventos.*
   We will be able <u>to enjoy</u> lots of events.
3. Use the **conditional tense** of ***gustar***.
   ***Nos gustaría** <u>visitar</u> (los) sitios históricos.*
   We would like <u>to visit</u> (the) historic sites.

Escribir **8** **Research a city you would like to visit in Spain or Latin America. Look online to find <u>three</u> or <u>four</u> things you could do there. Then imagine you have visited this city and write about your trip.**

- Write about the city and what you like about it (present tense).
  [Medellín] es una ciudad preciosa con mucha cultura y lo que más me gusta es …
- Write about what you did in the city (preterite and imperfect tenses).
  El año pasado visité [Medellín] con mis padres donde … La ciudad era …
- Write about what you will do the next time you visit (future tense or future phrases).
  La próxima vez visitaré … y … Cuando tenga más dinero/tiempo, visitaré …

Gramática 1

The perfect tense (Unit 1, page 134)

Escribir 1 **Write the jumbled words below in the correct order to form sentences about travel. Then translate each one into English.**

1 en | viajado | han | tren

2 he | increíbles | visitado | palacios | dos

3 ¿ | la | de | probado | región | comida | has | la | ?

4 típicos | y | mis | yo | hemos | platos | amigos | comido

5 alrededores | nuevas | abierto | los | tiendas | han | muchas | en

Use the **perfect tense** to talk about what you have done. The perfect tense is formed by using the verb ***haber*** in the present and the **past participle**.

To form the past participle, remove the ***-ar***, ***-er*/*-ir*** endings from infinitive verbs and add:
-ado for ***-ar*** verbs and ***-ido*** for ***-er* / *-ir*** verbs.

He comido empanadas.
¿Has viajado a Medellín?
Hemos salido al parque este fin de semana.

Please refer to the grammar box on page 134 for information on verbs with an irregular stem.

When saying what someone **has just done**, you do not use the perfect tense. Instead, you use the present tense of
***acabar* + *de* +** infinitive.

Acaban de *descubrir una tienda nueva en las afueras.*
They have just discovered a new shop in the suburbs.

Hablar 2 **In pairs, use the word wheel of infinitives to make sentences in the perfect tense about what you have already done (or have not done yet) in your area.**

Example: Todavía no he visto el castillo. Ya he visitado la oficina de correos.

¿Qué has hecho en tu zona?

Prepositions of place (Unit 1, page 135)

Escribir 3 **Translate these sentences into Spanish.**

1 The tree is behind the house.
2 The bus station is in front of the library.
3 The museum is through the square, next to the park.
4 The bank is on the left, near the swimming pool.
5 The keys are on the table.
6 The restaurants are behind the shopping centre.
7 There is an old palace on top of the mountain.
8 I found my phone under the bed.

Prepositions of place are useful to help us say where something is situated.

As in English, they are used before a noun.

Remember to use the contractions ***al*** and ***del*** when *a* or *de* are followed by *el*.

El banco está ***debajo del*** *árbol.*
The bench is **underneath** the tree.

al lado de	next to/beside
bajo	under/underneath
delante de	in front of
detrás de	behind
cerca de	near/close to
encima de	above
hacia	towards
sobre	on (top of)
través, a través de	through, across

Demonstrative adjectives (Unit 2, page 136)

Leer 4 **Match the sentence halves, ensuring your demonstrative adjectives agree. Then write out the sentences and translate them into English.**

1 En mi ciudad, esta
2 Los paisajes son bonitos con esas
3 Quiero devolver este
4 Me gustaría comprar aquellas
5 En mi barrio, aquel

a palacio es muy famoso.
b calle tiene muchas tiendas populares.
c playas limpias.
d traje porque es ajustado.
e zapatillas deportivas.

Escribir 5 **Read and make a list of the possible demonstrative adjectives for each gap. Then listen and circle the demonstrative adjective used. (1–6)**

Example: 1 *este, ese, aquel*

1 ___ fin de semana vamos a visitar el castillo.
2 ¿Has viajado en tren para ver ___ vistas lindas?
3 Ya hemos comido unos platos típicos en ___ restaurante.
4 En ___ plaza hay muchos árboles y una fuente grande.
5 Hay una gran variedad de monumentos en ___ pueblo.
6 Es bueno porque ___ tiendas casi nunca cierran.

Demonstrative adjectives are words like 'this', 'that', 'these' and 'those'.
They are used to identify things.
They are positioned before the noun and must agree with the noun.

***Este** conjunto*	**This** outfit
***Esa** playa*	**That** beach
***Aquellas** flores*	**Those** flowers (over there)

Please refer to the grammar box on page 136 for more examples.

There are three neuter demonstrative pronouns: *esto, eso* and *aquello*. They are often used to describe abstract ideas, when we don't know the gender of the word, and to make general statements.

***Esto** es bueno.*	**This** is good.
*¿Qué es **eso**?*	What is **that**?
***Aquello** fue horrible.*	**That** was awful.

The imperfect tense (Unit 2, page 137)

Escuchar 6 **Listen to the statements about people's towns and fill in the gaps with the imperfect tense verbs. (1–4)**

1 En los alrededores de mi ciudad ___ más casas y los parques ___ más árboles.

2 Antes no ___ mi ciudad de forma positiva porque mucha gente ___ más violenta.

3 En aquellos tiempos, las afueras ___ menos industriales y en el centro ___ seguridad.

4 Hace diez años, cuando mis abuelos ___ en la ciudad, los niños pobres ___ las calles y los delitos ___ a menudo.

Gramática 2

Direct object pronouns (Unit 3, page 139)

Escribir 1 **You want to return these items. Write a sentence giving your reason, using the correct direct object pronoun. Then translate your sentences into English.**

Example: 1 *Los quiero devolver porque son demasiado pequeños. I want to return them because they are too small.*

1. La semana pasada compré estos pantalones.
2. No me gusta nada esta corbata.
3. El fin de semana pasado compré este traje.
4. Ayer compré esta chaqueta.
5. Quiero quejarme de estos calcetines.
6. Hace dos días compré estas zapatillas deportivas.
7. Mi madre me compró este top, pero no me gusta.
8. Compré esta camisa esta mañana.

quejarse *to complain*

Hablar 2 **In pairs, read out your Spanish sentences from exercise 1. Pay close attention to your pronunciation. Then translate your partner's sentences into English.**

Direct object pronouns are used to replace something that has already been mentioned.

me	me	**nos**	us
te	you	**os**	you
lo/la	it	**los/las**	them

Remember to position direct object pronouns correctly.

- Before the conjugated verb:
  *¿**Lo** has visto?* Have you seen **it**?
  ***La** quiero devolver.* I want to return **it**.
- Attached to the end of the infinitive or gerund:
  *Voy a devolver**los**.*
  I am going to return **them**.
  *Estamos comprándo**las**.*
  We are buying **them**.
- After a negative:
  *Nunca **los** compro.* I never buy **them**.
  *No **la** uso.* I don't use **it**.

The present subjunctive (Unit 4, page 141)

Escribir 3 **Fill in the gaps with the correct present subjunctive form of each of the five key verbs. Then translate each sentence into English.**

Example: 1 *Cuando tenga dinero, ...*
When I have money, ...

1. Cuando ... dinero, me compraré una chaqueta nueva.
2. Cuando mi amigo ... mayor, viajará a América Latina.
3. Cuando ... a mi casa, conocerás a mi nuevo perro.
4. Cuando mi hermana ... al centro, tomará un café.
5. Cuando ... sol, mis amigos y yo iremos a la playa para descansar.

Escribir 4 **Write about your future plans using *cuando* and the present subjunctive. Write a sentence for each bullet point:**

- Say what you will do when you have money
- Say what you will do when you are older
- Say what a family member will do when they go to the town centre
- Say what you and your friends will do when it is sunny
- Finish this sentence to your friend: *Cuando vengas a mi casa, ...*

The **present subjunctive** is a form of the verb that is used regularly in Spanish but only very rarely in English. You use it after the word ***cuando***, when talking about the future.

To form the present subjunctive, take the 'I' form of the present tense and remove the ***o***.
Add the endings -***a***, -***as***, -***a*** to -***er***/-***ir*** verbs, and add the endings -***e***, -***es***, -***e*** to -***ar*** verbs.

	hacer	**tener**	**venir**
(yo)	haga	tenga	venga
(tú)	hagas	tengas	vengas
(él/ella/usted)	haga	tenga	venga

Ser and *ir* are irregular:
ser → *sea, seas, sea*
ir → *vaya, vayas, vaya*

There are only five key verbs you will be tested on in the subjunctive form. They are *hacer, ir, ser, tener* and *venir*.

You also use the present subjunctive after verbs of wishing, command, request and emotion and after *para que*.

Verbs in the preterite tense (Unit 5, page 142)

Escuchar 5 **Listen to Malek and Fátima talking about a visit to Cali, in Colombia. Fill in the gaps with the missing verbs in the preterite tense.**

Hola, Fátima, ¿cómo estás?

Estoy muy contenta. **1** la suerte de visitar Cali la semana pasada con mis padres. ¿Has tenido la oportunidad de visitar Cali, Malek?

Sí, **2** a Cali el mes pasado. A mí, me **3** también. ¿Qué cosas **4** hacer mientras **5** en Cali, Fátima?

6 al Parque del Gato de Tejada. Era muy bonito y estaba lleno de esculturas de gatos diferentes.

7 ir a ese parque, pero no pude porque **8** un accidente en la carretera.

También **9** mucha comida típica de la región en un restaurante en el centro.

Yo también. ¡ **10** mucho en Cali!

Some verbs in the **preterite tense** have irregular stems but their endings follow mainly familiar patterns.

Verbs with *u*	Verbs with *i*	Verbs with *j*
andar (*to walk*)	**querer** (*to want*)	**decir** (*to say*)
anduve anduviste anduvo anduvimos anduvisteis anduvieron	quise quisiste quiso quisimos quisisteis quisieron	dije dijiste dijo dijimos dijisteis dijeron
estar: estuve, ... **tener:** tuve, ... **poder:** pude, ... **poner:** puse, ... **saber:** supe, ...	**venir:** vine, ... **hacer:** hice, ... (hi**z**o *for he/she/it form*)	**traer:** traje, ...

Mi amiga ***vino*** *a visitarme.* — My friend **came** to visit me.
No ***dije*** *nada.* — I **said** nothing.

Other verbs are completely irregular (*ser, ir, dar, ver*).

Notice that there are no written accents on any of the endings for these irregular preterite verbs.

dar → *di, diste, dio, dimos, disteis, dieron*
ver → *vi, viste, vio, vimos, visteis, vieron*

Traducir and *reducir* follow the same *j* stem and ending pattern as *decir* and *traer*. These verbs end in *-eron* and not *-ieron* for the third person plural.

traducir → *traduje, tradujiste, tradujo*
reducir → *reduje, redujiste, redujo*

Escribir 6 **Write out the complete paradigm for the following verbs in the preterite tense. Pay careful attention to your spelling and watch out for irregular verbs.**

Example:	*beber* (to drink)
(I)	bebí
(you sing.)	bebiste
(he/she/it)	bebió
(we)	bebimos
(you pl.)	bebisteis
(they)	bebieron

~~beber~~ hacer salir traer poder escuchar estar ir

¡En marcha! (Units 1–5)

Escribir 7 **Translate the travel blog into Spanish. Make sure you use the correct tense for each verb in bold.**

Colombia **is** a country with some beautiful woods and lots of diversity. **Have you seen** the beaches in the north? **Have you** already **been** to Medellín with its spectacular views? Last weekend, **I visited** the city and **my friends and I had** the opportunity to go to Plaza Botero. **I wanted to go** to the Antioquia museum, which **is** behind the metro station, but **there wasn't** time. **I bought** some trainers, but tomorrow **I would like to return** them because **they are** too big. When **I have** the opportunity, **I will return** to Medellín.

Hablar 8 **Name the tenses you have used for each bold verb in exercise 7 and discuss why they are used. Then read your text out, paying attention to your pronunciation and using intonation to make it clear which sentences are questions.**

Example: es = present tense (this is a description of a place now)

Módulo 6

Leer y escuchar

Reading

Leer 1

***My town.* Read María's text about where she lives. Write down the word for the gap in each sentence, using a word from the box. There are more words than gaps.**

Vivo en Venezuela con mis padres y mi hermana gemela. Normalmente me encanta vivir acá y no cambiaría nada pero ayer no fue así. Primero, mi hermana me gritó en la calle, delante de casa, porque dijo que nuestro dormitorio estaba sucio. Luego, cuando salí a comprar comida, llegué a la tienda y descubrí que estaba cerrada. Finalmente, mi amigo y yo fuimos al parque pero había tanta basura, que decidimos volver a casa para descansar en el jardín.

a Yesterday, María's sister shouted about the dirty ____.
b After the argument, María went to the ____.
c María and her friend relaxed in her ____.

house street room
park shop home garden

Leer 2

***Shopping habits.* Read Iván's article about shopping habits.**

Hoy en día, existen varias maneras de comprar. Por un lado, es práctico encontrar cualquier cosa en Internet y mucha gente utiliza también aplicaciones para buscar productos de segunda mano. Por otro lado, visitar las tiendas de barrio es popular entre los jóvenes, mientras que muchos ancianos van a los centros comerciales que ofrecen más variedad.

cualquier *any*
anciano/a *old person*

a Write down the correct letter (A–D) for each of the two correct statements.
Many ...

A find Internet shopping unsafe.	**C** youngsters support local shops.
B buy pre-owned goods.	**D** shopping centres are expensive.

b Read the second part of the article. What does Iván say? Write down your answers for each section (i–iii) **in English**. You do not need to write in full sentences.

de piel *leather*
las ventas *sales*

Antes pensaba que encontrar ropa de segunda mano en buen estado era demasiado difícil, pero ahora entiendo que es todo lo contrario. Ahora compro mucha ropa usada con frecuencia, utilizando algunas aplicaciones populares.

Todavía no he vendido nada y tengo ganas de empezar porque es fácil y sostenible. Por mi cumpleaños, mi padre me regaló una chaqueta de piel, pero quiero venderla porque me queda demasiado ajustada. Creo que la puedo vender a buen precio, ya que todos mis amigos han tenido éxito con sus ventas.

(i) What Iván used to think about second hand clothes
(ii) What his shopping habits are now
(iii) Why he wants to sell his jacket

You do not need to understand every single word in a reading text to be able to score highly. Read through first for gist and then read the questions carefully before reading the text again. Watch out for false friends! What does ***éxito*** mean?

Leer 3 ***My local area.*** **Translate the following paragraph into English.**

> Vivo en una casa de dos plantas. Es bastante moderna y está detrás de un instituto grande. Antes, en mi barrio, había mucha basura y la red de transporte no era buena pero ahora todo es mucho mejor. Lo bueno de vivir aquí es que siempre hay algo que hacer y es imposible aburrirse.

Listening

Escuchar 1 ***Town or countryside.*** **Sofía and Javier are talking about where they live. What do they say? Listen and write A, B or C for each question.**

1 In her city, Sofía likes ...
A the jobs.
B the transport.
C the location.

> Before you listen, think about which words or phrases could indicate Sofía is talking about what she likes in her city. She could use an opinion verb but she could also talk about what is best or good in her city.

2 Sofía's city has good ...
A libraries.
B green spaces.
C architecture.

> Remember that a listening task can contain some distractors. Words that are listed as multiple-choice options may be mentioned but may not be correct.

3 She thinks living in the countryside would be ...
A more boring.
B cleaner.
C safer.

4 Javier thinks his local area has ...
A too many shops.
B too much pollution.
C everything he needs.

5 Javier plans to ...
A move to the city.
B stay in the countryside.
C buy a new car.

> What tense are you listening for? There may not be any time markers to help you, so make sure you are secure with your tenses.

6 For Javier, towns and cities ...
A need to change.
B offer a lot of culture.
C offer lots of job opportunities.

> With these more challenging listening tasks, you will be expected to apply your knowledge of vocabulary in order to understand less familiar phrases. Here, 'towns and cities' is not translated directly.

Escuchar 2 **You are going to hear someone talking about their area. Sentences 1–2: write down the missing words for each gap. For each gap, you will write one word in Spanish.**

1 Es un ____ ____ con una ____.
2 Quiero ____ un ____ para mi ____.

Sentences 3–6: write down the full sentences that you hear in Spanish.

> Remember:
> - ***h*** is silent in Spanish
> - ***r*** at the start of a word and ***rr*** are rolled
> - ***ci*** and ***ce*** are soft sounds and pronounced in mainland Spain as 'th'
> - ***ca***, ***co*** and ***cu*** are hard 'k' sounds.

Prueba oral

Read aloud

Hablar 1 **Look at this task. With a partner, read aloud the four sentences, paying attention to the underlined words.**

Daniel, your Colombian friend, is writing about his local area.
Read aloud the text below to your partner.

Se pueden ver muchos lugares conocidos en los alrededores.

Prefiero caminar por las calles hermosas para ver la arquitectura.

Muchos turistas vienen a mi pueblo para ver los hermosos edificios antiguos.

Lo mejor de vivir en una ciudad es disfrutar de la cultura, que es evidente en muchos lugares.

Escuchar 2 **Listen and check your pronunciation.**

Hablar 3 **Listen to the teacher asking the two follow-up questions. Translate each question into English and prepare your own answers in Spanish. Then listen again and respond to the teacher.**

Be careful pronouncing the underlined words or phrases. Pay attention to these letter combinations:

- *cono**ci**dos* (remember to use a soft 'c')
- *ar**qui**tectura* (**qu** is pronounced like English 'k')
- ***tu**ristas* (remember to pronounce the ***u*** sound correctly)
- *qu**e** **e**s **e**vid**e**nt**e*** (make sure each ***e*** is said correctly).

Role play

Escribir 1 **Look at the role-play card and prepare what you are going to say.**

Setting: In a clothes shop

Scenario:
- You are in a clothes shop, returning an item.
- Your teacher will play the part of the employee and will speak first.
- Your teacher will ask questions in Spanish and you must answer in Spanish.
- Say a few words or a short phrase/sentence for each prompt. One-word answers are not sufficient to gain full marks.

Task:
1 Say what kind of clothing you want to return.
2 Explain what is wrong with it.
3 Say something else you plan to buy.
4 Ask the employee a question about cost.
5 Ask the employee a question about opening times.

If you cannot remember how to say "return" for an item of clothing, you can say you don't like it or don't want it.

Make sure the adjective agrees with the item you picked for number 1.

Start your answer with 'I want to buy' or 'I would like'.

Ask what time the shop opens or closes. Start with *¿A qué hora...?*

Hablar 2 **Practise what you have prepared. Then, using your notes, listen and respond to the teacher.**

Escuchar 3 **Now listen to Rosie doing the role play task. In English, note down what she says for the first three points on the card.**

Picture task

Escuchar 1 **Look at the photo below and read the first part of the task card. Then listen to George describing the photo.**

1 What does George say about the people?
2 What is his reason for believing they are friends?
3 Where does he think they live?
4 What does he say they are doing?

Prepare your own description of the photo.

Your description must cover:

- people
- location
- activity.

When you have finished your description, you will be asked **two questions** relating to the picture. Say a **short phrase/ sentence** in response to each question.

One-word answers will not be sufficient to gain full marks.

You will then move on to a **conversation** on the broader thematic context of **My neighbourhood**.

During the conversation, you will be asked questions in the present, past and future tenses.

Your responses should be as **full and detailed** as possible.

Hablar 2 **Prepare your own description of the photo, mentioning people, location and activity. Then, with a partner, take turns to describe the picture.**

Escuchar 3 **Read the second part of the task card. Now listen to George responding to two follow-up questions asked by his teacher. Write down the missing words for each gap.**

¿Prefieres la idea de vivir en el campo o en la ciudad?

Prefiero la idea de vivir en **1** porque siempre hay una gran variedad de tiendas a poca **2** y hay más posibilidades de **3** .

¿Qué hiciste ayer en tu barrio con los amigos?

Primero, mi amiga y yo **4** al centro comercial para comprar unas zapatillas de deporte nuevas. Luego, por la tarde, **5** una feria de música donde comí churros.

Escuchar 4 **Read the third part of the task card. In English, note down the three broader questions George is asked by the teacher. Then complete the following sentences with the correct information.**

1 George prefers shopping in ___.
2 Last Saturday, he went with his father to ___.
3 He describes the building as ___.
4 A month ago, he visited ___.
5 Next Saturday, he is going to ___.
6 It will be fun because ___.
7 George and his friends will have coffee in ___.
8 They will do this because ___.

Escuchar 5 **Listen again to George's answers and note down, in Spanish, all the connectives he mentions. Then note down all the sequencers and time markers he uses.**

Hablar 6 **Prepare your own answers to Module 6 questions 1–12 on page 229. Then practise with your partner.**

Develop your answers by adding as much detail as possible, using connectives and sequencers or time markers. Think of the five Ws: What? When? Where? Who? Why?

Prueba escrita

130–150 word writing task

Leer 1

Look at the task and answer the questions.

1 What **tenses** will you need to use for each bullet point?
2 For the second bullet, what **connectives** are good for introducing opposing points of views about an area?
3 For which bullet could you bring in the **conditional tense** to say what you would change in your area?

Write a blog about your area. You **must** include the following points:
- special events or places in your area
- the pros and cons of your area
- what you have done recently in your area
- what you will do in your area next week.

Write your answer **in Spanish**.
Aim to write between 130 and 150 words.

Leer 2

Read Aisha's answer. Make further improvements to it by changing the underlined parts. Use the callouts to help you do this.

Vivo en una ciudad con muchos sitios y eventos interesantes. Para mí, lo que más me gusta de mi zona es la feria de verano. Siempre voy a esta feria porque hay juegos, comida rica y música en vivo.

Lo bueno de vivir en mi ciudad es que siempre hay algo que hacer. Lo malo es que siempre hay contaminación. Lo único que cambiaría sería los autobuses porque normalmente llegan tarde y están sucios.

A mi amiga Hanna le encanta ir de compras y por eso ayer fuimos al centro comercial. Yo compré un pañuelo y ella compró unos pantalones. Lo voy a llevar mañana. Después, fuimos al cine, vimos una película emocionante que trata de un grupo de jóvenes que descubren una casa interesante en un bosque grande. La semana próxima, cuando tenga dinero, iré al mercado en el norte de la ciudad porque venden ropa de segunda mano. Me gustaría encontrar un jersey verde.

1 Use a **variety of adjectives** and make them agree. Avoid overusing simple adjectives like *interesante* or *grande*.

2 Add detail to your writing by using **adverbs of frequency**, but avoid repeating the same ones. Alternatives to "always" are: every year, every day, generally or normally.

3 Using more tenses, such as the **conditional** and **present subjunctive**, is a good way to gain marks.

4 Aim to use a **variety of verbs and verb endings**. Be careful not to overuse the verb *ir* in the preterite. Some good alternatives for this topic are: *visitar*, *ver* or *pasar*.

en vivo *live*

Leer 3

Read Aisha's text again. Copy and complete the sentences.

1 Aisha really likes the summer fair because ____.
2 The good thing about her city is ____.
3 The bad thing about her city is ____.
4 The reason Aisha went to the shopping centre was because ____.
5 She bought a ____.
6 She will go to the market because ____.

Escribir 4

Prepare your own answer to the task.

- Think about how you can develop your answer for each bullet point.
- Look back at your notes from exercise 1.
- Look at the 'Challenge checklist' and consider how you can show off your Spanish!
- Write a **brief** plan and organise your answer into paragraphs.
- Write your answer and then carefully check the accuracy of what you have written.

Challenge checklist

	✓ Past, present and future time frames ✓ Connectives / time phrases / sequencers ✓ Some extended sentences ✓ Different opinion phrases
	✓ A wider range of tenses (e.g. conditional) ✓ Different persons of the verb ✓ A variety of opinion phrases (e.g. *lo malo es que*) ✓ More varied adverbs of frequency (e.g. *cada año, muchas veces* ...) ✓ A wide range of adjectives for reasons (e.g. *rica, emocionante* ...)
	✓ Phrases with different time frames and persons of the verb ✓ The present subjunctive (e.g. *cuando tenga dinero* ...) ✓ Complex language (e.g. demonstrative adjectives, direct object pronouns) ✓ Positive/negative phrases (e.g. *lo que más me gusta* ...) ✓ More varied verbs and adverbs of frequency (e.g. *trata de, descubren cada año, seguramente* ...)

Translation

Escribir 1

Read the English text and Ben's translation of it. Correct the <u>eight</u> mistakes Ben has made with verbs.

Normally many tourists visit my city. It is clean and it is near the coast. The streets are safe and the shops almost never shut. Before, there used to be more crimes. The last time I went shopping I bought these trousers. Next weekend, I think I will visit the castle.

Normalmente, muchos turistas visita mi ciudad. Es limpia y estamos cerca de la costa. Las calles es seguras y las tiendas casi nunca cierro. Antes, habían más delitos. La última vez que fuimos de compras compro estos pantalones. El fin de semana que viene, pienso que iré a visitar el castillo.

Escribir 2

Translate the following text into Spanish.

I like living in the countryside as it is calmer than living in a city. Before, the transport used to be terrible but now the trains are clean. Last week, I went to a new restaurant which is behind the bank but I did not eat a lot. Tomorrow I am going to go to the shopping centre.

'As' can be translated into lots of different ways – it can mean 'because/since', 'when' or be used to form comparisons. Deciding on the meaning first can help you to translate it.

Módulo 6

Palabras

Key:
bold = this word will appear in higher exams only
* = this word is not on the vocabulary list, but you may use it in your own sentences

En Colombia todo es posible (pages 132–133):

¿Qué hay en tu país/región?	*What is there in your country/region?*
En (el norte de) mi país/región ...	*In (the north of) my country/region ...*
(no) hay ...	*there are / there aren't ...*
(no) tenemos ...	*we (don't) have ...*
mucho campo	*lots of countryside*
muchos lagos	*lots of lakes*
unos bosques / unas playas.	*some forests / beaches*
un **paisaje / río** espectacular	*a spectacular landscape/river*
comunidades *indígenas	*indigenous communities*
mucha *diversidad	*lots of diversity*
*selva tropical / *volcanes	*rainforest/ volcanoes*
Se encuentra(n) en ...	*It is / They are found in ...*
Está(n) en ...	*It is / They are in ...*
el norte/sur	*the north/south*
el este/oeste	*the east/west*
el centro	*the centre*

Medellín, ciudad inteligente (pages 134–135):

¿Has visitado ...?	*Have you visited ...?*
(Ya) He/Has/Hemos ...	*I/You/We have (already)...*
También he/has/hemos ...	*I/You/We have also ...*
Todavía no he/has/hemos ...	*I/You/We haven't ... yet.*
alquilado / probado...	*rented / tried ...*
bebido / comido ...	*drunk / eaten ...*
ido (al museo)	*been (to the museum)*
subido / visto ...	*gone up / seen ...*
descubierto ...	*discovered ...*
viajado (en metro)	*travelled (by underground)*
visitado (el parque famoso)	*visited (the famous park)*
¿Dónde está el centro comercial más cercano?	*Where is the nearest shopping centre?*
Está ...	*It is ...*
al lado de ...	*next to ...*
delante de / detrás de ...	*in front of / behind ...*
cerca de / lejos de ...	*close to / far from ...*
la estación (de metro)	*the (underground) station*
el banco	*the bank*
Mira el plano.	*Look at the map.*
Pasa / Cruza ...	*Go past / Cross ...*
el puente / la plaza.	*the bridge/square*
Toma la primera/segunda/tercera calle ...	*Take the first/second/third street ...*
a la derecha/izquierda	*on the right/left*
Está a la derecha/izquierda.	*It is on the right/left.*
¿Qué hacemos mañana?	*What are we doing tomorrow?*
Me encantaría / Quiero ...	*I would love to / I want to ...*
Podemos ...	*We could ...*
Voy/Vamos a ...	*I am / We are going to ...*
ir de excursion / en autobús	*go on an outing / by bus*
tomar el metro	*take the underground*

Medellín ahora y antes (pages 136–137):

¿Cómo es?	*What is it like?*
este lugar / esta calle	*this place/street*
estos árboles / estas tiendas	*these trees/shops*
ese espacio (público)	*that (public) space*
esa carretera	*that road*
esos parques / esas zonas	*those parks/areas*
aquel barrio	*that neighbourhood (over there)*
aquella bibioteca	*that library (over there)*
aquellos castillos	*those castles (over there)*
aquellas vistas	*those views (over there)*
En **aquellos** tiempos ...	*In those days ...*
Ahora, ¿cómo es?	*What is it like now?*
Ahora ...	*Now ...*
está limpio/a / sucio/a	*it is clean / dirty*
hay / tiene ...	*there is/are / it has ...*
más árboles / menos violencia	*more trees / less violence*
tanto/a cultura/arte	*so much culture/art*
tantos problemas	*so many problems*
es ...	*it is ...*
más **sostenible / seguro/a**.	*more sustainable / safer*
completamente diferente	*completely different*
tan cara/o	*so expensive*
Antes, ¿cómo era?	*What was it like before?*
Antes había ...	*Before there was/were ...*
muchos **delitos**.	*lots of criminal offences*
menos edificios modernos.	*fewer modern buildings*
mucha/tanta **basura**.	*lots of/so much rubbish*
Antes era ...	*it was ...*
más pequeño/a / tranquilo/a	*smaller / quieter*
menos moderno/a.	*less modern*
más *industrial / peligroso/a	*more industrial/dangerous*
Ha cambiado mucho porque...	*It has changed a lot because ...*
han abierto/creado ...	*they have opened/created ...*
han limpiado/mejorado ...	*they have cleaned/improved ...*
han construido ...	*they have built ...*
*han plantado ...	*they have planted ...*
*han renovado ...	*they have renovated ...*

¡A comprar! (pages 138–139):

¿Dónde prefieres ir de compras?	*Where do you prefer to go shopping?*
Por un lado, ... / **Por otro lado**, ...	*On one hand, ... / On the other hand, ...*
(No) Me gusta / Me encanta ...	*I (don't) like / I love ...*
Prefiero / Odio ...	*I prefer / I hate ...*
Suelo/Solemos ...	*I/We usually ...*
ir a las tiendas de mi barrio.	*go to the shops in my neighbourhood*
comprar ropa de segunda mano	*buy secondhand clothes*
comprar por Internet / en línea	*buy on the internet / online*
ir al centro comercial.	*go to shopping centre.*

Es/Son …	*It is / They are …*
menos/tan …	*less/so …*
barato/a(s)	*cheap*
económico/a(s)	*cheap*
caro/a(s) / fácil(es)	*expensive / easy*
práctico/a(s)	*practical*
sostenible(s)	*sustainable*
más barato/a(s) / caros	*cheaper / more expensive*
Hay **tanta**/demasiada gente.	*There are so/too many people.*
(No) Se puede **probar** la ropa.	*You can/can't try on the clothes.*
Los precios son más bajos.	*Prices are lower.*
Las tiendas son muy pequeñas.	*The shops are very small.*
(No) tengo que hacer **cola**.	*I (don't) have to queue.*
¿En qué puedo servirle?	*How may I help you?*
Ayer / Hace una semana compré …	*Yesterday / A week ago I bought …*

Quiero devolver/cambiar …	*I want to return/exchange …*
este jersey/vestido/traje	*this jumper/dress/suit*
esta camisa/camiseta	*this shirt/T-shirt*
esta corbata/falda	*this tie/skirt*
estos pantalones	*these trousers*
estos calcetines/zapatos	*these socks/shoes*
estas zapatillas de deporte	*these trainers*
porque es/son demasiado …	*because it is/they are too …*
pequeño/a(s)	*small*
largo/a(s)	*long*
grande(s)	*big*
ajustado/a(s)	*tight*
porque es/son de mala calidad	*because it is / they are poor quality*
porque no me gusta el color	*because I don't like the colour*

¿Dónde prefieres vivir? (pages 140–141):

¿Prefieres vivir en el campo o en la ciudad?	*Do you prefer to live in the country or in the city?*
Prefiero vivir en la ciudad/el campo porque …	*I prefer to live in the city/ countryside because …*
es más/menos … que …	*it is more/less … than …*
hay más/menos … que …	*there is more/less … than …*
es imposible aburrirse	*it is imposible to be bored*
¿Qué es lo bueno/malo de vivir en …?	*What is the good/bad thing about living in …?*
Lo bueno/malo de mi pueblo…	*The good/bad thing about my town…*
Lo positivo/negativo de mi ciudad …	*The positive/negative thing about my city …*
es que …	*is that …*
tiene mucha polución/gente	*it has a lot of pollution/ people*
(no) es …	*it is (not) …*
divertido/a / tranquilo/a	*fun / quiet*
está en la costa / las montañas	*it is on the coast / in the mountains*
no hay más posibilidades de trabajo	*there aren't more job prospects*

hay tanto tráfico	*there is so much traffic*
hay tanta gente	*there are so many people*
la gente (no) *se conoce	*people (don't) know each other*
conozco a todos mis **vecinos**	*I know all my neighbours*
hay una gran **variedad** de tiendas	*there is a large variety of shops*
siempre hay algo que hacer	*there is always something to do*
Cuando **tenga** más dinero, …	*When I have more money, …*
Cuando **sea** mayor, …	*When I am older, …*
Cuando **tenga** dieciocho años, …	*When I am eighteen, …*
compraré una casa pequeña	*I will buy a small house.*
viviré con mi novio/a	*I will live with my boyfriend/ girlfriend*
compartiremos un piso	*we will share a flat*
¿Cambiarías algo de tu zona?	*Would you change anything about your area?*
Cambiaría/Mejoraría …	*I would change/improve …*
Me encantaría/gustaría …	*I would love/like …*
Preferiría / **Construiría** …	*I would prefer/build …*

Un intercambio cultural (pages 142–143):

¿Qué es lo mejor de tu pueblo/ciudad?	*What is the best thing about your town/city?*
Mi pueblo/ciudad es …	*My town/city is …*
divertido/a / moderno/a	*fun / modern.*
preciosa / muy *dinámico/a	*a beautiful city / very dynamic.*
Lo bueno/**mejor** es …	*The good/best thing is …*
la gente/comida	*the people/food*
¿Cuál es tu lugar favorito de tu pueblo/ciudad/zona?	*What is your favourite place in your town/city/area?*
Mi **lugar** favorito es el mercado/ parque.	*My favourite place is the market/ park.*
¿Qué hiciste ayer / la semana pasada?	*What did you do yesterday / last week?*
Ayer / La semana pasada …	*Yesterday / Last week …*
alquilamos unas bicicletas.	*we rented some bicycles.*
compré …	*I bought …*
mucha fruta	*lots of fruit*
unos zapatos nuevos	*some new shoes*

fui …	*I went …*
a la playa / al estadio	*to the beach/stadium*
a un concierto/restaurante	*to a concert/restaurant*
¿Qué vas a hacer este fin de semana?	*What are you going to go this weekend?*
Primero / Luego …	*First / Later/Afterwards …*
Me/**Nos** gustaría …	*I/We would like to . .*
Podremos …	*We could/will be able to …*
Quiero/Queremos …	*I/We want to …*
Voy/Vamos a …	*I am / We are going to …*
salir a comer / ir de compras	*go out to eat / go shopping*
ir a la playa	*go to the beach*
visitar el castillo / sitios históricos	*visit the castle / historic places*
comprar helados	*buy ice creams*
participar en muchos eventos	*participate in lots of events*
Jugaré a …	*I will play …*
Iré (a la playa) para …	*I will go (to the beach) (in order) …*
celebrar / disfrutar de …	*to celebrate / enjoy …*
tomar el sol	*to sunbathe*

Módulo **7**

Un mundo mejor para todos

Espacios naturales maravillosos

- Learning about natural wonders of Spanish-speaking countries
- Using pronouns after prepositions

¡Descubre los paisajes más increíbles!

En América Latina y España, hay numerosos lugares naturales que son verdaderamente maravillosos y te dejarán con la boca abierta. Unos jóvenes explican cuál es para ellos su lugar favorito.

1 Para nosotros los colombianos, este es el río más hermoso del mundo. Tiene colores amarillos, azules, verdes, rojos y negros. Durante los meses de julio a noviembre, sus aguas son una vista extraordinaria, con colores que constrastan con el paisaje de los alrededores. ¿A ti qué te parece? **Leticia**

2 Puedes verlo desde el cielo. Para mí, es el lugar más bello y único del planeta. Tiene una forma circular perfecta y es de color azul. Está en medio del mar y es muy profundo: tiene más de 120 metros. A mí me gusta porque es un lugar lleno de sorpresas con varias especies de peces. **Félix**

3 Es la cascada natural más alta del planeta, con casi mil metros de altura. ¿Te atreverías a saltar desde ella? En los alrededores se encuentran valles y bosques. ¿Quieres descubrirla conmigo? Es increíble verla en los meses húmedos (agosto y septiembre), aunque hay que ir cuando hace buen tiempo porque las nubes y la lluvia esconden las vistas. **Laura**

4 Si eres aficionado al buceo, es el lugar ideal para ti. Se encuentra cerca de Isla Mujeres. Fue creado en 2009 para luchar contra la amenaza del impacto del ser humano en la vida marina. Un artista británico construyó figuras hechas con un material que ha permitido crear corales en ellas. ¿Te gustaría visitarlo con nosotros? **Julián y Rosario**

el buceo *diving*

a El Gran Agujero Azul (Belice)

b El Museo Subacuático de Arte (México)

c Caño Cristales (Colombia), un río de cinco colores

d Salto Ángel (Venezuela), en el Parque Nacional Canaima

Leer **1** **Read the texts and look at the photos. Match each text with the correct photo (a–d).**

Leer **2** **Read the texts above again and find these expressions in Spanish.**

1 Do you want to discover it with me?
2 full of surprises
3 Would you dare to jump from it?
4 For us Colombians
5 Would you like to visit it with us?
6 What do you think?
7 which has allowed corals to be created in them
8 it's the ideal place for you

Leer **3** **Read the sentences and write which place from exercise 1 they relate to.**

1 A mí me interesan las experiencias únicas. Prefiero observar la vida marina porque me encantan los peces. ***Samuel***

2 No tengo miedo de nada. A mí me gustan las experiencias y las emociones fuertes. ***Agustín***

3 A mí me preocupa la protección de las especies marinas. También me gusta el arte y sacar fotos bajo el agua. ***Amelia***

4 Para mí, lo más interesante es observar los colores increíbles de la naturaleza y las imágenes hermosas de sus paisajes naturales. ***Rita***

Escuchar 4 **Listen. Fill in the gaps in Spanish with the preposition and pronoun you hear (1–6). Then translate the sentences into English.**

Cómo proteger nuestros paisajes increíbles:

1. Reciclar papel tiene beneficios ___ ___.
2. El agua es esencial. ___ ___ no es posible la vida en nuestro planeta.
3. El plástico causa mucha basura. Debido ___ ___ hay mucha polución.
4. Es importante proteger los bosques. Gracias ___ ___ hay diversidad.
5. Confiamos ___ ___ para participar en este proyecto sobre el medioambiente.
6. Mañana voy a participar en una manifestación a favor de la protección de los animales. ¡Piensa ___ ___!

G

Prepositional pronouns are pronouns used after prepositions such as *a*, *de*, *en*, *para* and *sin*. They are the same as the subject pronouns, except for the forms *mí* (me) and *ti* (you).

Note that *mí* and *él* have an accent, to distinguish them from *mi* (my) and *el* (the), but there is no accent in *ti*.

There are two irregular forms: *conmigo* (with me) and *contigo* (with you).

The use of pronouns after ***a*** is to add emphasis:

A mí *me encanta este museo.* **I** love this museum.

*¿**A ti** te gusta?* Do **you** like it?

Singular		Plural	
me	**mí**	*us*	**nosotros/as**
you	**ti**	*you*	**vosotros/as**
him	**él**	*them (masc.)*	**ellos**
her	**ella**	*them (fem.)*	**ellas**
you (formal)	**usted**	*you (formal)*	**ustedes**

Page 168

Hablar 5 **In pairs, take turns to ask and answer the questions.**

- *¿A ti qué lugar te gustaría/interesaría visitar?*
- *A mí me gustaría/interesaría visitar el Museo Subacuático de Arte / el río Caño Cristales ...*
- *¿Por qué te gustaría/interesaría visitarlo?*
- *(A mí) me gustaría visitarlo porque suena/parece interesante/increíble/emocionante ... y (a mí) me gusta(n)/encanta(n) ...*

Hablar 6 **Read out the following text. Take care to pronounce words correctly, focusing on the sounds in bold. Then listen to check your pronunciation.**

El Parque Nacional del Teide

El Parque Na**ci**onal del Teide se en**cu**entra en la hermosa isla de Tenerife, que es parte de las Islas **Ca**narias. Es famoso por su **v**olcán, el Teide, que es el pi**co** más alto de España y uno de los más altos de Europa.

Este parque es una mara**v**illa natu**r**al úni**ca**, ya que posee paisa**j**es vol**cá**nicos impresionantes. Si **v**as allí podrás disfrutar de bonitas **v**istas de ro**ca**s vol**cá**nicas y tie**rr**as se**ca**s, **co**n **co**lores que **v**an desde el negro intenso hasta los tonos ro**j**os. Es popula**r** ent**r**e los tu**r**istas que bus**ca**n experien**ci**as dife**r**entes.

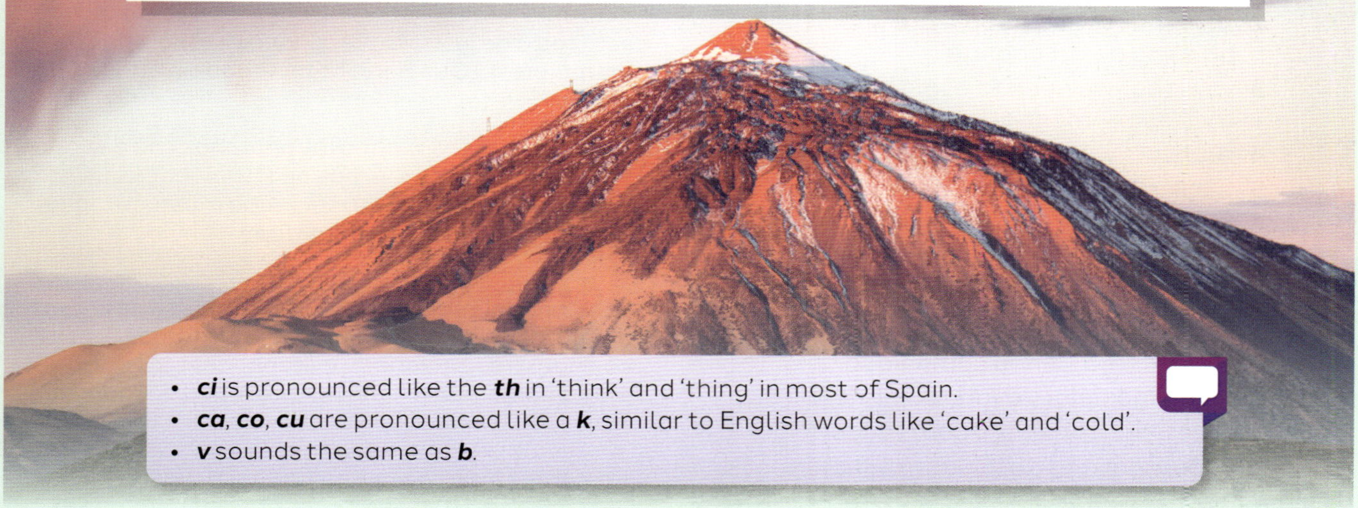

- ***ci*** is pronounced like the ***th*** in 'think' and 'thing' in most of Spain.
- ***ca***, ***co***, ***cu*** are pronounced like a ***k***, similar to English words like 'cake' and 'cold'.
- ***v*** sounds the same as ***b***.

1 ¡Actúa ya!

- Talking about how you help in your community
- Using the imperative
- Using *falta, hace falta, vale la pena, basta*

Escuchar 1 **Listen to and read the slogans. Match them to their English equivalent. Then, in pairs, take turns to read them out in Spanish, paying attention to correct pronunciation.**

1 ¡Respeta la igualdad!
2 ¡Vota por un futuro mejor!
3 ¡Lucha contra el racismo!
4 ¡Protege el futuro del planeta!
5 ¡Pide igualdad para las personas con discapacidad!
6 ¡Lucha por la libertad de expresión!
7 ¡Evita la violencia!
8 ¡Levanta tu voz contra la falta de justicia!

a Raise your voice against the lack of justice!
b Vote for a better future!
c Fight for freedom of expression!
d Fight against racism!
e Avoid violence!
f Respect equality!
g Protect the future of the planet!
h Demand equality for people with disabilities!

G

The **imperative** is used to give instructions.
The singular (*tú*) positive imperative is formed by removing the -s from the *tú* form of the verb. This is the same as the 'he/she/it' form in the present tense.

votar →	(*tú*) ***votas*** →	***¡Vota!***	Vote!
proteger →	(*tú*) ***proteges*** →	***¡Protege!***	Protect!
pedir →	(*tú*) ***pides*** →	***¡Pide!***	Ask!

With imperatives, **pronouns** are attached to the end of the verb to become a single word.
*Haz**lo***. Do **it**.

If the imperative verb has two syllables or more, an accent is placed on the second-to-last syllable, not counting the pronoun.
*Protége**los***. Protect them. *¡Ayúda**me**!* Help me!

Page 168

Leer 2 **Read the opinions and write the correct name for each question below. Then translate Camila's and Guadalupe's texts into English.**

Who ...
1 says that we must protest against the lack of justice?
2 says that young people are important in bringing about change?
3 says that we need to avoid harming the environment?
4 supports women's rights?
5 is asking us to support good causes?
6 demands equality for disabled people?

Es importante manifestarse para tener una sociedad mejor para todos nosotros. Los jóvenes somos importantes en el mundo actual para cambiar las cosas. Ayuda con tus acciones y haz todo lo posible para apoyar buenas causas sociales. ¡Contamos contigo! ***Shafful***

La igualdad es un derecho. ¿Por qué tratarnos de forma diferente a los hombres? Debemos manifestarnos contra esta falta de justicia. ¡Reconoce y respeta los derechos de las mujeres! ¿Qué haría la sociedad sin ellas? ***Camila***

No es justo discriminar a las personas con discapacidad. Merecen tener las mismas oportunidades que otras personas. Si quieres una sociedad más justa, ¡pide igualdad para todos! ***Guadalupe***

El futuro del planeta es nuestro, por eso es importante actuar contra las amenazas. Necesitamos tener cuidado con nuestras acciones y evitar hacer más daño al medioambiente. ¡Lucha por protegerlo! ***Radhika***

Escuchar 3 **Listen to and complete the sentences with the missing words.**

1 Haz trabajo ... en tu comunidad.
2 Sé amigo del ... y ayuda al planeta.
3 Pide una ... más justa para todos.
4 ... los mensajes de la naturaleza y ...

Leer 4 Read what some young people do to help in their community. Copy and complete the table with the correct paragraph numbers. Then find (a) six verbs in the preterite tense, (b) five verbs in the simple future tense and (c) one verb in the conditional tense.

Action(s) in the past	Action(s) now	Action(s) in the future

¿Y tú? ¿Cómo ayudas en la sociedad?

1 Ayudo en proyectos sociales en mi comunidad. Me hace sentir bien y es algo que vale la pena hacer. Si quieres participar en ellos, contacta conmigo y te daré toda la información que necesitas.

2 Compraré ropa de segunda mano en línea. Será más económico y ahorraré dinero. Faltan recursos en el planeta y hace falta dar una segunda oportunidad a las cosas. Elegiré productos de comercio justo también. Hace falta ser responsable con nuestras opciones de compra.

3 Ayudé en un hogar de ancianos. Ofrecí apoyo y cariño a personas mayores. Para mí, valió la pena hacerlo. Siempre hacen falta personas para ayudar. ¿Te gustaría venir conmigo la próxima vez?

4 Soy miembro de una asociación que apoya a las personas sin hogar. Si quieres ayudar, basta con dar comida o ropa y zapatos que ya no usas. ¡Participa en esta buena causa!

5 Di dinero para apoyar buenas causas. También llevé comida a los bancos de alimentos. Lo hice porque hay muchas personas que no tienen trabajo ni dinero. Hace falta ser generoso.

Escuchar 5 Listen to these two young people answer the question below. Then listen again and note down a past action and a future action for each person. (1–2)

- What do you do to help in society or in your community?

Hablar 6 In pairs, take turns to answer these questions. Use the language you have learned so far in this unit to help you.

- *¿Qué haces para ayudar en tu comunidad o en la sociedad? ¿Por qué lo haces?*
- *¿Y qué hiciste en el pasado para ayudar a otras personas?*
- *¿Qué más te gustaría hacer en el futuro?*

Escribir 7 Write about how you help in your community for a volunteering blog. Include:

- what you normally do to help others / your community
- your opinion about why it is important
- something that you did in the past to help and your opinion
- an activity you will do or would like to do in the future and why.

G

These **impersonal verbs** can be used alone or followed by an infinitive:

vale la pena	it's worth it / it's worth (doing something)
basta (con) / (de)	it's enough to
hace falta	it's necessary (to)
falta	is lacking

Vale la pena *apoyar buenas causas.*
It's worth supporting good causes.

Page 168

Para ayudar en mi comunidad	compro ropa de segunda mano. doy/llevo comida a … ayudo en proyectos sociales. hago campañas para …	
Es importante hacerlo porque	vale la pena apoyar buenas causas hace falta ayudar / ser responsable.	
La semana pasada El mes pasado El fin de semana pasado	participé/ayudé en … ayudé a personas sin hogar. organicé/compré/hice … di dinero a …	
En el futuro El verano próximo El año próximo	haré/daré … participaré/ayudaré en un proyecto de conservación … compraré productos de comercio justo.	
	me gustaría …	dar/recoger … ayudar/participar en …

2 El planeta en peligro

- Talking about climate change
- Using the passive
- Using the imperfect continuous tense

Hablar 1 **In pairs, take turns to read out the following headlines. What do you think each headline means?**

1. El hambre aumenta a nivel mundial
2. Emergencia: ¡América Latina tiene sed!
3. Polución del aire: una amenaza para la salud
4. El invierno con más calor del siglo en España
5. Cambio climático: una carrera contra el reloj
6. ¡Alerta roja! Los glaciares están desapareciendo

Leer 2 **Find headlines in exercise 1 to match the articles. Then match the Spanish passive verbs in purple to the English phrases below. Finally, translate text C into English.**

A

Perú posee alrededor del 70% de los glaciares tropicales del mundo, pero muchos kilómetros de esos glaciares **han sido destruidos** por el aumento de la temperatura del planeta. A nivel mundial, millones de personas del planeta **serán amenazadas** por el agua derretida, no solo porque aumentará el nivel del mar sino también porque muchas inundaciones **serán causadas** por los lagos glaciares.

B

La falta de agua es el principal problema en muchos países de Latinoamérica. El agua **es usada** por las empresas, pero la cantidad para los ciudadanos **es limitada** a unos pocos litros. De hecho, el agua **fue cortada** durante meses en los barrios de algunas ciudades. En el futuro, una de cada cuatro personas de estos países **será afectada** por este problema.

C

En España, el invierno de 2022 fue el quinto invierno más caliente desde que empezó este siglo. Es un ejemplo de cómo el clima global **ha sido afectado** por los cambios. Las temperaturas **fueron observadas** y **estudiadas** por los científicos. Ese año, la producción de alimentos también **fue afectada** por la falta de nieve y lluvia.

derretido/a *melted*

1. is limited
2. will be caused
3. were observed and studied
4. is used
5. have been destroyed
6. has been affected
7. was cut off
8. will be affected
9. will be threatened

Escuchar 3 **Listen to some young people discussing environmental problems. Copy and complete the table in English. (1–5)**

¿Cuál es el problema más grave?

	Biggest problem	Reason
1	food waste	People are hungry / not enough food.

G

The **passive** is used to say what is/was/will be done to something or someone. To form it, use the correct person and tense of ***ser*** followed by the **past participle**, which must agree.

*El problema **es estudiado** por los científicos.*
*Los campos **son afectados** por la falta de lluvias.*
*La casa **fue destruida** por los vientos fuertes.*

Page 169

Hablar 4 **In pairs, talk about the biggest problem facing the planet and give reasons. Use the language from previous exercises to help you.**

- *Para ti, ¿cuál es el problema más grave? ¿Por qué?*

Para mí, el problema más grave es		el hambre / la polución / el cambio climático / la falta de agua/comida
porque	creo que / pienso que / me parece que	afecta a nuestro planeta / nuestra salud. / hay personas que no tienen acceso a comida. / no se puede vivir sin agua limpia.

Leer 5 **Read about one of the most important climate events in recent years in Spain. Answer the questions in English.**

www.lasnoticiasdelplaneta.es

Filomena, la peor tormenta del siglo

La tormenta Filomena dejó una profunda marca en España. Muchas ciudades españolas fueron afectadas por la nieve y las temperaturas bajísimas.

Los aeropuertos, las carreteras y el transporte público fueron cortados por la cantidad enorme de nieve que cayó, lo que hizo difícil el tráfico e incluso el acceso a los hospitales.

Como la electricidad también fue cortada y las temperaturas eran muy bajas, el gobierno tuvo que adoptar planes de emergencia para ayudar a los ciudadanos.

A pesar de las dificultades, mucha gente ayudó a limpiar las calles de nieve, dar alimentos y medicinas, y salvar a aquellos que no podían salir de sus vehículos. Las redes sociales fueron importantísimas para organizar las tareas de ayuda y compartir información útil sobre la situación.

Por otro lado, la tormenta Filomena también dejó muchas imágenes hermosas en todo el país, con los monumentos más famosos de España, como el Palacio Real en Madrid, llenos de nieve.

Filomena: hermosa pero peligrosa

la tormenta *storm*

1. Why was accessing hospitals challenging?
2. Why did the government implement emergency plans?
3. How did the community come together to help? (Give two details)
4. Why is social media mentioned? (Give two reasons)

Leer 6 **Read the accounts of these young people and focus on the imperfect continuous phrases in purple. Write down the following information in English.**

- What they were doing when the storm came.
- What they say about the snow, and/or its consequences.

¿Qué **estabas haciendo** cuando vino la tormenta?

1 Ese día, mi padre **estaba durmiendo** y yo **estaba ayudando** a mi madre en el jardín. Cuando vino la tormenta, lo llenó todo de nieve blanca. Nevó durante 36 horas sin parar. ***Eduardo***

2 Mis amigos y yo **estábamos jugando** un partido de fútbol en el estadio con nuestro equipo. Pero con la tormenta, tuvimos que parar porque no era posible continuar. ***Rubén***

3 **Estaba viendo** una película mientras mis hermanos **estaban escuchando** un pódcast. Miré por la ventana y todos los árboles y los coches estaban llenos de nieve. ¡Qué bonito! ***Gonzalo***

4 Cuando vino la tormenta mi amiga y yo **estábamos paseando** a su perro, pero tuvimos que volver a casa porque había mucha nieve por todas partes. ***Valentina***

Escuchar 7 **Listen. Copy and complete the table in English. (1–4)**

	Weather event	Activity	Problems (mention two)
1	sandstorm	eating ice cream, …	Had to leave quickly, …

G

The **imperfect continuous** is used to describe what people were doing.

Estaba corriendo *en el parque cuando empezó a llover.*
I was running in the park when it started to rain.

To form this tense, use the imperfect of ***estar*** and the **present participle**.

Page 170

Escribir 8 **Translate these sentences into Spanish. Use the vocabulary from exercise 6 to help you.**

1. I was studying in the school library.
2. My friends and I were playing a basketball match.
3. I was going to school by bike.
4. I was buying a gift for my friend's birthday in a market.
5. My best friend and I were walking in the park.
6. My younger sister was sleeping while I was preparing dinner.

3 Protegemos el planeta

- Talking about actions to help the environment
- Avoiding the passive
- Practising negatives

Leer 1 **Write the correct letter for each sentence.**

Para cuidar el medioambiente, en mi casa, ...

¿Qué haces en casa para cuidar el medioambiente?

1 apago la luz para ahorrar energía.
2 separamos la basura.
3 voy en bici o a pie a menudo.
4 reciclamos el papel, las botellas de plástico y el vidrio.
5 me lavo o me ducho, en vez de bañarme, para ahorrar agua.
6 utilizo el transporte público.
7 tratamos de no tirar los alimentos a la basura.
8 intentamos no usar bolsas de plástico.

a

b

c

d

e

f

g

h

Escuchar 2 **Listen to and read this entry on an eco-school blog. Then copy and complete the passive phrases below in English, selecting the correct words from the box.**

Un colegio verde

En nuestra comunidad escolar trabajamos juntos para crear un colegio sostenible. Queremos dejar un legado positivo para las futuras generaciones.

En nuestro colegio **se piensa** que el cuidado del medioambiente es importantísimo. Por eso, regularmente **se organizan** actividades educativas para ayudar a protegerlo y conservarlo, y **se sigue** la regla de 'las tres erres': reducir, reciclar y reutilizar. A menudo **se hacen** campañas de reciclaje que tienen mucho éxito para reducir la cantidad de basura que producimos. Además, al final del día **se apagan** todas las luces, los ordenadores y las pantallas porque no son necesarios. Así **se ahorra** energía.

Nuestro colegio tiene zonas verdes para jugar y jardines llenos de árboles y plantas que **se mantienen** limpios con la ayuda de todos. Además, nunca **se tira** la comida a la basura, sino que **se recicla** y **se utiliza** para hacer compost para la tierra.

el legado *legacy*

Examples: **1** *In our school* ***it is thought*** *...*
2 *Educational activities* ***are organised*** *...*

3 The rule of the three Rs ...
4 Recycling campaigns ...
5 At the end of the day the lights ...
6 Energy ...
7 Green zones ... clean.
8 Food is never ... It is ...

thrown away	are held
are switched off	are kept
recycled and used	is followed
are organised	is saved
it is thought	

Escribir 3 **Translate these sentences into Spanish. Use the vocabulary from exercise 2 to help you.**

1 Recycling campaigns are organised every month.
2 Water is saved and green areas are kept clean.
3 To help the environment in my school, the rule of the three Rs is followed.
4 Food is recycled, it is not thrown away; it is used to create compost for the garden.

G

In Spanish the **passive** is often avoided by using the reflexive pronoun ***se***.
En mi colegio ***se recicla*** *el papel.*
In my school, paper **is recycled**.

Sometimes the subject of the verb comes after the verb.
Se organizan actividades.
Activities **are organised**.

Page 170

Escuchar 4 **Listen to Joaquín, Almudena and Rosario talking about what they do for the environment. For each person, write down one detail in English for the following:**

1. what they do at home
2. what they do at school
3. what they did in the past
4. what they'd like to do in the future.

Hablar 5 **In pairs, take turns to answer questions about the environment.**

- *¿Qué haces para cuidar el medioambiente en casa?*
- *¿Y en tu colegio? ¿Qué cosas hacéis para ayudar?*
- *¿Qué hiciste en el pasado para ayudar?*
- *¿Y en el futuro? ¿Qué más te gustaría hacer para ayudar?*

Escribir 6 **Write a blog in Spanish for your school's eco council on what you do to help the environment. Include:**

- what you do to help the environment at home/school
- your opinion on how you are making a difference
- something you did last month for the environment
- what you would like to do in the future to help.

Use ***no solo … sino también*** as an alternative to using *y*.

No solo *es malo para la salud* ***sino también*** *para el planeta.*
It's **not only** bad for your health **but also** for the planet.

En Barcelona tienen supermanzanas. Su objetivo es transformar los espacios urbanos de la ciudad en zonas para andar con menos tráfico y más espacios verdes. Quieren que las calles sean más seguras para los ciudadanos y tengan menos polución.

la supermanzana	*Superblock*

Para ayudar al medioambiente,	en casa	reciclo / separo la basura. no uso bolsas/botellas de plástico. utilizo botellas de vidrio. trato de / intento limitar el uso de … viajo en …
	en el colegio	se sigue la regla de 'las tres erres'. se apagan las luces / se ahorra energía. se recicla el papel/vidrio. se organizan … reciclamos/apagamos/usamos …
La semana pasada El mes/año/verano pasado El fin de semana pasado		participé en … organicé … ahorré … hice … viajé en … ayudé a … aprendí a … usé …
En el futuro El verano/año próximo	me gustaría	ayudar a los animales en peligro. aprender a arreglar aparatos electrónicos. organizar campañas de reciclaje organizar un mercado para vender/comprar ropa y objetos de segunda mano.

4 Nuestro mundo, nuestra responsabilidad

- Talking about solutions
- Using the subjunctive to give opinions
- Translating more complex texts

Escuchar **1** **Listen and read. Write the correct letter for each person. Can you find the verbs in the present subjunctive?**

Jóvenes con causa

1 Recomiendo que la gente haga una lista de la compra cuando vaya al supermercado. Quiero que sea más responsable para evitar tirar la comida y crear más basura. **Fátima**

2 Me pone triste que mucha gente en nuestra sociedad no tenga suficiente para comer. **Carla**

3 Odio que la gente vaya a los parques y a las playas y no tenga cuidado con la basura que produce. ¡No está bien! **Paula**

4 Me preocupa que la gente sea víctima de la violencia, la discriminación y el racismo. En el futuro, espero que la sociedad sea más justa. **Julián**

5 Quiero que más gente haga sus compras en tiendas de comercio justo. Animo a la gente a apoyar este proyecto. **Guillermo**

a

b

c

d

e

Leer **2** **Translate these phrases into English.**

1. Recomiendo que vengas a mi casa en bici o en transporte público.
2. Me preocupa que la sociedad no sea justa.
3. Odio que la gente no tenga cuidado con la basura.
4. Quiero que cada niño tenga suficientes alimentos para comer.
5. Espero que la gente vaya a comprar a las tiendas de comercio justo.
6. Me pone triste que el gobierno no haga más para evitar las consecuencias del cambio climático.

Escuchar **3** **Listen to the interviews and select the correct option. (1–2)**

a Emilio believes that **racism and violence** / **gender violence** / **problems with animal rights** still exist(s).

b He wants **schools to teach families** / **women to show respect** / **schools and families to teach children**.

c His call to action is for **violence against sexism** / **men to respect women's rights** / **women to be included in protests**.

d Julia is annoyed about **the pollution of mountains** / **food waste** / **supermarkets selling too many clothes**.

e Her solution is **for shops to be more responsible** / **that unsold food go to the hungry** / **to stop using a shopping list**.

G

You have already learned to use the **present subjunctive** with *cuando*. It is also used after verbs of wishing, command, request and emotion, such as ***recomendar***, ***esperar***, ***querer*** and ***odiar***.

Remember that to form the present subjunctive in the first person singular, take the 'I' form of the present tense and remove the ***-o***. For ***-ar*** verbs add ***-e***, and for ***-er*** and ***-ir*** verbs add ***-a***.

Odio que mucha gente no ***tenga*** *comida.*

I hate that lots of people don't have food.

Only use the present subjunctive when there is a change of subject in the sentence.

Quiero que la gente ***sea*** *más responsable con sus costumbres de compra.*

I want people **to be** more responsible with their shopping habits.

Irregular verbs in the present subjunctive include:

ser → *sea* *ir* → *vaya*

Page 171

Leer 4 **Read about the actions of Sam, an activist dog, and answer the questions in English.**

Conoce a Sam, un perro activista y superhéroe

Sam es un perro que lucha contra la basura en un parque de Santiago de Chile. A Sam y a su dueño, Gonzalo, les encantaba pasear por el parque, pero siempre tenían que parar en el camino para recoger basura, como botellas de plástico, cajas de alimentos, ropa y otros materiales, que la gente tiraba.

Los responsables de Parquemet, un hermoso parque en la capital chilena, decidieron usar su imagen y sus acciones para mandar un mensaje positivo de conservación del medioambiente. Ahora, Sam es el personaje de un cómic educativo, *Sam, el superhéroe de Parquemet*, que se ha utilizado para la presentación de una campaña. Esta campaña pide que la gente tenga cuidado con la basura para no tirarla por todas partes. Quiere que la gente haga un esfuerzo para ponerla en un punto de reciclaje.

La campaña fue un éxito y rápidamente recibió buenos comentarios de los usuarios. A Sam le gusta pasarlo bien en el parque, pero desea que la gente sea más responsable.

1 What did Gonzalo and Sam have to do on their walks?
2 What is Parquemet and where is it?
3 What does the campaign want visitors to do with their rubbish? (Give two details)
4 What are we told about the impact of the campaign?

Escuchar 5 **Listen and fill in the gaps in Spanish. Then take turns to read out the sentences with your partner.**

1 La campaña recibió una ___ positiva de los usuarios.
2 Gonzalo y Sam están a favor de la ___ de basura en Parquemet.
3 El nivel de ___ de basura es un problema enorme en este parque.
4 Las personas que visitan el parque necesitan recibir ___ sobre el medioambiente.
5 La campaña del cómic tiene una ___ educativa.

Words ending in the suffixes ***-ción*** and ***-sión*** are usually cognates for English words ending in '-tion' or '-sion' and are always **feminine**. Pay attention to the difference in pronunciation.

*celebra**ción*** celebration
*ver**sión*** version

Hablar 6 **In pairs, take turns to talk about your opinion on social and environmental problems. Include your ideas for solutions and actions.**

- *¿Qué problema te preocupa más?*
- *¿Por qué?*
- *¿Qué acción quieres ver?*

(A mí) Me preocupa(n) ... la polución de los bosques/mares ... la falta de agua ... el sexismo ... la violencia contra las mujeres / personas transgénero ...		
porque ya que	muchas personas muchos animales	no tienen suficiente comida. sufren. son afectad**os**/**as**.
Odio que Me pone triste que	la gente el gobierno la juventud la sociedad	no haga campañas / acciones positivas. no tenga cuidado con ... no sea responsable.
Espero que Quiero que Recomiendo que		haga acciones positivas ... haga campañas contra ... tenga cuidado con ... sea responsable. vaya a manifestaciones contra ...

Escribir 7 **Translate the text into Spanish.**

The present subjunctive
The passive
The imperative
Prepositional pronouns
Avoiding the passive

The problem that worries me is the pollution of forests, rivers and seas. I hate that people are not careful with their rubbish. I want people to be more responsible because the environment and animals are affected by it. We must act and make an effort. More campaigns on social media are needed. My message is: respect nature, look after and protect our beautiful planet!

5 El futuro está en nuestras manos

- Developing effective comprehension skills
- Using *(no) se debería* + infinitive
- Understanding multiple tenses

Leer 1 **Read the texts. Write *Jesús*, *Joaquín*, or both names, for each sentence below. Then translate the last paragraph from both texts.**

Jóvenes en acción

Texto 1

Mi modelo de conducta favorito es Jesús Morales. Durante la pandemia perdió su trabajo y tuvo la feliz idea de utilizar su canal para ayudar a la gente usando su popularidad en TikTok.

Primero Jesús subió vídeos graciosos a la red social y sus seguidores dieron dinero, el cual utilizó para ayudar a otros ciudadanos sin suerte. Salió a la calle y empezó a dar el dinero recibido a los vendedores de la calle en San Diego y Los Ángeles. Al mismo tiempo, grabó las imágenes en vídeos para compartir en la red social, los cuales tuvieron muchísimo éxito. Gracias a la fama que consiguió, pudo seguir con su proyecto social.

A mí me parece que a Jesús le pone triste que su comunidad latina sea víctima de las consecuencias de la crisis, por lo tanto quiere apoyarla. Yo estoy de acuerdo con sus acciones porque creo que se debería ayudar a solucionar los problemas sociales.

Alejandro

Texto 2

Mi modelo de conducta favorito es Joaquín Verdeja. Cuando tenía 16 años, decidió ayudar a niños vulnerables que vivían en hogares sin su familia.

Su mejor amigo, Augusto, y él trabajaron juntos y crearon el proyecto Undood Argentina. Con la ayuda de grupos de amigos del colegio, recogieron juegos y otros objetos que la gente ya no utilizaba. Así comenzaron a hacer actividades sociales y culturales en los hogares de los chicos.

Creo que a estos jóvenes voluntarios no les gusta que un niño sin padres no tenga compañía y quieren que cada niño sea feliz. Por eso desean prestar una mano y dar cariño a estos chicos. Yo pienso que se debería hacer todo lo posible por apoyar proyectos como este en nuestra comunidad.

Joaquín Verdeja

Emiliana

1. His project had a positive influence in the community.
2. He shared videos of his actions on social media.
3. His project helped people down on their luck.
4. He organised activities and games for the people he helped.
5. He received support from others to carry out the project.
6. He wanted to help children living in homes without their family.
7. He used his fame on social media to help people in his community.

los vendedores de la calle	*street vendors*
los voluntarios	*volunteers*
prestar una mano	*to lend a hand*

The **relative pronouns** *el cual, la cual, los cuales, las cuales* are another way to say 'who', 'which' or 'that' in Spanish. They can refer to people and things and change according to gender and number. Sometimes we can just use ***que*** instead.

Sus seguidores dieron dinero, ***el cual*** *utilizó para ayudar a otros.*

His followers gave money, **which** he used to help others.

Hablar 2 **In pairs, take turns to ask and answer the questions.**

- *¿Quién es tu modelo de conducta favorito?*
- *Mi modelo de conducta favorito es … porque usa su popularidad en TikTok para … / ayuda a mucha gente …*
- *¿Te gustaría hacer trabajo voluntario? ¿Por qué?*
- *Sí, me gustaría hacer … Creo que es importante ayudar / participar en …*
- *No, me gustaría hacer … porque …*
- *¿Qué se debería hacer para ser un buen voluntario?*
- *Para ser un buen voluntario, se debería ayudar a solucionar …*

G Use ***(no) se debería*** + infinitive to say what should or shouldn't be done.

Se debería *hacer todo lo posible para ayudar a otros.*

Everything possible **should** be done to help others.

Escuchar 3 **Listen to an extract in two parts about Olivia Mandle, a Spanish teen, and her activism. Choose <u>one</u> correct answer in part 1 and <u>two</u> correct answers in part 2.**

Part 1

1 Olivia's interest in the sea started when she was a child.
2 She campaigns against overfishing.
3 She has a house near the sea.
4 She thinks that people buying too much plastic is not sustainable.

Part 2

5 She wants the government to make laws to protect her favourite animal.
6 Through social media she encourages people to act.
7 She is looking for support from scientists and other organisations.
8 Her book was published a few months ago.

Leer 4 **Read the text and select the correct option in the sentences below. Then translate the last <u>two</u> sentences in the third paragraph into English.**

Yalitza Aparicio, una actriz que defiende los derechos humanos

Esta actriz mexicana actuó en la película *Roma*, la cual tuvo mucho éxito porque ganó el premio *Oscar* como mejor película de lengua no inglesa. También fue nominada como mejor actriz en estos premios. Además, fue elegida Embajadora de Buena Voluntad por la UNESCO por su lucha para defender los derechos de los pueblos indígenas.

Yalitza habló en contra del racismo en las redes sociales y también escribió un artículo para el periódico *The New York Times* sobre el racismo y la discriminación. En él habló de la importancia del arte para denunciar los problemas sociales, crear conciencia sobre ellos y causar un cambio.

En 2020 Yalitza fue elegida miembro de la Academia de Artes y Ciencias Cinematográficas de Hollywood, y ese mismo año presentó los premios *Latin Grammy*. Los seguidores de sus redes sociales y su canal de YouTube mencionan que ella es un buen ejemplo para México, porque apoya a quienes más lo necesitan. Siempre da mensajes positivos y se siente orgullosa de su cultura.

Yalitza Aparicio

la Embajadora de Buena Voluntad	*Goodwill Ambassador*
denunciar	*to denounce*
la conciencia	*awareness*

1 Yalitza starred in a film that **won a prize / was nominated for a prize / had some success**.
2 Yalitza was chosen as Goodwill Ambassador by UNESCO **to defend the homes of Indigenous People / because she was the best actress / for her activism**.
3 She wrote about racism and discrimination **on social media / in an article and on social media / in her artwork**.
4 Yalitza thinks that art **reflects social problems / is important in social problems / can help create awareness and promote change**.
5 She also **won / presented / was chosen to represent** the Latin Grammy awards.
6 Her followers on social media think she **is proud of her success / is an example of Mexican culture / supports those who need it most**.

To develop effective comprehension skills:
- read or listen for gist first
- match sections to questions
- identify verb tenses
- watch out for distractors in questions
- pay attention to information around the key words.

Gramática 1

Prepositional pronouns (Culture, page 157)

Escribir 1 **Read the grammar box on page 157. Fill in the gaps using the phrases from the list. Then translate the completed sentences into English.**

Para ti | conmigo | a ella | sin ellos | con él | A mí | contigo

1 Mañana participaré en una manifestación. ¿Te gustaría venir ____?
2 Debemos cuidar los bosques y los árboles porque no podemos vivir ____.
3 ____, ¿cuál sería la mejor solución a este problema? ____ me parece que lo mejor sería prohibir el uso del plástico.
4 Víctor, me gustaría ir ____ al banco de alimentos para llevar comida.
5 El sábado mi primo organizará un evento y yo quisiera participar ____.
6 Mi hermana no usa bolsas de plástico porque ____ le preocupa mucho el medioambiente.

The imperative (Unit 1, page 158)

Escuchar 2 **Complete the sentences with the correct form of the imperative. Listen and check your answers. Then translate the sentences into English.**

Example: *1 Poned atención a la situación ...*
Pay attention to the situation ...

1 **(poner, vosotros)** atención a la situación y **(escuchar, vosotros)** la voz de los jóvenes.
2 **(tener, tú)** cuidado con tus acciones. **(apoyar, tú)** este proyecto sobre el medioambiente y.
3 **(poner, tú)** la basura en el lugar correcto para su reciclaje. **(ser, tú)** responsable con lo que haces.
4 ¡**(venir, tú)** a la manifestación! **(ayudar, tú)** a luchar contra el racismo y **(defender, tú)** la justicia.
5 ¡**(hacer, tú)** compost con la basura de los alimentos y **(usarlo, tú)** en tu jardín!

The singular (*tú*) positive **imperative** is formed by removing the **-s** from the *tú* form of the verb.
The positive command is the same as the 'he/she/it' form in the present tense.
***Da** dinero para causas importantes.*
Give money for important causes.

These verbs are **irregular** in the *tú* form:

ser (be)	→ *sé*	***hacer*** (do/make)	→ *haz*
ir (go)	→ *ve*	***poner*** (put)	→ *pon*
tener (have)	→ *ten*	***salir*** (go out/leave)	→ *sal*
venir (come)	→ *ven*		

To form the **plural** (*vosotros/as*) positive command, use the infinitive and change the **-r** to a **-d**.

*participa**r*** → *¡Participa**d** en la manifestación!*
*pedi**r*** → *¡Pedi**d** justicia!*

Remember that **object** and **reflexive pronouns** are attached to the end of the imperative to become a single word.
*Pon**lo** aquí.* Put **it** here.

If the command has two syllables or more, put a written accent on the second-to-last syllable, before adding the pronoun.
*Píde**la**.* Ask for **it**. *Relája**te**.* Relax.

Impersonal verbs (Unit 1, page 159)

Leer 3 **Read the grammar box on page 159 and then translate these sentences into English.**

Parece is another impersonal verb meaning 'it seems'.

1 Hace falta producir menos basura. ¡Piensa antes de comprar!
2 Ya he tirado la basura. Solo falta reciclar el papel y las botellas de vidrio.
3 Todo está listo. Ahora falta decidir quién llevará la comida al banco de alimentos.
4 Parece que algunas personas creen que el reciclaje no es necesario.

The passive (Unit 2, page 160)

The passive is used to say what is/was/will be done to something or someone. To form it, use the correct person and tense of ***ser*** followed by the **past participle**, which must agree in number and gender with the object. The **object** becomes the **subject** of the sentence. Remember that the past participle is formed by removing the ***-ar***, ***-er*** or ***-ir*** from the infinitive and adding ***-ado***, ***-ido*** or ***-ido***.

Active		Passive
El viento fuerte *destruyó* ***las casas***. (object: *las casas*)	→	***Las casas*** *fueron* ***destruidas*** *por* ***el viento fuerte***. (subject: *Las casas*)
The strong wind destroyed **the houses**.	→	**The houses** were **destroyed** by **the strong wind**.
La situación ***ha sido causada*** *por la falta de lluvias.*		The situation **has been caused** by the lack of rain.
El agua ***será limitada*** *a 10 litros por ciudadano.*		Water **will be restricted** to 10 litres per citizen.

Leer 4 **Read and select the correct form of the passive. Remember to check if the object/subject is masculine/feminine and singular/plural. Also check for clues such as time expressions. Then translate the sentences into English.**

1. El debate sobre el cambio climático no para. Este proceso **ha sido estudiado / fue estudiada / serán estudiadas** por los científicos durante décadas.
2. Sus consecuencias **son discutidos / son discutidas / es discutido** en todos los medios.
3. Los mares y las temperaturas **son afectados / fueron afectadas / es afectado** por este cambio.
4. En el siglo pasado muchos bosques **fueron destruidas / son destruidos / fueron destruidos**.
5. La calidad del aire **fue afectado / fue afectada / es afectado** por el aumento de las fábricas.
6. En las próximas décadas, la biodiversidad del planeta **es reducida / serán reducidas / será reducida** seriamente por las consecuencias que trae el cambio climático.
7. Los recursos del planeta **fueron limitados / serán limitados / serán limitadas** por los efectos del cambio climático.

Escribir 5 **Complete the sentences with the indicated form of the passive. Then translate each one into English.**

1. El bosque (*was destroyed*) por el fuego.
2. Los campos (*are affected*) por la falta de lluvia y nieve.
3. La información (*was shared*) rápidamente en las redes sociales.
4. Las carreteras (*were closed*) debido a la inundación.
5. Algunos objetos (*are not recycled*) por la gente.
6. El aumento del hambre (*is caused*) por los cambios rápidos en el clima.

Hablar 6 **Read out the text in pairs, paying attention to correct pronunciation.**

El reciclaje tiene muchas ventajas y beneficios no solo para el planeta sino también para la sociedad y la economía. Hace falta reducir la cantidad de basura que producimos. También vale la pena reciclar ya que ayuda a reducir la polución del aire, del agua y de la tierra. Si reciclamos más, ayudaremos a conservar la diversidad de la naturaleza y el medioambiente porque usaremos menos recursos naturales. Por lo tanto, ¡sé responsable y recicla!

Gramática 2

The imperfect continuous (Unit 2, page 161)

Escribir 1

Fill in the gaps with the correct form of the imperfect continuous. Then translate the sentences into English.

1 ¿Te acuerdas de qué ___ ___ aquel día? **(tú, hacer)**
2 ___ ___ en coche cuando comenzó la inundación. **(yo, viajar)**
3 Cuando empezó el fuego mis amigos y yo ___ ___. **(nosotros, estudiar)**
4 Los niños ___ ___ en la calle cuando empezó el viento fuerte. **(ellos, jugar)**
5 Ese día mi primo y yo ___ ___ un partido de baloncesto en el estadio. **(nosotros, ver)**
6 Mi hermano ___ cuando llegaron mis abuelos. **(él, dormir)**
7 ___ al colegio cuando vi el accidente. **(yo, caminar)**

The **imperfect continuous** is used to describe what people were doing and translates as 'was/were ...ing'. Use the imperfect of *estar* and the **present participle**. Remember to remove the ***-ar***, ***-er*** and ***-ir*** of the infinitive and add the ending ***-ando*** (for *-ar* verbs) or ***-iendo*** (for *-er*/*-ir* verbs).

	estar (*to be*)	**present participle**
(yo)	estaba	
(tú)	estabas	jug**ando**
(él/ella/usted)	estaba	v**iendo**
(nosotros/as)	estábamos	escrib**iendo**
(vosotros/as)	estabais	
(ellos/ellas/ustedes)	estaban	

Verbs with **irregular** present participles include:
leer → *le**y**endo* (reading)
dormir → *d**u**rmiendo* (sleeping)

You can also use the imperfect tense to talk about continuous actions in the past.

Avoiding the passive (Unit 3, page 162)

Escuchar 2

Listen to the announcements. Write down the letter of the correct picture and the verb(s) used (to avoid the passive). Then translate the verb(s) into English. (1–6)

Example: 1 f, se esperan – are expected

a

b

c

d

e

f

Read the grammar box on page 162. In Spanish the **passive** is often avoided by using the reflexive pronoun *se* and the third person singular (he/she/it) or plural (they) forms of the verb. Use this construction when you don't know who or what has done the action.

Se esperan *muchas lluvias y vientos fuertes este fin de semana.*
A lot of rain and strong winds **are expected** this weekend.

Notice the different word order in Spanish and English in these types of sentences.

Se prohíbe *el uso del plástico.*
The use of plastic **is banned**.

Se construyen *muchos edificios en mi ciudad.*
Many buildings **are constructed** in my city.

The present subjunctive to give opinions (Unit 4, page 164)

Remember that to form the present subjunctive, take the 'I' form of the present tense and remove the ***-o***. Add the endings ***-a***, ***-as***, ***-a*** to ***-er***/***-ir*** verbs, and add the endings ***-e***, ***-es***, ***-e*** to ***-ar*** verbs. Some verbs (like *ir* and *ser*) are irregular and do not follow this pattern.

ser (to be) → *sea, seas, sea*   ***ir*** (to go) → *vaya, vayas, vaya*

	hacer	**tener**	**venir**
(yo)	haga	tenga	venga
(tú)	hagas	tengas	vengas
(él/ella/usted)	haga	tenga	venga

Use the present subjunctive after verbs of wishing, command, request and emotion such as ***recomendar***, ***esperar***, ***preferir***, ***querer*** and ***odiar***.

It is also used after the conjunction ***que*** with verbs such as ***gustar*** and ***encantar*** when there is a change of subject in the sentence.

Me gusta que *la gente* ***sea*** *generosa.*   I like it when people are generous.

Escuchar **3** **Listen and correct the underlined mistakes in each sentence (1–6). Then translate the corrected sentences into English.**

1. Quiero que vengas conmigo al hogar de ancianos.
2. El gobierno recomienda que la gente no tenga vehículos privados.
3. Espero que en el futuro la sociedad haga más para proteger el planeta.
4. Me pone triste que la gente no haga todo lo posible con sus acciones.
5. Me gusta que seas responsable con el medioambiente.
6. A mí me molesta que la mayoría de la gente vaya en coche por la ciudad.

Hablar **4** **In pairs, take turns to build sentences containing one element from each column, taking care with your pronunciation. Your partner translates the sentence into English.**

Example: Me gusta que vayas en transporte público. – I like that you go on public transport

- Odio
- Me gusta
- Me encanta
- Me preocupa
- Espero
- Recomiendo
- Quiero
- Me pone triste

que

- la gente
- el gobierno
- tú
- el mundo/planeta
- mi familia
- la sociedad
- la gente famosa
- la juventud

- (no) haga(s)
- (no) sea(s)
- (no) vaya(s)
- (no) venga(s)
- (no) tenga(s)

- a las manifestaciones.
- cuidado con la basura.
- acciones positivas para el medioambiente.
- en transporte público.
- afectado por el cambio climático.
- leyes para proteger el planeta.
- un modelo de conducta para otros.
- víctima de la discriminación.

¡En marcha! (Units 1–5)

Leer **5** **Read the text and translate the bold phrases into English. Write down the tense or grammar point and the infinitive form of the verb.**

Example: estaba caminando – I was walking (imperfect continuous, caminar)

Me acuerdo que, ese día, yo **estaba caminando** por el bosque cuando **empezó** el fuego. Un grupo de jóvenes **estaba celebrando** una fiesta allí. Rápidamente **llamé** a los servicios de emergencia. A pesar de eso, todos los árboles **fueron destruidos**. Se piensa que el fuego **fue causado** porque aquellas personas **estaban fumando**. ¡Odio que la gente **no sea responsable** y **no tenga cuidado**. **Hace falta reducir** el daño al medioambiente. Tres semanas después, muchas casas y edificios de mi pueblo **fueron afectados** por las lluvias fuertes que **causaron** inundaciones en la zona.

Leer y escuchar

Reading

Leer 1

***Activism.* Read Pilar's email to Hugo.**

Hola Hugo:

En mi región hay muchas amenazas que me preocupan. Creo que es importante manifestarse para tener una sociedad mejor en el futuro. Ayer, asistí con mis amigas a una manifestación contra el sexismo en el centro de la ciudad para mostrar nuestra opinión. Fuimos a la manifestación porque creemos que todos los jóvenes deberían participar en todas las decisiones ***imprescindibles***.

Pilar

a Answer the following questions **in English**. You do not need to write in full sentences.

(i) Why does Pilar think it is important to protest?

(ii) What did Pilar do yesterday?

b Which of these is the best translation of the word ***imprescindibles***? Write the correct letter, A, B or C.

A inevitable **B** essential **C** current

Read the question word carefully (who, what, where, when, how, why) and check carefully that your response answers the question being asked.

Leer 2

***Environmental problems.* Read Andrea's report about the environment.**

Hoy en día, hay cada vez más problemas que afectan el medioambiente por toda Latinoamérica. Por ejemplo, el hambre afecta a muchas personas. Sin embargo, los científicos consideran que el problema principal en esta región es la falta de agua.

En España también hay falta de agua. Este problema no ha sido causado por empresas que usan demasiada agua, sino que ha sido producido por el calor.

a Write the correct letter (A–D) for each of the **two** correct statements.

A	Hunger affects the majority of people in Latin America.
B	The main problem in Latin America is a lack of water.
C	In Spain, companies exploiting water use have caused a lack of water.
D	In Spain, the heat has brought about a lack of water.

Watch out for negatives – these are easy to miss but can often help you rule out one of the options.

Andrea's report continues.

Creo que podemos hacer mucho para cuidar el medioambiente y llevar una vida más sostenible. En mi opinión, todos debemos ayudar, y la manera más fácil es empezar con pequeños cambios. Ayer en el colegio, en vez de solo tirar la basura, la separé y la metí en el lugar correcto. Además, antes de salir de casa, apagué las luces para ahorrar energía. En el futuro, voy a tratar de no tirar comida a la basura.

en vez de *instead of*

b What does she say about caring for the environment? Write down your answers for each heading (i–iii) **in English**. You do not need to write in full sentences.

(i) What the easiest way to help the environment is

(ii) What Andrea did before leaving home yesterday

(iii) What she is going to try to do in the future.

Use words from the question that you know in Spanish to help you locate where an answer is in a text.

Leer 3

Social problems. **Translate the following paragraph into English.**

Actualmente hay muchos problemas en mi ciudad. En el futuro me gustaría hacer más para ayudar a mi comunidad. Creo que vale la pena participar en proyectos sociales. El año pasado, muchas personas fueron afectadas por temperaturas muy bajas. Espero que más gente tome acción para crear una sociedad mejor.

Listening

Escuchar 1

Weather events. **David is talking about a recent weather event. What does he say? Listen to the recording and write A, B, or C for each question.**

1 David was …
- **A** playing football with his team.
- **B** playing football with his friends.
- **C** in the park with his family.

Look at the options and be aware of what changes in each – in this case, the person. Listen carefully for people mentioned in the recording.

2 They had to stop because …
- **A** it was impossible to score.
- **B** it was dangerous.
- **C** it was impossible to continue with the game.

Predict which words you might hear for each option that will guide you in the direction of the answer.

3 David was disappointed because …
- **A** he could not go home.
- **B** he had to go home.
- **C** his friends stayed at home.

Focus on who is doing each action and whether it matches what is said in the recording.

Escuchar 2

Helping the environment. **Paula, Lola and Miguel are talking about helping the environment. What do they say? Listen to the recording and write your answers in English. You do not need to write in full sentences.**

a Paula Advantage: ______ Disadvantage: ______
b Lola Advantage: ______ Disadvantage: ______
c Miguel Advantage: ______ Disadvantage: ______

Listen for adjectives that have positive/negative meanings to help you identify advantages and disadvantages

Escuchar 3

You are going to hear someone talking about the environment.
Sentences 1–2: write down the missing words for each gap.
For each gap, you will write one word in Spanish. (1–2)

1 Sin embargo, a veces ______ las ______ a la ______.
2 ¡______ y ______ nuestro mundo ______!

Sentences 3–6: write down the full sentences that you hear in Spanish. (3–6)

Módulo 7

Prueba oral

Read aloud

Hablar 1

Look at this task. With your partner, read aloud the four sentences, paying particular attention to the underlined letters.

Antonio has written a letter about the environment.

Read out the text below to your partner.

> En mi opinión, vale la pena cuidar el medioambiente.
>
> Trato de limitar el uso de plástico e intento usar transporte público.
>
> En el colegio, se apagan las luces por la noche porque así se ahorra energía.
>
> Creo que se debería hacer más para proteger el medioambiente. Yo, por ejemplo, voy a vender objetos de segunda mano.

In Spanish:

- ***j*** and ***ge/gi*** produce a 'huh' sound from the back of your throat
- both ***b*** and ***v*** are pronounced like an English 'b'
- when the word ***y*** (meaning 'and') is followed by a word beginning with ***i*** or ***hi***, the ***y*** changes to ***e***. Be careful to pronounce this correctly.

Escuchar 2

Listen and check your pronunciation.

Hablar 3

Listen to the teacher asking the two follow-up questions. Translate each question into English and prepare your own answers in Spanish. Then listen again and respond to the teacher.

If you are unsure of the follow-up question or want to check you heard it correctly, ask your teacher to repeat in Spanish to hear it again and check you are giving the correct answer.

Role play

Escribir 1

Look at the role-play card and prepare what you are going to say.

Setting: In a shop in Mexico

Scenario:

- You are in a shop in Mexico, about to speak to an employee.
- The teacher will play the part of the employee and will speak first.
- The teacher will ask questions in Spanish and you must answer in Spanish.
- Say a few words or a short phrase/sentence for each prompt. One-word answers are not sufficient to gain full marks.

Task:

1. Say why you are in Mexico.
2. Say what you think about Mexico.
3. Ask if they sell second hand clothes.
4. Ask how much the T-shirt costs.
5. Say what colour of T-shirt you are going to buy.

1 Use *para* + infinitive to say 'in order to'.

2 Start this answer with an opinion phrase.

3 Start with the 'you' form of the verb *vender*.

4 Use the correct question phrase to ask the price.

5 Use the near future tense.

Hablar 2 **Practise what you have prepared. Then, using your notes, listen and respond to the teacher.**

> Use intonation to make it clear that you are asking a question: raise the tone of your voice at the end of the question.

Escuchar 3 **Now listen to Jess doing the role play task. In English, make a note of:**

a how she **answers** the questions for points 1, 2 and 5

b what questions she **asks** for points 3 and 4.

Picture task

Escuchar 1 **Look at the photo below and read the first part of the task card. Then listen to Oliver describing the photo.**

1 Where does Oliver say the two people are?

2 What does he say the two people are doing? Give <u>two</u> details.

3 What does he say about their mood? Why does he think this?

4 How does he describe their appearance? Give <u>two</u> details.

> Prepare your own description of the photo.
>
> Your description must cover:
>
> • people • location • activity.
>
> When you have finished your description, you will be asked **two questions** relating to the picture. Say a **short phrase/ sentence** in response to each question.
>
> One-word answers will not be sufficient to gain full marks.
>
> You will then move on to a **conversation** on the broader thematic context of **Community and environment**.
>
> During the conversation, you will be asked questions in the present, past and future tenses.
>
> Your responses should be as **full and detailed** as possible.

Hablar 2 **Prepare your own description of the photo, mentioning people, location and activity. Then, with a partner, take turns to describe the picture.**

Escuchar 3 **Read the second part of the task card, then listen. Write down in English the <u>two</u> follow-up questions Oliver is asked.**

Escuchar 4 **Listen again. Complete the sentences based on Oliver's responses.**

1 To help in his local community, Oliver ...

2 Last week, he ...

> For the two 'follow-up' questions, keep your answer to a maximum of **one** sentence per question.

Escuchar 5 **Read the third part of the task card and listen to the first question in the wider conversation. The teacher asks: *'¿Qué hiciste recientemente para ayudar a otros?'* Note down <u>five</u> examples of language that Oliver uses to give a strong response.**

Escuchar 6 **Listen to the rest of the wider conversation. Answer the questions in English.**

las minorías	*minorities*

1 What does Oliver's class use instead of paper?

2 What happens in the evening?

3 How has the amount of food thrown away changed?

4 Why does Oliver want to attend protests?

5 What does he want to talk to others about?

6 What does he hope for in the future?

Escribir 7 **Prepare your own answers to Module 7 questions 1–10 on page 229. Then practise with your partner.**

Prueba escrita

130–150 word writing task

Escribir 1

Look at this writing exam task and then, for each bullet point, spend one minute thinking of useful vocabulary and structures you could use.

Write about your local community for an online magazine.

You **must** include the following points:

- what makes a good local community
- the pros and cons of looking after the environment
- what you did to help your local community last week
- how you will look after your local area in the future.

Write your answer **in Spanish.**
Aim to write between 130 and 150 words.

Leer 2

Read Hope's answer to the exam task. Read the callouts and answer questions 3 and 5.

1 Use ***para mí*** as an alternative way to introduce an opinion.

2 Use **direct object pronouns** to replace nouns and avoid repetition.

3 What form of the verb do you need after ***espero que***?

Para mí, en una buena comunidad, todo el mundo quiere ayudar a mejorar el medioambiente y también a otras personas. Por ejemplo, a veces una buena comunidad organiza eventos para los mayores, o recoge la basura de las calles para crear un ambiente mejor.

Vale la pena cuidar el medioambiente. Hay cosas muy pequeñas que podemos hacer para cuidarlo. Yo ya no me baño dos veces al día, lo hago solo por la mañana. Espero que estas acciones sean muy positivas para el medioambiente. Sin embargo, comprar productos verdes puede ser muy caro y por eso no los compro.

Para ayudar a la comunidad, la semana pasada mis amigos y yo trabajamos en un banco de alimentos. Dimos a la gente comida que fue entregada al banco de alimentos.

En el futuro, voy a separar la basura para cuidar de mi comunidad. Se debería reciclar todo lo posible para ayudar.

4 Use ***por eso*** and ***por lo tanto*** as different ways to introduce reasons.

5 How would you translate ***fue entregada al banco de alimentos*** into English?

Leer 3

Read Hope's answer again. Answer the questions in English.

1. What does Hope do to help the environment?
2. What does she say about buying green products?
3. What did she do last week to help the environment? Give <u>two</u> details.
4. What is she going to do in the future to help her community?
5. Note down <u>ten</u> different infinitive expressions that Hope uses. Translate each one into English.

Escribir **4** **Prepare your own answer to the task.**

- Think about how you can develop your answer for each bullet point.
- Look back at your notes from exercises 1 and 2.
- Look at the 'Challenge checklist' and consider how you can show off your Spanish!
- Write a **brief** plan and organise your answer into paragraphs.
- Write your answer and then carefully check the accuracy of what you have written.

Challenge checklist

- ✓ Past, present and future time frames
- ✓ Connectives / time phrases / sequencers
- ✓ Extended sentences
- ✓ Different opinion phrases

- ✓ Phrases to introduce reasons (*por lo tanto, por eso…)*
- ✓ *Se debería* + infinitive to say what people should do (*se debería reciclar…)*
- ✓ Impersonal verbs (*vale la pena, hace falta)*
- ✓ Direct object pronouns (*lo, la, los, las*)

- ✓ Present subjunctive to give opinions *(me gusta que la gente sea…)*
- ✓ Passive verb forms *(la comida fue tirada a la basura)*
- ✓ Imperfect continuous followed by the preterite (*Estaba ayudando cuando vi a Lionel Messi)*

Translation

Escribir **1** **Read the English text and the Spanish translation. Fill in the blanks with the correct Spanish word(s).**

I like to look after the environment. It is necessary to recycle plastic and glass. My parents and I always separate the rubbish and we never throw food into the waste. Yesterday, I was helping in the local food bank. I hope that in the future it will be easier to look after the environment.

Me gusta **1** el medioambiente. Es necesario **2** el plástico y el vidrio. Mis padres y yo siempre **3** la basura y **4** tiramos comida a la basura. Ayer, estaba **5** en el banco de alimentos local. **6** que en el futuro sea más fácil cuidar el medioambiente.

Escribir **2** **Translate the following text into Spanish.**

It is important to look after the environment. I like to separate glass and plastic. My friends and I always recycle our clothes and turn off the lights. Last week, I watched a very educational film about the lack of water in Spain. I hope that in the future the situation will be better.

Remember to use the 'we' form of the verb after 'my friends and I'.

Look out for the small words that people often miss in translations, such as 'very' and 'always'.

Módulo 7 Palabras

Key:
bold = this word will appear in higher exams only
* = this word is not on the vocabulary list, but you may use it in your own sentences

Espacios naturales maravillosos (pages 156–157):

¿A ti qué te parece?	*What do you think?*
A mí me gusta(n) / me encanta(n) …	*I love / I like …*
A mí me interesa(n) …	*I am interested in …*
A mí me parece(n) …	*It seems / They seem … to me*
¿**A ti** qué lugar te gustaría / te interesaría visitar?	*Which place would you like to visit / be interested in visiting?*
A mí me interesaría / me gustaría visitar (el museo) …	*I would be / like to visit interested in visiting (the museum) …*
¿Por qué te gustaría / te interesaría visitarlo?	*Why would you like to visit / be interested in visiting it?*
(**A mí**) Me gustaría visitarlo porque suena/**parece** …	*I would like to visit it because it sounds/seems …*
increíble / emocionante	*incredible / exciting*
Hay que ir …	*You have to / One has to go …*
cuando hace buen tiempo	*when it is good weather*
durante el mes de (julio)	*during the month of (July)*
El sitio más **hermoso**/alto del mundo …	*The prettiest/tallest place in the world …*
está en …	*is in …*
América Latina / España	*Latin America / Spain*
*el medio del mar	*the middle of the sea*

¡Actúa ya! (pages 158–159):

¿Cómo ayudas en la sociedad?	*How do you help in society?*
¿Qué haces para ayudar … ?	*What do you do to help …?*
en tu comunidad / la sociedad	*in your community / society*
Para ayudar en mi comunidad / la sociedad,	*To help in my community / society,*
compro …	*I buy …*
ropa de segunda mano	*secondhand clothes*
productos de **comercio** justo	*fairtrade products*
ayudo/participo en proyectos sociales	*I help/participate in social projects*
doy/llevo comida a los bancos de **alimentos**	*I give/take food to food banks*
hago **campañas** para **apoyar** a las personas sin **hogar**	*I do campaigns to support homeless people*
¿Por qué lo haces?	*Why do you do it?*
Es importante hacerlo porque …	*It is important to do it because …*
vale la pena apoyar buenas causas	*it is worth supporting good causes*
hace falta ayudar / ser responsable	*it is necessary to help / be responsible*
¿Y qué hiciste en el pasado para ayudar a otras personas?	*What did you do in the past to help other people?*
El mes/año/verano pasado …	*Last month/year/summer …*
El fin de semana pasado …	*Last weekend …*
di dinero a …	*I gave money to …*
organicé / compré / hice …	*I organised / I bought / I did/ made …*
ayudé en un **hogar** de ancianos	*I helped in a care home*
ayudé a personas sin **hogar**	*I helped homeless people*
¿Qué más te gustaría hacer en el futuro?	*What else would you like to do in the future?*
El próximo verano/año …	*Next summer/year …*
haré / daré …	*I will do/make / I will give …*
ayudaré / participaré en …	*I will help / participate in …*
un proyecto de conservación	*a conservation project*
una **campaña** para …	*a campaign to …*
compraré **productos** de **comercio** justo	*I will buy fairtrade products*
me gustaría …	*I would like to …*
ayudar / participar en …	*help / participate in …*
dar/**recoger** ropa y zapatos	*give/collect clothes and shoes*

El planeta en peligro (pages 160–161):

¿Cuál es el problema más grave para el planeta?	*What is the most serious problem for the planet?*
Pues, para mí, el problema más **grave** es …	*Well, for me, the most serious problem is …*
el hambre / la polución	*hunger / pollution*
el cambio **climático**	*climate change*
la falta de agua/comida	*the lack of water/food*
porque creo/pienso que …	*Because I think (that) …*
porque **me parece** que …	*Because it seems to me that …*
afecta a nuestro planeta / nuestra salud	*it affects our planet / our health*
hay personas que no tienen acceso a comida	*there are people who don't have access to food*
no se puede vivir sin agua limpia	*you/one can't live without clean water*
¿Qué estabas haciendo cuando vino la *tormenta?	*What were you doing when the storm came?*
Estaba ayudando a mi madre en el jardín.	*I was helping my mother in the garden.*
Estaba viendo una película.	*I was watching a film.*
Mi amiga y yo estábamos paseando a su perro.	*My friend and I were walking her dog.*
Mis amigos y yo estábamos jugando un partido de fútbol.	*My friends and I were playing a football match.*
Estaban escuchando un pódcast.	*They were listening to a podcast.*
el medioambiente	*the environment*
llover / nevar	*to rain / to snow*
mientras	*while*

Protegemos el planeta (pages 162–163):

¿Qué haces para cuidar el medioambiente en casa?	*What do you do to look after the environment at home?*
Para ayudar al medioambiente, en casa …	*To help the environment, at home …*
no uso bolsas/botellas de plástico	*I don't use plastic bags/ bottles*
trato de/intento limitar el uso de …	*I try to limit the use of …*
viajo en …	*I travel by …*
reciclo / **separo** la **basura**	*I recycle / separate the rubbish*
utilizo botellas de vidrio	*I use glass bottles*

¿Y en tu colegio? ¿Qué cosas hacéis para ayudar?	*What about at your school? What do you do to help?*
Para ayudar al medioambiente en el colegio ...	*To help the environment, at school ...*
se sigue la regla de 'las tres erres'	*the 'three Rs' rule is followed*
se apagan las luces	*lights are switched off*
se recicla el papel/vidrio	*paper/glass is recycled*
se ahorra energía/agua	*energy/water is saved*
se organizan/hacen **campañas** de reciclaje ...	*recycling campaigns are organised/done ...*
cada mes / todos los meses	*each month / every month*
se mantienen limpias las zonas verdes	*green spaces are kept clean*
la comida se recicla, no se tira	*food is recycled, it isn't thrown away*
se usa para **crear** compost para el jardín	*it is used to create compost for the garden*
se apagan los ordenadores, **las pantallas** y las luces	*computers, screens and lights are switched off*
¿Qué hiciste en el pasado para ayudar?	*What did you do in the past to help?*
El mes/año/verano pasado ...	*Last month/year/summer ...*
El fin de semana pasado ...	*Last weekend ...*
aprendí a ...	*I learned to ...*
ayudé a ...	*I helped to ...*
hice ...	*I did/made ...*
organicé ...	*I organised ...*
participé en ...	*I participated in ...*
viajé en ...	*I travelled by ...*
ahorré ...	*I saved ...*
¿Qué más te gustaría hacer para ayudar?	*What else would you like to do to help?*
El verano/año próximo ...	*Next summer/year ...*
me gustaría ...	*I would like ...*
ayudar a los animales en peligro	*to help animals at risk*
reciclar la ropa	*to recycle clothes*
organizar un mercado para comprar/vender ropa y objetos de segunda mano	*to organise a market to buy/sell secondhand clothes and objects*
aprender a **arreglar aparatos electrónicos**	*to learn to fix electronic devices*
organizar **campañas** de reciclaje	*to organise recycling campaigns*

Nuestro mundo, nuestra responsabilidad (pages 164–165):

¿Qué problema(s) te preocupa(n) más?	*Which problem(s) worry/worries you the most?*
(**A mí**) **me preocupa(n)** ...	*I worry about ...*
el racismo/sexismo	*racism/sexism*
la discriminación	*discrimination*
la polución de los bosques/mares	*pollution of forests/seas*
la violencia contra ...	*violence against ...*
las mujeres	*women*
las personas transgénero	*transgender people*
la falta de agua	*lack of water*
porque / ya que ...	*because ...*
debido a que ...	*due to (the fact that) ...*
muchos animales ...	*many / lots of animals ...*
muchas personas ...	*many / lots of people ...*
no tienen suficiente comida	*don't have enough food*
son afectados/as	*are affected*
sufren	*suffer*
¿Qué acción quieres ver?	*What action do you want to see?*
Quiero/Espero que ...	*I want/hope (that) ...*
Recomiendo que ...	*I recommend (that) ...*
el gobierno ...	*government ...*
la gente/**juventud**/sociedad...	*people/youths/society...*
haga acciones positivas ...	*do(es) positive actions*
haga campañas contra ...	*do(es) campaigns against*
sea responsable	*be responsible*
tenga cuidado con ...	*be careful with ...*
vaya a **manifestaciones** contra ...	*go(es) to demonstrations against ...*
Odio que ...	*I hate that ...*
Me pone triste que ..	*It makes me sad that ...*
el gobierno	*government ...*
la gente/**juventud**/sociedad ...	*people/youths/society ...*
no **haga** acciones positivas	*do(es) not do positive actions*
no **haga campañas**	*do(es) not do campaigns*
no **sea** responsable	*is/are not responsible*
no **tenga cuidado** con ...	*is/are not careful with ...*
hacer un esfuerzo	*to make an effort*
proteger / **cuidar**	*to protect / to look after*
preocuparse	*to worry*
tener **cuidado**	*to be careful*

El futuro está en nuestras manos (pages 166–167):

Jóvenes en acción	*Young people in action*
Se debería ayudar a solucionar los problemas sociales.	*You/One should help to solve social problems.*
¿Quién es tu **modelo de conducta** favorito?	*Who is your favourite role model?*
Mi **modelo de conducta** favorito es ...	*My favourite role model is ...*
porque ...	*because ...*
usa su popularidad en TikTok para ...	*he/she uses his/her popularity on TikTok to ...*
ayuda a mucha gente ...	*he/she helps a lot of people ...*
¿Te gustaría hacer trabajo voluntario? ¿Por qué (no)?	*Would you like to volunteer work? Why (not)?*
Sí, me gustaría hacer ...	*Yes, I would like to do ...*
Creo que es importante ayudar / participar en ...	*I think it is important to help / participate in ...*
No me gustaría hacer ...	*I would not like to do ...*
¿Qué se debería hacer para ser un buen voluntario?	*What should you/one do to be a good volunteer?*
Para ser un buen voluntario, se debería ayudar a solucionar ...	*To be a good volunteer, you/one should help to solve ...*
Yo pienso que se debería hacer todo lo posible ...	*I think that you/one should do everything ...*
A mí me parece que ...	*I think that ...*
Yo **estoy** de acuerdo con sus acciones porque ...	*I agree with his/her actions because ...*
(no) se debería	*you/one should (not)*
*gracias a	*thanks to*
igual que	*the same as*
a / para / sin	*to / for / without*
mí / ti / **él/ella**	*me / you / him/her*
nosotros/as / **vosotros/as**	*us / you (plural)*
ellos/ellas	*them*
haz / pon / sal	*do / put / go out*
sé / ten / ve / ven	*be / have / go / come*
escuchad / **participad**	*listen / participate*
pedid / **respetad** / **evitad**	*ask for / respect / avoid*

Módulo **8**

El futuro te espera

Pioneros latinos

- Learning about Latino trailblazers
- Using Spanish stress patterns correctly

Pioneros en sus campos

Algunos son conocidos por el desarrollo científico. Otros por la cultura, la política o los negocios. Lo que todos tienen en común es su éxito en sus campos respectivos.

A

Carlos Acosta

- Bailarín y coreógrafo
- Nació en 1973 en La Habana (Cuba).

Cuando era niño, vivía en uno de los barrios más pobres de la capital cubana, pero su padre lo animó a estudiar en la Escuela Nacional de Ballet de Cuba.

En 1991, a la edad de dieciocho años, llegó a ser el bailarín principal más joven de la historia del Ballet Nacional de Inglaterra, y entre 1998 y 2015 fue miembro del Ballet Real.

Desde entonces ha creado su propia compañía de ballet.

Carolina Herrera

- Empresaria y diseñadora de moda
- Nació en 1939 en Caracas (Venezuela).

Pasó su juventud en Venezuela donde, a la edad de trece años, su abuela la llevó a un desfile de moda del diseñador español Balenciaga.

Empezó su carrera en 1965, y en 1981 decidió marcharse de Venezuela para abrir su propia casa de moda en Nueva York, donde presentó su primera colección de moda.

Desde 1988 también es conocida por su colección de perfumes famosos.

B

Ellen Ochoa

- Astronauta e ingeniera de la NASA
- Nació en 1958 en California (Estados Unidos).

Aunque sus padres nacieron en Estados Unidos, sus abuelos eran mexicanos.

En 1993, fue la primera latina del mundo en viajar al espacio. Desde entonces, ha participado en tres vuelos espaciales más.

En 2013, llegó a ser la primera directora latina del Centro Espacial Johnson en Houston.

Benito Antonio Martínez Ocasio

- Rapero y cantante
- Nació en 1994 en Vega Baja (Puerto Rico).

Es mejor conocido como Bad Bunny, el rapero que ha ganado varios premios por su música, incluidos tres premios Grammy.

En 2018, creó la Fundación Good Bunny para apoyar a los jóvenes latinos. Cada año, entrega regalos de Navidad a los niños de Puerto Rico para animarlos a participar en las artes, la música y el deporte.

C

Jordi Muñoz

- Empresario e **1**
- Nació en 1986 en Ensenada (**2**).

De niño, era un gran aficionado a los ordenadores y los aviones, y su **3** era ser piloto.

En 2009, **4** en estas dos pasiones, abrió una **5** de drones con el empresario y **6** Chris Anderson, creando la empresa 3DR. Actualmente, es una de las **7** más importantes del mundo en ese sector.

un(a) camarero/a	*waiter/waitress*
un(a) ingeniero/a	*engineer*

Alexandria Ocasio-Cortez

- **8** y activista
- Nació en 1989 en Nueva York (Estados Unidos).

Hasta los cinco años, **9** con su familia en un piso en el Bronx. Mientras estaba estudiando en la **10**, su **11** murió. Después de terminar sus estudios **12** trabajo como camarera para ayudar a mantener a su familia.

En 2018, fue la mujer más joven en ser elegida para el Congreso de los Estados Unidos. Se **13** por temas como el medioambiente, la **14** y los derechos de las mujeres.

Hablar 1 **In pairs, take turns to read out part A of the text, taking care to use correct stress patterns. Then find these phrases in Spanish.**

1 his father encouraged him to study
2 he became the youngest principal dancer
3 since then he has created
4 she spent her youth
5 she decided to leave
6 she is also known for

To talk about a specific year, just say it like any other number.
*mil ochocientos cincuenta **y** cinco* 1855
*dos mil veinti**dó**s* 2022
Note that 900 (*novecientos*) is irregular.

When reading something out, it is important to use **correct stress patterns**. Pay attention to the final letter of each word and any letters with a written accent.

If the word:
- contains a vowel with a written accent, stress that vowel (***fá**cil*, ***rá**pido*).
- ends in a vowel, *n* or *s*, stress the second-to-last syllable (***a**ños*, *in**dus**tria*), unless it has a written accent (*ma**má***, *na**ció***).
- ends in any other letter, stress the final syllable (*apo**yar***, *juven**tud***).

Leer 2 **Read part B of the text and select the four correct statements.**

1 Ellen Ochoa was born in the same country as her parents.
2 She was the second Latina to travel into space.
3 She has made three more space flights since then.
4 She was the first woman to become director of the Johnson Space Station.
5 Bad Bunny has won three awards in total.
6 The Good Bunny Foundation supports young people.
7 Each year it gives out Christmas presents to children.
8 Children have to be good at sport, music or art to receive a gift.

Escuchar 3 **Read part C of the text. Listen and fill in the gaps.**

Escuchar 4 **Listen to an extract from a podcast about four other trailblazers from the Spanish-speaking world. Copy and complete the table in English. (1–4)**

1 Guillermo González Camarena
2 Rita Moreno
3 Lin-Manuel Miranda
4 Domingo Liotta

	Occupation	Date and country of birth	Known for (one detail)
1			

inventar	*to invent*
un(a) compositor(a)	*composer*
el corazón	*heart*

Escribir 5 **Translate the text into Spanish using vocabulary from page 180. Then take turns to read out your text with your partner.**

Beto Pérez is a dancer, choreographer and entrepreneur. He was born in 1970 in Colombia and is known as the man who invented Zumba. When he was younger, his passion was dancing, but dance lessons were too expensive. In 1999, he decided to leave Colombia to live in Miami, where he created his own company. Latin music has become more popular across the world thanks to Zumba.

a través de *across*

When transcribing spoken Spanish (i.e. writing down what you hear), only write an accent on the stressed vowel …

for words stressed on	where the word ends in
• the final syllable	• a vowel, *n* or *s* (*cre**ó***, *coraz**ó**n*)
• the second-to-last syllable	• a consonant except *n* or *s* (***ú**til*, ***dó**lar*)
• the third-to-last syllable	• any letter (***jó**venes*, *pel**í**cula*)

1 Sueños y esperanzas

- Talking about your plans for the future
- Using *seguir/continuar* + present participle
- Transcribing unfamiliar words

Leer 1 **Read about the plans that these young people have for the future. Then write the correct name for each statement below.**

a 
b 

No tengo ganas de casarme, pero me gustaría tener hijos algún día. ***Rubén***

c 
d 

Voy a estudiar Formación Profesional porque quiero entrar en el mundo laboral lo antes posible. También compartiré piso con mi novio, Nacho. ***David***

e 
f 

Tengo la intención de hacer una carrera universitaria, y luego buscaré un empleo con un buen salario. ***Sonia***

g 
h 

El año próximo tengo ganas de aprender a conducir. Cuando sea mayor, voy a ser empresaria. ***Cristina***

i 

j 

Me gustaría luchar por un mundo más justo. Más que nada, espero ser feliz en el futuro. ***Nilam***

k 
l 

Espero conseguir un trabajo como actor. Cuando tenga bastante dinero, quiero viajar por el mundo. ***Ibai***

1 Quiero experimentar la vida en otros países.
2 Me gustaría montar mi propio negocio.
3 Voy a ganar mucho dinero.
4 Si apruebo mis exámenes, iré a la universidad.
5 Tengo ganas de vivir con mi pareja.
6 Me importa la vida familiar y me encantan los niños.
7 Quiero poner fin a la discriminación.
8 Tengo la intención de comprarme un coche.

Remember to use the **present subjunctive** after the word *cuando* when talking about future plans.

*Cuando **sea** mayor, ...*	*When I'm older, ...*
*Cuando **tenga** bastante dinero, ...*	*When I have enough money, ...*

G

To talk about **future plans** you can use a variety of phrases followed by the <u>infinitive</u>:

espero	I hope to
me gustaría	I would like to
quiero	I want to
tengo ganas de	I am keen to
tengo la intención de	I intend to
voy a	I am going to
Espero <u>tener</u> hijos.	I hope <u>to have</u> children.

You can also use the **simple future tense**. For most verbs this is also formed using the <u>infinitive</u>, although some verbs have an **irregular stem**.

*Me <u>casar</u>é, pero no **<u>tendr</u>**é hijos.*
I'll get married, but I won't have children.

Page 194

Escuchar 2 **Look back at pictures a–l in exercise 1 and listen to Sergio discussing his future plans. Copy and complete the table. (1–6)**

	When	Plan	Future time phrase(s) used
1	next year	c	me gustaría

Escribir 3 **Translate these sentences into Spanish. Use vocabulary from exercises 1 and 2 to help you.**

1 I would like to buy a car and therefore I hope to get a job with a good salary.
2 When I'm older, I'm keen to share a flat with my partner, but I don't want to get married.
3 If I pass my exams I will study abroad because I would like to experience university life in another country.

Spanish often uses an **adjective** where English uses a **noun**.

*la vida **familiar***	**family** life
*una carrera **universitaria***	a **university** degree
*las prácticas **laborales***	**work** experience

Leer 4 **Read this article. Match each statement to the correct post-16 pathway. Write B (*Bachillerato*), FP (*Formación Profesional*) or B + FP (both). Then translate the second text (FP) into English.**

Seguir estudiando – ¿Bachillerato o Formación Profesional?

Después de terminar la ESO (Educación Secundaria Obligatoria), en España la mayoría de los jóvenes decide continuar estudiando. Las dos opciones principales son:

Bachillerato

- ✓ Los estudios de Bachillerato tienen una duración de dos años.
- ✓ Tienen como objetivo principal continuar aumentando los conocimientos académicos.
- ✓ Vale la pena hacer el Bachillerato si quieres una educación más general.
- ✓ El Bachillerato es ideal para los que todavía no están seguros de lo que quieren hacer como trabajo en el futuro.
- ✓ Se estudian varias asignaturas generales junto con algunas asignaturas específicas.
- ✓ Ofrece el camino ideal para los que quieren hacer una carrera universitaria después.

Formación Profesional (FP)

- ✓ Los cursos de FP duran dos años.
- ✓ Tienen como objetivo principal enseñar las capacidades necesarias para una profesión específica.
- ✓ La FP proporciona una formación más especializada y práctica.
- ✓ Es ideal para los que ya han decidido lo que quieren hacer en el futuro.
- ✓ Te permite hacer prácticas laborales para experimentar el mundo laboral de primera mano.
- ✓ Incluso podrías ganar un salario al mismo tiempo.
- ✓ Ofrece la posibilidad de hacer una carrera universitaria en el futuro, pero tarda más tiempo.

Estudios superiores o Entrada directa al mercado laboral

1. The course lasts two years.
2. It is more focused on increasing knowledge than practical skills.
3. It provides more specialised training.
4. It is a good option if you don't know what job you want to do.
5. It includes work experience.
6. You could even earn money while studying.
7. It provides a route to future university study.

G

Seguir/Continuar + **present participle** is used to mean 'carry on' or 'continue' doing something.

*Voy a **continuar estudiando**.*
I'm going to **carry on studying**.

You can also use these verbs to say that you are still doing something.

***Sigo viviendo** con mis padres.*
I'm still living with my parents.

Page 194

Escuchar 5 **Listen and look at some of the different categories of *Formación Profesional* courses available. Fill in the gaps with the missing information. Then listen again and note down Alicia's opinion of each one in English. (1–5)**

Títulos de Formación Profesional

1. Actividades Físicas y ___
2. Informática y ___
3. ___ y Turismo
4. ___ y Marketing
5. Seguridad y ___ ___

When transcribing words you don't recognise, pay attention to:

- **vowels** (as these appear in every word)
- letters that share the same or similar sounds:
  j/ge/gi   z/ce/ci   y/ll   b/v   ca/co/cu/que/qui
- your knowledge of Spanish spelling and grammar.

Hablar 6 **In pairs, take turns to ask and answer these questions. Use a range of different phrases for talking about future plans.**

- ¿Qué planes tienes para el año próximo?
- ¿Qué vas a hacer después?
- ¿Qué otros planes tienes?

- *El año próximo quiero seguir estudiando en mi insti porque …*
- *Después, tengo la intención de …*
- *Cuando tenga … años, me gustaría … También espero …*

Escribir 7 **Write a text about your future plans. Include:**

- a range of verb phrases for talking about the future
- one or two examples of the present subjunctive
- whether you would prefer to take the *Bachillerato* (equivalent to A-Levels) or a vocational course, and why
- your other hopes and ambitions for the future.

2 ¡A trabajar!

- Talking about getting a job
- Using possessive pronouns
- Using prepositions followed by the infinitive

Escuchar 1 **Listen to three dialogues about earning money. For each person, write the four or five correct letters. Then listen again and note down two extra details in English. (1–3)**

¿Qué haces para ganar dinero?
Para ganar dinero, ...
- **a** trabajo en la caja de una tienda.
- **b** trabajo en un bar de pinchos.
- **c** cuido a los niños de mis vecinos.
- **d** hago cosas y las vendo en línea.

¿Cuánto dinero ganas?
Gano ...
- **i** diez euros por hora.
- **j** trescientos pesos por día.
- **k** cien libras por semana.
- **l** poco, pero no me importa.

¿Cuándo lo haces?
Lo hago ...
- **e** los fines de semana.
- **f** cuando necesito dinero.
- **g** cuando me necesitan.
- **h** en las vacaciones.

¿Qué tal tu trabajo?
- **m** Me llevo bien con mi jefe.
- **n** Mis compañeros son agradables.
- **o** Me encanta, ya que ¡no tengo jefe!
- **p** Lo odio y quiero dejarlo.

la libra *pound*

San Sebastián (en la costa norte de España) es muy conocido por sus bares de pinchos. Con una amplia variedad de sabores, olores y colores, los pinchos (o *pintxos*) son similares a las tapas, pero de tamaño más pequeño. Se sirven fríos o calientes, y es costumbre ir de bar en bar para tomar un pincho (¡o más!) en cada uno.

Hablar 2 **In pairs, take turns to ask and answer the four questions from exercise 1. Use the examples given and your imagination to develop your own answers fully.**

- *¿Qué haces para ganar dinero?*
- *Cuido los perros de mis abuelos. Es aburridísimo.*
- *¿Cuándo ...?*

G **Possessive pronouns** ('mine', 'hers', etc.) are used to avoid repetition.

singular	plural
el mío / la mía	los míos / las mías
el tuyo / la tuya	los tuyos / las tuyas
el suyo / la suya	los suyos / las suyas
el nuestro / la nuestra	los nuestros / las nuestras
el vuestro / la vuestra	los vuestros / las vuestras
el suyo / la suya	los suyos / las suyas

Page 195

Leer 3 **Read the messages and translate the phrases in purple. Then answer the questions in English.**

Almudena FJ
He tenido otro día fatal en ese restaurante. No puedo seguir trabajando allí.

María Alegre
¿De qué te quejas? La tienda de moda donde trabajo yo es peor y **mi jefa es más estricta que la tuya**.

Almudena FJ
Sí, pero **la mía nunca me lo agradece cuando la ayudo**. Y tú tienes suerte porque tus compañeros son simpáticos – **los míos me ignoran**.

María Alegre
Pero los clientes en tu restaurante **no son tan irritantes como los nuestros**. Y si quieres hablar de trabajos malísimos, pregúntale a Silvia. **El suyo es el peor**.

Silvia Marco
Chicas, no sabéis lo que es un trabajo duro – **los vuestros son facilísimos comparados con el mío** en el centro deportivo. Paso el día limpiando las duchas y recogiendo calcetines sucios. ¡Qué asco!

1. How do we know that Almudena doesn't like her job?
2. Where does María work?
3. Why does Almudena think that María is lucky?
4. In María's opinion, who has the worst job?
5. Why doesn't Silvia like working at the sports centre?
6. Which of these is the best translation of the phrase *'¡Qué asco!'*?
   - **a** How tasty!
   - **b** What a bargain!
   - **c** How disgusting!

Leer 4 **Read these tips on how to get a job. Write the correct letter to complete each one. Listen to check your answers. Then translate tips 1–4 into English.**

Ocho consejos para conseguir un trabajo

1 Para lograr un trabajo, tienes que saber qué tipo de trabajo te interesa. Por lo tanto, …

2 Es importante saber tus capacidades y las cosas que necesitas mejorar. Antes de buscar un trabajo, …

3 Después de recibir tu solicitud de empleo, muchas empresas buscarán tu nombre en la red. Por eso, …

4 Es más difícil conseguir un empleo sin tener la experiencia relevante. Si no la tienes, …

5 Si ves un anuncio que te interesa, antes de solicitar el puesto, …

6 Hay que tener un buen currículum. Si el tuyo no contiene información actual, …

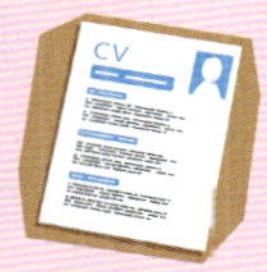

7 Antes de ir a la entrevista (¡si consigues una!), …

8 Después de la entrevista, ten paciencia. Si no consigues el trabajo, …

a considera cuáles son tus puntos fuertes y tus puntos más débiles.

b busca una oportunidad para hacer prácticas laborales.

c comprueba que tus cuentas en las redes sociales dan una buena primera impresión de ti.

d empieza por preguntarte lo que quieres hacer de verdad.

e prepárate bien. El día de la entrevista, lleva ropa adecuada… ¡y llega a tiempo!

f escribe una versión nueva con los detalles de tu experiencia y tus títulos.

g comprueba que tienes las capacidades necesarias para hacer el trabajo.

h decide lo que podrías hacer mejor la próxima vez.

la solicitud de empleo	*job application*
el currículum	*CV*

Remember that the **imperative** is used to give instructions. Remove the -s from the *tú* form of the verb.

(tú) buscas → ***Busca** una oportunidad.*
Look for an opportunity.

See page 168 for irregular imperative verbs.

G **Prepositions** are sometimes followed by the infinitive.

para + infinitive	in order to (do)
sin + infinitive	without (doing)
antes de + infinitive	before (doing)
después de + infinitive	after (doing)

***Antes de** solicitar un puesto.*

Page 195

Escuchar 5 **Read this interview for a summer job in Spain. Listen to both versions and fill in the gaps with the correct words in Spanish. Then listen again and write down five extra details in English. (1–2)**

Una entrevista de trabajo

- *¿Por qué le interesa este puesto?*
- *Me interesa este trabajo porque me encanta* **a**.
- *¿Qué experiencia laboral tiene?*
- *Llevo* **b** *trabajando* **c**. *También he trabajado* **d**.
- *¿Cuáles son sus características positivas?*
- *Soy una persona* **e**.
- *¿Qué otras capacidades tiene?*
- *Tengo* **f**.
- *¿Qué planes tiene para el futuro?*
- *El año próximo espero* **g**.

He trabajado Llevo (un año) trabajando	en	un café. un gimnasio.	una fábrica. una tienda.
	para	mi madre.	mis vecinos.
Soy una persona		activa. artística. creativa. fuerte. independiente.	lista. organizada. práctica. responsable. trabajadora.
Tengo		buen sentido del humor. buenos conocimientos [de informática]. buenas capacidades [de comunicación].	

Hablar 6 **In pairs, take turns to ask and answer the questions from exercise 5.**

Escribir 7 **Write a letter of application for a summer job in Spain. Use exercise 5 to help you.**

- *Me gustaría solicitar el puesto anunciado en línea. Me interesa este trabajo porque … Además …*

3 Un trabajo para todos

- Talking about future career intentions
- Using masculine and feminine nouns for jobs
- Using and understanding the suffix *-dad/-idad*

Leer 1 **Read what jobs these young people wanted to do when they were younger and what they want to do now. Answer the questions below in English.**

Hassan

Antes me interesaba ser profesor, pero ya no quiero tener un trabajo con tanta responsabilidad. Ahora quiero hacer un trabajo al aire libre.

Nadia

En el pasado me apetecía ser actriz. Todavía espero hacer un trabajo creativo, pero creo que preferiría ser directora de cine.

Eduardo

Cuando era más joven, quería trabajar en una oficina. Sin embargo, quiero ser policía desde hace un par de años.

Toni

Todavía tengo ganas de trabajar en otro país, pero acabo de decidir que no quiero trabajar en una empresa multinacional.

Gabriela

De niña, mi sueño era trabajar como médica, ya que me gustaba la idea de ayudar a otra gente. Sin embargo, recientemente he decidido que me gustaría más trabajar con los animales enfermos.

G

Some **nouns** have different masculine and feminine forms.

médico → *médica*
profesor → *profesora*

Nouns ending in **-e** or **-ista** are usually **invariable**. For example, *cantante* and *artista*.

Other invariable nouns include *modelo* and *policía*.

Page 196

When saying what job someone does, you don't use the indefinite article unless adding specific details.

Soy científico/a.
I am **a** scientist.

*Es **una** científica muy conocida.*
She's **a** very well-known scientist.

1 Why does Hassan no longer want to be a teacher?
2 How have Nadia's career plans changed?
3 For how long has Eduardo wanted to be a police officer?
4 Where does Toni not want to work?
5 Why did Gabriela use to dream of becoming a doctor?
6 Who wants to work abroad?

Escuchar 2 **Read the texts in exercise 1 again and listen to the summary. In English, write down the two mistakes for each person. Note: you will hear all verbs in the 'he/she' form.**

Hablar 3 **In pairs, take turns to ask and answer the following questions.**

- *¿Qué tipo de trabajo querías hacer en el pasado?*
- *Cuando era más joven, me gustaba la idea de … También quería … porque …*
- *¿Todavía te interesa el mismo trabajo?*
- *✓ Sí, todavía quiero … porque …*
- *✗ No, he decidido que ya no quiero … Ahora me apetece …, ya que …*

Antes De niño/a Cuando era más joven, En el pasado	querías … me gustaba la idea de … me apetecía … mi sueño era …		
Ahora He decidido que Todavía (Ya no)	quiero … me gusta la idea de … me apetece … mi sueño (ya no) es		
ser	científico/a. médico/a. profesor(a). artista. policía. modelo.		
trabajar	al aire libre. desde casa. solo/a.		
	en	el extranjero. una oficina. la enseñanza. una empresa. un hogar de ancianos.	
	con	los animales. los ordenadores. los niños. otra gente.	
hacer un trabajo	artístico. creativo. seguro.		
	con	responsabilidad. un buen salario. variedad. flexibilidad.	

Leer 4 **Read the text and use the four Cs (Clues, Cognates, Context and Common sense) to help you work out the meaning of the jobs in bold. Then, in pairs, take turns to read out the text.**

Mi hermano gemelo, Hugo, tiene ganas de trabajar en un hospital como **enfermero**, pero a mí no me interesa cuidar a la gente enferma. Tampoco me gustaría atender a los pasajeros en un avión como mi madre, que es **auxiliar de vuelo**.

Mi madrastra es **periodista** y escribe para un periódico local, pero no me parece un trabajo seguro. Mi hermana Julia era **camarera** en un restaurante en el Reino Unido, pero no le gustaba servir comida y bebida. Ahora es **peluquera** – ¡aunque le gusta incluso menos cortar el pelo a los clientes!

Creo que sería genial trabajar en el extranjero, quizás haciendo excursiones con los turistas como **guía turístico**.

Miguel

Remember that the letter ***g*** has a hard sound (like 'gate' in English) when followed by ***a***, ***o*** or ***u***.

When followed by ***e*** or ***i***, it is pronounced like a stronger version of the English 'h'. The Spanish letter ***j*** also produces this same sound.

Listen and read.

*A mi ami**go** ar**ge**ntino Mi**gu**el le **gu**staría se**gu**ir traba**j**ando como in**ge**niero.*

Escuchar 5 **Read the results of a survey about what young people in Latin America consider most when looking for a job. Then listen and identify the <u>two</u> criteria that each person mentions. Indicate whether each one is important (✓) or not important (✗) to them. (1–4)**

¿Qué les importa más a los jóvenes latinoamericanos a la hora de buscar un trabajo?

Según los resultados de una encuesta, estos son los factores de más importancia para los jóvenes de América Latina a la hora de buscar un empleo:

a la flexibilidad horaria
b la posibilidad de trabajar desde casa
c la oportunidad de seguir formándose
d la igualdad en el lugar de trabajo
e un buen ambiente de trabajo
f la estabilidad y la seguridad
g la cantidad de dinero que ganarán
h la variedad

el teletrabajo *remote working*

The suffix ***-dad*** or ***-idad*** is often added to a Spanish adjective to form a noun. In English, the equivalent word usually ends in '-ty' or '-ity'.

seguro ⟶ *segur**idad*** (security/safety)   *igual* ⟶ *igual**dad*** (equality)

Words ending in ***-dad***/***-idad*** are always feminine.

Escribir 6 **Translate this text into Spanish.**

When I was younger, I used to like the idea of being a police officer. However, now I intend to do a university degree when I am eighteen and then I hope to apply for a job abroad. My best friend and I have been working in a shopping centre for almost a year. My boss is really nice, but his is very serious.

Use the imperfect tense.

You only need one word here.

Use the present subjunctive of *tener*.

These phrases are followed by the infinitive.

Use *llevamos* + time period + present participle, or use present tense + *desde hace* + time period.

Which possessive pronoun do you need?

4 Las lenguas te abren las puertas

- Talking about the importance of learning languages
- Using modal verbs
- Using different verb forms

Leer 1 **Read the texts. Answer the questions below and then translate the phrases in purple into English.**

Maite
Vivo en Bilbao y hablo castellano y euskera en casa. Si sabes hablar idiomas distintos **puedes conocer a más gente**, y por eso he estudiado inglés y francés. Aprender idiomas **te permite descubrir otras culturas**.

Carlos
Trabajo en un bar en California donde tengo que hablar tanto inglés como español. Para poder comunicarte con todos los clientes, **debes saber hablar ambos idiomas**. También, **puedes estudiar o trabajar en el extranjero** si hablas otras lenguas.

Amy
Nací en el Reino Unido, pero llevo cinco años trabajando en México. En mi opinión, **si quieres integrarte en otro país, tienes que aprender la lengua**. Aprender otras lenguas **mejora tus oportunidades laborales** y también **te abre la mente**.

Víctor
Tu lengua materna refleja una parte de tu identidad, pero **no basta con hablar una sola lengua**. Soy peruano y mi primera lengua es el quechua, pero también hablo español e inglés. Y si quieres viajar al extranjero, **debes poder comprender las señales de tráfico**, etc.

Who ...
1 uses language skills to communicate with customers?
2 has moved abroad to work?
3 speaks two different languages at home?
4 thinks that your first language is part of who you are?
5 can speak more languages than the others?

G

Modal verbs are followed by the <u>infinitive</u>.
They include:

deber (debo)	to have to / must
poder (puedo)	to be able to / can
querer (quiero)	to want to
saber (sé)	to know (how to)
tener que (tengo que)	to have to

Page 196

En España, mucha gente habla otro idioma oficial además del castellano. Por ejemplo, más de la mitad de los habitantes de Galicia habla gallego como su lengua habitual, y más del noventa por ciento de la población de Cataluña entiende el catalán.

Escuchar 2 **Listen. Copy and complete the table in English. (1–4)**

	Language skills	Importance	Future plans
1			

saber	to know (information), to know how to
conocer	to know (a person/place), to meet / get to know

***Conozco** a Yoli, pero **no sé** donde está.*
I know Yoli, but **I don't know** where she is.

Hablar 3 **In pairs, take turns to ask and answer the following questions.**

- *¿Qué idiomas hablas?*
- *¿Por qué es importante aprender otras lenguas, en tu opinión?*
- *¿Qué otros idiomas te gustaría aprender?*

- *Hablo ... y llevo ... estudiando ...*
- *Si sabes hablar otro idioma, ... Además, ...*
- *En el futuro me gustaría aprender ...*

Escribir **4** **Write the correct form of the verbs in brackets. Then find the phrases below in Spanish.**

Abriendo puertas y fronteras

Katelyn

Ser capaz de hablar lenguas distintas es importantísimo. Soy británica, pero llevo ocho años **1 (vivir)** en Barcelona donde trabajo para una agencia de diseño. Cuando era más joven, **2 (elegir)** el español como asignatura optativa en el insti. Por lo tanto, antes de **3 (venir)** a España, ya lo hablaba bastante bien.

Sin embargo, hoy todavía **4 (acordarse)** de cómo me sentía cuando llegué. Al principio, no **5 (atreverse)** a hablar porque pensaba que todo el mundo se reiría de mí cuando me equivocaba. De hecho, fue todo lo contrario.

Ahora puedo **6 (conversar)** en español o en catalán - me da igual. A pesar de que aún **7 (equivocarse)** a veces, uso ambos idiomas cada día - escribo correos, **8 (traducir)** documentos ...

El mejor aspecto de mi trabajo es **9 (viajar)** a muchos lugares. Si tengo que asistir a una reunión con clientes en otra ciudad, siempre **10 (coger)** el AVE (el tren español superrápido), salvo cuando necesito ir a otro país - u otro continente.

Para mí, aprender idiomas te abre no solo las puertas, sino también las fronteras.

G

The infinitive can be used as a **noun** where English uses a word ending in *-ing*.

Aprender idiomas te abre la mente.
Learning languages opens your mind.

Creo que viajar es más fácil ahora.
I think **travelling** is easier now.

Page 197

a I chose Spanish as an optional subject
b I still remember how I felt
c At the start, I didn't dare speak
d In fact, it was quite the opposite
e I don't mind
f Despite the fact I still make a mistake
g If I have to attend a meeting
h not only ..., but also ...

Decide whether you need to use:
- the infinitive (*-ar/-er/-ir*)
- the present participle (*-ando/-iendo*)
- a conjugated verb (in the correct person/tense).

Remember that you cannot have two conjugated verbs together.

Take care with reflexive verbs (e.g. ***me** equivoco*).

Verbs ending in ***-ger*** or ***-cer/-cir*** have an irregular 'I' form in the present tense.

*co**ger*** (to get/take)	→	*co**jo***
*esco**ger*** (to choose)	→	*esco**jo***
*agrade**cer*** (to thank)	→	*agrade**zco***
*cono**cer*** (to know/meet)	→	*cono**zco***
*tradu**cir*** (to translate)	→	*tradu**zco***
*produ**cir*** (to produce)	→	*produ**zco***

Escuchar **5** **Listen to check your answers. Then translate the first two paragraphs into English.**

Escuchar **6** **Listen to the three conversations and fill in the gaps with the correct word(s) in English. (1–3)**

En la estación de trenes

- *Buenos días. ¿En qué puedo ayudarle?*
- *Quisiera* **a** *billete(s) a* **b***, por favor.*
- *¿Qué tipo de billete(s) quiere?*
- **c**.
- *¿Cuándo quiere viajar?*
- **d**.
- *Hay un tren que sale a las* **e**.
- *Perfecto. ¿Y a qué hora llega el tren?*
- *Llega a las* **f**.
- *¿Es directo o hay que cambiar?*
- **g**.

un billete de ida
un billete de ida y vuelta
esta mañana/tarde/noche
mañana por la mañana/tarde/noche

When talking about departure and arrival times, use the 24-hour clock. Say the hour (0–23) followed by the minutes (up to 59).

las trece	13:00
las catorce cero ocho	14:08
las veinte treinta y uno	20:31

Hablar **7** **In pairs, make up your own dialogues using exercise 6 as a model.**

5 El trabajo antes, ahora ... y mañana

- Talking about changes in the world of work
- Understanding more complex texts
- Listening for percentages

¿Cómo ha cambiado nuestra forma de vivir y trabajar?

Siglo dieciocho

Trabajo
En muchos países, la mayoría de las personas todavía trabajaba en la tierra. En la segunda mitad del siglo, la Revolución Industrial en el Reino Unido trajo varios desarrollos tecnológicos.

Sociedad
La gran mayoría de la población vivía en el campo, donde las condiciones de vida eran duras y el día laboral era largo.

Fecha clave
1775 – El barco de vapor fue inventado, haciendo más fácil el transporte de productos.

Siglo diecinueve

Trabajo
En España, la agricultura siguió siendo el sector económico más importante, mientras que, en el Reino Unido, más personas estaban encontrando empleo en las fábricas. En la década de **a**, solo el **b** por ciento estaba trabajando en la agricultura, comparado con el **c** por ciento en la industria.

Sociedad
Había una falta de justicia social por todo el mundo. A las mujeres les faltaban derechos fundamentales.
En España, la esperanza de vida media no alcanzaba los **d** años.
La mitad de los bebés que nacían no sobrevivían hasta los **e** años.

Fechas claves
f – el primer tren de la historia fue inventado por un ingeniero inglés.
g – un pueblo del norte de España fue el primero en instalar luz eléctrica en sus calles.

1700

1800

Hablar 1 In pairs, read out the *Siglo dieciocho* section, paying attention to your pronunciation of *r/rr*.

Escuchar 2 Listen to and read the *Siglo diecinueve* section. Fill in the missing figures. Then read the text again and find these phrases in Spanish.

1 continued to be
2 were finding work
3 Women lacked fundamental rights
4 average life expectancy didn't reach
5 Half of the babies who were born

Leer 3 Read the *Siglo veinte* section on page 191 and answer the questions in English.

1 Name one new industry that was born.
2 What happened in the second half of the century?
3 Name four areas that form part of the service sector.
4 Which device revolutionised the workplace?
5 What was the consequence of increased access to the internet?
6 Give one example of how gender equality improved.

Percentages are often preceded by *un* or *el*.
For numbers above 30, listen out for *y*. Take care with 60 and 70.
el sesenta y siete por ciento 67%
un setenta y seis por ciento 76%

When reading more complex texts, use **Clues**, **Cognates**, **Context**, and **Common sense**, and then focus on:

1 your own general knowledge
- *el barco de vapor* – consider what type of *barco* might have been invented in 1775. Think of a synonym for the cognate 'vapour'.

2 words that look similar
- *los ciudadanos* – what does *ciudad* mean? Translate the rest of the sentence in your head: 'all cit______ over 21 obtained the right to vote'.

3 word order
- *la esperanza de vida* – Spanish often reverses the word order and uses **de** where English has two nouns together: 'life ______'.

Siglo veinte

Trabajo
Nacieron nuevas industrias, como la fabricación de coches y aparatos electrónicos.
En la segunda mitad del siglo, las oficinas empezaron a sustituir a las fábricas como lugar de trabajo, con más gente trabajando en el 'sector servicios' (el comercio, el turismo, la cultura, el transporte, la salud y la educación).
El uso de ordenadores revolucionó el mundo laboral.

Sociedad
En la última década del siglo, el aumento del acceso a Internet cambió para siempre nuestra vida diaria, no solo en el trabajo, sino también en el hogar.

Fechas claves
1928 – en el Reino Unido, todos los ciudadanos y todas las ciudadanas mayores de 21 años consiguieron el derecho a votar.
1970 – se aprobó una ley para asegurar la igualdad de salarios entre hombres y mujeres.

Siglo veintiuno

Trabajo
Muchos lugares de trabajo tradicionales (tiendas, cines, restaurantes) se han cerrado debido a las compras en línea, las plataformas de *streaming* y la posibilidad de pedir comida con entrega a casa.
Desde la pandemia del coronavirus, trabajar desde casa ha llegado a ser aún más popular.

Sociedad
En muchos casos, las redes sociales han sustituido el uso de los correos electrónicos.
En general, ya no se hacen pagos en efectivo para las compras.
La sociedad es más consciente de temas como la igualdad y el cambio climático.

Fechas claves
2006 – se prohibió fumar en el lugar de trabajo en España.
2022 – se publicó la aplicación ChatGPT, un sistema de inteligencia artificial.

1900

2000

2100

¿Y en el futuro?
¿Cómo cambiará nuestra sociedad?
¿Cómo será el mundo laboral?

Leer **4** **Read the *Siglo veintiuno* section and translate it into English.**

Leer **5** **Read the whole timeline again. Find <u>two or three</u> examples of each tense. Then translate each example into English.**

1 the present tense
2 the preterite tense
3 the imperfect tense
4 the imperfect continuous tense
5 the perfect tense

Escuchar **6** **Listen to and read the text below. Select the correct words.**

En la próxima década creo que el trabajo será **más / menos / tan** importante y la gente pasará **más / menos / tanto** tiempo disfrutando de la vida y cuidando su salud **física / mental / general**. **Viajaremos / Compraremos / Comeremos** menos porque querremos ahorrar **recursos / dinero / tiempo** y salvar el medioambiente. Por lo tanto, habrá menos **bancos / tráfico / tiendas**. En el mundo laboral, muchos de los trabajos de hoy **cambiarán / seguirán siendo importantes / ya no existirán**, y casi nadie trabajará en **una oficina / una tienda / casa**.

los recursos	*resources*

Escribir **7** **Use language from exercise 6 to write your own text using the prompts below. Include:**

- How things will be different. — *En mi opinión, en la próxima década habrá más/menos ... que hoy.*
- What people will spend time doing. — *La gente pasará más/menos tiempo ...*
- What the world of work will be like. — *En el mundo laboral ...*

6 El futuro sin límites

- Talking about the impact of artificial intelligence
- Using *para que* + present subjunctive
- Working out the infinitive of a conjugated verb

Escuchar **1** **Listen and read. Then copy and complete the sentences below in English.**

¿Estás de acuerdo con el uso de la inteligencia artificial (IA)?

Estoy a favor de la inteligencia artificial y creo que podremos usarla para que todo el mundo haga menos horas de trabajo en el futuro. Necesitamos la IA para que el mundo sea más seguro – por ejemplo, las cámaras de tráfico podrán comprobar que la gente no usa el móvil cuando está conduciendo. La IA podría resolver problemas como el hambre y ayudar a salvar vidas. **Isabel**

Estoy en contra de la inteligencia artificial porque es peligrosa y, en mi opinión, empezaremos a depender demasiado de la IA. Creo que nos robará la creatividad y ya no habrá ni escritores ni artistas ni cantantes. Además, los ordenadores no comprenden sentimientos como el miedo ni conceptos como la justicia. Tampoco son capaces de sentir dolor, de enamorarse, etc. **Juan**

1. According to Isabel, AI will allow people to work …
2. She says that it will make the world …
3. Traffic cameras will be able to check …
4. AI could solve … and …
5. Juan thinks that AI is …
6. He thinks that we will start to …
7. There will no longer be any …
8. Computers don't understand … or …

G

You use the **present subjunctive** after ***para que*** ('so that', 'in order that') to express purpose where the subject of the verb changes.

*Podemos usarla **para que** todo el mundo **haga** …*
We can use it **so that** everyone **does** …

Where the subject of the verb is the same in both parts of the sentence, simply use ***para*** + infinitive.

*Las cámaras usarán la IA **para** comprobar …*
Cameras will use AI in order to check …

Page 197

Leer **2** **Read these replies to the posts in exercise 1. Who does each person agree with? For each one, write *I* (Isabel) or *J* (Juan). Then choose the correct summary (a–f) for each one.**

Para mí, la inteligencia artificial amenaza con sustituir a la mayoría de los trabajos actuales. Muchos empleos desaparecerán, y solo sobrevivirán los que no puede hacer un ordenador. **Conchita**

No entiendo por qué hay gente que se niega a aceptar avances como la IA. Será muy útil para la educación y podría ayudar a los alumnos a prepararse para los exámenes. **Carlos**

El desarrollo de la IA es carísimo, pero vale la pena. Y si las grandes empresas quieren gastar millones de dólares para que yo tenga una vida más fácil en el futuro, ¡no me quejaré! **Merche**

Deberíamos asegurarnos de la seguridad, sí, pero todos los peligros son evitables si tenemos cuidado. Y ya llevamos muchos años usando la IA con aplicaciones que reconocen la voz o la cara. **Sebastián**

No deberíamos confiar en la IA. Pienso que tendrá muchas consecuencias no deseables y perderemos la capacidad de tomar nuestras propias decisiones. **Raúl**

Yo tengo muchas dudas sobre la IA y creo que nos estamos equivocando. ¿Qué haremos si los ordenadores toman el control del mundo? **Luisa**

- **a** A worthwhile investment.
- **b** We can avoid the risks if we are careful.
- **c** Computers could take over the world.
- **d** A big threat to employment.
- **e** A useful revision tool.
- **f** AI isn't to be trusted.

The suffix ***-able*** can sometimes be added to a verb stem to create an adjective.

*des**ear***	→	*des**eable***	(desirable)
*evit**ar***	→	*evit**able***	(avoidable)
*compar**ar***	→	*compar**able***	(comparable)

Escribir 3 **Read the opinions in exercise 2 again. Write down the <u>infinitive</u> for each of the following verbs.**

1 to disappear
2 to make a mistake
3 to spend
4 to complain
5 to trust
6 to recognise
7 to refuse to (stem-changing)
8 to threaten
9 to survive
10 to ensure

If it has been used as a conjugated verb in the text, look closely at the verb ending to work out the <u>infinitive</u> form.

desaparecerán (they will disappear) → *<u>desaparecer</u>*
nos estamos equivocando (we are making a mistake) → *<u>equivocarse</u>*

Escuchar 4 **Listen to these four teenagers talking about artificial intelligence. Then copy and complete the table in English. (1–4)**

	In favour?	Opinion	Reasons (<u>two</u> details)
1	✓	AI is necessary	it will help to …

Escribir 5 **Write a sentence for each picture to give an argument for or against AI. Use vocabulary from exercises 1–4 to help you.**

Estoy	a favor de en contra de de acuerdo con	la IA, ya que	(no) es	necesaria. útil. peligrosa. cara. segura.
			(no) vale la pena.	
Creo que la IA	podría ayudar a	evitar la discriminación. reducir las horas de trabajo. resolver problemas. salvar vidas.		
	amenaza con	robar la creatividad. sustituir a muchos trabajos. tomar el control del mundo.		
(No) Deberíamos	asegurarnos de la seguridad de la IA. confiar en la IA. tener cuidado para evitar los riesgos.			

1

2

3

4

5

6

Hablar 6 **In pairs, debate the pros and cons of artificial intelligence.**

- *¿Cuál es tu opinión de la inteligencia artificial?*
- *Estoy a favor de la inteligencia artificial porque …*
- *No estoy de acuerdo con ella. Yo estoy en contra, ya que …*
- *Sí, es verdad, pero …*

Escribir 7 **Write your own entry for a discussion forum on artificial intelligence. Include reasons for and against the use of AI.**

- *Por un lado, estoy a favor de la inteligencia artificial. Creo que es … porque …*
- *También, …*
- *Por otro lado, estoy en contra porque …*
- *Además, …*

Gramática 1

Expressing future plans (Unit 1, page 182)

Leer 1 **Read the grammar box on page 182. Then read the text and answer the questions in English. Pay attention to the phrases in bold; these appear in a different order in the text.**

El año próximo voy a cambiar de instituto porque quiero sacar buenas notas. Espero ser médico en el futuro, y por eso me gustaría hacer una carrera universitaria cuando tenga dieciocho años. Estudiaré mucho porque sé que no será fácil. Después, tengo ganas de trabajar en otro país (¡con más sol y menos lluvia!), y por lo tanto creo que buscaré un empleo en el extranjero. También, tengo la intención de comprar un coche porque voy a aprender a conducir.

According to Daniel, what …

1. would he **like to** do?
2. does he **intend to** do?
3. does he **want to** do?
4. does he **hope to** do?
5. is he **keen to** do?
6. is he **going to** do? (two details)
7. **will** he do? (two details)

Escribir 2 **Re-write these sentences using a range of phrases followed by the infinitive to express future plans. Take care with reflexive verbs and those with an irregular stem in the simple future tense. Then translate your sentences into English.**

Example: 1 Me gustaría tener dos o tres hijos. – I would like to have two or three children.

1. Tendré dos o tres hijos.
2. Compraré una casa en el campo.
3. Cuando tenga bastante dinero, compartiré piso con mis amigos.
4. Haré una carrera universitaria en España.
5. Me enamoraré y luego me casaré.
6. Si apruebo mis exámenes, iré a la universidad.
7. Lucharé contra la discriminación y pondré fin al racismo.
8. Montaré mi propio negocio porque seré empresaria.

Seguir/Continuar + present participle (Unit 1, page 183)

Escribir 3 **Fill in the gaps with the present participle of an appropriate verb from the word box. Then translate each sentence into English.**

Example: 1 estudiando – I want to carry on studying at my school next year.

1. Quiero seguir ____ en mi insti el año próximo.
2. Mi hermana sigue ____ en la empresa de mi madre.
3. ¿Vas a continuar ____ español cuando seas mayor?
4. Ricardo siguió ____ en Madrid después de terminar sus estudios.
5. Continuaré ____ piso con mi amiga porque es más barato.
6. No voy a continuar ____ esta novela porque es tan aburrida.
7. Todavía no he encontrado un trabajo, y por eso tengo que seguir ____.
8. No quiero seguir ____ a los clientes en el restaurante.

aprender buscar compartir
estudiar leer servir
trabajar vivir

Seguir/Continuar + **present participle** is used to mean 'to carry on' or 'to continue' doing something.

*Voy a **continuar estudiando**.* I'm going **to carry on studying**.

You can also use these verbs to say that you are still doing something.

***Sigo viviendo** con mis padres.* **I'm still living** with my parents.

To form the **present participle**, remove the ***-ar***, ***-er*** or ***-ir*** from the infinitive and add ***-ando*** (for ***-ar*** verbs) or ***-iendo*** (for ***-er/-ir*** verbs).

Irregular present participles include:

leer → *leyendo* *dormir* → *durmiendo* *servir* → *sirviendo*

Seguir is an **e > i** stem-changing verb in the **present tense** (like *pedir* and *servir*).
sigo, sigues, sigue, seguimos, seguís, siguen

In the **preterite tense**, it has a spelling change in the 'he/she' form (*siguió*) and 'they' form (*siguieron*).

Possessive pronouns (Unit 2, page 184)

Escribir 4 **Fill in the gaps with the correct possessive pronoun. Then translate each sentence into English.**

1. Sus compañeros son más serios que ___. (*mine*)
2. Nuestra jefa es más estricta que ___. (*theirs*)
3. Mi gimnasio es más pequeño que ___. (*yours, sing.*)
4. Tus compañeros son más agradables que ___. (*his*)
5. Su entrevista era más larga que ___. (*yours, plur.*)
6. Vuestras condiciones laborales son peores que ___. (*ours*)

Possessive pronouns ('mine', 'hers', etc.) are used to avoid repetition. They must agree with the noun they are replacing.

	singular		plural	
mine	el mío	la mía	los míos	las mías
yours	el tuyo	la tuya	los tuyos	las tuyas
his/hers/its	el suyo	la suya	los suyos	las suyas
ours	el nuestro	la nuestra	los nuestros	las nuestras
yours	el vuestro	la vuestra	los vuestros	las vuestras
theirs	el suyo	la suya	los suyos	las suyas

Unlike possessive adjectives (*mi*, *tu*, etc.), **possessive pronouns** can never be followed directly by a noun.
Mi compañero es más irritante que ***el tuyo***.
My colleague is more irritating than **yours**.

Hablar 5 **In pairs, take turns to make a comparative sentence that includes a possessive pronoun. Your partner translates your sentence into English.**

Example:

- *Vuestra empresa es más pequeña que* ***la nuestra***.
- *Your company is smaller than ours.*

vuestra empresa | sus tareas | su horario laboral | nuestros clientes | tu trabajo | nuestra tienda

- Make the adjective agree with the noun.
- Do you need ***es*** ('is') or ***son*** ('are')?

Useful adjectives

aburrido	alegre	barato
difícil	duro	fácil
listo	moderno	pequeño

Prepositions followed by the infinitive (Unit 2, page 185)

Leer 6 **Read the grammar box on page 185. Then read this account and select the correct options.**

Antes de la entrevista, compré un traje nuevo **1 después de / para / sin** dar una buena impresión. La noche anterior, pasé tres horas preparándome para la entrevista **2 antes de / después de / para** acostarme. Me acosté temprano **3 antes de / para / sin** dormir bien.

Sin embargo, pasé la noche **4 sin / después de / para** dormir, ya que había mucho ruido en la calle. Por eso, al día siguiente me desperté muy tarde.

5 Sin / Antes de / Después de levantarme, fui inmediatamente al baño **6 después de / sin / para** ducharme, pero me caí en la ducha. Luego, noté que ¡mi perro se estaba comiendo mi traje! No tenía tiempo para tomar el desayuno **7 para / sin / antes de** salir de casa y, por lo tanto, tuve que ir a la entrevista **8 sin / para / después de** comer nada.

Desafortunadamente, al final llegué muy tarde ¡y no conseguí el trabajo!

el traje	*suit, costume*

Escuchar 7 **Read the sentences below and then listen. Correct the mistake(s) in each sentence.**

1. Héctor wants to buy a car in order to learn to drive.
2. Sonia is going to look for a summer job after finishing her university degree.
3. Felipe worked in his mum's company for a month to earn some money.
4. Marina hopes to get a good job after travelling around the world.

Gramática 2

Masculine and feminine nouns (Unit 3, page 186)

Escribir 1

Fill in the gaps with the correct words from the word box below, paying attention to the gender of the nouns. Then translate each sentence into English.

1 Me duelen los dientes. Afortunadamente, mi padre es ___.
2 El sueño de mi madrastra es ser ___ del país un día.
3 No me cuesta nada cortarme el pelo – ¡mi marido es ___!
4 A mi amiga Pilar le interesa la medicina. Quiere ser ___.
5 Mi prima es ___. Trabaja en la comisaría del centro.
6 Estas dos ___ merecen ganar un premio por la película – son buenísimas.
7 Mi hermana espera ser ___ porque le encantan las ciencias.
8 Mi tía es ___ profesional y tiene una voz preciosa.

actor	científico	peluquero
policía	dentista	presidente
cantante	médico	

merecer *to deserve*

Some **nouns** have different masculine and feminine forms:

- those ending in ***-o***, including
  *médic**o*** → *médic**a***
- those ending in ***-or***, including
  *escrit**or*** → *escrit**ora***

Nouns ending in ***-e*** or ***-ista*** are usually **invariable**.

*estudi**ante*** → *estudi**ante***
*art**ista*** → *art**ista***

Exceptions include:

*president**e*** → *president**a***
*jef**e*** → *jef**a***

The words *modelo* and *policía* are also invariable.

Some job nouns have completely different masculine and feminine words.
actor → ***actriz***

To form a plural noun:

- if it ends in a vowel, add ***-s***
- if it ends in a consonant, add ***-es***
- if it ends in ***-z***, change to ***-ces***.

Modal verbs (Unit 4, page 188)

Escuchar 2

Listen to this podcast about learning languages. For each speaker, write down the letter of the picture and the <u>two</u> modal verbs you hear (1–6). Then translate the verbs into English.

Example: 1 b, sabes – you know, puedes – you can

a

b

c

d

e

f

Escribir 3

Translate these questions into Spanish using the correct form of the appropriate modal verb.

*Example: 1 ¿Cuándo **puedo** aprender a conducir?*

1 When can I learn to drive?
2 What do you want to study in the future?
3 Why do we have to get a job?
4 What must I do in order to pass my exams?
5 How many languages do you (know how to) speak?

Hablar 4

In pairs, take turns to ask and answer your questions from exercise 3. Remember to change the modal verbs to the correct form in your answers.

Example:

- *¿Cuándo **puedo** aprender a conducir?*
- ***Puedes** aprender a conducir (a la edad de) …*

Modal verbs are followed by the <u>infinitive</u> and include:

deber	to have to / must
poder	to be able to / can
querer	to want to
saber	to know
tener que	to have to

- ***poder*** (*p<u>ue</u>do*, etc.) and ***querer*** (*qu<u>ie</u>ro*, etc.) are stem-changing in the present tense (see page 236) and have an irregular stem in the simple future/conditional tenses (see page 236).
- ***tener*** is an irregular verb.
- ***saber*** is irregular in the 'I' form of the present tense (***sé***, *sabes*, …).

Saber is used to mean 'to know how to'.
*¿**Sabes** cocinar?* **Do you know how** to cook?

Using the infinitive as a noun (Unit 4, page 189)

Escribir 5 **Read the grammar box on page 189 and write six logical sentences using the phrases below. Then translate your partner's sentences into English.**

Example: 1 *Según mi madre, viajar en tren no es barato.*
According to my mum, travelling by train isn't cheap.

Para mí, En mi opinión, Creo que Pienso que He decidido que Según mi madre, Mi padre dice que	aprender compartir hacer prepararse solicitar tener trabajar viajar	en el extranjero en tren hijos y casarse otros idiomas para una entrevista de trabajo piso con tus amigos un trabajo con un buen salario una carrera universitaria	(no) es barato. (no) es fácil. (no) es importante. (no) sería bastante útil. (no) sería muy divertido. (no) vale la pena. es una pérdida de dinero. no importa.

Para que + present subjunctive (Unit 6, page 192)

Leer 6 **Translate these sentences into English. Then take turns to read out the Spanish sentences with a partner, taking care with pronunciation.**

1 Quiero hacer una carrera universitaria para que sea más fácil conseguir un trabajo.
2 Necesitamos hacer más para que los niños de todo el mundo vayan al colegio.
3 Voy a comprarte un billete de tren para que vengas conmigo a Madrid.
4 Voy a enseñarte un poco de inglés para que seas capaz de comunicarte en las tiendas y en los restaurantes durante tu viaje.

Use the present subjunctive after ***para que*** ('so that', 'in order that') to express purpose, when the subject changes.
*Podemos usar la IA **para que** el mundo **sea** …*
We can use AI **so that** the world **is / may be** …

To form the present subjunctive, take the 'I' form of the present tense, remove the **-o** and add **-e**, **-es** or **-e** for **-ar** verbs, and **-a**, **-as** or **-a** for **-er/-ir** verbs.
- ***hacer*** → *haga, hagas, haga*
- ***tener*** → *tenga, tengas, tenga*
- ***venir*** → *venga, vengas, venga*

Ir *(vaya, vayas, vaya)* and ***ser*** *(sea, seas, sea)* are irregular.

Where the subject of the verb is the same in both parts of the sentence, use ***para*** + infinitive.
*Quiero viajar **para** conocer a gente nueva.*
I want to travel **in order to** meet new people.

¡En marcha!

Escuchar 7 **Listen and fill in the gaps with the correct word(s) in Spanish. Then translate the text into English.**

Mi novio **1** hacer una carrera universitaria porque **2** ser **3**. Sin embargo, he decidido que **4** hacer un trabajo práctico **5** tener que ir a la universidad. Por eso, **6** terminar mis exámenes, **7** Formación Profesional **8** trabajar como mecánica.

El año próximo **9** continuar **10** con mis padres porque **11** un piso es carísimo. No me importa porque me llevo bien con mis padres, aunque mi novio se pelea mucho con **12**.

Escribir 8 **Match the sentence halves. Then translate the completed sentences into English.**

1 Si me enamoro algún día, …
2 Debes comprobar el salario …
3 Quiero conseguir un buen trabajo para …
4 Creo que los ordenadores seguirán …
5 Mis padres se niegan a prestarme el coche …

que mi familia tenga bastante dinero.
porque dicen que conduzco mal.
robando nuestros trabajos en el futuro.
espero casarme.
antes de solicitar el trabajo.

prestar *to lend*

Módulo 8

Leer y escuchar

Reading

Leer 1

University study. **Read Emilio's blog about going to university.**

a Write down the correct letter (A–D) for each of the **two** correct statements.
Emilio's sister...

A	recently finished her studies.
B	works for a marketing company.
C	studied in Buenos Aires.
D	lived by herself in the capital.

b What does the text say? Write down your answers for each heading (i–iii) **in English**. You do not need to write in full sentences.

(i) What Emilio would like to do

(ii) Why you must think carefully about what to study

(iii) Why Emilio's parents think it's not worth him going to university

Mi hermana mayor acaba de terminar la carrera universitaria y ahora está buscando trabajo en una empresa de marketing. Disfrutó mucho del tiempo que pasó estudiando en Buenos Aires porque conoció a mucha gente nueva y le encantó compartir piso con sus amigos. Lo único malo fue que era carísimo vivir en la capital.

As you read the text, look for information that either confirms or contradicts each statement. Also, focus on common non-cognate verbs such as ***buscar***, ***compartir***, ***aprobar*** and ***equivocarse***.

Emilio's blog continues.

A mí también me gustaría ir a la universidad si apruebo los exámenes, aunque todavía no he decidido qué quiero estudiar. Hay que pensarlo con cuidado. Hay mucha gente que se equivoca cuando elige la carrera y luego decide dejarla porque no le gusta. Es una pérdida de tiempo y de dinero.

Según mis padres, no vale la pena pasar tres o cuatro años estudiando en la universidad porque no estoy seguro del trabajo que quiero hacer cuando sea mayor.

Leer 2

Working from home. **Read this news article about the pros and cons of working from home. Answer the following questions in English. You do not need to write in full sentences.**

El trabajo a distancia no es nada nuevo. Sin embargo, la popularidad de este modelo de trabajo ha aumentado enormemente en los últimos años gracias a los desarrollos en las Tecnologías de la Información y la Comunicación (TIC), y también debido a situaciones como la pandemia, cuando la gente no podía salir de casa.

El trabajo a distancia ofrece más flexibilidad porque no hay horarios estrictos: se puede escoger la hora de empezar y terminar el trabajo, y puede permitir un mejor equilibrio entre la vida laboral y la vida familiar.

Los beneficios para la sociedad también son importantísimos. Causa menos polución y reduce los accidentes de tráfico porque hay menos personas viajando diariamente al trabajo. Y para las empresas, ahorran dinero porque no necesitan tanto espacio si hay menos gente trabajando en la oficina.

Sin embargo, también hay desventajas. Pasar todo el día sentado delante del ordenador puede causar problemas de salud, como el dolor de espalda. Además, puede causar falta de contacto social.

When reading a Spanish text, look for common suffixes. For example, words ending in ***-dad/-idad*** almost always end in -ty/-ity in English

Adverbs ending in ***-mente*** usually end in -ly in English.

-ísimo is added to an adjective to mean 'really' or 'extremely'.

Also look out for words beginning with **es-** + **consonant**. Remove the ***e*** to identify the cognate more easily.

el equilibrio *balance*

a Give one reason why remote working has become more popular in recent years.

b In what way does remote working offer more flexibility?

c How does society benefit from remote working? Give one detail.

d How does remote working enable companies to save money?

e Name one disadvantage of spending the day in front of a computer.

Leer **3** ***My part-time job.*** **Translate the following paragraph into English.**

Los fines de semana trabajo en el centro deportivo. Lo hago desde hace un año y es divertidísimo. Los clientes suelen ser agradables y me llevo bien con mis compañeros de trabajo. Desafortunadamente, ayer llegué tarde y por eso mi jefa no estaba contenta. Cuando termine mis estudios, buscaré un empleo como profesor de natación.

Listening

Escuchar **1** ***Working in a café.*** **Karima is talking about her job. What does she say? Write down the word or phrase for the gap(s) in each sentence, using the words and phrases from the box. There are more words/phrases than gaps.**

a Karima likes her job because of the good ___.

b In the morning she ___ and in the afternoon, she ___.

salary   atmosphere   location
works on the till   washes the dishes   makes sandwiches   cleans tables

Escuchar **2** ***The world of work.***

a You hear a news report about attitudes to finding a job in Mexico. What does the speaker say? Listen to the recording and write the correct letter (A–F) for each of the **three** correct statements.

A	When looking for a job, we all want the same thing.
B	More than ten thousand Mexicans were surveyed.
C	For most people, variety is the most important thing.
D	Nowadays, having a job for life is less important.
E	Most people want to work in a large company.
F	The quality of the training provided is important.

b You also hear a report about how workplaces are changing. Listen to the recording and answer the following questions **in English**. You do not need to write in full sentences.

1 How have new technologies made teamwork easier?
2 What can you now do without leaving the house?
3 What sort of benefits do many companies offer?
4 Who are companies hoping to attract?

In this task, which Spanish words might help you to spot where the relevant information is given? (e.g. ***equipo***)

Escuchar **3** **You are going to hear someone talking about their future plans. Sentences 1–2: write down the missing words for each gap. For each gap, you will write one word in Spanish. (1–2)**

1 En el ___ ___ ser ___.
2 Ahora ___ trabajar como ___ o ___.

Sentences 3–6: write down the full sentences that you hear in Spanish. (3–6)

Listen out for:
- ***ca/co/cu/que/qui*** - which have a hard sound like English 'k'
- ***ga, go, gu*** - which have a hard sound like 'gate' in English
- ***ge, gi, j*** - which sound like a stronger version of English 'h'

Focus, too, on words that need a written accent on the stressed vowel.

Prueba oral

Read aloud

Hablar 1 **Look at this task. With a partner, read aloud the four sentences, paying attention to the underlined letters.**

Monika, your Peruvian friend, has written this post on social media about learning languages.

Read out the text below to your partner.

> Hay que saber otras lenguas si quieres trabajar en el extranjero.
>
> Te permiten viajar, conocer otros países y descubrir culturas distintas.
>
> Tengo ganas de aprender a hablar mandarín y árabe que son idiomas muy antiguos.
>
> La capacidad de comprender y de comunicarse con la gente es útil porque te ayuda a apreciar la riqueza del mundo.

Take extra care with how you pronounce:
- ***ca/co/cu/que/qui***
- ***ga, go, gu***
- ***ge, gi, j***

Also, pay attention to written accents and be sure to use correct stress patterns.

Escuchar 2 **Listen and check your pronunciation.**

Hablar 3 **Listen to the teacher asking the two follow-up questions. Translate each question into English and prepare your own answers in Spanish. Then listen again and respond to the teacher.**

For these two questions, keep it simple – your priority is to produce accurate language.

Role play

Escribir 1 **Look at the role-play card and prepare what you are going to say.**

Setting: At the train station

Scenario:
- You are at a train station buying tickets.
- The teacher will play the part of the employee and will speak first.
- The teacher will ask questions in Spanish and you must answer in Spanish.
- Say a few words or a short phrase/sentence for each prompt. One-word answers are not sufficient to gain full marks.

Task:
1. Say where you would like to go.
2. Ask about the next train.
3. Say what you plan to do there.
4. Say what type of ticket you want.
5. Ask a question about the price.

Remember that the verb comes immediately after the question word/phrase. Don't forget to include the word for 'next'.

Use the near future or the simple future tense.

If you can't remember the word for 'single' or 'return', what else could you say? (e.g. 'a ticket for students')

Be careful – the Spanish question words for 'How much?' and 'When?' are similar.

Hablar 2 **Practise what you have prepared. Then, using your notes, listen and respond to the teacher.**

Escuchar 3 **Now listen to Hussain doing the role play task. In English, make a note of:**

a how **he answers** the questions for points 1, 3 and 4

b how **the teacher responds** to his questions in points 2 and 5.

Picture task

Escuchar 1 **Look at the photo below and read the first part of the task card. Then listen to Annabelle describing the photo.**

1 Annabelle uses the adverb ***solamente***. What does it mean?
2 What two mistakes does she make when talking about the people in the photo?
3 She uses the phrase ***hacer la compra*** instead of ***ir de compras***. What do you think is the slight difference in meaning between these two phrases?
4 What time of day does she think it is and why?

Prepare your own description of the photo.

Your description must cover:

- people
- location
- activity.

When you have finished your description, you will be asked **two questions** relating to the picture. Say a **short phrase/ sentence** in response to each question.

One-word answers will not be sufficient to gain full marks.

You will then move on to a **conversation** on the broader thematic context of **Studying and my future**.

During the conversation, you will be asked questions in the present, past and future tenses.

Your responses should be as **full and detailed** as possible.

Hablar 2 **Prepare your own description of the photo, mentioning people, location and activity. Then, with a partner, take turns to describe the picture.**

Escuchar 3 **Read the second part of the task card. Then listen to the first two follow-up questions and respond to the teacher. Give a short answer for each one and focus on using accurate language.**

Escuchar 4 **Read the third part of the task card. The teacher asks Annabelle '*En tu opinión, ¿es importante para los jóvenes tener un pequeño trabajo?*' Listen and write down the missing word(s) for each gap.**

¡Por **1** ! Tener un trabajo te **2** a ser más **3** y te da más **4** . Además, te **5** muchas cosas. Yo llevo cinco meses trabajando en el **6** local donde **7** las entradas y sirvo comida y **8** . Lo hago los **9** y es divertidísimo porque me llevo bien con **10** .

Escuchar 5 **Listen to Annabelle answering the next two questions: '*Háblame de un problema que tuviste recientemente en tu trabajo*' and '*¿En qué te gustaría trabajar en el futuro?*'. Answer the questions.**

a For her first answer, write down the order in which she mentions the following:
A My boss was angry. **B** I fell. **C** I got the schedule wrong. **D** I missed the bus.

b For her second answer, write down:
1 why she no longer wants to be a doctor
2 what she now hopes to do and why
3 why her stepmum's job isn't a good option for her.

c Listen to both answers again. Write down examples of verbs in each of the following past tenses:
- preterite
- imperfect
- imperfect continuous
- perfect

Listen out for how Annabelle shows off an example of a possessive pronoun.

Escribir 6 **Prepare your own answers to Module 8 questions 1–10 on page 229. Then practise with your partner.**

Prueba escrita

130–150 word writing task

Escribir 1

Look at this writing exam task and then, for each bullet point:

- think about what examples of **complex language** you could use to impress the examiner
- consider how you could use a **variety of vocabulary** to avoid repetition
- write down three or four ideas for what you could write about
- write down **which tense(s)** you will need to use in your answer.

Write a blog about future study and work.

You **must** include the following points:

- the skills that are important for getting a job
- the pros and cons of going to university
- what you did recently to improve your Spanish
- your ambitions for the future.

Write your answer **in Spanish**.
Aim to write between 130 and 150 words.

Leer 2

Read Joe's answer to the exam task. Answer the questions in the callouts.

1 Which two synonyms does Joe use in the text to avoid repeating this word?

2 This is an example of a **verb** or **verb phrase + infinitive**. What does it mean? Find two more examples from the text.

3 This is another example of **complex language**. What does it mean? Find two more examples from the text.

4 What do these phrases mean? What do we call this verb form?

5 Why have the Spanish words for 'and' and 'or' changed their spelling here?

En mi opinión, para encontrar un buen trabajo hace falta tener buenas capacidades de comunicación y poder tomar riesgos. Sin embargo, lo más importante es saber resolver problemas.

Por un lado, vale la pena hacer una carrera universitaria porque te permite conocer a gente nueva. Además, puede mejorar tus posibilidades de conseguir el puesto ideal. Por otro lado, lo malo es que suele ser carísimo y no es necesario para todos los empleos.

Me apetece mejorar mi nivel de español para que sea más fácil comunicarme cuando vaya a España el año próximo. Por eso, he descargado recientemente una aplicación e intento usarla todos los días. También he empezado a ver programas en Netflix (y otro servicio de streaming) con el sonido en español.

Después de terminar mis exámenes seguiré estudiando. Si saco buenas notas, haré una carrera universitaria porque mi sueño es ser astronauta. Espero ser uno de los primeros británicos con discapacidad en ir al espacio. Sería increíble.

Leer **3** **Read Joe's answer again. Copy and complete the sentences.**

1 According to Joe, you need to be able to take ___.
2 The most important thing is ___.
3 Going to university can improve your chances of ___.
4 He wants to improve his Spanish so that ___ when ___.
5 He has started to watch programmes with ___.
6 Joe hopes to be one of the ___ to ___.

Escribir **4** **Prepare your own answer to the task.**

- Think about how you can develop your answer for each bullet point.
- Look back at your notes from exercises 1 and 2.
- Look at the 'Challenge checklist' and consider how you can show off your Spanish!
- Write a **brief** plan and organise your answer into paragraphs.
- Write your answer and then carefully check the accuracy of what you have written.

Challenge checklist	
	✓ Past, present and future time frames ✓ Connectives / time phrases / sequencers ✓ Extended sentences ✓ Different opinion phrases
	✓ A wider range of tenses (e.g. perfect, simple future) ✓ 'If' clauses (e.g. *Si* + present + future) ✓ A wide range of interesting vocabulary ✓ Adverbs (e.g. *recientemente*)
	✓ Verbs / verb phrases with an infinitive (e.g. *vale la pena / se necesita / soler* + infinitive) ✓ Other complex structures (e.g. *Lo malo es que, para* + infinitive, comparatives) ✓ Examples of the present subjunctive (e.g. *cuando vaya..., para que sea...*) ✓ Relative pronouns *(que, el/la cual, cuando, donde)*

Translation

Escribir **1** **Read the English text and Riley's translation of it. Correct the <u>ten</u> mistakes in the Spanish translation. (Be careful: they are not grammatical mistakes, just mistakes of meaning.)**

I am hardworking and I like working in a team. I work in a pharmacy where I have to help the customers and give information. Today I am tired because I finished very late yesterday. In the future I will look for a different job because I don't earn enough money.

Soy perezoso y me gusta trabajar en casa. Trabajo en una oficina donde tengo que ayudar a los niños y pedir información. Hoy estoy enfermo porque ayer empecé muy temprano. En el futuro encontraré un empleo diferente porque no gasto suficiente dinero.

Escribir **2** **Translate the following text into Spanish.**

My job is fun because I love being outdoors. At weekends, I sell ice creams in the local park. Sometimes I have to make coffee, too. Last week, I only worked on Saturday. In the future I would like to live in another country and meet new people.

Never use the word ***un/una*** before ***otro/otra***.
'Another' = ***~~un~~ otro / ~~una~~ otra***

Módulo **8**

Palabras

Key:
bold = this word will appear in higher exams only
* = this word is not on the vocabulary list, but you may use it in your own sentences

Pioneros latinos (pages 180–181):

Pioneros en su campo	*Pioneers in their field*
el/la bailarín(a)	*dancer*
el/la empresario/a	*entrepreneur*
el/la médico/a	*doctor*
a la edad de … años	*at the age of … years old*
nació en …	*he/she was born in …*
es conocido/a por …	*he/she is known for …*
cuando era niño/a / más joven …	*when he/she was a child / younger …*
llegar a ser	*to become*
encontrar (un trabajo/**empleo**)	*to find (a job)*
apoyar / **mantener**	*to support / to maintain*
crear / **desarrollar**	*to create / to develop*
marcharse de	*to leave*

Sueños y esperanzas (pages 182–183):

¿Qué planes tienes para el año próximo?	*What plans have you got for next year?*
El año próximo …	*Next year …*
quiero **seguir** estudiando en mi *insti porque …	*I want to continue studying at my (high) school because …*
Seguiré/Continuaré … estudiando/trabajando en …	*I will keep/continue … studying/working in …*
Voy a …	*I am going to …*
Me gustaría …	*I would like to …*
Espero …	*I hope to …*
Tengo ganas de …	*I am keen to …*
Tengo **la intención** de …	*I intend to …*
casarme / tener hijos	*get married / have children*
ir a la universidad	*go to university*
hacer una carrera **universitaria**	*do a university degree*
conseguir un buen trabajo	*obtain/get a good job*
buscar un **puesto** con un buen salario	*find a position with a good salary*
ser **empresario**	*to be an entrepreneur*
*montar mi propio **negocio**	*to set up my own business*
¿Qué vas a hacer después?	*What are you going to do afterwards?*
Después, tengo **la intención** de …	*Afterwards, I intend to …*
¿Qué otros planes tienes?	*What other plans do you have?*
Cuando **tenga** … años, me gustaría …	*When I am … years old, I would like to …*
Cuando **sea** mayor …	*When I am older …*
Cuando **tenga** bastante dinero …	*When I have enough money …*
aprobar	*to pass*
experimentar	*to experience*

¡A trabajar! (pages 184–185):

¿Qué haces para ganar dinero?	*What do you do to earn money?*
Para ganar dinero …	*To earn money …*
hago cosas y las vendo en línea	*I make things and sell them online*
trabajo en …	*I work in/at …*
cuido a los niños de mis **vecinos**	*I look after my neighbours' children*
¿Cuánto dinero ganas?	*How much money do you earn?*
Gano … euros/pesos/libras *por hora/día/semana	*I earn … euros/pesos/pounds per hour/day/week*
Gano poco, pero no me importa.	*I don't earn much, but I don't mind.*
¿Cuándo lo haces?	*When do you do it?*
Lo hago …	*I do it …*
los fines de semana	*at weekends*
cuando necesito dinero	*when I need money*
cuando me necesitan	*when they need me*
en las vacaciones	*during holidays*
¿Qué tal tu trabajo?	*How is your job?*
Me llevo bien con mi jefe.	*I get on (well) with my boss.*
Mis **compañeros** son agradables.	*My colleagues are nice.*
Lo odio y quiero dejarlo.	*I hate it and I want to leave it.*
¿Por qué le interesa este **puesto**?	*Why are you interested in this position?*
Me interesa este trabajo porque me encanta …	*I am interested in this job me because I love …*
¿Qué experiencia **laboral** tiene?	*What work experience do you have?*
Llevo (un año) trabajando en …	*I have been working in/at … (for a year)*
He trabajado en …	*I have worked in/at …*
una tienda/*fábrica	*a shop/factory*
un café/**gimnasio**	*a café/gym*
¿Cuáles son sus **características** positivas?	*What are your good qualities?*
Soy una persona …	*I am a(n) … person*
activa / fuerte	*active / strong*
organizada / responsable	*organised / responsible*
trabajadora / **artística**	*hard-working / artistic*
independiente / **lista**	*independent / clever*
práctica / *creativa	*practical / creative*
¿Qué otras **capacidades** tiene?	*What other skills do you have?*
Tengo …	*I have …*
buen **sentido** del humor	*a good sense of humour*
buenos **conocimientos** de …	*good knowledge of …*
buenas **capacidades** (de comunicación)	*good (communication) skills*
antes de / **después de**	*before / after*
para / sin	*(in order) to / without*

Un trabajo para todos (pages 186–187):

¿Qué tipo de trabajo querías hacer en el pasado?	*What type of job did you want to do in the past?*
Cuando era más joven, me gustaba la idea de …	*When I was younger, I liked the idea of …*
También quería … porque …	*I also wanted to … because …*
¿Todavía te interesa el mismo trabajo?	*Are you still interested in the same job?*
Sí, todavía quiero … porque …	*Yes, I still want … because …*
No, he decidido que **ya no** quiero …	*No, I have decided that I no longer want …*
Ahora **me apetece** …, ya que …	*Now I'm keen …, since …*
Antes …	*Before …*
De niño/a …	*As a child …*
Cuando era más joven …	*When I was younger …*

era mi sueño ...	*it was my dream ...*
quería ...	*I wanted ...*
me gustaba la idea de ...	*I liked the idea of ...*
me apetecía ...	*I was keen ...*
Ahora ...	*Now ...*
He decidido que ...	*I have decided that ...*
(todavía / **ya no**) quiero ...	*I (still / no longer) want ...*
me gusta la idea de ...	*I like the idea of ...*
me apetece ...	*I am keen ...*
es mi sueño ...	*it is my dream ...*
ser ...	*to be (a/an)...*
actor/actriz	*actor/actress*
artista / periodista	*artist / journalist*
policía / profesor(a)	*police officer / teacher*
modelo / **científico/a**	*model / scientist*
*director(a) de cine/teatro	*film/theatre director*
*camarero/a	*waiter/waitress*
*enfermero/a	*nurse*
*ingeniero/a	*engineer*
*guía turístico	*tour guide*
*peluquero/a	*hairdresser*
trabajar ...	*to work ...*
al aire libre / desde casa	*outdoors / from home*
solo/a	*alone*
en el extranjero	*abroad*
en **la enseñanza**	*in teaching*
en un **hogar** de ancianos	*at a care home*
en una empresa/oficina	*in a business/office*
con los animales/niños	*with animals/children*
con los ordenadores	*with computers*
con gente	*with people*
hacer un trabajo ...	*to do a(n) ... job*
seguro	*safe/secure*
artístico	*artistic*
con responsabilidad	*with responsibility*
con un buen salario	*with a good salary*
con **variedad**/flexibilidad	*with variety/flexibility*
solicitar (un trabajo)	*to apply for, request*

Las lenguas te abren las puertas (pages 188–189):

¿Qué idiomas hablas?	*What languages do you speak?*
Hablo ... y **llevo** ... estudiando ...	*I speak ... and I have been studying ... for ...*
También he aprendido ...	*I have also learned ...*
¿Por qué es importante aprender otras lenguas, en tu opinión?	*Why is it important to learn other languages, in your opinion?*
Si sabes hablar otro **idioma**, ...	*If you know how to speak another language, ...*
puedes estudiar o trabajar en el extranjero	*you can study or work abroad*
puedes **descubrir** otros países	*you can discover other countries*
te permite descubrir otras culturas	*it allows you to discover other cultures*
mejora tus **oportunidades laborales**	*it improves your job opportunities*
te abre **la mente**	*it opens your mind*
En el futuro me gustaría aprender ...	*In the future I would like to learn ...*
español / *francés / *inglés	*Spanish / French / English*
castellano	*Castilian*
*catalán / *euskera / *gallego	*Catalan / Basque / Galician*
¿Cómo puedo ayudarle?	*How can I help you?*
Quisiera dos billetes a (Madrid), por favor.	*I would like two tickets to (Madrid), please.*
¿Qué tipo de billetes quiere?	*What kind of tickets do you want?*
un billete de ida y vuelta	*a return ticket*
un billete de ida	*a one-way/single ticket*
¿Cuándo quiere viajar?	*When do you want to travel?*
Queremos viajar ...	*We want to travel ...*
esta tarde	*this afternoon/evening*
mañana por la mañana	*tomorrow morning*
el martes por la tarde	*Tuesday afternoon/evening*
Hay un tren que sale a ...	*There is a train that leaves at ...*
¿A qué hora llega?	*At what time does it arrive?*
Llega (a las nueve dieciséis).	*It arrives (at nine sixteen).*
¿Es directo o hay que cambiar?	*Is it direct or must you change?*
saber	*to know (how to)*
conocer	*to know, meet*
elegir	*to choose*
acordarse	*to remember*
atreverse	*to dare*
sorprender	*to surprise*
equivocarse	*to be wrong / make a mistake*
traducir	*to translate*

El futuro sin límites (pages 190–191):

Jóvenes en acción	*Young people in action*
En la próxima década habrá más/menos ... que hoy.	*In the next decade there will be more/less ... than today.*
La gente pasará más/menos tiempo ...	*People will spend more/less time ...*

El futuro sin fronteras (pages 192–193):

¿Cuál es tu opinión de *la inteligencia artificial?	*What is your opinion of artificial intelligence?*
Estoy a favor de ...	*I am for / in favour of ...*
Estoy de acuerdo con ...	*I agree with ...*
Estoy en contra de ...	*I am against ...*
la *inteligencia artificial	*artificial intelligence*
porque / ya que es ...	*because / as it is ...*
cara / necesaria	*expensive / necessary*
peligrosa / útil	*dangerous / useful*
segura	*secure/safe*
porque **vale la pena**	*because it is worth it*
Creo que / En mi opinión, la *IA podría ayudar a ...	*I think / In my opinion, AI could help ...*
reducir las horas de trabajo	*to reduce working hours*
resolver problemas	*to resolve problems*
salvar vidas	*to save lives*
evitar la discriminación	*to avoid discrimination*
Podemos usarla **para que** ...	*We can use it so that ...*
el mundo **sea** más seguro	*the world is safer*
todo el mundo **haga** menos horas de trabajo	*the whole world does fewer working hours*
Podemos usarla para resolver problemas como (el hambre)	*We can use it to resolve problems like (hunger)*
Creo que la *IA **amenaza** con ...	*I think AI threatens ...*
robar la creatividad	*to steal creativity*
sustituir a muchos trabajos	*to replace many jobs*
tomar el control del mundo	*to take over the world*
Además (no) deberíamos ...	*Besides, we should (not) ...*
asegurarnos de la seguridad de *la IA	*ensure the safety of AI*
confiarnos en *la IA	*trust AI*
tener **cuidado** para **evitar** los riesgos	*be careful to avoid risks*

Repaso de gramática

Using suffixes (pages 105, 165, 187 and 192)

Escribir 1

Rewrite each sentence to include an absolute superlative by adding the correct form of the superlative suffix *-ísimo* to each adjective in bold. Then translate your sentences into English.

*Example: En el norte del país tenemos una costa **hermosísima**. –*
*In the north of the country we have a **very beautiful** coast.*

1 En el norte del país tenemos una costa **hermosa**.
2 Mi amigo trabaja en la caja de una tienda, pero dice que es **aburrido**.
3 Es **fácil** buscar trabajo en línea, sin embargo, conseguir un puesto bueno es duro.
4 Cuando tenga más dinero, me gustaría comprar un piso **moderno**.
5 A mí me pone **triste** que exista tanta pobreza en nuestra comunidad.
6 Trabajo en un restaurante donde se puede comer muchos platos **ricos**.
7 La educación es **importante** en la lucha contra la discriminación.
8 En mi zona, aquellas torres son **famosas** y muchos turistas vienen a verlas.

If an adjective has a hard **c** sound, like *ri**c**o*, the ***c*** changes to a ***qu*** to keep this sound in an absolute superlative.
*La comida es ri**c**a.* ⟶ *La comida es ri**qu**ísima.*

Escribir 2

The suffix *-mente* can be added to many (feminine) adjectives to create adverbs. Someone has translated this text, but they have forgotten to change the adjectives into adverbs. Rewrite the Spanish text, correcting the mistakes.

On Saturdays, I normally work in a clothes shop in the centre of Madrid. It is difficult, as I don't speak much Spanish. Generally the people in the shop speak slowly and I understand perfectly. Naturally, if I have a problem my boss can help me and I am going to learn more Spanish quickly.

Los sábados, normal trabajo en una tienda de ropa en el centro de Madrid. Es difícil porque no hablo mucho español. General la gente en la tienda habla lento y entiendo perfecto. Natural, si tengo un problema mi jefe me puede ayudar y voy a aprender más español rápido.

Other suffixes in Spanish include ***-able*** and ***-ito***:
-able is added to a verb to create an adjective: *amar* (to love) ⟶ *am**able*** (nice)
-ito is added to a noun and must agree with the noun (*-it**o**/**a**/**os**/**as***). If the noun ends in *-**o**/**a***, remove it first. This is called a diminutive, as it describes something as being small. It can also be used to show something is precious or loved.
mi perrito blanco my dear/little white dog

Escribir 3

Change each adjective into a noun by adding the suffix *-idad*. Then use each noun in a sentence.

Example: nacional ⟶ *la nacional**idad***
Soy orgulloso de poder hablar con gente de nacionalidades distintas.

1 real
2 personal
3 capaz
4 activo
5 feliz
6 seguro

With the suffix ***-idad***, if the adjective ends in a vowel, you need to remove it. Also, if the adjective ends in **-*z***, this will change to -***c*** when the suffix is added.

Different types of adjectives (Pages 104, 115, 132 and 136)

Escribir 4 **Complete the sentences with the correct possessive adjective (*mi, tu, su* etc.) or with the correct demonstrative adjective (*este, ese, aquel* etc.).**

1 El mejor aspecto de ___ trabajo en el hotel es que es fácil conocer a gente de otros países. (*this*)
2 Admiro a varias personas famosas, pero ___ verdadero modelo de conducta es ___ madre. (*my, my*)
3 En mi pueblo ___ tiendas aquí son mejores que ___ tiendas. (*these, those ... over there*)
4 El gobierno debe utilizar ___ poder para mejorar la sociedad para todos. (*its*)
5 El racismo y la discriminación son unos problemas graves para nosotros y ___ hijos. (*our*)
6 A veces la moda es increíble. Por ejemplo, ___ zapatos cuestan más que ___ móvil. (*those, your*)

Escribir 5 **Copy and complete the text in Spanish, by translating the English adjectives in the box.**

Vivo en Cádiz desde hace cinco meses. Es una ciudad muy **1** con unas calles **2** y muchos lugares **3**. Para mí, vivir en una ciudad **4** y **5** es **6**. **7** amigas **8** dicen que soy muy **9** y **10**, y creo que soy una persona muy **11**. Me encanta vivir en esta ciudad **12**.

1 pretty	**4** open	**7** numerous	**10** optimistic
2 old	**5** safe	**8** Spanish	**11** loyal
3 historic	**6** extremely important	**9** hard-working	**12** exciting

Using pronouns (pages 139, 157, 158 and 184)

Leer 6 **Complete the sentences using the pronouns in brackets. Then translate each sentence into English.**

1 Para ___, es importantísimo nadar en los ríos y los mares limpios. (*us*)
2 En la foto se puede ver mucha basura en las calles y los animales están encima de ___. (*it*)
3 A ___ me preocupa mucho la contaminación que existe en nuestras ciudades. (*me*)
4 Si te gusta la naturaleza, la amenaza de los cambios climáticos es un problema muy grave para ___. (*you*)
5 Los árboles nos dan vida. Sin ___ nuestro planeta estará en aún más peligro. (*them*)
6 El sexismo afecta a todas nosotras y por eso todos debemos hacer algo si vamos a luchar contra ___. (*it*)

Emphatic pronouns (*mí/ti/él/ella* etc.) are used after prepositions.

Leer 7 **Read the dialogue. Find the <u>six</u> possessive pronouns and translate them into English. Then write <u>six</u> new sentences using the possessive pronouns in Spanish.**

Example: *el tuyo – yours* ⟶ *Pienso que mi pueblo es muy tranquilo, pero* ***el tuyo*** *tiene muchos parques.*

- *Creo que mi barrio es bastante seguro, pero el tuyo todavía tiene muchos delitos.*
- *Sí. Tienes razón. Pero lo bueno es que mi comunidad hace mucho más que la tuya. Por ejemplo, tenemos muchas celebraciones en las calles.*
- *También tenemos fiestas en mi zona y creo que las mías son más divertidas.*
- *¿Qué piensas del centro comercial nuevo que han construido en el centro?*
- *Este centro comercial es enorme, pero el nuestro, que está cerca de nuestras dos casas, es mejor porque tiene más tiendas de ropa.*
- *Estoy de acuerdo. Las nuestras son mejores porque son independientes.*
- *Sí, y también las suyas son muy caras.*

Escribir 8 **Rewrite the sentences using direct or indirect object pronouns.**

Example: 1 *Siempre* ***lo*** *cuido.*

1 Siempre cuido al perro de mis abuelos.
2 ¿A ti te gustaría visitar el museo?
3 ¡Protege a los animales en peligro!
4 ¿Ya has comido los churros?
5 Ese día estaba ayudando a mi madre en la cocina.
6 Quiero que ayudemos a los niños pobres.

Repaso de gramática

Verbs and phrases followed by infinitives (pages 159, 166, 182 and 185)

Leer **1** **Match up the sentences. Then make a list of the verbs with infinitives (from statements A–G) that express obligation or possibility.**

1 He trabajado todo el día y estoy muy cansada.
2 Quiero visitar a mis abuelos que viven lejos de aquí.
3 Mi pasatiempo favorito es ir de compras.
4 Los cambios climáticos afectan a todos nosotros.
5 Para mí es importante comprar productos sostenibles.
6 Ayudo en un banco de alimentos.
7 Me gustaría viajar a varios países y descubrir otras culturas.

A Siempre vale la pena ayudar a otros si puedes.
B Hay que visitar las tiendas independientes en la plaza.
C Se puede viajar en tren porque es más rápido.
D Tienes que aprender otras lenguas.
E Hace falta ser responsable con nuestras opciones de compra.
F Debes descansar e ir a la cama temprano.
G Se debería ahorrar energía y limitar nuestro uso de plástico.

Escribir **2** **Fill in the gaps with the correct infinitive from the box. There are more infinitives than gaps.**

1 Hay que ___ mucho si quieres tener éxito.
2 Necesitamos ___ cuidado y evitar hacer más daño al medioambiente.
3 Se debería ___ más si queremos reducir la cantidad de basura que producimos.
4 Vale la pena ___ buenas causas y tomar acción en nuestra comunidad.
5 Si quieres conseguir un empleo, tienes que ___ un CV con los detalles de tu experiencia.
6 Se debería ___ por la igualdad y por la justicia.
7 Andrea tiene la intención de ___ bien antes de su entrevista.
8 En el futuro, espera ___ una carrera y también le gustaría ___.

luchar	casarse	trabajar	escribir	hacer
tener	apoyar	viajar	reciclar	prepararse

Escribir **3** **Complete each sentence with some advice for a friend about school. Don't forget to use an infinitive!**

Example: 1 *Vale la pena estudiar idiomas porque te permite descubrir otras culturas.*

1 Vale la pena …
2 Se puede …
3 Debes …
4 Tienes que …
5 Hace falta …
6 Se debería …

Se debería is the conditional impersonal form of the verb *deber*. It is used to give advice and means 'you should' or 'one should'.

Se debería *ahorrar energía.* — **You/One should** save energy.

To translate 'you must', use the present tense of ***deber*** in the second person singular, or use the present tense of *deber* with the impersonal ***se***.

Debes *prepararte para una entrevista.* — **You must** prepare for an interview.
Se debe *beber más agua.* — **You/One must** drink more water.

Talking about the past (pages 134, 137, 142 and 161)

Leer 4 **Read the sentences and note down the verbs used. Label them: perfect, imperfect, preterite, imperfect continuous or passive voice. Then translate the sentences into English.**

Example: 1 vivía (imperfect), viajaba (imperfect)

1 Cuando vivía en el campo, siempre viajaba en coche, pero ahora no.
2 Mi abuela me dijo que la ciudad tenía más espacios verdes y que había menos gente y por lo tanto menos ruido.
3 Aquel castillo fue visitado por cientos de turistas el mes pasado, pero todavía no he tenido la oportunidad de verlo por dentro.
4 Cuando era más jóven, me gustaba la idea de hacer un trabajo artístico, pero ahora he decidido ser científica.
5 Estábamos viendo la televisión cuando empezó a nevar y salimos rápidamente para jugar en el jardín.
6 En mi familia nadie ha perdido su trabajo durante esta crisis económica, pero el padre de mi novio no ha podido encontrar un empleo nuevo en los últimos diez meses.
7 Ese día mis amigos y yo estábamos participando en un proyecto de conservación cuando vino una tormenta fuertísima y tuvimos que volver a casa sin terminarlo.
8 Aunque él ha participado en varios proyectos sociales, el premio fue ganado por una joven que se ha atrevido a luchar contra las empresas multinacionales.

To identify the passive voice, remember that the verb ***ser*** will be used with a past participle, which has to agree with the object. It will often be followed by ***por*** and the person who has done the action.

Escribir 5 **Complete these sentences by changing the infinitives in brackets into the correct past tense verbs.**

1 Antes mi amigo (*trabajar*) en una tienda y (*vender*) ropa para niños, pero ahora no tiene empleo.
2 El sábado pasado mis padres (*ir*) al museo y luego (*tomar*) un café.
3 Todavía yo no (*visitar*) todos los sitios turísticos de mi ciudad.
4 Ayer mis amigos y yo (*decidir*) hacer un vídeo sobre el uso de plástico para nuestro proyecto escolar.
5 Cuando (*ser*) más joven, (*querer*) trabajar con animales y mi sueño (*ser*) trabajar al aire libre con ellos.
6 Los alumnos de mi clase (*organizar*) una campaña contra el plástico y (*tener*) mucho éxito, no solo en el instituto sino también en la comunidad.
7 En aquellos tiempos mi pueblo (*ser*) más tranquilo y pequeño, aunque recientemente (*mejorar*) mucho porque han limpiado las calles y (*construir*) una biblioteca nueva.
8 Hace dos meses mi amigo Diego (*ir*) a un hogar de ancianos, donde (*ofrecer*) apoyo a personas mayores, y él (*decidir*) que (*ser*) una experiencia muy especial.

Escribir 6 **Rewrite the following text in the past. Change all the present tense verbs into the preterite, imperfect or imperfect continuous tenses.**

Voy al cine para trabajar. Tengo que recoger la basura y luego paso dos horas en la caja. Yo bebo agua, pero mi amiga no bebe nada porque nunca tiene sed. Luego, mi amiga y yo decidimos ir al centro comercial. Cuando estoy comprando un regalo para el cumpleaños de mi madre, empieza a llover y tenemos que ir a una cafetería para esperar. La cafetería es bastante grande y hay mucha gente allí a causa de la lluvia. Después vuelvo a casa y hago mis tareas. Luego, leo y escucho música.

Remember to use the imperfect tense for descriptions in the past, but the preterite tense for completed actions in the past.

Remember that **y** ('and') has to change to ***e*** before words beginning with *hi*, such as the preterite forms *hice* and *hizo*.

Repaso de gramática

Using the present subjunctive (pages 141, 164 and 192)

Leer 1

Identify the present subjunctive verb in each sentence. Then write the correct letter to explain why the present subjunctive has to be used.

a After ***cuando***, when talking about the future

b After ***para que***, when expressing purpose

c After a verb of wishing, command, request or emotion

d To express feelings with the structure ***es* + adjective + *que***

1. Necesitamos luchar contra la pobreza para que el mundo sea mejor para todos.
2. Cuando vengas a mi casa, estudiaremos juntos para los exámenes.
3. Me pone triste que todavía mucha gente no tenga suficiente comida.
4. Se debería reciclar para que no haya más polución en nuestra ciudad.
5. Utilizo mucho mi móvil para que mi vida sea más fácil.
6. Cuando sea mayor, experimentaré la vida de otros países.
7. Odio que la gente no haga más para mantener las playas limpias.
8. Es esencial que seas honesto en una entrevista de trabajo.
9. Me preocupa que mi amigo no venga nunca al colegio.
10. Es necesario que todo el mundo sea responsable de sus acciones.
11. La inteligencia artificial se utiliza para que la gente tenga más tiempo para hacer otras cosas.

Leer 2

Read and match the sentence halves. Then translate the completed sentences into English.

1. Cuando tenga más dinero,
2. Cuando seamos mayores,
3. Me pone triste que
4. Recomiendo que
5. Debemos reducir el uso las redes sociales

a nuestro gobierno no haga más contra el racismo.
b compartiremos un piso.
c para que hablemos más.
d la juventud vaya a manifestaciones.
e iré de vacaciones a España.

Escribir 3

Fill in the gaps with the correct form of the present subjunctive, using a suitable verb from the box.

1. Cuando mi mejor amigo ____ mayor, irá a la universidad.
2. Cuando yo ____ más tiempo, buscaré un trabajo nuevo.
3. Cuando ____ el verano, aprenderé otro idioma.
4. Cuando (yo) ____ a la universidad, estudiaré matemáticas.
5. Cuando (tú) ____ deporte a menudo, mejorarás tu salud física y mental.

hacer
ir
venir
ser
tener

Escribir 4

Write <u>four</u> sentences about your future plans. Use the sentences from exercise 3 as a model, and make sure you include a present subjunctive verb after *cuando* for each one.

Try to learn some key phrases in the present subjunctive that you can add into your speaking or writing answers. These will add complexity and, if used correctly, may enable you to score more highly.

Combining tenses (page 142)

Leer 5 **Complete the text by adding in the correct verbs from the box.**

Mi familia y yo **1** en un pueblo pequeño en el norte de nuestro país. Antes **2** en la capital, pero hace dos años **3** de casa. En aquel tiempo, en la capital, **4** mucha violencia en los barrios. Ahora **5** vivir en el campo porque **6** un lugar seguro y tranquilo. El mes pasado **7** la oportunidad de ir a un concierto local y **8** una experiencia emocionante y divertida. Sin embargo, si **9** vivir en el campo, es importante que **10** paciencia, ¡porque el transporte es bastante lento!

había fue quieres tengas vivimos es
vivíamos cambiamos tuve prefiero

It is important to invest time in learning verbs and endings for different tenses:

- write out the verb conjugations on flashcards or a computer
- focus on the tenses that you find trickier or know less well
- practise using the verbs in different sentences to help memorise them
- remember to test yourself – or ask someone to test you regularly – to see if you are retaining the knowledge in your long-term memory.

Escribir 6 **For each question, note down the tense used. Then write your own answer to the question, using the correct tense(s).**

Example: *1 present – Normalmente me gusta descansar un poco, pero también suelo organizar una fiesta grande.*

1. ¿Qué sueles hacer en las vacaciones de invierno?
2. ¿Qué has hecho en tu zona recientemente?
3. Cuando tengas dieciocho años, ¿qué harás?
4. En tu opinión, ¿cómo es un buen amigo?
5. ¿Qué idiomas hablas?
6. ¿Qué costumbres malsanas tenías antes?
7. ¿Qué haces para proteger el medioambiente?
8. ¿Cómo cambiarías tu instituto?
9. ¿Qué problema mundial te preocupa más?
10. ¿Cómo será el mundo laboral en el futuro?

Use the words in the question to help you formulate the start of your answer each time. However, be careful with the verb endings and pronouns.

Escribir 7 **Translate the following text into Spanish.**

Take care with the word 'have' in this past tense phrase.

Can you remember the expression with *tener* for this? It is followed by an infinitive!

I think that I have learned a lot at school and I am looking forward to finishing my studies. I hope to continue studying, but I will need to find a job as well. I am interested in working in mental health as, for me, it is extremely important. I would also like to travel to different countries because I love learning about other cultures. When I am older, I intend to live abroad.

Verb forms ending in '-ing' (present participle) are used after the verbs *estar*, *llevar*, *seguir* and *continuar*.

Can you use an absolute superlative here?

Which tense is used after *cuando* when it refers to the future?

¡A repasar!

Escribir 1

***Refresh your memory!* Look back through Módulo 1 and note down <u>five</u> nouns under each of these categories. Then write a sentence for each noun identified.**

Example: el fútbol → *Soy aficionado al fútbol porque es un deporte divertido.*

- Los deportes (el fútbol, ...)
- Los pasatiempos (la música, ...)
- Películas y programas de televisión (las comedias, ...)

Escuchar 2

***Refresh your memory!* Listen to Ana describing her hobbies. (1–3)**

Note down the following:

a her favourite hobbies and how often she does each one
b what she likes to do on her computer
c what she did last weekend.

Leer 3

***Refresh your memory!* Match up these sentence halves about the advantages and disadvantages of using mobile phones.**

1 Uso muchas aplicaciones ...
2 Mi móvil es práctico y ...
3 Algunos usuarios dicen que ...
4 Utilizo mi teléfono para ...
5 Es fácil pasar demasiadas ...
6 Muchas aplicaciones ...

a son adictos a los videojuegos.
b lo uso para leer noticias.
c horas frente a una pantalla.
d no son privadas.
e para mantenerme en contacto con mi familia.
f buscar información por Internet.

Escuchar 4

Listen to the news report about young people spending time online in Spain. What does the speaker say? Write down the letter (A–F) for each of the <u>three</u> correct statements.

A	Parents believe time spent online is wasted.
B	35% of young people cannot control their phone use.
C	Videogames are the most dangerous.
D	Online shopping is addictive and expensive.
E	Education on keeping passwords safe is essential.
F	It is risky to have many unknown followers.

Listen to the whole section before choosing your answers, and pay attention to the detail in each sentence. You may hear the word *videojuegos* mentioned but does this mean that C is one of the correct choices?

Escuchar **5** **You are going to hear someone talking about their hobbies. Sentences 1–2: write down the missing words for each gap. For each gap, you will write one word in Spanish. (1–2)**

1 Algunas ____ ____ son ____.
2 Siempre ____ ver las ____ ____.

Sentences 3–6: write down the full sentences that you hear in Spanish. (3–6)

Use your knowledge of the vowel sounds to help you transcribe words correctly. Remember that each vowel sound is always pronounced the same way and usually each vowel is pronounced separately. Practise saying these words:
a**li**a**do* ***e**v**i**d**e**nt**e**m**e**nt**e *v**i**dr**i**o* *b**o**ls**i**ll**o*** *j**u**v**e**nt**u**d*

These dictation tasks are worth 10 marks and you will need to write 28-30 words correctly to score this top mark.

Leer **6** **Read Luis's review of a music concert.**

a Complete the sentences. Write the correct letter, A, B or C, for each question.

El mes pasado compré tres entradas en línea para ver a mi banda favorita, y finalmente, ayer mis amigos y yo fuimos al concierto en Girona. Fue un espectáculo increíble de esta nueva banda de rock española. Comenzaron con una canción nueva y luego tocaron su famosa y popular canción sobre los pasatiempos. La guitarra en esta canción fue maravillosa y me gustó mucho. Después tocaron muchas canciones con bastante energía y por eso grabé todo en mi móvil.

(i) The concert took place…
A last month.
B yesterday.
C three days ago.

(ii) The event started with…
A their most popular song.
B a guitar solo.
C a new song.

b Answer the following questions in English. You do not need to write in full sentences.
(i) What was their hit song about?
(ii) How do we know Luis liked the concert? (1 detail)

Escribir **7** **Translate the following paragraph into English.**

Tengo muchos pasatiempos y me encanta la tecnología. A menudo juego a videojuegos en mi consola y a veces utilizo aplicaciones en mi móvil. Ayer vi una película en casa y después jugué al baloncesto en el parque. También me interesa la lectura y mañana voy a ir al centro comercial a comprar un libro nuevo.

Escribir **8** **Write an email to your friend about sports. You must include the following points:**

- when you do a sport
- your opinion of a sport with reasons
- a sport or hobby you did last week
- an activity you want to do in the future.

Write your answer **in Spanish**. Aim to write between 80 and 90 words.

To impress in your writing, for the third bullet aim to use a direct object pronoun to give further details about a sport you did. For example:
La semana pasada fui al cine a ver la nueva comedia. ***La** vi con mi novio.*

Módulo 2 ¡A repasar!

Leer 1

Refresh your memory! Unjumble these sentences and then translate them into English. Remember to add the correct punctuation too.

Example: *en porque sostenible Prefiero es viajar tren más*
Prefiero viajar en tren porque es más sostenible.
I prefer to travel by train as it is more sustainable.

1 te vacaciones ir gustaría de Adónde?
2 favor una para Quisiera por cinco mesa personas,
3 estaba y Me hotel limpio todo alojé en un muy
4 a familia verano con En playa ir suelo la mi
5 semana visitar donde una Acabamos Valencia de hemos pasado
6 ir con próximo a El novia al extranjero año voy mi

Escuchar 2

Refresh your memory! Listen to Karima talking about a recent holiday. What does she say about the campsite? Note down:

- ★★★★ four facilities at the campsite
- ★★★ three points about the location
- ★★ two problems she had
- ★ one fact about the cost

Escribir 3

Refresh your memory! Divide your page into <u>four</u> different sections with the following verb tense headings. Write <u>four</u> example sentences for each tense. Look back at Módulo 2 to help you.

- Present tense
  Se puede probar platos típicos.
- Preterite tense
  El primer día tome el sol porque hizo buen tiempo.
- Imperfect tense
  El apartamento estaba en el centro y las habitaciones eran grandes.
- Near future tense
  Mañana vamos a sacar fotos de la arquitectura famosa.

Escuchar 4

Indra, Miguel and Jorge are talking about holidays. What do they say? Listen to the recording and write A, B or C for each question.

1 On holiday, Indra ...
A swam a lot.
B went for walks.
C ate ice cream.

2 Indra enjoyed ...
A learning about the area.
B meeting new people.
C going to restaurants.

3 Miguel liked the outing because ...
A the weather was good.
B it was wheelchair accessible.
C the food was delicious.

4 Jorge would enjoy ...
A relaxing on beaches.
B travelling by train.
C being outside.

Prepare for this listening task by thinking about key vocabulary and tenses you will need to listen out for to pick the correct answer. You would expect to hear ***la natación*** or ***nadar*** (***nadó***) for the first option of question 1.

Leer 5 **Read Antonio's description of a Mexican festival. Write down the correct letter (A–D) for each of the <u>two</u> correct statements.**

Ayer mi familia celebró el Día de los Muertos y todos nos divertimos. Primero mi padre y yo fuimos al cementerio donde pusimos muchas flores en las tumbas y luego vimos los desfiles por las calles. Aunque es una fiesta mexicana, también es popular en muchos países donde se habla el español. Muchos jóvenes creen que esta celebración es la mejor y a muchos les encanta la comida tradicional de este día.

las tumbas	*graves*

The festival ...

A	was not enjoyed by Antonio this year.
B	took place in other Hispanic countries.
C	is not valued by young people.
D	has traditions including parades and food.

Escribir 6 **Look at the role-play card and prepare what you are going to say.**

Setting: At the campsite

Scenario:

- You are at a campsite in Spain and you speak to an employee.
- Your teacher will play the part of the employee and will speak first.
- Your teacher will ask questions **in Spanish** and you must answer **in Spanish**.
- Say a few words or a short phrase/sentence for each prompt. One-word answers are not sufficient to gain full marks.

Task:

1. Say how long you want to stay.
2. Say whereabouts in the campsite you want to be.
3. Ask the employee a question about cost.
4. Say what activity you will do tomorrow.
5. Ask a question about the campsite facilities.

For the **fifth** part of the role play, you can ask about a specific facility <u>or</u> you can ask about what there is in the campsite. Look at the example questions below. Note down <u>three</u> other questions you could ask. You will have preparation time before your speaking exam where you can note down the questions you want to ask during the role play task.

¿El camping tiene gimnasio?
¿Qué hay en el camping?

Hablar 7 **Practise what you have prepared. Then, using your notes, listen and respond to the teacher.**

Leer 8 **Paula, your friend, has contributed to a blog about Spanish New Year. Read out the text below.**

La Nochevieja es una celebración maravillosa.
Suelo comer una cena especial porque es la tradición.
Todos los años mis vecinos salen a la calle y llevan comida para celebrar.
Mucha gente prefiere disfrutar de la fiesta en un bar o restaurante antes de volver a casa a tomar un chocolate caliente con churros.

Don't forget to pronounce ***ll*** like an English 'y' sound and ***j***, ***ge*** and ***gi*** like 'h'. Pay particular attention to these words in the read aloud task: ***nochevieja***, ***maravillosa***, ***genial***, ***calles***, ***llevan***, ***gente***.

Escuchar 9 **Listen and check your pronunciation.**

Escribir 10 **Translate the following text into Spanish.**

Every summer I usually visit different places. Normally we don't stay in a hotel because it is expensive. I like to travel by train because it is safer. I have just returned from the coast. It was good weather but I broke my camera. Next month, we will go to a historic city.

¡A repasar!

Escuchar 1

Refresh your memory! **Listen to five people describing themselves. Copy and complete the table in Spanish. Use the Módulo 3 vocabulary pages to check your spelling. (1–5)**

	El pelo y los ojos	Descripción física	Carácter	Se parece a…
1	los ojos azules el pelo corto y castaño	alto	serio	su abuelo

Leer 2

Refresh your memory! **Match the questions to the answers. Then translate each question and answer into English.**

1 ¿Cómo es un buen amigo?
2 ¿Cómo es tu mejor amigo o tu mejor amiga físicamente?
3 ¿Desde cuándo sois amigos?
4 ¿Qué actividades hiciste la semana pasada con tu mejor amigo o amiga?
5 ¿A quién admiras?
6 ¿Desde hace cuánto tiempo?

a Desde hace mucho tiempo.
b Somos amigos desde hace tres años.
c Vimos una buena película y luego fuimos a la fiesta de un amigo.
d Sigo a la cantante Olivia Rodrigo en las redes y la admiro porque escribe sus propias canciones.
e Se llama Isabel, tiene el pelo largo, es morena y lleva gafas.
f Para mí, es alguien que te apoya en lo bueno y en lo malo y que te hace reír.

Escribir 3

Refresh your memory! **Write your own answers to the questions in exercise 2. Look back at Módulo 3 for ideas.**

When revising, build up a bank of questions on each theme. Questions are very important for your speaking assessment. You will need to ask two questions as part of your role play task, and for the picture task you will need to answer two unprepared questions and then participate in a conversation.

Escuchar 4

Lola, Marcos and Diego are talking about the advantages and disadvantages of social media. What do they say? Listen to the recording and write your answers in English. You do not need to write in full sentences.

a Lola Advantage: ______ Disadvantage: ______
b Marcos Advantage: ______ Disadvantage: ______
c Diego Advantage: ______ Disadvantage: ______

Escuchar 5

You are going to hear someone talking about their relationships and wellbeing. Sentences 1–2: write down the missing words for each gap. For each gap, you will write one word in Spanish. (1–2)

1 No me ______ cuando ______ su ______.
2 Mi ______ nunca se ______ ______.

Sentences 3–6: write down the full sentences that you hear in Spanish. (3–6)

Remember that ***ga-***, ***go-*** and ***gu-*** are hard 'g' sounds, similar to the English 'g', but ***j-***, ***ge-*** and ***gi-*** sound like a stronger version of an English 'h'. Watch out for these sounds in dictation tasks.

Leer 6

Read this article on mental health.

La juventud de hoy sufre problemas mentales que pueden afectar a muchos aspectos de su vida diaria. Muchos jóvenes sufren presión de grupo debido al uso excesivo de las redes sociales. Desafortunadamente, muy a menudo esta generación se siente muy sola a pesar de tener muchos amigos en Internet.

Si te sientes mal, es esencial hablar con alguien ***de confianza*** o buscar ayuda profesional.

a Answer the following questions in English. You do not need to write in full sentences.

(i) How can spending too much time online affect young people's mental health?

(ii) What can having lots of online friends not always prevent?

b Which of these is the best translation of the expression ***de confianza***? Write the correct letter, A, B, or C.

A helpful **B** confident **C** trustworthy

Try not to translate each word as you read a text. Instead, read the whole passage to understand the gist, then look at the questions and re-read the passage in more detail with those questions in mind.

Escribir 7

Translate the following paragraph into English.

Mi amiga Nadia y yo siempre estamos juntas. Nos llevamos bien y puedo contar con ella. La conocí en el colegio hace siete años. Creo que soy bastante seria y Nadia es más abierta, pero nos preocupan las mismas cosas, como los derechos de los animales. Ayer sacamos a pasear al perro de mi abuelo en el parque.

Escribir 8

Write a blog about friendship. You must include the following points:

- a description of a good friend
- the pros and cons of having a best friend
- the last time you went out with a friend or a group of friends
- what you will do with friends next week.

Write your answer **in Spanish**. Aim to write between 130 and 150 words.

To answer the second bullet point, look back at Módulo 3 and revise phrases about friendships. For example, to discuss the pros of having a best friend you could say, 'A best friend supports you and knows you well.' To discuss the cons of having a best friend, you could explain the advantages of having lots of friends. For example, 'A group of friends can give you better advice.'

¡A repasar!

Leer 1 ***Refresh your memory!*** **Put the following sentences describing healthy or unhealthy habits into a table with the column headings *costumbres sanas and costumbres malsanas.***

Suelo comer verduras, pescado y arroz.

Me acuesto demasiado tarde.

Como carne roja todos los días.

Hago yoga o meditación antes de acostarme.

Como muchos dulces.

Me encantan las bebidas con azúcar.

Después de levantarme, voy al gimnasio.

Para desayunar tomo un té y alguna fruta.

Mi dieta es sana y equilibrada.

Evito los alimentos con mucho azúcar.

Si tengo sed, siempre bebo agua.

Si tengo hambre, siempre como chocolate.

Escribir 2 ***Refresh your memory!*** **Create a short paragraph about your own healthy or unhealthy habits by copying or amending the sentences from exercise 1. Use the following time references to add detail to each statement.**

- ✓ Siempre / todos los días
- ✓ Todos los fines de semana
- ✓ Todas las tardes / noches
- ✓ Algunos días / fines de semana
- ✓ Algunas tardes / noches
- ✓ Nunca / casi nunca

Escuchar 3 ***Refresh your memory!*** **Listen to these people talking about their meals. For each person, note down (a) the time they eat and (b) what they usually eat. (1–5)**

When listening for times, remember the word order is different: listen out for the hour first and then for **y** (minutes past) or **menos** (minutes to).

Escuchar 4 **Dani, Monika and Amira are talking about healthy habits. What do they say? Listen to the recording and answer in English under the following headings. You do not need to write in full sentences.**

a Dani – When they exercise
b Monika – How she stays healthy
c Amira – What she eats

Leer 5 **Read this online article about places to eat in Spain.**

España está experimentando una emocionante revolución gastronómica. En todo el país, numerosos restaurantes han empezado a ofrecer una variedad de opciones para todos los gustos, incluso la dieta vegana, que está muy de moda. Sobre todo los clientes quieren buena comida sana a un buen precio.

a Write down the word for the gap in each sentence, using a word from the box. There are more words than gaps.

(i) The change in Spanish food is ____.
(ii) Vegan food is ____.
(iii) Customers want healthy food that is ____.

unhealthy	exciting	small	
popular	cheap	expensive	delicious

The article continues discussing food options in Spain.

Existen muchos lugares innovadores, como una cafetería donde puedes tomar un café o una merienda con gatos. Esta idea nació en Japón. Disfrutar de la compañía de animales es divertido y también mejora tu salud mientras comes o bebes. Nunca te sentirás triste en este lugar único.

Japón *Japan*

b Complete the sentences. Write the correct letter, A, B or C, for each question.

(i) In the cafe you can...
A adopt a cat.
B eat typical dishes.
C have a snack.

(ii) The enjoyable thing is...
A being with the cats.
B feeding the cats.
C drinking the coffee.

c Answer the following questions in English. You do not need to write in full sentences.

(i) What happens while you eat or drink?

(ii) How do people feel at the café?

Hablar 6 **Alejandro, your Venezuelan friend, has contributed to a blog about well-being. Read out the text below.**

Afortunadamente, ahora nunca estoy cansado.

Antes no tenía energía porque bebía demasiadas bebidas con azúcar.

Mientras que ahora evito la comida malsana y siempre me acuesto muy temprano.

Para mejorar la salud física y mental es esencial aumentar el nivel de ejercicio y evitar los alimentos dulces.

Remember that ***ce*** and ***ci*** are pronounced like 'th' in most of Spain but ***ca*** is a hard 'k' sound. Pay attention to these letter combinations when reading aloud the text in exercise 6.

Escuchar 7 **Listen and check your pronunciation.**

Hablar 8 **Now answer these two questions related to Alejandro's well-being blog.**

- ¿Cómo es tu dieta?
- ¿Qué costumbres sanas tienes?

Hablar 9 **Prepare this picture task and perform it on your own or with a partner or your teacher.**

Prepare your own description of the photo.

Your description must cover:
- people
- location
- activity.

When you have finished your description, you will be asked **two questions** relating to the picture. Say a **short phrase/sentence** in response to each question.

One-word answers will not be sufficient to gain full marks.

Use the preparation time to think about what two follow-up questions you might be asked. What questions might be asked about family meals? Look back through Módulo 4 for ideas.

Escribir 10 **Translate the following text into Spanish.**

I have a healthy routine and I take care of my diet. During the week, I wake up early and I have breakfast. I am always hungry. Two weeks ago, I broke my leg when I fell off my bicycle. Now, it hurts and I will rest a lot.

¡A repasar!

Escribir 1

Refresh your memory! **Use these sentence starters to write eight sentences about your school life. Look back through Módulo 5, and the vocabulary pages, for ideas.**

- **a** Para ir al instituto llevo ___.
- **b** Normalmente voy al instituto ___ porque ___.
- **c** Mis clases empiezan ___ y terminan ___.
- **d** A la hora de comer suelo ___ o ___.
- **e** Mi asignatura favorita es ___ porque ___.
- **f** Sin embargo, odio ___ porque ___.
- **g** En mi colegio hay unas instalaciones buenas como ___ y ___.
- **h** Llevo ___ participando en ___ y me gusta porque te permite ___.

Leer 2

Refresh your memory! **Write down the word for the gap in each sentence, using a verb from the box. Then match each question to your answers for exercise 1.**

Example: 1 vas b

- **1** ¿Cómo ___ al colegio?
- **2** ¿Qué ropa ___ en el insti?
- **3** ¿Qué asignaturas ___?
- **4** ¿Cuánto tiempo llevas ___ en el club?
- **5** ¿Cómo ___ las instalaciones?
- **6** ¿Qué ___ hacer a la hora de comer?
- **7** ¿Cómo ___ tu día escolar?
- **8** ¿Qué asignaturas te ___?

son gustan es participando odias sueles llevas vas

Escuchar 3

Refresh your memory! **For each person, note down (a) what they like and (b) what they don't like about their school. (1–5)**

Escuchar 4

Alba and Iván are talking about their schools. What do they say? Listen and write A, B or C for each question.

1 Alba's school has ...
- **A** few rules.
- **B** bullying.
- **C** no uniform.

2 Alba would like to have more teachers ...
- **A** in the playground.
- **B** in class.
- **C** available for older pupils.

3 Alba's friend was in trouble because ...
- **A** he was violent.
- **B** he did not participate.
- **C** he had his phone in class.

4 Iván describes the end of year trips as ...
- **A** cultural.
- **B** relaxing.
- **C** good value for money.

5 In the Canary Islands they ...
- **A** learnt about nature.
- **B** did sport outside.
- **C** bought souvenirs.

6 Iván preferred ...
- **A** the local cuisine.
- **B** the views from the sea.
- **C** doing sport.

The more challenging listening questions near the end of the exam paper have longer sections of audio. To help prepare, before the audio starts, jot down next to the answer options the key Spanish vocabulary you might expect to hear. Remember that there will be distractors, so you will need to understand full sentences rather than pick out single words.

Escuchar 5 **You are going to hear someone talking about their life at school. Sentences 1–2: write down the missing words for each gap. For each gap, you will write one word in Spanish. (1–2)**

1 En mi ___ clase ___ ___.
2 Se ___ un profesor ___ y ___.

Sentences 3–6: write down the full sentences that you hear in Spanish. (3–6)

Remember that the ***ce-***, ***ci-*** and ***z-*** are pronounced like the English 'th' in Spain, and like an English 's' in Latin America. Be careful to transcribe these sounds correctly in exercise 5.

Leer 6 **Read Marcos and Karima's blogs about exams.**

El blog de Marcos

La temporada de exámenes es la temporada de pánico para algunos alumnos en el instituto. Odio los exámenes pero entiendo que son necesarios. Soy consciente de que hay que hacer mucho esfuerzo y trabajar duro para sacar buenas notas. Este verano, para mejorar mi nivel, asistiré a más clases de repaso.

a What does Marcos say about exams? Write down the correct letter (A–F) for each of the three correct statements.

A Everyone is nervous in the exam period.	**D** Hard work is key for success.
B He realises that exams have to happen.	**E** He wants to improve further.
C He does not always make a lot of effort.	**F** He plans to use revision guides.

El blog de Karima

Yo tengo dislexia, así que me cuesta leer y por eso los exámenes son aún más difíciles para mí. Soy trabajadora y paso mucho tiempo repasando, y siempre intento dormir bien antes de una prueba. El mes próximo también utilizaré un portátil en vez de escribirlo todo a mano, lo que será mejor para mí para tener éxito en los exámenes.

b What does Karima tell us? Write down your answer **in English**. You do not need to write in full sentences.

(i) How her learning difficulty affects her school work (1 detail)
(ii) What kind of student she is
(iii) What she does to prepare for exams (1 detail)
(iv) What she will do in the future

Escribir 7 **Translate the following paragraph into English.**

Mi asignatura favorita es inglés porque me encanta leer. También se me dan bien arte y música. El año pasado no tenía mucha confianza en matemáticas, pero este año es diferente porque el profesor me escucha y explica las cosas muy bien. En junio, tengo una prueba y repasaré mucho porque quiero aprobar.

When translating, remember to read the whole passage first before you start, as you will often not need to translate every single word. For example, you will often need to leave out articles (a, the, some) as English does not use them as much as Spanish. You will also need to look out for set phrases that cannot be translated word for word.

Escribir 8 **Write an email to your friend in Venezuela about your school. You must include the following points:**

- what your school facilities are like
- your opinion of one of your subjects with reasons
- a club or extracurricular activity you did at school recently
- a school trip you will take.

Write your answer **in Spanish**. Aim to write between 80 and 90 words.

¡A repasar!

Escuchar 1 ***Refresh your memory!*** **Where is …? Listen to the directions and use the map to write down the name of the place. (1–6)**

Example: 1 El museo

Directions are often included in lists with prepositions, as they are key to saying where something is located. You use the **imperative** to give directions:

Gira *a la izquierda.*	**Turn** left.
Pasa *el puente.*	**Pass** the bridge.
Cruza *la plaza.*	**Cross** the square.
Toma *la segunda calle a la derecha.*	**Take** the second street on the right.

Escribir 2 ***Refresh your memory!*** **Change these infinitive verbs into the perfect tense to create sentences about how Barcelona has changed. Then translate these sentences into English.**

1 Barcelona (cambiar) muchísimo en los últimos diez años.
2 Muchas calles (cerrarse) a los coches en varios barrios.
3 Muchas tiendas de ropa nuevas (abrirse).
4 Lo bueno es que (construir) más edificios modernos.
5 También (crear) más espacios verdes con muchos árboles.
6 La ciudad (hacerse) más limpia y más segura.

Escribir 3 ***Refresh your memory!*** **In pairs, choose two of the following questions and create a vocabulary mind map for each one. Make sure each mind map contains at least ten words or phrases.**

- ¿Qué hay en tu región?
- ¿Te gusta ir de compras?
- ¿Qué es mejor, vivir en el campo o en la ciudad?
- ¿Cómo era tu zona antes y cómo es ahora?
- ¿Qué hiciste recientemente en tu zona?
- ¿Cómo cambiarías tu zona?

¿Qué hay en tu región?
- Hay dos ríos hermosos.
- No hay montañas.
- Es una región perfecta para disfrutar de la naturaleza.
- En mi pueblo tenemos tres parques enormes.

Escuchar 4 **Gaby is talking about their local area. What do they say? Write down the word for the gap(s) in each sentence, using the words from the box. There are more words than gaps.**

1 The shopping centre is ____.
2 Tourists come to visit ____ and can see great views from the ____.

modern	small	good	
park	museums	shops	castle

Leer 5 **Read Luis's article for a school newspaper about the singer Juanes. Answer the following questions in English. You do not need to write in full sentences.**

Juanes es un famoso cantante colombiano que canta sobre el amor y la esperanza. Aprendió a tocar la guitarra escuchando música latinoamericana y sus canciones están llenas de estos ritmos y de ritmos del rock. Ha ganado muchos premios y mucha gente lo considera uno de los artistas más influyentes de América Latina.

Durante su carrera, Juanes ha utilizado su fama para luchar por la paz en Colombia. Siente un amor profundo por Medellín y aún tiene una casa en esta ciudad, aunque vive en Miami desde hace varios años. De Medellín, Juanes dice "Es mi ciudad, es el lugar donde nací en 1972 y es un lugar mágico para mí".

Medellín es la segunda ciudad más grande de Colombia y es famosa por su clima agradable. Ahora es un lugar vibrante y creativo, con mucha tecnología moderna. Sin embargo, en el pasado había más violencia y en las calles faltaba seguridad.

la esperanza	*hope*
influyente	*influential*

a Apart from rock, what influences Juanes's music?
b Give one example of Juanes's success.
c What else does Juanes do apart from making songs?
d How does Juanes describe his birth city?
e How has Medellín changed? (1 detail)

Hablar 6 **Marta, your Colombian friend, has contributed to a blog about Medellín. Read out the text below.**

Medellín se encuentra en Latinoamérica.

Es conocida como la ciudad de la eterna primavera.

Han desarrollado mi barrio y ahora tenemos más oportunidades de trabajo.

En una encuesta reciente, el noventa y cinco por ciento de ciudadanos se sienten orgullosos de vivir en esta región del país.

Remember to pronounce ***ll*** like an English 'y' and to roll the ***r*** when you pronounce ***rr***. Practise saying the word ***desarrollado*** to make sure you are saying each sound correctly. Also, remember to pronounce each vowel separately when two come together.

Escuchar 7 **Listen and check your pronunciation.**

Escribir 8 **Look at the role-play card and prepare what you are going to say.**

Setting: In town

Scenario:
- You are in a town in Spain with your family and you speak to a passer-by and ask for information.
- Your teacher will play the part of the passer-by and will speak first.
- Your teacher will ask questions **in Spanish** and you must answer **in Spanish**.
- Say a few words or a short phrase/sentence for each prompt. One-word answers are not sufficient to gain full marks.

Task:
1. Say why you are in the town.
2. Give your opinion of the town.
3. Ask for directions to a place in the town.
4. Say what else you will do in the town.
5. Ask a question about transport.

For the directions question, start with 'Where is …?'
For the transport question, you could ask the passer-by about the cost or location of a mode of transport in the town, or you could ask for their opinion on a particular mode of transport or on transport in general.

Hablar 9 **Practise what you have prepared. Then, using your notes, listen and respond to the teacher.**

Escribir 10 **Translate the following text into Spanish.**

I live in an area with beautiful landscapes. My town is quiet and it is near the coast. The good thing is that it has lots of cheap shops. Before, there used to be a lot of pollution from the buses but now the streets are cleaner. Next year, they are going to build a new library.

Módulo 7

¡A repasar!

Leer 1

Refresh your memory! What's the problem? Match the issue to the definition.

1 el racismo **2** el hambre **3** el cambio climático

4 la polución **5** la falta de agua **6** la igualdad

a La falta de alimentos suficientes que afecta a millones de personas a nivel mundial.
b El aumento de la temperatura del planeta causado por las actividades del ser humano.
c Es el derecho que tenemos a ser iguales y a ser tratados con respeto, independientemente de nuestra nacionalidad, color, sexo, idioma, religión u opinión política.
d La discriminación, el odio o la exclusión de una persona por su color de piel, origen étnico o lengua.
e La contaminación del aire o del agua que causa daño al medioambiente y a las personas.
f Es un problema grave cuando la gente no tiene acceso a este recurso esencial.

Escribir 2

Refresh your memory! Complete the sentences with an appropriate phrase. Watch out for one that needs the present subjunctive.

1 El plástico causa ...
2 Es importante proteger los bosques porque ...
3 Se debería participar en ...
4 El gobierno quiere que la gente ...
5 Para ayudar al medioambiente en el colegio ...
6 Hacer trabajo voluntario en tu comunidad es ...

Escuchar 3

Refresh your memory! Listen to these young people describing different events. (1–5) Note down (a) the event (b) what they were doing at the time.

Escuchar 4

Álex, Fátima and Marta are talking about the advantages and disadvantages of protesting. What do they say? Listen to the recording and write your answers in English. You do not need to write in full sentences.

a Álex Advantage: ______ Disadvantage: ______
b Fátima Advantage: ______ Disadvantage: ______
c Marta Advantage: ______ Disadvantage: ______

Escuchar 5

You are going to hear someone talking about environmental and social issues. Sentences 1–2: write down the missing words for each gap. For each gap, you will write one word in Spanish. (1–2)

1 El ____ del ____ es ____.
2 Las ____ de reciclaje ____ mucha ____.

Sentences 3–6: write down the full sentences that you hear in Spanish. (3–6)

Remember the letter ***v*** is pronounced the same as a ***b*** in Spanish. Therefore, for dictation tasks with words containing these letters you need to think carefully about their spelling.

Leer 6

Read this blog, written by Natalia in Ecuador, about community action.

Tanto los jóvenes como los mayores son responsables para mejorar sus comunidades. En la costa ecuatoriana, limpiar los manglares no solo ayuda a proteger las plantas y los animales sino también a reducir los efectos del cambio climático. Desde los años ochenta se ha perdido más del ochenta por ciento de los manglares.

los manglares *mangroves (trees or shrubs growing in coastal areas)*

a Write down the word for the gap in each sentence, using a word from the box. There are more words than gaps.

hardworking	irresponsible	older	
lost	cleaned	dry	improved

(i) Support is needed as much from young people as from those who are ___.

(ii) Mangroves need to be ___.

(iii) 80% of this ecosystem has been ___.

The blog continues to talk about the mangroves.

Participé en un proyecto social organizado por un colectivo de mujeres y jóvenes que actuaron contra la continua pérdida de los manglares preciosos con resultados positivos. Limpiamos la gran cantidad de basura encontrada en los manglares, como plástico, metal o caucho. Pronto comenzaremos una campaña educativa en las redes sociales.

el caucho *rubber*

b Complete the sentences. Write the correct letter, A, B or C, for each question.

(i) Natalia participated in a project with young people and ...
- **A** community leaders.
- **B** women.
- **C** activists.

(ii) The community project ...
- **A** was successful.
- **B** made a good start.
- **C** was not able to protect the mangroves.

c Answer the following questions **in English**. You do not need to write in full sentences.

(i) What did they do to try to help with mangroves?

(ii) What will they do next?

Escribir
7

Translate the following paragraph into English.

En nuestro colegio, pensamos que el cuidado del medioambiente es esencial. Siempre seguimos la regla de reducir, reutilizar y reciclar. Por ejemplo, nunca se tira la comida a la basura, sino que se reutiliza para hacer compost. El mes pasado participé en una campaña para ahorrar energía.

When you see the reflexive pronoun ***se*** you need to decide if it is used with a reflexive verb or whether it is being used to avoid the passive. If it is avoiding the passive, you should translate the sentence into the passive voice in English:

Se apagan *las luces.*

The lights **are turned off**.

Hablar
8

Prepare and perform this picture task.

Prepare your own description of the photo.

Your description must cover:
- people
- location
- activity.

When you have finished your description, you will be asked **two questions** relating to the picture. Say a **short phrase/ sentence** in response to each question.

One-word answers will not be sufficient to gain full marks.

Try not to use the preparation time for speaking tasks to translate whole phrases word for word but instead start by thinking of what you **can** say. For this photo, as a starting point, write down all the words and phrases that come to mind about volunteering in a food bank.

Módulo 8

¡A repasar!

Escuchar 1

Refresh your memory! **Listen to the interview for a summer job. Write down, in Spanish, the <u>five</u> questions the candidate is asked. Then note down, in English, his replies.**

Escribir 2

Refresh your memory! **Look back at Unit 8, then write out and complete these sentences about studying, work and the future.**

1 Vale la pena hacer el bachillerato si ___.
2 La formación profesional ofrece la posibilidad de ___.
3 Para ganar dinero ___.
4 Para lograr un trabajo tienes que ___.
5 Antes me interesaba ___ pero ahora quiero ___.
6 Es importante aprender otros idiomas porque ___.
7 En la próxima década creo que el trabajo ___.
8 En mi opinión, la inteligencia artificial ___.

Leer 3

Refresh your memory! **With a partner, read aloud your sentences from exercise 2 to each other. Then translate your partner's sentences into English.**

Escuchar 4

Alba and Omar are talking about their future plans. What do they say? Listen and write A, B or C for each question.

1 To socialise more easily, Alba wants to …
  A do an apprenticeship.
  B move to the countryside.
  C learn to drive.

2 Alba does not want to …
  A go to university.
  B have a job.
  C have a family.

3 Alba soon plans to …
  A have children.
  B find work near to home.
  C work for a family.

4 If he is successful with his studies, Omar plans to …
  A get a highly paid job.
  B study languages.
  C go to university in his home town.

5 Omar is going to …
  A work abroad.
  B study abroad.
  C travel before university.

6 Omar earns money by …
  A working in a shop and babysitting.
  B working in a shop and dog walking.
  C babysitting and selling clothes.

In this task, you need to listen carefully to the meaning of the **whole** sentence before choosing an answer. Before starting, use the answer options to help you think about the key vocabulary you need to listen out for.

Hablar 5

Javier, your Colombian friend, writes tips on job hunting for an online newspaper. Read out the text below.

Considera cuáles son tus características.

Hay que buscar oportunidades para encontrar prácticas laborales.

He trabajado en una fábrica donde aprendí mucho y gané un buen salario.

Aprender idiomas te permite descubrir otras culturas y son esenciales para que podamos compartir una sociedad auténtica y comprensiva.

Pay attention to the stress patterns of words and any accents. Remember that for words with an accented vowel, you will stress the vowel sound (***prá̲cticas***). Words ending in a vowel, ***n*** or ***s*** will be stressed on the second-to-last syllable (***traba̲jado***) and words ending in any other letter are stressed on the final syllable (***socieda̲d***).

Escuchar 6 **Listen and check your pronunciation.**

Leer 7 **Read this article about part-time work in Spain.**

Desafortunadamente, son los jóvenes quienes sufren el impacto más alto del desempleo. Según el Ministerio de Trabajo, más del cuarenta por ciento de los jóvenes españoles menores de veinticinco años trabajan a tiempo parcial y las mujeres de esta edad son las que trabajan más en estas condiciónes: una de cada dos mujeres entre dieciséis y veinticuatro años trabaja a tiempo parcial. Estos jóvenes ganarán salarios más bajos y muchas veces trabajarán más horas de las que se les paga.

El motivo de trabajar a tiempo parcial depende de la edad de la persona. Por un lado, es una manera efectiva de poder seguir estudiando y por otro, en muchos casos la gente lo hace porque no ha podido encontrar un trabajo a tiempo completo.

tiempo parcial / completo	*part-time / full-time*
el desempleo	*unemployment*

a Complete the sentences below. Write the correct letter, A, B or C, for each question.

(i) Young people are more likely to ...
- **A** want to work part-time.
- **B** be working full-time.
- **C** be unemployed.

(ii) Those young people who work part-time are mostly ...
- **A** studying.
- **B** women.
- **C** under twenty.

(iii) The proportion of young females who work part-time is ...
- **A** one in four.
- **B** one in two.
- **C** one in forty.

b Answer the following questions **in English**. You do not need to write in full sentences.

(i) Name <u>one</u> problem with working part-time, according to the article.

(ii) What is a common reason for young people who are not students to work part-time?

Escribir 8 **Translate the following text into Spanish.**

This job interests me as I love to meet new people. I have some work experience because I have been working for six months in a café. In addition, I believe I am a practical and hard-working person. Before, I wanted to work in a shop but now I want to do a job outside.

Escribir 9 **Write a blog about learning languages. You must include the following points:**

- the language(s) you study and for how long
- the advantages of learning a language
- when you last spoke in a different language
- something you will do in the future with another language.

Write your answer **in Spanish**.
Aim to write between 130 and 150 words.

Look back at Unit 4 of Módulo 8 to gather vocabulary for this task. Remember that you do not need to be truthful. For the third bullet, you can say you last spoke Spanish on holiday or with a Spanish friend, even if you can't think of when you last spoke Spanish, or another language, outside the classroom!

Conversation questions

You can use these questions to help you prepare for two different sections of the speaking exam:

- the questions which follow on from the **read aloud task**
- the questions that you will be asked during the **picture task**.

In the **read aloud task** there are two follow-up questions. For each of these, a few words or a short phrase/sentence is required in answer to questions about likes, dislikes, preferences and opinions.

In the **picture task** there are follow-up questions relating to the theme of the picture, followed by a more general conversation in which you have the opportunity to show the examiner that you know a range of structures and tenses in Spanish.

Módulo 1 (pages 6–29)

Thematic context: Media and technology

1. ¿Qué haces en tu móvil normalmente?
2. ¿Qué vas a hacer en tu móvil mañana?
3. ¿Qué hiciste en tu móvil ayer?
4. ¿Cuánto tiempo pasas en tu móvil/ordenador/portátil?
5. ¿Qué piensas de las redes sociales?

Thematic context: My personal world

6. ¿Qué actividades te gusta hacer en tu tiempo libre?
7. ¿Qué deportes haces?
8. ¿Eres miembro de un club o equipo?
9. ¿Qué haces normalmente los fines de semana?
10. ¿Qué vas a hacer este fin de semana?
11. ¿Qué hiciste el fin de semana pasado? ¿Qué tal fue?
12. Describe un día fatal. ¿Qué pasó?

Módulo 2 (pages 30–53)

Thematic context: Travel and tourism

1. ¿Adónde te gustaría ir de vacaciones?
2. ¿Qué te gustaría hacer allí?
3. ¿Cómo te gustaría viajar? ¿Por qué?
4. ¿Cuál es la fiesta más divertida? ¿Por qué?
5. ¿Qué comida te gusta comer cuando vas a un restaurante?
6. ¿Qué sueles hacer en verano?
7. ¿Qué tal tus últimas vacaciones?
8. ¿Qué hiciste?
9. ¿Qué fue lo mejor de tus vacaciones?
10. ¿Dónde te quedaste?
11. ¿Cómo era el pueblo / la ciudad?
12. ¿Adónde vas a ir de vacaciones el año próximo?

Módulo 3 (pages 56–79)

Thematic context: Media and technology

1. ¿A quién sigues en las redes sociales? ¿Por qué?
2. ¿Qué haces en las redes sociales?
3. ¿Para qué usaste las redes sociales la semana pasada?

Thematic context: My personal world

4. ¿Cómo eres?
5. ¿Cómo es tu familia?
6. ¿Cómo es tu relación con tus amigos?
7. ¿Cómo es un buen amigo?
8. ¿Qué hiciste con tus amigos el fin de semana pasado?
9. ¿Qué vas a hacer con tus amigos el fin de semana próximo?
10. ¿Qué es lo más importante para ti? ¿Por qué?

Módulo 4 (pages 80–103)

Thematic context: Lifestyle and wellbeing

1. ¿Qué plato de España o Latinoamérica te gustaría probar? ¿Por qué?
2. ¿Cómo es tu rutina?
3. ¿Qué costumbres sanas tienes?
4. ¿Qué tomas para el desayuno / la comida / la cena?
5. ¿Cómo es tu dieta?
6. ¿Qué hay que hacer para tener una dieta sana?
7. ¿Cómo era tu rutina cuando tenías [seis] años?
8. ¿Qué comías cuando eras niño(a)?
9. ¿Qué costumbres malsanas tenías antes?
10. ¿Qué harás para mejorar tu salud en el futuro?

How to prepare:

- Read through the questions to check you understand them. Focus on the question words (like *¿Qué? ¿Cómo? ¿Dónde?* etc.).
- Check the verbs and time phrases to understand which time frame the question is about.
- Then practise answering the questions using full sentences.
- Think about how you could extend your answers using more complex structures, particularly for answering questions during the **picture task** conversation.

Ways to extend your answers:

- Join together ideas with connectives: *y, pero, también ...*
- Add in opinions and justify them: *me gusta / odio ... porque ...*
- Use opposing arguments: *Por un lado, ... Por otro lado, ... Sin embargo, ...*
- Add in examples of recent activities in the past tenses.
- Add in examples of future plans using a future tense.

Módulo 5 (pages 104–127)

Thematic context: Studying and my future

1 ¿Cómo es tu instituto?
2 ¿Cómo es tu día escolar?
3 ¿Qué actividades extraescolares haces?
4 ¿Qué hiciste recientemente con el club/equipo?
5 ¿Qué asignaturas te gustan y no te gustan? ¿Por qué (no)?
6 ¿Qué harás para tener éxito en el futuro?
7 ¿Qué es lo bueno y lo malo de tu instituto?
8 ¿Cómo cambiarías tu instituto?
9 ¿Cómo sería tu profesor(a) ideal?
10 ¿Adónde fuiste de viaje con tu instituto el año pasado? ¿Qué hiciste?

Módulo 7 (pages 156–179)

Thematic context: My neighbourhood

1 ¿Qué haces para ayudar en tu comunidad o en la sociedad?
2 ¿Qué hiciste en el pasado para ayudar a otras personas?
3 ¿Qué más te gustaría hacer en el futuro para ayudar?
4 Para ti, ¿cuál es el problema más grave que afecta al planeta?
5 ¿Cuál sería la mejor solución a este problema?
6 ¿Qué haces en casa para cuidar el medioambiente?
7 ¿Qué hiciste en casa / tu colegio la semana pasada para cuidar el medioambiente?
8 Y en el futuro, ¿qué te gustaría hacer para cuidar el planeta?
9 ¿Qué problema del mundo te preocupa más y qué acción quieres ver?
10 ¿Quién es tu modelo de conducta favorito? ¿Por qué?

Módulo 6 (pages 132–155)

Thematic context: My neighbourhood

1 ¿Qué hay en tu región?
2 ¿Cómo es tu pueblo/ciudad?
3 ¿Cómo ha cambiado tu pueblo/ciudad recientemente?
4 ¿Prefieres vivir en el campo o en una ciudad? ¿Por qué?
5 ¿Qué es lo bueno/malo de vivir en tu zona?
6 ¿Prefieres ir al centro comercial o a las tiendas de tu barrio? ¿Por qué?
7 ¿Qué cosas te gusta comprar por Internet y por qué?
8 ¿Cómo era tu zona/ciudad/pueblo antes?
9 ¿Cómo es [tu zona] ahora?
10 ¿Cómo cambiarías tu zona?
11 ¿Qué hiciste en tu zona la semana pasada?
12 ¿Qué vas a hacer en tu zona el fin de semana próximo?

Módulo 8 (pages 180–205)

Thematic context: Studying and my future

1 ¿Qué planes tienes para el año próximo?
2 ¿Qué otros planes tienes para el futuro?
3 ¿Qué haces para ganar dinero?
4 ¿Cuáles son tus características positivas?
5 ¿Qué tipo de trabajo querías hacer en el pasado?
6 ¿Todavía te interesa hacer el mismo trabajo?
7 ¿Qué idiomas hablas?
8 ¿Por qué es importante aprender otras lenguas, en tu opinión?
9 ¿Cómo será el mundo laboral en el futuro?
10 ¿Cuál es tu opinión de la inteligencia artificial?

Spanish phonics

Here is a list of all the sounds that you need to understand and produce.
The **SSCs** (Sound Symbol Correspondences) will be assessed in the **read aloud** and **dictation** tasks.

The **read aloud** task will be the first task in your speaking exam. You will have **14** minutes' preparation time for the whole speaking exam, including this task and a further minute in the exam room. The task will contain **four** sentences (50–55 words) from a specific thematic context.

The **dictation task** will form part of your listening paper. You will have to transcribe **30** words (in six sentences). Three of the words will not be on the vocabulary lists. Practising the sounds on these pages will help with both the **read aloud** and **dictation** tasks.

Sounds	Key words and other examples	Pages with a focus on this sound	Further examples to practise
a	nada amiga	page 7 page 183 page 213	Me gusta la natación al aire libre. Soy alta y simpática y llevo gafas. ¿Has apagado las luces?
o	no dos	page 7 page 183 page 213	Estos museos son modernos. Esos periódicos son buenos. No nos gustan los sitios peligrosos.
e	este españoles	page 7 page 183 page 213	Es una serie europea y diferente. Es heterosexual y vive en Sudamérica. Hemos celebrado una cena especial.
i	divertido interesante	page 7 page 183 page 213	Es una tradición histórica e increíble. Mi libro tiene ciento diecisiete páginas. Recibí mi primer mensaje de mi tío.
u	uno instituto	page 7 page 113 page 183 page 213	Disfruto mucho de la música popular. Algunos estudiantes discuten mucho. Lucho por un mundo justo y cultural.
ll	llevar calle	page 35 page 136 page 215 page 223	Es una silla amarilla. El castillo tiene detalles bonitos. Los caballos llegan a las calles.
ch	escuchar chicos	page 14 page 81	Como chocolate y bebo leche por la noche. Estas chicas luchan por sus derechos. Escuchamos canciones y chateamos.
ca	casa cara	page 14 page 89 page 157 page 219	Cada día tomo un café en el campo. En la caja puedes cambiar la camisa. Cerca del camping había un castillo.
co	como coche	page 14 page 89 page 157	Como comida rica en el colegio. Fui a un concierto clásico en la costa. Puedes contar con tus amigos simpáticos.
cu	cultura película	page 14 page 89 page 157	Para mi cumpleaños voy de excursión. Me encanta descubrir películas cubanas. Me preocupo si no escucho en clase.
cu + *vowel*	cuando recuerdo	page 14 page 89 page 139	¿Cuántos cuartos hay en tu casa? Estoy de acuerdo con cuarenta personas. La comida cuesta cincuenta y cuatro euros.
ce	centro cerca	page 14 page 81 page 104 page 219 page 221	A veces hay que celebrar o hacer una fiesta. Las tiendas cercanas están cerradas. Entonces tomamos la cena en el centro.
ci	gracias concierto	page 14 page 81 page 104 page 219 page 221	En la oficina fue fácil reciclar todo. Los edificios en la ciudad están sucios. No es difícil encontrar el cine en la ciudad.

Sounds	Key words and other examples	Pages with a focus on this sound	Further examples to practise
z	cabe**z**a **z**ona	page 104 page 221	Me duelen la cabe**z**a y el bra**z**o. En mi **z**ona hay una pla**z**a. Soy feli**z** porque compré **z**apatos a**z**ules.
que	por**que** **que**dar	page 39	¿**Que**damos en el bos**que** pe**que**ño? ¿Por **qué** **que**das a las dos? **Que**remos comer **que**so por**que** es rico.
qui	e**qui**po tran**qui**lo	page 39	A**quí** hay **qui**nce e**qui**pos. **Qui**ero vivir en una es**qui**na tran**qui**la. ¿**Quién** **qui**ere al**qui**lar un coche?
ga	**ga**nar lle**ga**r	page 187 page 216	Mi ami**ga**, que es ve**ga**na, lle**ga** ahora. Pueden ju**ga**r en este lu**ga**r. Mi madre va a lle**ga**r con el re**ga**lo.
go	ten**go** lue**go**	page 187 page 216	El domin**go** ha**go** al**go** con mi familia. Lue**go** jue**go** a los videojue**go**s En a**go**sto los días son más lar**go**s.
gu	al**gu**no **gu**star	page 187 page 216	Me **gu**sta tu casa anti**gu**a y se**gu**ra. Todos tus se**gu**idores no son i**gu**ales. **Gu**stavo responde a al**gu**nas pre**gu**ntas.
ge	**ge**nte ima**ge**n	page 36 page 57 page 187 page 215–216	Es trans**gé**nero como mucha **ge**nte. **Ge**neralmente subo imá**ge**nes. Vamos a esco**ge**r platos ve**ge**tarianos.
gi	re**gi**ón cole**gi**o	page 36 page 57 page 187 page 215–216	En mi re**gi**ón somos reli**gi**osos. La tecnolo**gí**a ahorra ener**gí**a. Vir**gi**nia estudia en el cole**gi**o.
gue	hambur**gue**sa ju**gué**	page 187	Ju**gué** con Mi**gue**l y Á**gue**da. Apa**gué** el ordenador. Pa**gué** mucho por una hambur**gue**sa.
gui	al**gui**en se**gui**r	page 187	Se**gui**mos a al**gui**en famoso. ¿Tienes muchos se**gui**dores?
j	mu**j**er traba**j**o	page 36 page 57 page 215	En **j**ulio más **j**óvenes traba**j**an **j**untos. Es pelirro**j**o con los me**j**ores o**j**os azules. Durante el via**j**e **j**ugaron con sus hi**j**os
ñ	monta**ñ**a espa**ñ**ol	page 113	Ma**ñ**ana vamos a Espa**ñ**a. El gato del se**ñ**or es peque**ñ**o. Al ni**ñ**o le gustaría tomar un ba**ñ**o.
v	**v**ida **v**erdad	page 57 page 157 page 224	Prefiero las **v**acaciones de prima**v**era. Los hue**v**os y las **v**erduras son sanos. **V**amos a **v**isitar a nuestros veci**n**os.
-r- / -r	pe**r**o pensa**r**	page 81 page 109	Lee**r** y p**r**onuncia**r** las palab**r**as es du**r**o. No**r**malmente recue**r**do mi**r**a**r** mis co**r**reos. Quie**r**o rese**r**va**r** una mesa pa**r**a t**r**es.
rr / r- / -r- *(after* n, l *or* s*)*	ce**rr**ar son**r**eír	page 81 page 109 page 136 page 223	Mi pe**rr**o me hace son**r**eír. En el **r**estaurante el a**rr**oz está **r**ico. En los al**r**ededores la tie**rr**a es verde.
silent **h**	**h**ola **h**acer	page 57	Mis **h**ermanos tienen **h**ambre. **H**e **h**echo una tortilla con ocho **h**uevos. **H**emos **h**ablado y **h**emos comido **h**elados.
Stress patterns (Higher tier only)	f**á**cil r**á**pido sal**i**r ingl**é**s probl**e**ma	page 138 page 181 page 226	Los matem**á**ticas son **ú**tiles pero dif**í**ciles. Ant**o**nio hace su ex**a**men sin probl**e**mas. Dec**i**r la verd**a**d es tom**a**r responsabilid**a**d.

Escuchar 1

Listen to and repeat each sound, example word and practice phrase. Make a list of the sounds or words you find most challenging and keep practising them. Then find other words for each sound to test your pronunciation.

Role-play skills

What do I need to know about the role play?

- It is the second part of the speaking exam (after **read aloud**).
- It is worth **ten** marks.
- There are **ten** possible settings.
- The teacher speaks first.
- You will say something for each of the **five** numbered items.
- Speak in the present tense or use a conditional like *me gustaría* (where appropriate).
- You will need to ask **two** questions.
- You do not need to use *usted*. You can use the informal *tú* (you).
- You will answer **one** question about something in the future.

Settings

There are **ten** possible role-play settings. You will find examples of role plays in core modules, exam practice pages and the revision module.

Settings
Cinema / theatre / concert hall
Café or restaurant
Hotel
Campsite
Doctor's surgery / hospital
In town
Tourist office
Sport / leisure centre
Shop / market / shopping centre
Train station

Although there are **ten** possible settings, many of them require similar vocabulary. Use some of the preparation time to look at each numbered item and work out what you know you can say. Look at the example below and a suggested answer.

Setting: At the tourist information office

1 Say how long you will be in Spain →

You might think of a reply in English, such as 'I will be in Spain until next week'. However, you might not remember how to say 'until', or how to say 'next.' Therefore, keep it simple.

Use the near future with an amount of time:
Voy a estar en España dos semanas.

Useful words and phrases

Make sure you engage with the examiner by greeting them and saying goodbye.

Hola	Hello
Adiós	Goodbye
Gracias	Thank you
¡Hasta luego/pronto!	See you later/soon!

If you don't understand what the examiner is asking, you can ask them to repeat the question.
¿Puedes repetir la pregunta, por favor?
Can you repeat the question, please?

Remember these key phrases when answering questions:

Me gustaría / Quisiera ...	I would like ...
Quiero ...	I want ...

Filler words give you time to think (and stop you saying the English filler 'um'). They also make you sound more Spanish!

pues	well/um
bueno	well/um
a ver	let's see/um

Questions

These are a key part of role plays. You will need to ask **two** questions. When it comes to your numbered item telling you to ask a question, your teacher will say: *¿Tiene una pregunta?* or *¿Tiene otra pregunta?* Here are some example role play questions.

Learn these key question words and phrases:

¿A qué hora?	At what time?	*¿Dónde?*	Where?
¿Cómo?	How?	*¿Qué?*	What?
¿Cómo es ...?	What is ... like?	*¿Quién?*	Who?
¿Cuándo?	When?	*¿Cuál?*	Which?

Settings	Role play example bullet points	Example questions
Tourist office	Ask a question about transport	¿**Hay** autobuses en esta calle? ¿**Dónde** está la estación de metro? ¿**A qué hora** salen los trenes?
	Ask a question about other activities	¿**Qué** actividades hay? ¿**Hay** un castillo cerca de aquí?
Cinema	Ask a question about cost	¿**Cuánto** cuesta (la entrada)? ¿**Cuánto** es?
	Ask the employee about food/drinks	¿**Hay** bebidas (aquí)? ¿**Qué** comida hay? ¿**Cuánto** cuestan las bebidas?
Shopping centre	Ask a question about something else you want to buy	¿**Cuánto** cuesta la camiseta? ¿**Hay** más colores? ¿**Tienes** recuerdos?
	Ask a question about places to eat and drink	¿**Dónde** está el café? ¿**Hay** un restaurante aquí? ¿**Qué** comida hay?
Sports centre	Ask the employee about buying a drink	¿**Hay** un café (aquí)? ¿**Cuánto** cuesta el agua/café?
	Ask the employee about opening times	¿**Cuándo** abre? ¿**A qué hora** abre?
Doctor's surgery	Ask a question about seeing the doctor	¿**Puedo** ver al doctor? ¿**Cuándo** puedo ver al doctor? ¿**A qué hora** hay citas?
	Ask a question about opening times	¿**A qué hora** abre? ¿**A qué hora** cierra?
Hotel	Ask about sport facilities in the hotel	¿**Hay** una piscina / un gimnasio? ¿**Es posible** jugar al tenis aquí?
	Ask about other facilities	¿**Hay** un restaurante/jardín? ¿**Qué** otras instalaciones hay?

Example role play

Setting: At the theatre

- You are at a theatre and want to see a play.
- Your teacher will play the part of the employee and will speak first.
- Your teacher will ask questions **in Spanish**, and you must answer **in Spanish.**
- You are expected to say a few words or a short phrase/sentence in response to each prompt. One-word answers will not be sufficient to gain full marks.

Task:

1. Say how many tickets you want.
2. Say when you want to see it.
3. Say what you will do afterwards.
4. Ask the employee a question about cost.
5. Ask the employee a question about food/drinks.

Teacher: ¿En qué puedo servirle?
Student: Quisiera cuatro entradas, por favor.
Teacher: ¿Cuándo quiere ir?
Student: Quiero ir el domingo.
Teacher: ¿Qué hará después?
Student: Iré a un restaurante peruano.
Teacher: Vale. ¿Tiene una pregunta?
Student: ¿Cuánto es?
Teacher: Son ochenta euros en total. ¿Tiene otra pregunta?
Student: ¿Qué comida hay?
Teacher: Tenemos helados.

Picture task with conversation

The **picture task** is the final part of your speaking exam and is made up of **three** parts. Before your speaking assessment, you will select **one** thematic context from a choice of two of the six thematic contexts.

Thematic contexts:

- My personal world
- Lifestyle and wellbeing
- My neighbourhood
- Media and technology
- Studying and my future
- Travel and tourism

1 Picture description → **2 Two unprepared follow-up questions** relating to the photo → **3 A broader conversation** (between 5 and $5\frac{1}{2}$ minutes) covering the wider thematic context

Picture description

During your preparation time, **PLAN** how you are going to describe the picture you have selected.

People
Who can you see?

En la foto En primer plano En segundo plano En el centro Al fondo A la derecha A la izquierda	hay se puede(n) ver	un chico / una chica. un hombre / una mujer. una persona con discapacidad. tres [personas/jóvenes/mujeres]. much**a** gente. much**os** [niños/alumnos/adultos]. much**as** [niñas/mujeres].
Creo que es	una familia / una pareja / un grupo de [amigos]. el padre / la madre / el mayor / la menor.	
[El hombre] [La chica]	es [alt**o**/**a**] y tiene el pelo [larg**o**] y ...	→ *page 59*
	lleva [unos pantalones negr**os**] y ...	→ *page 126*

Location
Where are they?

Creo que Pienso que Me parece que Diría que	está están	en	casa/clase. el campo/instituto/parque/trabajo. la calle/ciudad/playa. un bosque / centro comercial. una oficina/plaza/tienda.
		al aire libre / de vacaciones.	
	es verano/invierno, ya que [hace sol].	→ *page 30*	

Activity
What are they doing?

El [chico en el centro] La [profesora]	está	aprendiendo ... comiendo ... escuchando ... haciendo ... divirtiéndose. hablando.	jugando ... leyendo ... trabajando ... usando ... sonriendo. paseando.
Los [dos clientes] Las [tres personas]	están		

Now check your accuracy carefully.

Check:

- verbs
  - regular or irregular?
  - 'he/she' or 'they'?
  - *ser* or *estar*?
- indefinite articles (***un***/***una***/***unos***/***unas***)
- definite articles (***el***/***la***/***los***/***las***)
- adjective agreements

To say what people are doing, use the **present continuous** (***estar*** + present participle). Alternatively, use the **present tense**.
*est**á(n)** bail**ando*** → *bail**a(n)***
*est**á(n)** beb**iendo*** → *beb**e(n)***

You will gain marks for developing your ideas and for accurately using a wide range of relevant vocabulary and grammatical structures.

Example picture task (Thematic context: Travel and tourism)

Picture 1

Picture 2

Describe **ONE** of these pictures. Your description must cover:

- people
- location
- activity.

When you have finished your description, your teacher will ask you **two questions** relating to your chosen picture. You are expected to say a **few words** or a **short phrase/sentence** in response to each question. One-word answers will not be sufficient to gain full marks.

You will then move on to a **conversation** on the broader thematic context of **Travel and tourism**.

During the conversation, your teacher will ask you questions in the present, past and future tenses. Your responses should be as **full and detailed** as possible.

Follow-up questions

Keep answers **simple** for this part of the exam. There are no marks for using complex language or extended answers. Your priority is to produce **accurate** language. Pay attention to question words.

The **first question** is usually in the present tense and often (but not always) asks for your opinion. What do these question starters mean? How would you begin your answer?

¿Qué haces …?
¿Para qué usas …?
¿Qué piensas sobre …?
¿Cuál es tu opinión de …?
¿Cuál es tu … favorito/a?
¿Prefieres … o …?
¿Qué te gustaría …?

The **second question** asks you about something you did in the past. What do these question starters mean? How would you begin your answer?

¿Qué hiciste …?
¿Cómo te divertiste …?
¿Cómo usaste …?
¿Adónde fuiste …?
¿Con quién pasaste …?
¿Dónde celebraste …?

Conversation

How can I do my best in the conversation?

Listen to the questions and take care with how you start each answer. Are you using the correct tense?

If you make a mistake, just correct yourself. If you want the teacher to repeat a question, ask *¿Puede repetir, por favor?*

Use the example questions on pages 228–229 to practise answers to questions you might be asked.

Examples of complex language include:

- a wide range of tenses
- impersonal verbs + infinitive
- the present subjunctive
- relative pronouns *que, cuando, donde*
- *si* clauses
- negatives
- comparatives/superlatives
- the absolute superlative (*-ísimo/a*)

Keep answers relevant.
Use accurate past, present and future tenses.
Develop and extend answers.
Avoid grammar mistakes.
Use complex language where appropriate.
Give clear answers.
Use a wide range of grammar and structures.

Verb tables

Tenses

See the following pages for more details on each tense:

- **the present tense** → page 18
- **the preterite tense** → page 20
- **the imperfect tense** → pages 44 and 86
- **the simple future tense** → page 90
- **the conditional tense** → page 118

To form the **near future tense**, use the present tense of *ir* + *a* + infinitive → page 20

Subject pronouns are normally only used for emphasis in Spanish, because the verb ending usually shows who is doing the action:

yo	*I*
tú	*you*
él/ella/usted	*he/she/you (polite singular)*
nosotros/as	*we*
vosotros/as	*you (plural)*
ellos/ellas/ustedes	*they/you (polite plural)*

Other verb forms

The **present participle** is used:

- after the present tense of *estar* to form the **present continuous tense** → page 58
- after the verb *llevar* → page 117
- after the imperfect tense of *estar* to form the **imperfect continuous tense** → page 170
- after the verb *seguir* or *continuar* → page 194

The **past participle** is used after the verb *haber* to form the **perfect tense** → page 134

See page 168 for details on the **imperative** (for giving instructions).

Regular verbs

Infinitive	Present tense	Preterite tense	Imperfect tense	Simple future tense	Conditional tense	Present participle Past participle
hablar *to speak* *(regular* **-ar** *verb)*	habl**o** habl**as** habl**a** habl**amos** habl**áis** habl**an**	habl**é** habl**aste** habl**ó** habl**amos** habl**asteis** habl**aron**	habl**aba** habl**abas** habl**aba** habl**ábamos** habl**abais** habl**aban**	hablar**é** hablar**ás** hablar**á** hablar**emos** hablar**éis** hablar**án**	hablar**ía** hablar**ías** hablar**ía** hablar**íamos** hablar**íais** hablar**ían**	(e.g. estoy) habl**ando** (e.g. he) habl**ado**
comer *to eat* *(regular* **-er** *verb)*	com**o** com**es** com**e** com**emos** com**éis** com**en**	com**í** com**iste** com**ió** com**imos** com**isteis** com**ieron**	com**ía** com**ías** com**ía** com**íamos** com**íais** com**ían**	comer**é** comer**ás** comer**á** comer**emos** comer**éis** comer**án**	comer**ía** comer**ías** comer**ía** comer**íamos** comer**íais** comer**ían**	(e.g. estoy) com**iendo** (e.g. he) com**ido**
vivir *to live* *(regular* **-ir** *verb)*	viv**o** viv**es** viv**e** viv**imos** viv**ís** viv**en**	viv**í** viv**iste** viv**ió** viv**imos** viv**isteis** viv**ieron**	viv**ía** viv**ías** viv**ía** viv**íamos** viv**íais** viv**ían**	vivir**é** vivir**ás** vivir**á** vivir**emos** vivir**éis** vivir**án**	vivir**ía** vivir**ías** vivir**ía** vivir**íamos** vivir**íais** vivir**ían**	(e.g. estoy) viv**iendo** (e.g. he) viv**ido**

Irregular verbs / Verbs with spelling changes

Infinitive	Present tense	Preterite tense	Imperfect tense	Simple future tense	Conditional tense	Present participle Past participle
dar *to give*	**doy** das da damos dais dan	**di** **diste** **dio** **dimos** **disteis** **dieron**	daba dabas daba dábamos dabais daban	daré darás dará daremos daréis darán	daría darías daría daríamos daríais darían	(e.g. estoy) dando (e.g. he) dado
decir *to say*	**digo** **dices** **dice** decimos decís **dicen**	**dije** **dijiste** **dijo** **dijimos** **dijisteis** **dijeron**	decía decías decía decíamos decíais decían	**diré** **dirás** **dirá** **diremos** **diréis** **dirán**	**diría** **dirías** **diría** **diríamos** **diríais** **dirían**	(e.g. estoy) diciendo (e.g. he) **dicho**
estar *to be*	**estoy** **estás** **está** estamos estáis **están**	**estuve** **estuviste** **estuvo** **estuvimos** **estuvisteis** **estuvieron**	estaba estabas estaba estábamos estabais estaban	estaré estarás estará estaremos estaréis estarán	estaría estarías estaría estaríamos estaríais estarían	(e.g. estoy) estando (e.g. he) estado
***hacer** *to do/make*	**hago** haces hace hacemos hacéis hacen	**hice** **hiciste** **hizo** **hicimos** **hicisteis** **hicieron**	hacía hacías hacía hacíamos hacíais hacían	**haré** **harás** **hará** **haremos** **haréis** **harán**	**haría** **harías** **haría** **haríamos** **haríais** **harían**	(e.g. estoy) haciendo (e.g. he) **hecho**
***ir** *to go*	**voy** **vas** **va** **vamos** **vais** **van**	**fui** **fuiste** **fue** **fuimos** **fuisteis** **fueron**	**iba** **ibas** **iba** **íbamos** **ibais** **iban**	iré irás irá iremos iréis irán	iría irías iría iríamos iríais irían	(e.g. estoy) **yendo** (e.g. he) **ido**
oír *to hear*	**oigo** **oyes** **oye** **oímos** oís **oyen**	**oí** **oíste** **oyó** **oímos** **oísteis** **oyeron**	oía oías oía oíamos oíais oían	oiré oirás oirá oiremos oiréis oirán	oiría oirías oiría oiríamos oiríais oirían	(e.g. estoy) **oyendo** (e.g. he) **oído**

*See page 146 for the **present subjunctive** of this verb.

Verb tables

Infinitive	Present tense	Preterite tense	Imperfect tense	Simple future tense	Conditional tense	Present participle Past participle
pedir *to ask for / order*	**pido** **pides** **pide** pedimos pedís **piden**	pedí pediste **pidió** pedimos pedisteis **pidieron**	pedía pedías pedía pedíamos pedíais pedían	pediré pedirás pedirá pediremos pediréis pedirán	pediría pedirías pediría pediríamos pediríais pedirían	(e.g. estoy) **pidiendo** (e.g. he) pedido
poder *to be able (can)*	**puedo** **puedes** **puede** podemos podéis **pueden**	**pude** **pudiste** **pudo** **pudimos** **pudisteis** **pudieron**	podía podías podía podíamos podíais podían	**podré** **podrás** **podrá** **podremos** **podréis** **podrán**	**podría** **podrías** **podría** **podríamos** **podríais** **podrían**	(e.g. estoy) **pudiendo** (e.g. he) podido
poner *to put*	**pongo** pones pone ponemos ponéis ponen	**puse** **pusiste** **puso** **pusimos** **pusisteis** **pusieron**	ponía ponías ponía poníamos poníais ponían	**pondré** **pondrás** **pondrá** **pondremos** **pondréis** **pondrán**	**pondría** **pondrías** **pondría** **pondríamos** **pondríais** **pondrían**	(e.g. estoy) poniendo (e.g. he) **puesto**
querer *to want/love*	**quiero** **quieres** **quiere** queremos queréis **quieren**	**quise** **quisiste** **quiso** **quisimos** **quisisteis** **quisieron**	quería querías quería queríamos queríais querían	**querré** **querrás** **querrá** **querremos** **querréis** **querrán**	**querría** **querrías** **querría** **querríamos** **querríais** **querrían**	(e.g. estoy) queriendo (e.g. he) querido
saber *to know*	**sé** sabes sabe sabemos sabéis saben	**supe** **supiste** **supo** **supimos** **supisteis** **supieron**	sabía sabías sabía sabíamos sabíais sabían	**sabré** **sabrás** **sabrá** **sabremos** **sabréis** **sabrán**	**sabría** **sabrías** **sabría** **sabríamos** **sabríais** **sabrían**	(e.g. estoy) sabiendo (e.g. he) sabido
salir *to go out / leave*	**salgo** sales sale salimos salís salen	salí saliste salió salimos salisteis salieron	salía salías salía salíamos salíais salían	**saldré** **saldrás** **saldrá** **saldremos** **saldréis** **saldrán**	**saldría** **saldrías** **saldría** **saldríamos** **saldríais** **saldrían**	(e.g. estoy) saliendo (e.g. he) salido

Infinitive	Present tense	Preterite tense	Imperfect tense	Simple future tense	Conditional tense	Present participle Past participle
***ser** *to be*	**soy** **eres** **es** **somos** **sois** **son**	**fui** **fuiste** **fue** **fuimos** **fuisteis** **fueron**	**era** **eras** **era** **éramos** **erais** **eran**	seré serás será seremos seréis serán	sería serías sería seríamos seríais serían	(e.g. estoy) siendo (e.g. he) sido
***tener** *to have*	**tengo** **tienes** **tiene** tenemos tenéis **tienen**	**tuve** **tuviste** **tuvo** **tuvimos** **tuvisteis** **tuvieron**	tenía tenías tenía teníamos teníais tenían	**tendré** **tendrás** **tendrá** **tendremos** **tendréis** **tendrán**	**tendría** **tendrías** **tendría** **tendríamos** **tendríais** **tendrían**	(e.g. estoy) teniendo (e.g. he) tenido
traer *to bring*	**traigo** traes trae traemos traéis traen	**traje** **trajiste** **trajo** **trajimos** **trajisteis** **trajeron**	traía traías traía traíamos traíais traían	traeré traerás traerá traeremos traeréis traerán	traería traerías traería traeríamos traeríais traerían	(e.g. estoy) **trayendo** (e.g. he) **traído**
***venir** *to come*	**vengo** **vienes** **viene** venimos venís **vienen**	**vine** **viniste** **vino** **vinimos** **vinisteis** **vinieron**	venía venías venía veníamos veníais venían	**vendré** **vendrás** **vendrá** **vendremos** **vendréis** **vendrán**	**vendría** **vendrías** **vendría** **vendríamos** **vendríais** **vendrían**	(e.g. estoy) **viniendo** (e.g. he) venido
ver *to see/watch*	**veo** ves ve vemos veis ven	**vi** viste **vio** vimos visteis vieron	**veía** **veías** **veía** **veíamos** **veíais** **veían**	veré verás verá veremos veréis verán	vería verías vería veríamos veríais verían	(e.g. estoy) viendo (e.g. he) **visto**

*See page 146 for the **present subjunctive** of this verb.